KB188477

# 한국 근대 상업의 형성

이 저서는 2014년 대한민국 교육부와 한국학중앙연구원(한국학진흥사업단)의 한국학총서사업의 지원을 받아 수행된 연구임(AKS-2014-KSS-1230001)

# 한국 근대 상업의 형성

고동환

국학자료원

# 책을 내면서

상업은 원시사회 교환이 발생한 이후부터 존재했던 인류사회의 아주 오래된 산업의 하나이다. 그러므로 근대 상업과 전근대 상업을 명확하게 구분하는 것은 쉽지않은 일이다. 흔히 근대적 상업과 근대 이전의 전기적 상업을 구분할 때 상업이윤의 획득방식의 차이를 기준으로 구분한다. 전기적 상업자본은 상품과 서비스의 유통과정에서 부등가 교환에서 양도이윤을 획득하는 자본으로서, 지역적, 계절적 가격 차를 활용하거나, 봉건적 특권과 결탁한 독점에 의존하여 상업이윤을 획득하는 자본을 의미한다. 반면 근대적 상업자본은 상품의 유통과정에서 운송이나 보관 등 상품의 가치를 보존, 유지하는 대가로 이윤을 획득하는 자본을 의미한다.

이처럼 근대 상업자본과 전기적 상업자본은 상업이윤 획득 메카니즘에서 큰 차이를 보이는 것이지만, 우리가 다루는 19세기에서 20세기 초 한국의 시장에서는 근대 상업자본의 이윤축적 메카니즘이 작동했다고 보기는 어렵다. 20세기 초까지도 여전히 특권과 결탁한 독점, 부등가 교환에 의한 양도이윤 획득이 상업이윤 획득의 주된 기반이었던 것이다.

20세기 초까지 상업자본의 이윤획득 메카니즘에서 근대성을 제대로 실현하고 있지 않다고 한다면, 한국의 근대 상업을 어떻게 이해하고 파악해야 할 것인가? 본 연구에서는 한국의 근대 상업을 전통사회에서 축적된 한국 고유의 상업체제가 서구에서 도입된 회사와 같은 기업조직, 복식부기에 기초한 회계제도, 상업사용인제도, 근대적 소유권에 기초한 거래 관행 등과 서로 상호 영향을 주고받는 과정에서 형성되어 갔던 것으로 파악하였다.

개항 이전 조선의 시장은 도시시장-포구시장-농촌 장시간의 연계를 통해 전국화되었고, 이 과정에서 시전상인, 경강상인, 개성상인, 객주와 여각 등 대표적인 상업세력이 성장하였다. 대부분의 농민들도 항상적으로 시장과 접촉하였고, 금속화폐와 於音과 換과 같은 신용거래도 매우 일상화되고 있었다. 이러한 조선후기의 상업은 개항 이후 근대적인 상업체제를 형성하는데 중요한 기여를 한 것이었다. 개항 이후 기선과 철도가 도입되어 국내시장을 연결하는 수단이 근대화되었으며, 회사제도와 금융제도를 비롯한 각종 근대적인 상업시스템이 도입되어 정착하였다. 또한 근대적인 상업교육이 이루어져 복식부기 제도를 비롯하여 보관업, 창고업, 보험업 등 각종 상업분야에 대한 이해도 깊어졌을 뿐만 아니라 근대적인 상인양성체제도 확립되었다. 이 중에서도 혈연이나 신분이 아니라, 계약에 의해 영리를 목적으로 조직된 결사체로서의 회사제도는 근대사회를 형성하는 가장 기본적인 제도의 하나로서 매우 중요한 의의를 지닌다. 그러나 그동안의 연구에서 보는 것처럼 1894년 이전에 설립된 商會社는 정부로부터 영업독점권을 취득하고, 대신 收稅를 담당하였는데, 이러한 성격의 회사는 조선후기 이래의 都賈商業體制에 뿌리내린 전근대적 특권 회사로 평가되고 있다. 法人格의 부여 여부, 社員의 책임 범위, 회사형태 등 회사제도를 운영하기 위한 기본적인 법적 규정을 갖추지 않은 회사인 것이다. 그러나 자본주의를 선취한 나라들에서도 원시적 축적기의 상업체제에서 이러한 특권은 상업자본 성장에 있어 매우 중요한 요소였다. 그러므로 개항이후 조선의 상회사가 이러한 특권성을 지녔다고 해서 일방적으로 전근대적이었다고만 평가할 이유는 없다고 본다. 19세기말의 시기가 유럽 대부분의 나라에서도 근대적인 상업제도와 관행이 완전하게 정착된 시기가 아니라고 한다면, 한국의 상업만을 20세기이후 확립된 서구의 근대적 상법체계에 견주어 전근대적이라고 평가하는 것은 균형잡힌 시각이 아닐 것이다.

그러므로 본 연구에서는 개항 이전의 조선 전통상업이 근대 상업으로 전환하는 과정을 실증적 자료를 토대로 규명하고자 했다. 본 연구에서 한국 근대 상업의 형성을 서술하는 기본 관점은 다음의 두 가지에 초점을 두고자 한다. 첫째는 조선후기사회에서 성장하였던 상업세력과 상업자본, 그리고 상업관행이 자본주의 세계시장과 결합했을 때 어떻게 대응하면서 근대화해 갔는지를 구체적으로 해명하고자 한다. 예컨대 송도사개치부법이라는 개성의 복식부기제도가 서양의 복식부기제도가 도입되어 학습되었을 때 그 동향이 어떠했는가? 그리고 조선후기 氷契, 懸房, 運負契, 馬契나 市廛의 都中과 같은 인적 결사와 영업조직이 근대적인 회사조직으로 전환하는 과정에 나타나는 특질은 어떤 것이었는지, 개성상인의 상업조직인 차인제도나 시전상인의 위계(領位-先生-五坐-軍衆)가 근대적인 회사 조직의 위계(부장-과장-계장-사원)와의 차별성은 어떤 것이었는지 등을 해명하고자 하는 것이다. 요컨대 한국의 근대 상업의 형성과정을 전통상업의 일방적인 소멸과 근대 상업의 전면적 이식이라는 관점이 아니라 개항이전에 성숙하였던 전통적인 상업요소가 세계시장과 만나면서 상호접합하면서 형성되어 갔다는 관점에서 서술하고자 한다. 둘째는 제국주의 상업자본에 견줘 국내 상업자본의 힘이 미약한 개항이후의 경제 현실에서는 국가권력의 정책이 상업자본의 축적과 성장에 절대적 영향을 미쳤다. 그러므로 본 연구에서는 시기에 따라 국가의 상업정책이 어떻게 변동하고, 이러한 정책 변화가 상업현실을 어떻게 변모시켰는가도 해명하고자 한다. 개항이후 개화파와 광무정권의 상업정책하에서 시전상인, 객주상회사, 교통운수업, 금융업의 동향을 살펴보고, 러일전쟁이후 일제가 펼친 화폐정리사업, 재정정리사업 등 다양한 상업, 금융정책, 그리고 1910년 조선총독부의 회사령에 의해 조선의 상업현실이 어떻게 변모했는지 살펴보았다.

한국의 근대 상업 형성 문제를 연구하기 위해서는 전통사회에서 축적된 상업기반과 개항이후 새로 도입된 상업제도와의 상관성을 염두에 두고 연구가 진행되어야 한다. 그럼에도 아직까지 상업사연구에서는 서구에서 새로 도입된 회사, 금융 등의 제도에 많은 연구가 축적된 반면, 전통사회에서 전개된 상업조직이나 상관습, 그리고 시장등에 대해서는 그다지 관심을 두지 못했다. 개항이후 서구에서 복식부기나 회사제도 등이 도입되었다고 해도 개항이전의 전통사회에서 이와 유사한 제도가 없었던 것은 아니었다. 예컨대 1903년 한반도를 여행한 바츨라프 세로세프스키는 조선사회에서 수표제도가 정착되기 이전에 이미 신용을 기초로 한 換과 於音이 널리 유통되고 있었고, 이러한 것들은 19세기 중엽 영국의 토머스 쿡(T. Cook)이 개발한 여행자 수표에 견줘 결코 부족함이 없으며, 이를 가능케 한 조선사회의 뛰어난 재정조직과 부기능력을 높이 평가하고 있다. 그는 또한 대출기관이 없다고 하여 그와 같은 기관을 세울 능력 자체가 없는 것이 아니라 조선사람들이 그것을 필요로 하지 않았기 때문이라고도 얘기하고 있다. 실제 19세기 말 20세기 초 조선에서는 육의전 役人廳에서 어음의 교환, 할인, 담보대출 등의 기능을 수행하였다. 은행이라는 간판을 달지 않았지만, 역인청은 은행 업무의 일부를 수행하였던 것이다. 바츨라프의 언급처럼 19세기 말 조선에는 근대적인 금융기관인 은행은 없었지만, 이를 충분히 대체할 수 있는 메카니즘은 작동하고 있었던 것이다. 이와 같은 사례에서 우리는 개항 이후 근대적인 상업시스템이 도입되기 이전에 이를 수용할 수 있는 기반이 개항이전에 이미 광범하게 형성되어 있었음을 확인하게 된다. 이처럼 개항이후 근대적 상업체제는 전통사회에서 상업기술을 익힌 자들이나 근대적인 상업교육을 받는 실무자들과 지주 또는 관료 자본과 결합하여 형성되었다고 볼 수 있는 것이다.

개항이후 상업에서 나타난 변화는 개항이후 사회변동의 가장 중요한 부분을 차지한다. 제국주의적 상품화폐경제가 조선의 국내시장에 침투함으로써 조선의 상업구조는 극심한 변동을 경험하지 않을 수 없었다. 국내의 상업세력은 외국상인으로부터 국내시장을 방어하기 위해 국가권력과의 결탁을 통해 확보한 특권을 적극적으로 활용하였다. 한국 근대상업의 형성을 논하고자 할 때, 이와 같은 국내 상업자본의 전기적 성격(특권성)과 외국상인의 제국주의적 성격이 대립하는 가운데, 한국 상업의 근대성이 어떻게 발현되는가를 해명하는 것이 중요한 문제가 된다.

본 연구는 한국 근대상업의 형성과정을 개항이전과 이후를 단절적으로 이해하는 방식에서 벗어나 개항 이전의 상업조직과 전통, 관습 등이 1876년 개항이후 근대적인 상업제도가 도입되면서 어떠한 변화를 경험하는지를 중심으로 설명하였다. 이와 같은 관점에서의 한국 근대상업의 형성에 대한 연구는 그동안 자본주의가 완성된 형태의 상업과 유통, 회사제도와 금융체제와 비교함으로써 그 후진성만을 강조하는 방법론적 편향에서 벗어나, 한국 자본주의 발흥기에 존재했던 상업의 진면목을 보다 분명하게 이해할 수 있을 것이다.

본서는 한국학중앙연구원의 지원으로 한국근대산업의 형성이라는 공동연구의 한 파트로 기획된 것이다. 개항이후 산업으로서 상업의 범위를 규정하고 그 변화과정을 추적하여 형상화하는 것이 쉽지는 않은 작업이었다. 이러한 어려움을 극복하기 위해서 본서에서는 개항이전 상업조직과 관습 등의 변화과정을 중심으로 한국 근대상업의 형성과정을 살폈다. 이러한 관점은 조선사회가 근대로의 이행을 위한 기반을 다방면에서 구축하여갔다는 사실을 규명하는데 도움을 줄 수 있을 것이라고 기대한다.

2025년 1월 25일
고동환

# 목차

# 1장
# 개항 전후 시장의 변화

## 1. 개항이전 조선의 시장과 무역

조선에서의 전국적 시장은 18세기 중엽을 전후하여 형성되었다.[1] 예 컨대 開城府 南面 禮城江에 사는 沙工 金中才는 格軍 12명과 함께 개성 부의 物主 金振哲의 돈 2,200냥을 가지고, 1752년(영조 28) 2월 13일 예 성강을 출발하여 충청도 은진 강경포에서 쌀 540석을 구매한 뒤에, 경 상도 영일 포항에서 명태어 50同과 미역 340동을 구매하고, 강원도 삼 척에서 雜魚를 구매하고 있다.[2] 자본규모 2,200냥(쌀 540석)에 달했던 이 개성의 선상은 개성, 충청도 강경포, 경상도 포항, 강원도 삼척지역을 한 번의 항해에서 포괄하고 있다. 이 선상의 사례는 전국적 시장이 18세

---

1) 고동환, 1996, 「조선후기 交通發達과 全國的 市場圈의 형성」, 『문화역사지리』8
2) 『典客司日記』 권11, 丁丑(1753) 六月二十一日
   沙工金中才所告內 矣徒等十名段 俱以開城府南面禮城江所居之民是白遣 金勝億矣
   徒三名段 以全羅道康津居民 累年同務興販乙仍于 矣徒十三名 開城府居均役廳屬金
   七奉船隻良中 物主同府居金振哲錢文二千二百兩持載 上年二月十三日 自禮城江同
   騎發船 同月二十日往于忠淸道恩津地 貿米五百四十石離發 五月初五日到慶尙道迎
   日浦項發賣 換貿明太魚五十同 逢授於食主人朴守乞家 又貿甘藿三百四十同 載持發
   船 閏九月十七日往于江原道三陟地 餘錢一千五百兩 貿載小雜魚 十月初一日發船 回
   向本土

기 중엽 이미 형성되었음을 알려준다.

18세기말 19세기초의 사정을 전하는『千一錄』에는 "평안도의 흉년으로 쌀값이 올라가자 삼남지역의 미곡 선상들이 앞다투어 평안도로 몰려갔는데, 평안감사와 각읍의 수령들이 억지로 쌀값을 내리자 미곡 선상들은 평안도로 가지 않고 황해도로 뱃길을 돌렸다. 때문에 평안도 장시에서는 굶주린 사람들이 돈이 있어도 쌀을 구입할 수 없었다[飢民持錢 無以販穀]"고 얘기하고 있다.[3) 이 사례는 미곡의 유통이 시장가격에 따라 이루어지고 있음을 보여준다.

철도가 놓이기 이전 가장 중요한 상품유통로는 물길이었기 때문에, 서울의 咽喉인 京江을 거점으로 전국적으로 상품이 유통되었다. 삼남지역의 미곡도 가격이 높은 서울의 경강에 집적되었다가, 흉년 등의 사정으로 서울보다 쌀값이 높은 지역이 생기면 다시 그 지역으로 반출되었다. 1762년(영조 38)에는 삼남에서 경강에 집적되었던 미곡의 1/3이 쌀값이 서울보다 비싼 지방으로 반출되고 있었다. 19세기 이후 서울의 전국적 시장의 중심기능은 더욱 강화되었다. 1817년(순조 17) 경강에 몰려드는 商船은 1년에 1만척을 헤아릴 정도였다.[4) 어선과 조운선을 제외한 상선만 1만척이라고 했으니 그 규모를 짐작할 수 있을 것이다. 특히 한강이 얼어붙은 겨울철과 태풍이 불어 배의 운항이 불가능한 계절을 제외한다면, 하루에 최하 30척의 상선이 경강에 몰려들었을 것이다.[5)

---

3) 禹夏永,『千一錄』賑政
　　關西大饑設賑 而道伯及各邑守宰 皆以勒減市直 爲第一活民之策 三南米商船載米穀
　　及到關西界聞風 回避移泊于海西 故關西場市逐絶穀物 飢民持錢 無以販穀
4)『비변사등록』순조 17년 3월 25일
　　顧今諸路商舶之載魚鮮米穀輻輳京江者 歲以萬計
5) 고동환, 2000,『조선후기 서울상업발달사연구』, 지식산업사.

1809년(순조 9)에도 경강지역에 집적되었던 수천석의 미곡이 쌀값이 비싼 충청도, 전라도지역으로 사나흘만에 빠져나갔다.[6] 이러한 사례들은 시장가격에 의해 미곡유통이 좌우되고 있는 현실을 보여준다. 19세기에 경강은 전국적 시장의 중심이었을 뿐만 아니라 전국의 미곡가격을 조절하는 중앙시장의 기능을 담당하고 있었던 것이다.[7]

19세기 서울 시장은 전국적 시장의 중심으로서 통합력을 높이는 한편, 중국과의 시장관련성도 심화되고 있었다. 19세기 서울 시장에서는 중국산 상품은 물론 서양상품들도 흔히 찾을 수 있었다. 18세기 말 朴齊家가 읊은 「城市全圖詩」에는

　　鳳城(만주)의 戎毛, 燕京의 生絲, 함경도의 麻布, 한산 모시, 쌀, 콩, 기장, 조, 피, 보리, 느릅, 남, 닥, 옻, 솔, 오동, 가래나무, 콩나물, 마늘, 생강, 파, 부추, 겨자, 버섯, 포도, 대추, 밤, 귤, 배, 감 [8]

라 하여 만주와 북경 등지에서 생산된 상품들이 유통되고 있음을 말하고 있고, 1844년(헌종 10)에 저술된 『漢陽歌』에는

　　八路는 통하였고, 燕京, 日本 다 있구나. 우리나라 所産들도 붓그럽지 안큰마는 他國物化 交合하니 百各塵 장홀시고, (중략) 白木塵 各色房에 무명이 쌓여어라. 康津木, 海南木과 高陽낳이, 江낳이며, 商賈木, 軍布木과 貢物木, 巫女布와 天銀이며

6) 『비변사등록』 순조 9년 6월 12일
　　至於都下 則近聞江上貿穀積儲之類 近見亢旱如此 謂此時莫失 一齊收藏 各相乘勢 而又恐法司之知機沮捕 必於暮夜無知之時 移峙於江外遠處 仍爲船載潛發 分送於兩湖價騰之處 數三日之間 己不知位幾千包云
7) 고동환, 2008, 「개항전후기 시전상업의 변화-면주전을 중심으로」, 『서울학연구』 32집
8) 朴齊家 『貞蕤集』 詩集 권3, 城市全圖詩.

丁銀이며 西洋木과 西洋紬라9)

라 하여, 중국과 일본은 물론 서양의 면포와 서양의 비단도 서울시장
에서 유통되고 있음을 말하고 있다.

이처럼 중국 및 서양상품이 서울시장에서 활발하게 유통된 까닭은 조
선후기 대청, 대일무역이 상당한 규모로 지속되고 있었기 때문이다. 개
항이전 조선과 청, 일본은 각자 자국의 비교우위를 지닌 인삼과 비단, 은
을 대표상품으로 삼아 교역하는 시장권을 형성하고 있었다. 일본산 은
은 조선의 皇曆行과 冬至行과 연계되어 이동하였다. 皇曆行은 8월에 한
양을 출발하여 11월에 귀국하였고, 동지행은 11월에 출발하여 이듬해 4
월에 귀국하였다. 대마번에서 동래 왜관으로 은을 수송한 銀船은 7~8
월과 10~11월의 4개월 동안에 연간 수송량의 60% 이상을 수송하였다.
皇曆銀은 7~8월에 대마도에서 동래의 왜관으로 수송된 후 8월에 皇曆
行을 통해 중국으로 건너갔다. 冬至銀은 10~11월에 대마도에서 동래
왜관으로 수송된 후 11월에 동지행을 통해 중국으로 건너갔다. 중국 사
행이 귀국한 지 2~4개월 후면 수입된 중국산 생사와 비단은 동래의 왜
관으로 운반되었다. 생사와 비단은 대마도를 거쳐 京都의 니시진[西
陣]에서 직조하는 고급 비단의 원료가 되었다. 대마번에서 조선으로 수
출하는 은의 대부분은 교토에 소재한 對馬藩邸를 통해 구입한 것이었
다. 다시로 가즈이(田代和生)는 교토-대마번-동래 왜관-한양-북경의 경
로를 거쳐 다시 교토로 회귀하는 이와 같은 무역을 "銀의 길(Silver
Road)"이라고 명명하고 있다.10)

---

9) 송신용 校註, 1949, 『漢陽歌』, 정음문화사.
10) 田代和生 저, 정성일 역, 2020, 『왜관-조선은 왜 일본사람들을 가두었을까』, 논형

조선후기 대청무역은 사행무역과 중강개시와 중강후시무역, 북관개시(경원과 회령), 그리고 책문무역 등 다양한 경로와 주체들에 의해 수행되었지만, 주류는 사행무역이었다. 사행무역은 여행경비를 마련하는 명목으로 사신 1명당 인삼 80근[八包]을 책정하여 무역하도록 허가하였다. 정식 관원이 30명이었으므로 사행무역의 자금은 인삼 2400근이었다. 자연산 인삼이 희귀해지자 조정에서는 인삼 80근 대신 은 2천냥을 지급하였다. 사행무역에서 수입한 물화는 백사와 비단이었다.

17세기 후반 일본이 청과의 직교역이 단절되었기 때문에 일본은 조선을 매개로 하여 중국의 비단을 구입하지 않을 수 없었다. 조선의 역관들은 청일간의 중개무역을 통해 많은 부를 축적할 수 있었다.[11] 17세기 말 18세기 초에 전개된 중개무역에서 조선이 벌어들이는 이익은 구체적인 수출입 무역장부 같은 자료가 없어서 자세하게 추정하기는 어렵다. 그러나 단편적인 자료를 통해 추정해보면, 1670년(현종 11)의 경우 조선의 역관들은 북경에서 白絲 100근당 銀 60냥으로 구입하여 동래 왜관에서 100근당 160냥으로 판매하여 100근당 100냥의 이익을 남기고 있다.[12] 대마번에서는 1686-1697년까지 매년 평균 10만근 정도의 白絲를 수입했기 때문에,[13] 이를 1670년 수입량으로 가정하면 조선의 역관들은 백사의 중개무역으로 한 해에 은 10만냥 이상의 이익을 남기고 있는 셈이다. 백사 외에 비단과 인삼 수출로 벌어들이는 이익 또한 매년 5만

---

11) 이태진, 1991, 「國際貿易의 성행」, 『韓國史市民講座-조선후기의 상공업』9, 일조각 참조.
12) 『현종개수실록』현종 11년 3월 3일
   我人之貿白絲於淸國者 皆入倭館 則輒得大利 白絲百斤 貿以六十金 而往市倭館 則價至一百六十金 此大利 故白絲雖累萬斤 皆能售之矣
13) 田代和生, 1981, 『近世日朝通交貿易史의 研究』, 創文社.

냥을 상회했을 것이다. 이 시기 조선에서는 조선역사상 최대의 기근이라고 하는 1670년(현종 11)과 1671년(현종 12)의 庚申大飢饉을 경험하였고, 1678년(숙종 4)에는 그 이전에 몇차례 시도했지만 실패했던 상평통보의 전국적 유통도 성공하였으며, 같은 해에 대동법이 경상도에도 적용됨으로써 조선후기 최대의 개혁인 대동법이 황해도를 제외한 모든 지역에 실시되기에 이르렀다. 대기근의 위기를 어렵지 않게 극복하고, 여러 개혁사업을 성공적으로 추진한 배경에는 이와 같은 중개무역의 이익이 뒷받침되었기 때문이라고 생각한다.

17세기 후반~18세기 초까지 조선과 일본과의 교역은 조선산 인삼과 일본산 은의 직교역과 중국산 生絲·비단과 일본산 銀의 중개무역이라는 2중 구조로 전개되었고, 무역 규모는 나가사키-중국, 나가사키-네덜란드, 싸츠마-류큐의 무역 규모를 능가하고 있다.[14)]

청국과 일본과의 중개무역은 18세기 중엽이후 일본과 청이 직교역이 재개됨으로써 점차 쇠퇴하였다. 이에 따라 청나라로부터 수입된 비단 등의 물화는 일본으로 모두 수출되지 못하고 국내의 각 도시뿐만 아니라 농촌의 鄕市에서도 거래되었다.[15)]

18세기 중엽 이후 은-인삼-생사의 중개무역 시스템이 끝났을 때 조선은 家蔘과 紅蔘제조를 통해 대청무역을 유지해 나갔다. 1797년(정조 21)에는 使行八包에 銀貨와 함께 紅蔘도 포함하는 包蔘制를 실시하였다. 포삼액은 1789년-1802년 홍삼 120근에서 1823년 1천 근. 1832년 8천 근. 1841년 2만 근, 1847년 4만 근, 1851년 4만 근으로 급증하게 된다.[16)] 조선에서는 대청무역의 결제수단으로 홍삼이라는 강력한 물품을

---

14) 田代和生, 1981, 『近世日朝通交貿易史の研究』, 創文社.
15) 유승주, 1997, 「대외무역의 전개」, 『신편 한국사』 국사편찬위원회, 450쪽

확보함으로써 중국산 물품은 물론 중국을 통해 수입된 서양산 직물류도 19세기 전반에는 서울에서 유통될 수 있었던 것이다.


## 2. 개항과 불평등조약체제의 성립

1876년 개항을 계기로 조선의 경제는 세계자본주의 시장체제에 타율적으로 편입되었다. 조선이 1876년 일본의 강압에 의해 체결한 조일수호조규[강화도조약]와 그 이후 맺은 수호조약 부록과 통상장정은 양국 간에 이루어지는 교역에 대한 무관세, 부산을 비롯한 조약체결후 20개월이내 2곳의 추가개항과 거류지설치(間行里程 四方10里), 일본의 영사재판권 인정, 일본화폐의 유통권, 일본 선박의 조선연안 항행권 등을 담고 있는 불평등조약이었다. 영사재판권을 인정함으로써 일방적인 치외법권이 인정되었고, 관세자주권이 부정되었으며, 연안측량을 구실로 일본선박은 조선연안을 마음대로 항해할 수 있었다. 관세의 자주권을 부정한 것은 제국주의 침략위기에 놓인 후진국이 자국의 산업을 보호하고, 관세수입을 통해 재정을 확보하는 길을 막은 것이었다.[17)

수호조약 부록의 제7조에서 일본화폐의 유통권을 인정한 것은 일본상인에 의한 통화 및 환율조작을 통해 조선의 경제를 일본경제권과 통합하여 식민지 경제권으로 재편하는데 중요한 역할을 한 것이었다. 일본화폐의 국내유통권을 인정함으로써, 일본 화폐의 유통은 개항 초기의 독특한 교환메카니즘 즉 일본화폐-대조선수출품(金巾, 寒冷絲 등)-조선화폐-대일본수출품(米, 斗, 牛皮, 砂金 등)-일본 화폐의 과정을 반복 순

---

16) 이철성, 『조선후기 대청무역사 연구』, 국학자료원, 2000; 이철성, 2019, 「조선후기 고려홍삼 무역량의 변동과 의미」, 『인삼문화』1, 고려인삼학회 73쪽.
17) 김경태, 1973, 「丙子開港과 불평등조약관계의 구조」, 『梨大史苑』11호.

환함으로써 국내 일본화폐의 유통량을 크게 증대시켰다.[18] 외국 상인의 거류와 상업활동을 위해 설치된 개항장은 국제무역의 활성화에 따라 점차 외국의 관리구역으로 발전하면서 각종 경제시설을 집중하여 내지에 대한 경제적 침투의 거점으로 활용되었고, 이러한 개항장 중심의 시장권이 형성됨으로써 점차 반식민지화의 위기가 고조되기 시작하였다.

강화도 조약은 청나라와 일본이 서구 열강과 맺은 조약과 비교해도 불평등성이 더 강한 것이었다. 청과 일본이 맺은 조약 역시 자유무역을 기초로 한 통상항 개방과 거류지설치·영사재판권·협정관세·최혜국조항이 주된 내용이어서 기본적으로는 모두 불평등한 조약이었다. 그러나 관세율의 상대적 유리, 내지통상권의 불인정, 연안무역권·연안해운권의 제한, 해관관리권의 자주성을 일본이 확보한 데 반해 청국은 이러한 주권들을 상실했고 조선의 경우도 청국과 다를 바 없었다.

예컨대 중국 수출입관세는 모두 5%이고 내지관세는 2.5%여서 조선과 비슷했고, 수출품은 일률적으로 5%, 수입품은 20%를 원칙으로 하던 일본이 가장 유리했다. 또한 일본만이 내지통상권을 배제하였기 때문에 일본은 국내시장을 외국상인으로부터 방어할 수 있었다. 중국은 연안무역권과 연안해운권 뿐만 아니라 內河항행권까지 허용함으로써, 개항장 10리 이내에서만 내지통상권을 허가한 조선보다 청나라가 불리했다. 반면 일본은 1869년 독일과의 통상조약을 제외하고는 내지통상권이나 연안무역권을 인정하지 않았다. 그리고 조선과 중국의 해관을 외국이 관리하였는데, 일본은 끝까지 해관관리의 자주권을 견지했으며, 조선은 개항장, 개시장에서의 주택, 창고, 공장의 설립권을 허용한 반면, 일본은 불허했다. 나아가 수도의 개방은 조선에서만 허용

18) 高嶋雅明, 1978, 『朝鮮における植民地金融の硏究』大原新生社, 38-39쪽.

하였다.[19)]

이와 같은 불평등조약체제의 성립은 조선 국내시장의 보호와 나아가 국내산업의 육성 자체를 어렵게 만들었다. 세계 자본주의 체제로의 편입 이후 국내시장이 보호장치를 제대로 갖추지 못하고 개방되었다는 것은 외국 자본주의의 파괴력이 그대로 조선시장에 관철됨을 의미하며 그 결과 미숙하나마 국내적 분업체계에 의하여 성립되었던 종전의 상품생산과 유통구조가 세계자본주의체제에 종속되는 결과를 가져왔다. 특히 조선이 아직 산업혁명도 완수하지 않은 일본에 의해 개항됨으로써, 조선은 세계자본주의 시장체제의 중심국가인 유럽과 미국의 압력과 동시에 후진국이었던 일본의 압력도 동시에 받아야 하는, 이른바 이중의 외압에 직면하게 된 것이다.[20)]

1876년 일본과의 불평등조약에 이어 1882년 청나라와 최초의 근대적인 조약인 조청상민수륙무역장정이 체결되었으며, 같은 해 미국과 조미수호통상조약이 체결되었다. 그 이후 1883년에는 조영조약, 1884년에는 러시아와 독일, 1886년에는 프랑스와 차례로 수호통상조약이 체결되었다. 일본이외에 서구열강과 차례로 통상조약을 체결한 1882년 이후를 제2차 개항기라고 부른다. 조선의 국내시장은 본격적으로 제국주의 열강의 각축장으로 전환된 것이다.

조일수호조규부록에 명기된 間行里程 四方10里 조항도, 일본의 경우와는 달리, 일본상인들에게 10리 이내의 지역에서 상업의 자유를 승인하였다. 간행이정의 거리는 1882년의 조일수호조규속약에서는 50리로,

---

19) 이헌창, 1999, 『한국경제통사』 법문사, 216-220쪽.
20) 梶村秀樹, 1983, 「동아시아지역에 있어서 제국주의체제로의 이행」, 『한국근대경제사연구』 사계절 편집부 편(富岡倍雄, 梶村秀樹編 1981 『發展途上經濟の硏究』 所收, 世界書院)

다시 1년 후에는 100리로 확대되었다. 1883년 이후 일본상인들은 개항장 거류지로부터 100리(40km) 이내 지역에서는 여행권을 소지하지 않고도 자유로이 통상할 수 있었다.

외국상인들에게 내지시장이 최초로 개방된 것을 1882년의 조청상민수륙무역장정에 의해서였다. 청나라 상인에게 조선은 육로통상권을 허용함으로써, 청나라 상인은 국내 상품의 구매권을 인정받았고, 청나라나 외국 상품을 국내시장에 판매할 권리는 인정하지 않았다. 이처럼 청나라 상인에게만 독점적으로 허용했던 내지시장에서의 제한된 영업권은 1883년 조영조약에 의해 비로소 수출입 양면에서 외상에 대한 완전한 형태의 내지통상권으로 용인되었으며, 최혜국조항에 따라 淸商·日商도 이 특권을 균점하게 된 것이다. 그 결과 1883년 이후 국내 시장은 외국상인에게 사실상 전면 개방하는 상태가 되었다.

1882년 이후의 제2차 개항기에 체결된 조약들도 강화도조약과 같은 불평등조약이라는 점에서 별 차이가 없다. 그러나 청나라와 체결된 조청상민수륙무역장정은 편무적 치외법권의 확대, 서울 양화진의 개시와 내지통상권의 허용, 연안무역권을 인정함으로써 국내시장 전역에 청나라 상인이 진출할 수 있게 되었고, 1883년에 영국과 맺어진 조영조약에서는 관세율을 수출 5%, 수입 7.5%를 기본으로 하는 협정관세율이 채택되었지만, 관세 이외에는 모든 내지관세를 부정하였고, 통상항의 확대와 토지와 가옥의 임차 및 구매, 주택, 창고, 공장설립의 자유를 부여하였고, 조청상민수륙무역장정에서 청나라 상인에게만 허용했던 내지통상권, 연안무역권 및 연안해운권, 조건적 치외법권 등을 최혜국약관을 통해 영국에도 허용함으로써, 이후 제국주의 모든 나라들에게도 이러한 권리가 인정되었다. 이와 같은 내지행상권, 연안무역권 등을 허용

한 조치는 조선 국내사정에 밝았던 일본상인에게 훨씬 유리한 조건을 제공한 것이었다.[21]

이처럼 개항은 불평등한 조건으로 세계자본주의에 타율적으로 편입된 것이었다고 해도, 국제무역이 확대와 기선이나 철도, 우편 등의 근대적 교통통신시스템의 도입, 은행 등의 금융제도의 도입으로 인해 국내시장이 성장할 수 있는 조건을 마련한 것이었다. 그러나 다른 한편에서는 세계 자본주의 시장의 수직적 국제 분업체계로 편입되고, 이와 더불어 개항은 제국주의 자본의 침투로 인해 한국은 식민지화의 위기에 직면하게 된 계기이기도 하였다.

## 3. 개항기 국제무역의 활성화와 외국 상인의 진출

### 1) 1차 개항기(1876-1882) 일본 상인의 진출과 대일무역의 성격

개항에 의한 가장 큰 충격은 국제무역의 활성화였다. 1876년의 개항으로부터 1882년에 이르기까지의 제1차 개항기에 일본상인은 조선의 대외무역을 독점하였다. 개항이전 19세기 동래 왜관을 중심으로 전개된 일본과의 무역은 거의 단절된 상태였지만 중국과는 홍삼을 수출하고 비단을 수입하는 공무역인 使行 무역이 활발하였다. 강화도조약 직전 대청무역액은 3백만 圓, 대일무역액은 12만원 정도로 추정되고 있다. 대일본 무역은 18세기 倭銀 유입의 격감으로 위축된 이래 미미한 규모를 유지하고 있었을 뿐이었다. 그러므로 대청, 대일무역은 밀무역이나 사상들의 교역이 부분적으로 행해졌지만, 주된 교역형태는 공무역형태로

---

21) 이병천, 1985, 「개항기 외국상인의 침입과 한국상인의 대응」, 서울대 박사논문 27-51쪽 참조.

이루어졌다. 관리무역형태로 국제교역이 이루어진 것이다. 이와 같은 전통적 관리무역체제는 개항이후 개항장 무역이 본격적으로 전개됨으로써 완전히 붕괴되었다.

개항이전 대청, 대일본 무역은 자급을 지향하는 중세 국가간의 교역으로서, 사치품위주이며, 무역은 외교에 종속된 형태로 전개되는 것이 일반적이다. 반면 개항이후 국제무역은 국가기관의 통제로부터 벗어나 상인 간의 자유로운 무역의 형태를 취하며, 교역품 또한 사치품에서 미곡과 면제품 등 대중소비품을 중심으로 교역이 이루어지는 것이 일반적이다. 개항이후 조선의 국제무역은 1876년 부산포, 1880년 원산, 1883년 인천이 차례로 개항되면서 종래의 제한적 관리무역체제를 벗어나 급속도로 증대해 갔다.

1876년에서 1882년까지의 제1차 개항기 조선의 대외무역은 일본 상인이 독점하였다. 조정의 통제권 밖에서 이루어지는 개항장에서의 대일무역은 선박에 의한 대량적이고 신속한 운송에 따른 저렴한 가격체계를 유지하였다. 반면 전통적인 방식으로 이루어졌던 대청무역은 조정의 간섭, 隊商형식의 육로운송 때문에 상품가격이 상대적으로 매우 높았다. 예를 들면 의주의 수입 金巾의 1斤에 4원 80전인데 비하여 개항장에서는 3원 80전, 의주 수출 우피 1근에 4원 60전에 비하여 개항장은 7원 90전이었다고 한다. 따라서 조선과 청의 국경에서 이루어졌던 柵門무역의 거래량은 부산, 원산항의 개항으로 인해 1881년 절반으로 줄었으며, 1882년 지폐 200만에 이르던 규모가 인천이 개항한 이듬해인 1884년에는 120만에도 미치지 못할 정도로 급속히 감소하였다. 이에 따라 대청무역에 종사하던 의주상인, 개성상인 등은 큰 타격을 입었으며, 이들은 동래상인과 결탁하여 대일무역에 진출하기 시작하였다.[22]

한편 개항 당초에는 일본 정부의 기대와는 달리 대조선무역이 잘 추진되었던 것은 아니었다. 일본 상인들에게 있어서 조선의 시장은 익숙하지 않았기 때문이다. 일본상인은 처음부터 間行里程 10리 이내 지역과 예외적으로 동래와 원산에서의 상업활동의 자유를 인정받고 있었으나, 조선의 관리와 주민들의 일본상인에 대한 악감정 때문에 상당한 기간 동안 불평등조약상의 이 권리를 온전히 누릴 수가 없었다.[23] 그러나 일본의 대조선무역이 엄청난 이익을 남긴다는 사실이 알려지자 많은 일본인들이 조선에 진출하였다. 이들 상인중에는 오쿠라 기하치로(大倉喜八郞) 등 일본의 유력상인도 없지 않았으나, 대부분은 소매상인·어민·채무자·모험가·무뢰배 등 영세상인이었다.[24]

1876년에서 1882년까지 주요수출품목은 미곡이 30.3%, 금 19.0%, 우피 16.2%, 豆類 10.9%, 건어 10.7%, 昆布 3.5%, 生絲 3.4%, 海蔘이 3.4%를 차지하여 미두 등 농산물이 58.6%를 점하고 있었다. 주요 수입품목으로는 각종 면포를 중심으로 하는 직물 및 염료가 85.1%를 차지하고 있었다. 제1차 개항기의 대일 수출입액과 수출상품과 수입상품의 비중을 살펴보면, 다음의 <표 1>과 같다.

---

22) 姜德相, 1962, 「李氏朝鮮開港後に於ける朝日貿易の展開」, 『歷史學硏究』 265. 개항이전 1873~76년 평균 13만圓에 머물러 있던 대일무역규모가 수년이내 10~30배로 확대되었으며 그 반면 3~4백만圓이 달하던 대청무역의 규모는 축소일로에 있었다고 한다.
23) 이병천, 1985, 「개항기 외국상인의 침입과 한국상인의 대응」, 서울대 박사논문
24) 김호범, 1993, 「개항기 상업구조와 식민지 상업체제의 형성에 관한 연구」, 『경제연구』 2권 1호.

<표 1> 1876-1882년 대일수출입액과 주요 수출입품 비중[25] (단위:천圓, %)

| 연도 | 수출액과 그 구성 | | | 수입액과 그 구성 | | 무역총액 | 무역수지 |
|---|---|---|---|---|---|---|---|
| | 총액 | 미곡 | 콩 | 총액 | 면제품 | | |
| 1876 | 93 | | | 188 | 6.2 | 281 | -95 |
| 1877 | 59 | 3.3 | 7.1 | 127 | 42.9 | 186 | -68 |
| 1878 | 181 | 27.9 | 14 | 245 | 68.7 | 426 | -64 |
| 1879 | 612 | 58.6 | 16.2 | 567 | 84.2 | 1179 | +45 |
| 1880 | 1256 | 58.1 | 9.5 | 978 | 78.6 | 2234 | +278 |
| 1881 | 2230 | 17.1 | 8.8 | 1874 | 79.8 | 4104 | +356 |
| 1882 | 1769 | 1.2 | 17.6 | 1562 | 82.1 | 3331 | +207 |

<표 1>에서 보듯이 이 시기 수출액은 1877년까지 10만원에 미달했지만, 1878, 1879년에는 18만원, 61만원으로 급증했고, 1880년에서 1882년에는 120만원에서 220만원으로 다시 크게 증가하였다. 수입액은 1880년까지 100만원에 미치지 못하였지만, 1881년, 1882년에 이르러 180만에서 150만원으로 급증하였다. 무역수지의 측면에서 보면, 이 시기 대일무역은 초기인 1878년까지 6만여원의 적자를 기록하다가, 1879년이후 1882년까지는 매년 2만원에서 3만 5천원까지의 흑자를 기록하고 있다. 조선에서의 金地金의 수출을 포함했기 때문이다. 일본의 입장에서는 이러한 무역적자를 일본화폐의 유출을 통해 해결하고 있었다. 이 시기 한국과 일본의 이자율 격차는 평균 7%에 달했기 때문에, 일본 상인의 입장에서 일본화폐를 조선에 반입하는 것은 무역적자를 메우는 역할 뿐만 아니라 부의 증식에서도 매우 유리한 것이었다.[26]

---

25) 이헌창, 1999, 『한국경제통사』, 법문사, 225쪽에서 재인용.
26) 이자율 격차는 러일전쟁 직후인 1905년 2%대로 감소. 1905년 화폐정리사업의 결과 한국의 통화가 일본은행권과 1:1로 교환되는 제일은행권으로 전환되어 금융리스크도 줄어들게 되었다.(김대현, 2011 「한국 근대의 금융과 투자」 서울대 경제학과 박사논문)

한편 면제품이 주류를 형성했던 대일 수입품 중에 일본제품과 유럽, 미국제품의 비율을 보면 다음의 <표 2>와 <표 3>과 같다.

<표 2> 1877-1882년 대일 수입품 중 일본 제품과 유럽, 미국제품의 비율[27]

| 연도 | 일본제품(%) | 유럽, 미국제품(%) |
|---|---|---|
| 1877 | 38.1 | 61.9 |
| 1878 | 20.6 | 79.4 |
| 1879 | 9.8 | 90.2 |
| 1880 | 11.9 | 88.1 |
| 1881 | 10.4 | 89.6 |
| 1882 | 6.4 | 93.6 |
| 평균 | 11.7 | 88.3 |

<표 3> 1877-1882년 대일 수입품의 제조 산지별 구성[28]

| 연도 | 수입액(단위 千圓) | 일본산(%) | 외국산(%) |
|---|---|---|---|
| 1877 | 124 | 56 | 44 |
| 1878 | 225 | 21 | 79 |
| 1879 | 467 | 10 | 92 |
| 1880 | 663 | 12 | 88 |
| 1881 | 1148 | 10 | 90 |
| 1882 | 1093 | 11 | 89 |

<표 2>와 <표 3>에서 보듯이 대일 수입품 중에 일본산 제품의 비율은 시기가 지남에 따라 점차 줄어들었고, 유럽과 미국산 제품이 압도적 비중을 차지하였다. <표 2>에서는 이 시기 평균 총수입액의 88.3%

---

27) 러시아 대장성편, 1905, 『韓國誌』 113-114쪽. (노상윤, 1990 「개항기 조선시장을 둘러싼 청일의 무역경쟁과 수탈에 관한 연구」 경성대 박사논문 38쪽 재인용)
28) 北川修, 1932, 「日淸戰爭까지의 日鮮貿易」, 『歷史科學』 1권1호, 제3표와 제9표로 작성(이헌창, 1999, 『한국경제통사』, 법문사, 228쪽에서 재인용)

는 유럽제품이고 그 대부분은 면직물로서 평균 총수입액의 77.1%를 차지하고 있다. <표 3>에서도 유럽산 제품이 90%가량 차지하고, 일본산 제품은 10% 내외를 차지하고 있다. 이러한 통계를 통해서 알수 있듯이 1876년에서 1882년까지 일본 상인들은 유럽과 미국에서 생산한 제품을 조선의 시장에 판매하는 중개무역을 전개하였다. 일본 상인들은 대조선 중개무역과정에서 일본정부의 비호와 자금지원 등 각종의 보호조치와 韓錢 시세의 조작, 사기와 협박 등 약탈무역적 방법을 동원하여 자본을 축적함으로써, 일본의 본원적 축적에 크게 기여하였던 것이다.

한편 국제무역의 활성화는 전통적인 국내 상품유통체계를 재편시켜 새로이 개항장을 기점으로 하는 수출입 상품유통체계를 형성시켰을 뿐만 아니라 수출입 상품유통을 담당하는 상인층을 출현시켰다. 개항초기 일본 상인의 활동범위는 개항장에서 사방 10리로 제한되어 있었다. 일본상인들은 내지 시장에 접근할 수 없었기 때문에, 당시의 대일교역은 개항장의 조선인 객주·여각 등 중간상인을 매개로 해서 이루어졌다. 일본상인-개항장 객주-내지 행상이라는 개항장 중심의 유통구조가 형성되었던 것이다.

제1차 개항기 대일교역의 중심은 부산이었다. 일본에서 수입된 金巾은 부산포를 거쳐 경상, 전라, 충청, 강원 등 4개도로 유통되었는데, 이들 수입품은 농촌장시에서 국내 행상을 통해 엽전으로 교환된 뒤에, 행상은 엽전으로 다시 곡물을 구입하여 부산항에 반출하였다. 이처럼 미곡의 대일수출 유통시장이 부산을 중심으로 새로 형성됨으로써, 종전 국내의 미곡유통시장은 큰 위협에 직면하게 되었다. 예컨대 과거 함경도 지역은 강원도의 영동지방과 경상도 동해안을 연결하는 곡물유통권 아래 경상도에서 미곡을 공급받고 있었다. 그러나 부산항의 곡물수출이 증가하면서 함경도로 공급되던 곡물이 줄어들었고, 이는 19세기말 함경도 지역의 농민들이 만주지역으로의 월경을 촉진하였다. 뿐만 아니라 1882년 서울에서 미곡가격의 급등으로 임오군란이 발생한 것, 1890년대 전라도 지역에서 방곡령이 내려진 것은 모두 이와 같은 미곡유통권의 변화를 반영한 것이었다고 평가된다.[29]

## 2) 2차 개항기(1883-1894) 청, 일상의 경쟁과 시장의 성장

제국주의 열강과 차례로 통상조약을 체결한 1882년부터 청일전쟁까지의 시기를 제2차 개항기로 규정할 수 있다. 이 시기를 규정한 것은 조청상민수륙무역장정과 1883년 개정된 신조영조약이었다. 조청상민수륙무역장정에서 수도 서울도 개방되었을 뿐만 아니라 청나라 상인에게 부여한 내지행상권은 1883년 조영조약을 계기로 모든 외국상인에게 허용됨으로써 내지시장이 전면적으로 개방되었다. 그 결과 이 시기에는 일상과 청상, 조선상인 간에 치열한 경쟁이 전개되었다.

내지통상의 허용은 종전 개항장 중심의 유통구조에 큰 변화를 초래하였다. 일본상인과 청상은 개항장 객주의 개입을 배제하고 거류지의 수출입 상품유통기구를 직접 지배할 수 있게 되었다. 또한 외국상인들은 개항장과 내지시장 사이의 상품가격 차이를 자신이 차지할 수 있게 되었다. 내지 및 개항장의 미가는 시기나 지역에 따라서 심한 차이를 보였기 때문에, 부등가 교환의 이익을 최대화하기 위해서는 내지행상권을 획득하는 것이 외국상인에게는 무엇보다 중요했던 것이다. 개항장과 내지시장의 상품가격 차는 외국 상인의 내지시장 진출이 활성화되고, 외

---

29) 하원호, 1997, 『한국근대경제사연구』 신서원 27쪽.

국상인 사이에, 또는 외국상인과 조선상인 사이의 경쟁이 치열해짐에 따라 점차 감소해 갔을 것이다. 이에 따라 내지통상에서 얻는 부등가 교환의 이익은 시기가 지나면서 점차 축소되어 갔다. 또한 외국상인들이 직접 내지 통상에 나서게 되면, 그동안 개항장 객주를 통해서만 상품을 거래했던 한계를 벗어나게 되어, 시장의 규모가 크게 확대되었다.

개항기 조선의 시장이 정기시체제에 머물러 있고 상설시장이 발전되지 못한 상태에서 내지통상을 통한 시장의 확대는 외국상인의 상업이윤을 확대하는데 매우 절실한 과제이기도 했다. 이처럼 외국상인에게 내지통상권이 부여됨으로써, 조선상인의 입장에서는 그동안 지배하고 있었던 국내시장을 외국상인에게 내어줌으로써, 독자적인 자본축적영역을 침식당한 결과를 초래하였다.[30]

1882년 임오군란의 진압을 위해 파견된 청병을 따라 최초로 진출한 청상은 1884년에는 650명으로 증가하였다. 이때 진출한 청상들은 대부분 소상인이었으며, 그 상당수는 갑신정변이 진압되자 본국으로 퇴거하였고, 1887년이후에 청나라에서는 유력 大商人들이 새로이 조선시장에 진출하였다. 그러므로 청상의 내지통상은 1888년이전에는 그다지 활발하지 않았지만, 1889년이후부터 활발하게 전개되고 있었다. 서울 이남 지역인 경기, 충청지역에서 청상의 활동이 적극적으로 전개되었음은 1893년 일본인에 의해 작성된 다음의 商況報告에서 잘 알 수 있다.

清商의 內地行商은 이번 순회지방에서는 실로 놀랄 정도로 진보하여, 상업지라고 할 만한 지역에는 반드시 청상이 거주하여 상업을 영위하지 않는 자가 없으며,

---

30) 이병천, 1985, 「개항기 외국상인의 내지상권 침입-청상, 일상을 중심으로」, 『경제사학』 9

어떠한 僻村이라 하더라도 會市日에 청상이 오지 않는 곳이 없다고 한다. 公州, 江景, 禮山등의 시장에는 어느 곳에도 20-30 인의 來住者가 있다. 그 대부분은 시일을 순회하는 賤商이지만 공주, 강경, 예산 등에는 상당한 商人들어와 있어 아주 커다란 거래를 한다고 한다. 주로 金巾類, 각종 洋布類, 청국산 織疋, 잡화류 등이며 곡물 매입도 상당히 폭 넓게 취급하여 九萬浦같은 곳은 多額의 자금을 투입하여 매입한다고 한다. 종래 安城市에는 水原商人이 많이 외국품을 仁川에서 구업·판매하여, 이러한 商人이 百名이나 있었는데 근래 다수의 청상 會市者가 있기 때문에 점차 商權을 탈취당해 폐업하는 자가 많다는 것으로도 그 일면을 알 수 있을 것이다. 公州, 江景같은 곳은 모두 가옥을 소유하여 開店하고 있다. 전라도 全州같은 곳은 30 명 청도의 청상이 들어와서 同道 각지의 시일에는 이 역시 어디에도 청상이 오지 않는 곳이 없다고 한다. 長[湖]院, 公州에는 華商 某某라고 간판을 내걸고 있는 자를 본다.(중략) 現在의 모양으로 보건대 이제 일층 진보를 초래하면 그 근검과 안내의 두 가지 점에 대해서 당국의 裸商, 負商類는 점차 압도될 것이며, 또 조금 큰 거래를 하는 商人도 자본이 박약한 점에 있어서 청차 청상이 이들을 능가하게 될 것이다. 이렇게 하여 더욱 나아가면 팔도의 상권은 어쩔 수 없이 조선상인의 수중에서 청상의 수중으로 넘어갈 경우를 낳으리라는 것도 예측하기 어렵지 않을 것이다.[31]

청상들은 강경, 예산, 공주, 안성, 장호원 등 서울이남 경기, 충청의 내지상업 중심지에서 국내 행상과 경쟁할 정도로 진출이 두드러졌고, 안성에서는 조선 상인과의 경쟁에서 승리하여 조선상인을 폐업시키기도 했던 것이다. 청상들은 주로 수입 洋布類를 판매했지만, 일부 상인들은 내지시장에서 곡물을 매입하여 개항장의 일본상인에게 전매하기도 했다. 청상들은 양포류를 판매한 대가로 획득한 조선화폐를 이러한 방법으로 처분하였다. 청상들은 서울 이남의 경기 및 충청지역의 시장에는 대대적으로 진출하였으나, 서울이북의 중부지방은 개성상인의 유통지

---

31) 『通商彙纂』, 제1호, 京畿道及忠淸道地方商況幷＝農況視察報告, 1893년 10월(이병천, 위의 논문에서 재인용)

배권이 강고하였기 때문에 청상의 영향력은 그다지 크지 않았다.

반면 일본상인들의 내지통상은 주로 부산과 원산항을 중심으로 이루어졌고, 인천항을 근거로한 활동은 1886년까지 매우 저조하였다. 일본상인들은 청상보다 3년 늦은 1885년에야 서울에 거주가 허용되었기 때문에, 인천항을 중심으로 한 일상의 내지통상도 그만큼 늦었던 것이다. 그러나 일본상인의 서울 거주가 허용된 이후 일본상인의 내지행상활동 또한 매우 급증하여, 1888, 1889년경 일본 상인들은 경상도, 함경도 지역에서 활발하게 곡물매집활동을 전개하고 있었다. 일본상인들의 내지통상지역을 보면, 청상에 비해 비교적 모든 지역에 골고루 분포하였다. 일본상인들은 초기에 거류지 배후지역에서 점차 내지 깊숙한 지역으로, 경상, 함경지역에서 황해, 충청, 경기 지역으로 활동범위를 확대해 나갔다. 일상의 내지통상은 주로 곡물매입활동이었으며, 수입품의 판매에 종사하는 내지통상자는 수도 적었고, 극히 영세한 상인이었다. 일본 상인들의 곡물매입활동은 대부분 내지 객주의 중개에 의존하였는데, 이 경우 일본상인은 객주들에게 자금을 선대하는 경우가 적지 않았다.[32]

한편 1883년 서울을 배후로 한 인천항이 개항됨으로써, 국제무역의 중심지가 부산, 원산에서 서서히 인천으로 이동하였다. 부산항의 수출 비중은 1885년 전체 쌀 수출양의 83.6%, 1886년 98.1%를 차지했으나, 1886년 이후부터는 인천항의 수출량이 늘어나면서 전체 쌀 수출양의 60% 전후를 차지하는 것으로 감소되었고, 1893년에는 인천항의 쌀 수출액의 비율이 73.3%, 1894년에는 82.9%로 역전되었다. 부산항에 비해 인천항이 대일무역에서 차지하는 비중이 더욱 커진 것이다. 한편 툐

---

32) 이상 청상과 일상의 내지행상에 대해서는 이병천, 1985, 앞의 논문을 근거로 서술하였음.

類도 1887년 이후 인천항과 부산항의 수출비율이 대등하다가 후기로 갈수록 인천의 수출량이 우세한 추세에 있었다. 이렇듯 곡물수출의 중심은 부산에서 인천으로 이동하였다. 인천항은 서울의 유통권과 밀접한 관계를 가졌기 때문에 종래 서울로 향하던 貿穀船은 인천항 미가와 서울 미가의 차이에 따라 이동하였다. 1890년 이후 곡물 수출의 급증은 서울의 곡물가격을 등귀시켰으며, 국내 최대의 곡물소비시장인 서울과 곡물 대일수출의 새로운 중심지로 등장한 인천항 사이에 곡물유통의 주도권을 둘러싸고 상권대립이 치열하게 전개되었다.[33]

인천항의 개항은 부산 중심의 국제무역질서를 인천항 중심으로 재편했을 뿐만 아니라, 국제교역에서 일본상인과 청나라 상인과의 대립에서 청상에 유리한 조건을 조성한 것이기도 했다. 1883년 11월 중국 초상국의 輪船 富有號의 항로는 중국 烟台-인천-부산-長崎-상해의 항로를 정기적으로 운항하였고, 부정기적 노선으로 장기-부산-원산-인천-연태-상해 간을 운항하였다. 1883년까지만 해도 인천은 정기항로가 아니라 부정기항로에 편성되어 있었다. 그러나 인천 개항이후 상해-인천-부산-나가사키를 연결하는 항로가 중심적인 항로로 변모하였다. 국제무역 항로의 변경은 그동안 서구의 수입품을 나가사키를 통해 수입한 뒤 부산에서 판매했던 일본상인들에 비해, 상해에서 서구제품을 수입하여 인천을 통해 판매하는 청상에게 훨씬 유리한 것이었다.

1894년 이전 단계에서 일본 상인과 청나라 상인의 내지진출 내지 상권탈취의 범위는 비교적 한정되어 있었다. 조약상의 내지행상권을 실제로 행사하여 내지 시장에 본격적으로 진출한 시기는 1888년 이후부터였다. 이 때에 이르러 비로소 淸商은 중서부 연안지역에서 金巾買入을

---

33) 하원호, 1997, 『한국근대경제사연구』 신서원 28-29쪽

중심으로, 日商은 釜山, 元山을 거점으로 米, 大豆의 매입을 중심으로 점점 대규모로 활동하기 시작한 것이다.

이와 같은 내지시장에 대한 일본상인의 진출, 특히 곡물의 매점행위는 조선 지방관료들의 방곡령을 야기하였다. 방곡령은 곡가 등귀로 주민의 생활이 어려워질 것을 염려한 지방관리의 정당한 穀物禁輸權의 행사였다. 그러나 이러한 방곡령에 대해 일본정부는 강력하게 반발하였다. 결국 일본은 1893년까지 외교교섭을 펼친 끝에 결국 조선측이 굴복함으로써 일본상인의 내지통상권이 다시 회복될 수 있었다.

방곡령은 조선 정부의 굴복으로 철회되긴 했지만 日商의 곡물 매입행동을 견제하는 역할을 수행하였다. 지방관청의 방곡령 실시에 호응하여 원산에서는 개항장 객주를 중심으로 元山商會所가 조직되고, 이를 기반으로 內地商權 수호를 추구하는 움직임이 나타났다. 1888년에서 1889년에 걸쳐 인천, 부산에서는 25객주 專管地域制라는 특이한 제도가 시행되었는데, 이것은 外商과 내지시장을 차단하는 기능을 지닌 것이었다. 내지행상은 반드시 지역마다 특정한 개항장 객주를 통해서만 화물을 수출할 수 있었다. 개항장 객주에게 수출에 대한 특권을 부여한 제도인 것이다. 1894년 이전 방곡령과 25객주 전관지역제와 같은 시도를 통해 조선은 내지상권을 보호하고자 노력하였다. 이러한 노력으로 내지행상권 허용이라는 조약에도 불구하고 청, 일상의 내지시장 침투는 상당히 제약되어 있었다고 볼 수 있다.34)

제2차 개항기에는 외상에 대한 내지통상권의 확대와 서구열강과의 통상확대로 무역량이 현저하게 증대하였는데, 제1차 개항기 때의 수출

---

34) 梶村秀樹, 1986, 「근대조선의 상인자본등의 외압에 대한 제대응-갑오이후(1894~1904년)기 商權문제와 생산과정-」, 『歷史學硏究』 560집.

초과가 역전되어 만성적인 국제수지의 적자가 누적되었다.[35] 이처럼 국제무역의 활성화는 국내시장의 성장을 결정적으로 촉진하였다. 우선 농산물 등의 수출을 위한 시장이 성장하였고, 섬유제품 등의 수입은 가내수공업을 해체시키면서 시장을 확대시켰으며, 기선과 철도 등의 근대적 운송수단의 도입은 시장의 양적, 질적 성장을 촉진하였다.

  개항이래 시장의 성장을 주도한 것은 개항장이었다. 부산, 인천과 같은 포구도 개항장이 된 후에는 전국 굴지의 시장으로 성장하였으며, 철도 개통이후에는 철도교통 중심지가 내륙 상업도시로 성장하였다. 조선 후기에 농촌 장시가 상업적 요구를 주로 충족하였는데, 개항 이래 시장이 한층 가속적으로 성장하는 가운데 도시화율이 높아지고 도시사장의 역할이 커진다. 개항 후 세계시장에 편입됨으로써 시장이 급성장하였기 때문에, 무역시장이 시장의 성장을 주도하였다. 무역의 거점은 개항장이었고 개항장은 외국시장과 국내시장을 연결하는 매개자였다. 1880년대부터 각 개항장의 곡물가격은 배후지의 풍흉에 영향을 받으면서도 일본시장의 가격에 연동하여 변하였다. 무역규모의 확대에 대응하여 개항장은 항만, 교통, 금융, 통신설비를 정비하면서 수적으로 증가하고, 외국인이 자유로이 통행, 매매할 수 있는 間行里程은 확대되고, 내지통상은 진전하였다. 이것은 개항장의 시장권이 지역적으로 확대되며 고속에 위치한 생산, 소비자의 국체분업관련이 심화됨을 의미했다. 무역시장의 확대를 조선 외적인 요인으로만 파악해서는 안된다. 조선의 船商이 개항장과 내지시장을 연결하는 기능을 주로 맡았다. 이들은 가격조건과 유통비용의 변화에 민감하게 반응함으로써 개항장시장권을 확대, 심화

---

35) 김호범, 1993, 「개항기 상업구조와 식민지 상업체제의 형성에 관한 연구」, 『경제연구』 2권 1호.

시켰다. 개항전에 도시시장-포구-농촌장시간의 연계를 통하여 정비된 전국적인 유통망에 의존함으로써, 수입품은 80년대부터 대부분의 지역에 침투할 수 있었다.[36]

1차 개항기(1876-1882)의 국제무역이 일본을 중심으로 전개되었다면, 2차 개항기에는 영국, 미국, 프랑스, 러시아 등 제국주의 열강과의 교역도 시작되었다. 그러나 2차 개항기 주된 무역상대국은 중국과 일본이었다. 1883년-1894년 사이 일본과 중국과의 무역액을 보면 다음의 <표 4>와 같다.

<표 4> 1883년-1894년 대조선 무역액의 나라별 구성[37] (단위 : 천 圓, %)

| 연도 | 수입액 | 일본 | 중국 | 수출액 | 일본 | 중국 | 금수출 | 일본 | 중국 |
|------|--------|------|------|--------|------|------|--------|------|------|
| 1885 | 1672 | 82 | 18 | 388 | 97 | 2 | | | |
| 1886 | 2474 | 82 | 18 | 504 | 97 | 3 | 1130 | 81 | 19 |
| 1887 | 2815 | 74 | 26 | 805 | 97 | 2 | 1388 | 85 | 15 |
| 1888 | 3046 | 72 | 28 | 867 | 91 | 8 | 1374 | 75 | 25 |
| 1889 | 3378 | 68 | 32 | 1234 | 91 | 9 | 982 | 62 | 38 |
| 1890 | 4728 | 65 | 35 | 3550 | 98 | 2 | 750 | 37 | 63 |
| 1891 | 5256 | 61 | 39 | 3366 | 96 | 4 | 689 | 40 | 60 |
| 1892 | 4598 | 55 | 45 | 2444 | 93 | 6 | 853 | 43 | 57 |
| 1893 | 3880 | 50 | 49 | 1698 | 91 | 8 | 919 | 46 | 54 |
| 1894 | 5832 | 63 | 35 | 2311 | 89 | 7 | 934 | 68 | 32 |

<표 4>에서 보듯이 대조선수입과 수출에 있어서 일본과 중국이 100%를 차지하였다. 조선의 수입액은 1885년에는 일본이 82%를 차지할 정도로 압도적이었으나, 1893년에는 일본과 중국이 50%를 차지할 정도로 중국에서의 수출이 증가하였다. 반면 조선의 수출품 중 일본이

---

36) 이헌창 1999,『한국경제통사』법문사, 246쪽
37) 이헌창, 1999, 앞의 책 227쪽에서 재인용

차지하는 비중은 1885년부터 1894년까지 거의 90%를 상회하였고, 중국에 대한 수출품은 10%가 채 되지 않은 비율이었다. 이로써 보면, 이 시기 청나라 상인들은 서구제품이나 청국산 제품을 조선의 국내시장에 판매하는 것을 위주로 영업했다면, 일본 상인들은 서구제품의 중개무역 뿐만 아니라 자국의 자본주의 발전에 토대가 되는 식량자원의 수입에도 매우 적극적이었음을 확인할 수 있다.

한편 개항직후인 1879년의 무역규모는 백만원 정도였지만, 1895년에는 천만원을 상회하였다. 1차 개항기에는 대일무역의 수지가 흑자를 기록하였지만, 1885년부터 무역적자가 항상화되고, 그 규모도 점점 커져갔다. 다음의 <표 5>는 청국의 진출이 본격화하는 1885년 이후의 청일 양국과의 무역액을 비교한 것이다. 이 가운데 '상품의 수출입합계' 항의 대비에서 보듯이 절대액에서는 일본과의 교역액이 계속 높았지만 후기로 갈수록 상호 경합하고 있음을 알 수 있다. 이러한 경향은 특히 '수입'항의 대비에서 더욱 분명히 드러나는데 1890년대에 이르면 상호 절대액에서도 차이가 줄어들고 있었다. 더구나 1890년대에 들어 일본과의 경우 무역의 수지면에서 곡물수출이 급격히 증대하면서 수출초과의 현상이 나타나며 조선측이 흑자를 보이는 때도 있으나, 청국과의 교역과정에는 항상 조선이 적자를 면치 못하고 있다. 이 수지면에서 양국간 차이는 청국상인이 주로 수입무역에 종사한데 반해 일본상인의 경우 자본재 상품의 수입에 그치는 것이 아니라 조선의 미곡을 수입해갔기 때문이다. <표 5>에서 보듯이 1889-1894년 동안 대청무역적자는 매년 1,000만원을 상회했는데, 그 중 절반은 금의 수출로 결제되었고, 나머지는 부동산구입, 자본재 수입 등의 자본투자로 메워졌다.[38]

---

38) 하원호,1997,『한국근대경제사연구』신서원 21쪽

<표 5> 對淸日 무역액 비교(1885~94)

<단위: 천 圓>

| 연도 | 대일본 | | | | | 대청국 | | | | | 양국간 무역의 대비 | | | |
|---|---|---|---|---|---|---|---|---|---|---|---|---|---|---|
| | 수입(A) | 수출(B) | | 상품의 수출입 합계(E) | 무역 수지 (B-A) | 수입(F) | 수출(G) | | 상품의 수출입 합계(J) | 무역 수지 (G-F) | 수입 (A/F) | 수출 | | 상품의 수출입 합계(E/J) |
| | | 상품(C) | 금(D) | | | | 상품(H) | 금(I) | | | | 상품(C/H) | 금(D/I) | |
| 1885 | 1,377 | 377 | 599 | 1,754 | -401 | 301 | 9 | | | | 4.56 | 41.89 | | |
| 1886 | 2,064 | 488 | 911 | 2,552 | -665 | 439 | 15 | 218 | 454 | -206 | 4.70 | 32.53 | 4.18 | 5.62 |
| 1887 | 2,080 | 783 | 1.177 | 2,863 | -120 | 732 | 18 | 210 | 750 | -504 | 284 | 43.50 | 5.60 | 3.82 |
| 1888 | 2,196 | 785 | 1,025 | 2,981 | -386 | 847 | 71 | 348 | 918 | -428 | 2.59 | 11.06 | 2.95 | 3.25 |
| 1889 | 2,299 | 1,122 | 608 | 3,421 | -569 | 1,085 | 109 | 373 | 1,194 | -603 | 2.12 | 10.29 | 1.63 | 2.87 |
| 1890 | 3,086 | 3,475 | 275 | 6,561 | 664 | 1,651 | 70 | 474 | 1,721 | -1,107 | 1.87 | 49.64 | 0.58 | 3.81 |
| 1891 | 3,226 | 3,219 | 273 | 6,445 | 266 | 2,044 | 136 | 415 | 2,180 | -1,493 | 1.58 | 23.67 | 0.66 | 2.96 |
| 1892 | 2,542 | 2,271 | 366 | 4,813 | 95 | 2,050 | 149 | 485 | 2,199 | -1,416 | 1.24 | 15.24 | 0.75 | 2.19 |
| 1893 | 1,949 | 1,543 | 425 | 3,492 | 19 | 1,906 | 134 | 493 | 2,040 | -1,279 | 1.02 | 11.51 | 0.86 | 1.71 |
| 1894 | 3,646 | 2,050 | 638 | 5,696 | -958 | 2,065 | 162 | 259 | 2,227 | -1,644 | 1.77 | 12.65 | 2.46 | 2.56 |

<비고> 1. '양국간 무역액 대비'항은 대일무역액에 대청무역액을 나눈 대수치이다.
2. '상품의 수출입합계'항은 '금'을 제외한 '수입'항과 '수출상품'항의 합계이다.[39]

2차 개항기 대일수출입 품목을 살펴보면, 1885년의 수입품목은 약간 다양화되었으나 면직물이 총수입액의 53.7%를 차지하고 있었다. 수입 상품의 제조국별 비율은 영국 57%, 일본 19%, 중국 12%로, 이 시기에도 일본상인은 여전히 유럽제품의 중개상인의 성격을 띠고 있었다. 그러나 일본은 청일전쟁 이전에 중개무역을 탈피하려는 움직임을 보였다. 1882년 이전까지 일본산 면제품 수출액은 10% 정도였지만, 1883년 이후에는 50% 전후로 상승했고, 1890년부터는 80%을 넘게 차지하고 있었다. 일본이 조선에 대한 자국산 제품의 수출비중을 증대시킨것은 당시 수입주종품인 金巾의 중개무역을 청상에게 탈취당했기 때문이기도

---

39) 오두환, 1984, 「한국개항기의 화폐제도 및 유통에 관한 연구」 서울대 경제학과 박사논문(하원호, 1997 앞의 책 21쪽에서 재인용)

하다. 金巾의 중개수입 중에 일본상인의 몫은 1886년부터 10% 미만으로, 1888년부터 2%이하로 떨어졌고, 청일전쟁 직전 그것은 중국상인에 의하여 완전히 장악되었다. 영국산 면제품을 나가사키를 거쳐 수입한 뒤, 인천을 통해 판매하는 일본상인들보다 상해에서 수입하여 인천에서 판매하는 청나라 상인이 훨씬 유리했기 때문이다. 청나라 상인과의 중개무역 경쟁에서 뒤처진 일본상인들은 이러한 열세를 일본산 면직물의 수출을 통해 극복하고자 했다.

한편 주요 대일 수출품의 비중은 미곡 36.6%, 豆類 32.8%, 牛皮 15.6%, 乾魚 3.3%, 海苔 1.7%, 韓紙 1.1%, 海蔘 0.8% 등이었는데, 특히 두류의 수출증가가 현저하다. 두류의 수출증가는 미곡생산에 비하여 안정적이고 쌀에 비해 일본의 국내시세가 안정되어 상품화에 유리했기 때문이다. 미곡과 콩은 1890년대 이후 수출주종품의 자리를 굳혔지만, 수출액은 가변적이었고, 우피가 최대 수출액을 기록한 해가 많았다.[40]

2차 개항기에는 기선을 중심으로 한 근대적 운송수단이 본격적으로 도입된 시기이기도 했다. 기선에 의한 상품운송체제는 원격지 유통의 확대와 이에 따른 국내 상품 유통의 전반적 증대를 가져왔다. 예컨대 1885년 부산항의 국내상품 이입액 38,495圓, 이출액 68,856圓이었지만, 1894년에는 각각 520,848圓, 473,653圓으로 이입액은 10년사이에 13배, 이출액은 7배나 증가했다. 원산의 경우 1885년 이입액 76,781圓, 이출액 62,247圓이었지만, 1894년 이입액 326,894圓, 이출액 428,625 圓으로 10년사이에 이입액은 4배, 이출액은 7배 증가했고 인천에서도 1885년 이입액 16,649圓, 이출액 5,147圓에서 1895년 이입액 297,601

---

40) 김호범, 1993, 「개항기 상업구조와 식민지 상업체제의 형성에 관한 연구」, 『경제연구』 2권 1호.

圓, 이출 277,164圓으로 같은 기간동안 각각 18배, 55배 증가하였다. 이
입액에는 외국과의 교역을 위한 상품이 다수 포함되어 있었지만 이출액
은 국내 유통을 위한 것이 많았다. 외국과의 무역상품으로 등장하지 않
았지만 국내 상품유통에서 중요한 상품이었고 외국상품의 수입에 크게
영향을 받지 않던 명태와 마포의 예를 들면 명태는 1880년대 5만圓 정
도에 불과하던 원산의 이출액이 1890년대에 30만圓 내외, 麻布는 1885
년 6만圓에서 1890년대 초 한때 100만圓에 가까운 수준에 이르렀다. 이
같은 유통량의 증대는 무엇보다 기선이라는 근대적 운송수단의 발달로
인한 결과이며 한편으로는 조선사회 내부의 상품생산과 수요가 확대되
고 있었음도 함께 의미하는 것이다. 즉, 대외무역 특히 곡물과 금 등의
대량수출로 전반적으로 조선사회의 상품구매력이 증진되고 있었던 것
이다.[41]

국내의 원격지 유통은 주로 일본인이 소유한 기선에 의존했다. 따라
서 국내적 상품유통에서도 일본상인이 주도권을 쥘 수밖에 없었고 일본
상인에 대한 조선상인의 종속도 심화되는 현상이 나타났다. 이들은 기
선을 이용해 개항장 사이의 교역을 주도했고 개항되지 않은 연안의 포
구에서 밀무역을 자행하기도 했던 것이다. 일본상인들은 일본에서 곡가
가 하락할 때 매입한 곡물을 일본에 반출하지 않고, 국내의 다른 개항장
으로 이송하여 상업적 이윤을 취득했다. 이같은 현상은 미곡외에 명태
와 마포와 같은 상품에서도 동일하게 나타나고 있었다. 1889년 인천의
연안무역의 경우 조선상인이 장악하고 있었지만, 원격지인 부산의 미
역, 원산의 명태 등의 상권은 대체로 기선을 이용한 일본상인이 담당했
다. 그래서 종래 조선상인에 의해 육로를 통하여 서울로 수송되던 함경

---

41) 하원호, 1997, 『한국근대경제사연구』 신서원 30쪽

도의 명태와 마포의 상권이 해로를 이용한 일본상인에게 침식당해 서울 상인들이 손해를 입고 있는 실정이었다. 이와 같은 외국상인의 상권침탈은 종래 유통경제를 장악하고 있던 전통상인에게 대응과 종속을 강요했던 것이다.

## 4. 米綿交換體制의 성립과 시장권의 변화

19세기 말 산업혁명을 수행하고 있었던 일본은 아직 산업화가 진행되기 이전인 조선과 국제적 분업관계를 맺음으로써 자국의 발전을 가일층 촉진할 수 있었다. 산업혁명을 달성하지 못한 조선과 산업혁명기 일본과의 국제적 분업관련을 표현하는 용어가 바로 미면교환체제이다. 이러한 미면교환체제가 성립되는 과정은 <표 6>의 조선과 일본과의 무역구조의 변화를 통해 확인할 수 있다.

<표 6> 조선과 일본사이의 무역구조 변화 (단위: 천 圓, %)[42]

| 구분 | 중요 수출품 | 1885년 | | 1896년 | | 1908년 |
|---|---|---|---|---|---|---|
| 수출 | 미곡 | 27.2 (5.8) | | 2,852.0 (56.4) | | 6,036 (44.4) |
| | 대두 | 53.5 (11.5) | | 1,534.1 (30.3) | | 4,226 (31.1) |
| | 쇠가죽 | 305.0 (65.3) | | 231.8 (4.6) | | 559 (4.1) |
| | 면화 | 0.0 (0.0) | | 2.2 (0.0) | | 248 (1.8) |
| | 철광석 | | | | | 415 (3.1) |
| | 중요 수입품 | 일본산 | 외국산 | 일본산 | 외국산 | 일본산 |
| 수입 | 음식료품 | 74.2(31.8) | 21.8(9.6) | 336.4(11.0) | 50.1(16.6) | 4,506(15.3) |
| | 섬유류 | 53.1(22.8) | 116.9(51.4) | 1,633.4(53.3) | 43.9(14.5) | 10,466(35.4) |
| | 견포 | 27.4(11.8) | 1.2(0.5) | 79.6(2.0) | 0.8(0.3) | 188(0.6) |
| | 면사 | | 9.8(4.3) | 403.7(13.2) | 1.7(0.6) | 2,733(9.2) |

| | 면포 | 20.7(8.9) | 89.9(39.5) | 880.2(28.7) | 16.5(5.5) | 5523(18.7) |
| | 금속제품 | 6.4(2.7) | 1.6(0.7) | 188.1(6.1) | 3.2(1.1) | 1186(4.0) |
| | 기계류 | | 1.2(0.6) | 0.6(0.0) | 0.7(0.2) | 484(1.6) |
| | 수입총액 | 233.3(100) | 227.4(100) | 3065.3(100) | 302.4(100) | 29569(100) |

　　1885년 대일 수입의 절반이 중개무역이었다. 조선은 일본에 대하여 곡물, 구리, 견포, 면포를 수입하였고 쌀, 약재, 생사, 누에고치를 수출하는 점에서 농업후진국간의 무역관련을 맺었다. 그런데 일본은 산업혁명을 수행하여감에 따라, 한편에서는 중개무역을 서서히 탈피하여 자국 공업제품의 수출비중을 증대하였고, 다른 한편에서는 증가하는 공장노동자에게 값싼 외국미를 공급하기 위해 조선을 자국의 식량공급기지로 만들고자 하였다. 일본의 공업화가 막 개시되려는 1880년대에는 조선의 곡물수출은 양적으로 작았을 뿐만 아니라 기복이 심하였다. 일본이 공업화와 도시화의 진전에 수반하여 1890년을 기점으로 미곡수출국에서 미곡수입국으로 변모하기 시작함에 따라, 조선의 미곡과 콩이 수출 주종품의 지위를 굳혔던 것이다. 조선미는 일본미와 모양·품질이 유사하였기 때문에, 수입미 중에는 비싼 편이었고 도시시장에서 수요가 많았다. 조선미는 주로 오사카, 고베 지방의 하층 노동자나 都市雜業層의 주식으로 소비되었다.

　　1885년에 대일수입 섬유제품 중 31%에 불과하던 일본산이 1896년 단계에서는 97%에 이르렀고, 대일 수입품 전체에서는 일본산이 91%를 차지하였다. 수입 품목에서는 일본산 면포, 면사가 높은 비중을 차지하고 금속제품, 성냥 등 공산품이 증대하였다. 백목면과 시팅을 중심으로

---

42) 村上勝彦「植民地」,『일본 산업 혁명의 연구』下, 동경대출판회, 1975, 제2표와 제3표로부터 작성.(이헌창, 1999『한국경제통사』, 법문사, 231쪽 재인용)

하는 일본산 면제품은 가격이 저렴하면서 내구성이 강했기 때문에 수요기반이 점차 확대되었다. 일본산 면제품의 수요급증은 국내 토포산업의 위기였다. 그러므로 조선의 농민들은 수입한 기계방적사로 토착면포를 생산하여 대응하였다. 이에 따라 방적사의 수입도 증가하였다. 1896년경에는 일본산 상품수출이 수출의 91.0%를 차지하여, 중계 무역적 성격을 거의 탈피하였다. 수출에서는 면포(29%), 면사(13%)가 내국산 수출품의 40% 이상을 차지하였으며, 수입은 쌀(56%), 두류(대두가 주종 30%) 2상품이 대종을 이루었다. 청일전쟁 직후 일본과 조선의 무역구조는 일본이 자국산 면제품을 수출하고 조선은 쌀 및 대두를 수출하는 구조였다. 1890년대에 조선이 일본의 상품판매시장과 식량공급기지로 편성된 이래, 조선과 일본의 무역구조는 조선의 쌀을 소비하는 일본 공업지대의 노동자가 생산한 면제품을 조선농민이 구입한다는 특징을 가지고 있었다. 이른바 米綿交換體制인 것이다.[43] 이와 같은 미면교환체제는 일본 공업지대 노동자의 저임금을 유지하는 기반이었고 조선 농촌지대의 미곡수출을 통한 세계시장으로 편입, 그 속에서 지주층의 성장과 빈농의 궁박판매, 영세화, 소작인화를 초래한 것이었다.

1890년대 이래 조선이 일본의 식량공급기지로 재편되어감에 따라, 미곡·콩의 상품화가 한층 진전되었다. 지주·상층농민이 미곡판매층의 중핵을 이루었고 미곡상품화가 이들에게 경제적 상승의 계기인 반면, 영세농에게는 窮迫販賣를 통하여 궁핍화·영세화를 촉진하는 요인이었다. 그래서 미곡수출의 진전과 더불어 부농층, 특히 지주층의 성장이 촉진되었다. 미곡구매자의 주된 층은 노동력판매자로서의 성격을 가지는 영세빈농이었으므로, 미곡수출의 증가와 미가의 등귀는 이들에게 큰 타

---

43) 村上勝彦, 「식민지-일본의 산업혁명과 식민지 조선」 도서출판 한울

격을 주었다. 이에 조선의 각 지역 지방관은 방곡령을 내렸다. 개항이후 1894년까지 내려진 방곡령은 100건이 넘었는데, 그 중 한일간의 외교문제로 확대된 것은 1889년과 1890년의 방곡령이었다. 1889년과 1890년 일본에서는 대흉작으로 쌀 소동이 있어났다. 조선에서도 흉작으로 식량이 부족해지자 1889년 5월 황해도 관찰사 趙秉轍이 방곡령을 내렸고, 같은 해 10월 함경도 관찰사 趙秉式이 원산항을 통해 해외로 수출되는 콩의 유출을 1년간 금지하였으며, 1890년 2월 황해도 관찰사 吳俊泳이 다시 방곡령을 내렸다. 이러한 방곡령에 대해 일본은 강력하게 항의하여 외교적 분규로 발전하였으며, 일본 정부는 3건의 방곡령으로 인한 손해배상을 조선에 요구하였다. 청나라의 중재로 인해 조선정부는 일본상인에게 총 11만원의 배상금을 지불하는데 합의하였다. 이로써 방곡령을 둘러싸고 4년간이나 지속되었던 한일 간의 외교적 분규는 종식되었다.[44]

일본상인의 유통과정으로의 침투, 조선상인과 농민에 대한 資金前貸의 활성화 등은 수출미의 안정된 확보를 보장하였다. 일본상인들은 일본에 비해 싼 조선 쌀을 수입하여 많은 이익을 남겼다. 더구나 러일전쟁 직후부터 일본인의 농지투자와 지주경영이 진행됨에 따라, 일본자본주의는 조선의 미곡유통과정뿐만 아니라 생산과정도 장악하기에 이르렀다. 일제에 의한 미곡의 생산·유통의 전기구적 장악은 미곡수출의 새로운 차원으로의 도약을 뒷받침하였다.[45]

한편 <표 6>에 의하면 20세기로 접어들면, 무역구조가 새로운 변화의 조짐을 나타낸다. 미곡과 콩을 위주로 하는 수출품의 단순한 구성은

---

44) 김경태, 1981, 「대한제국시기의 미곡통상구조: 제국주의 형성기의 미곡문제」, 『주제연구』 이화여대 한국문화연구원; 吉野誠, 1978 「李朝末期における米穀輸出の展開と防穀令」, 『朝鮮史研究會論文集』15 참조.
45) 吉野誠, 1975, 「朝鮮開國後の穀物輸出について」, 『朝鮮史研究會論文集』12 참조.

변하지 않았지만, 철광석과 면화의 수출이 대두한 것이 주목된다. 그 반면 수입에서는 1900년까지 과반을 차지하던 면제품의 비중이 그 이후 급감하여 1906년 이후에는 20%대로 감소했고, 목재, 술, 석탄, 석유, 종이 등의 비중이 증대하고 철도 투자와 광업 투자를 위한 설비도 활발히 수입되었고 기계류의 비중이 미미하나마 증대하기 시작하였다. 수입품의 다양화는 외국자본주의의 경제적 침투가 진전되었음을 나타낸다. 일본자본주의는 조선을 철광석의 공급지면서 기계류의 판매시장으로 파악하게 되었다. 그리고 조선을 면제품 판매시장으로 편성하는 데에 그치지않고, 면화공급지로 전락시키고자 하였다. 조일간의 수직적 분업관련이 심화하였던 것이다.

조선의 교역조건은 대체로 1890년까지 개선되다가 그 이후 악화되어 1900년에 바닥에 달하였으며 그 이래 다시 개선되었다. 조선의 교역조건은 기복을 가졌지만, 악화되는 추세는 아니었다. 수출 주종품인 미곡·콩과 수입 주종품인 면제품간의 교역조건을 추계한 연구들은 한결같이 조선측의 교역조건이 개선되는 추세인 것을 보여주고 있다. 교역조건이 유리해졌기 때문에 수출품 생산자와 소비자는 무역을 통한 이익을 누렸을 것이다. 그런데 장기적인 경제발전으로 본다면 교역조건보다 훨씬 중요한 것은 무역구조이다. 공산물을 수입하고 1차산물의 생산에 특화하는 분업관련 하에서는 산업사회로의 전환은 지장을 받을 수밖에 없었다. 저렴한 공산물의 유입은 토착 공업의 성장기반을 억압하였고, 그로 인하여 근대적 공업생산조직으로의 전환이 더욱 곤란해졌던 것이다.

# 2장
# 근대적 상업인력의
# 양성과 복식부기

## 1. 상업인력 양성과 상업교육

개항이후 조선의 대부분의 식자들은 상업의 발흥이야말로 나라를 부강하게 만드는 가장 중요한 방법이라고 인식하고 있었다. 최초로 서구의 회사제도를 소개한 1883년『한성순보』에서도 "서양 제국이 부강하게 된 까닭은 상인들이 설립한 회사가 활약했기 때문"이라고 논하고 있으며,[1] "영국에 비해 인구가 훨씬 적은 네덜란드가 富國이 된 까닭도 상업이 발달했기 때문"이라고 말하고 있다.[2] 유길준도 "상인은 국가의 大本이다. 정부의 부유함과 인민의 번성함은 실상 이 道로써 하지 않으면 이룰 수 없다"라고 상업의 중요성을 강조하고 있다.[3]

이처럼 개항이후 대부분의 식자들이 부국강병의 방도로 상업의 발흥을 꼽았다는 사실은 조선의 상업이 다른 나라에 비해 훨씬 낙후되었고, 그 때문에 조선의 국력이 서구의 선진 국가는 물론 중국이나 일본에 비해 훨씬 뒤떨어졌다는 이해를 전제하고 있다고 봐야 할 것이다.[4] 개항

---

1)『漢城旬報』1883년 11월 20일「會社說」
2)『漢城旬報』1884년 8월 21일「和蘭常業」
3) 유길준,『西遊見聞』14편 商人의 大道

을 전후한 시기에 서구의 선진국가는 물론 중국 또는 일본에 비해서도 조선의 상업이 뒤쳐졌다는 평가는 당연한 평가일 것이다. 그러나 개항 이전의 상업체제를 이처럼 낙후되었다고 일면적으로만 평가하게 되면 개항이후 근대화를 위한 다양한 움직임을 외부로부터의 이식에 기인한 것으로만 평가하는 결과를 가져오게 된다. 그러므로 이 시기 역사에 대한 정당한 평가를 위해서는 세계 시장과 접촉하기 이전 조선왕조에서 성숙해 온 상업체제가 어떠한 모습을 지녔고, 이러한 상업체제가 근대적, 제국주의적 상업체제와 접촉했을 때 어떠한 대응을 했는지를 우선 해명해야 할 것이다.[5]

개항 이전 조선의 시장은 도시시장-포구시장-농촌 장시간의 연계를 통해 전국화되었고, 이 과정에서 시전상인, 경강상인, 개성상인, 객주와 여각 등 대표적인 상업세력이 성장하였다.[6] 대부분의 농민들도 항상적으로 시장과 접촉하였고, 금속화폐와 於音과 換과 같은 신용거래도 매우 일상화되고 있었다.[7] 이러한 조선후기의 상업은 개항 이후 근대적인 상업체제를 형성하는데 중요한 기반이 된 것이었다.

---

4) 『漢城周報』1886년 3월 1일 「論商會」

"더구나 지금 우리 나라는 해외 각국과 통상하고 있으니, 10만의 雄俊과 백만의 장병이 있다고 하더라도 상업을 진흥시키지 못하면 그대로 弱國과 貧民이 될 뿐이다. 시험삼아 헤아려 보건대 우리 나라의 상업은 혼자 사서 혼자 옮겨 파니, 그 빈약하고 침체된 것이 지금처럼 심한 적이 없었다."

5) 이헌창, 2008, 「조선후기 자본주의 맹아론과 그 대안」, 『한국사학사학보』 17, 한국사학사학회; 고동환, 2009, 「자본주의 맹아론과 조선후기 상업 변동 - 강만길 ≪朝鮮後期 商業資本의 發達≫을 중심으로-」, 『한국사연구』 147, 한국사연구회 참조.

6) 이병천, 1985, 「개항기 외국상인의 침입과 한국상인의 대응」, 서울대 박사논문; 고동환, 1998, 『조선후기 서울상업발달사연구』, (지식산업사) 참조.

7) 고동환, 2010, 「조선후기~한말 신용거래의 발달 - 於音과 換을 중심으로-」, 『지방사와 지방문화』 13-2호, 역사문화학회 참조.

개항 이후 기선과 철도가 도입되어 국내시장을 연결하는 수단이 근대화되었으며, 회사제도와 금융제도를 비롯한 각종 근대적인 상업시스템이 도입되어 정착하였다. 또한 근대적인 상업교육이 이루어져 복식부기제도를 비롯하여 보관업, 창고업, 보험업 등 각종 상업분야에 대한 이해도 깊어졌을 뿐만 아니라 상인양성체제도 체계화되었다. 이 중에서도 혈연이나 신분이 아니라, 계약에 의해 영리를 목적으로 조직된 결사체로서의 회사제도는 근대사회를 형성하는 가장 기본적인 제도의 하나로서 매우 중요한 의의를 지닌다.[8] 그러나 그동안의 연구에서 보는 것처럼 1894년 이전에 설립된 商會社는 정부로부터 영업독점권을 취득하고, 收稅를 담당하는 경우가 대부분이었는데, 이러한 성격의 회사는 조선후기 이래의 都賈商業體制에 뿌리내린 전근대적 특권 회사로 평가되고 있다. 法人格의 부여 여부, 社員의 책임 범위, 회사형태 등 회사제도를 운영하기 위한 기본적인 법적 규정을 갖추지 않은 회사인 것이다.[9] 그러나 자본주의를 선취한 나라들에서도 원시적 축적기의 상업체제에서 이러한 특권은 상업자본 성장에 있어 매우 중요한 요소였다. 그러므로 개항이후 조선의 상회사가 이러한 특권성을 지녔다고 해서 일방적으로 전근대적이었다고만 평가할 이유는 없다고 본다. 19세기 말 서구에서도 정상적인 상업제도와 관행이 완전하게 정착되지 않았다고 한다면, 한국의 상업만을 20세기 이후 확립된 서구의 근대적 상법체계에 견주어 전근대적이라고만 부정적으로 평가하는 것은 균형잡힌 시각이 아닐 것이다.

---

8) 전우용, 2013, 『한국회사의 탄생』(서울대 출판문화원, 2011); 洪制煥, 「한국 근대의 會社制度 활용에 관한 연구」, 서울대 박사논문 참조.
9) 이상국, 1988, 「개화기 서양부기, 회계 도입과정에 관한 연구」 한양대 박사논문 참조.

이 장에서는 한국의 전통상업이 근대 상업으로 전환하는 과정에 대한 탐구과제 중의 하나로 개항이후 상업교육을 통해 근대적인 상업인력이 양성되는 과정을 살펴보고, 상업교육에서 가장 핵심적인 교과였던 부기제도의 변용과정을 살펴보고자 한다. 막스 베버는 "화폐적 이윤을 추구하는 합리적 정신의 등장을 자본주의의 본질로 이해하고, 이러한 합리성의 원리를 구체화한 것이 복식부기"라고 하여, 상업시스템의 근대적 상징을 복식부기로 이해하고 있다. 복식부기로 확립된 자본 회계의 합리성은 기업의 회계장부에 국한되는 것이 아니라 인간 세상의 만사 만물에 보편적으로 확장되기 때문이라는 것이다.[10] 그러므로 개항이전 조선의 상인들이 널리 사용하고 있었던 송도사개치부법과 서구의 복식부기제도를 비교함으로써 개항이전과 이후 조선의 상업이 어떻게 변용되었는지를 이해하는 관점을 제시하고자 한다.

## 2. 개항 이전의 상업교육

개항이전 조선의 국내상업은 특권에 의한 독점이나 또는 계절적 지역적 가격차를 이용하여 상업이윤을 획득하는 것이 일반적이었다. 국내에서 상업에 종사하는데는 전문적인 영업기술이 없어도 기회를 잘 포착하면 상업을 통해 부를 축적할 수 있었다. 이와 같이 특별한 기술이 없이도 시장가격을 잘 조정하여 큰 돈을 버는 사례는 조선후기 한문소설에 다양하게 나타나고 있다. 그 중에 대표적인 사례가 서울의 가난한 閭巷人 李永哲의 아내가 한약재인 澤瀉를 매점하여 큰 돈을 벌었다는 내용의 소설이다. 이영철의 부인은 집을 팔아 마련한 자금 300냥으로 시중 약

---

10) 尹根鎬, 1984, 『韓國會計史研究』(한국연구원) 참조.

재 중 가장 가격이 싼 약재 택사를 한 근에 2~5전으로 대량 구입한 뒤, 그 가격이 8~9전으로 올랐을 때 택사 중 일부를 6~7전의 가격으로 판매하여 시세를 6~7전으로 조정한 후에 이 가격에 다시 택사를 모두 매점하였다. 이에 택사가 시장에서 자취를 감추었고, 가격은 한 근에 20전까지 올랐다. 다시 자기가 소유한 택사의 일부를 시장 가격보다 약간 낮추어 팔아 시장 가격을 20전보다 약간 낮게 조정한 뒤에 또 다시 매점하는 것을 반복하였다. 그 결과 택사 한 근의 가격은 50전으로 올랐다. 이때 이영철의 아내는 한 근에 30~40전 값으로 자신이 소유한 택사를 모두 처분하여 막대한 이익을 취했다는 내용이다.[11]

『李朝漢文短篇集』(이우성, 임형택 편역, 일조각, 1997)에는 이 사례 외에도 歸鄉의 崔生이나 충주 可興의 黃希淑, 婢夫, 甘草, 鹽, 江景, 巨余客店, 舟販, 開城商人, 南京行貨 등 장사를 통해 부를 축적하는 다양한 사례들이 나타난다. 조선후기 한문소설에서 상업을 부를 축적한 대부분의 경우는 계절적, 지역적 가격차를 이용한 것이다.[12] 한문소설에서 주목되는 바는 상행위의 주체가 婢夫라든가 客店의 여주인, 가난한 집안의 아내 등 전문적인 상인이 아니라는 점이다. 조선시대에는 상업에 대한 전문지식과 기술이 없어도 장사에 나설 수는 있었고, 운이 좋으면 부를 축적할 수도 있었던 것이다. 전문적인 지식과 기술없이도 누구나 상업활동에 나설 수 있었다는 것은 다른 한편에서는 상업활동에 필요한 기본적인 계산능력을 보유한 사람들이 많았음을 의미한다.

조선시대 사람들은 셈법이나 수식계산, 회계기술 등 상업활동에 필요한 지식을 어떻게 습득했을까? 회계를 전문적으로 담당하는 戶曹 소속

---

11) 이우성 및 임형택 역편, 1997, 『이조한문단편집』 상권(일조각) 42-45쪽.
12) 이우성, 임형택 역편, 위의 책, 5-107쪽 참조.

의 관원인 算員이나 計士들을 대상으로 하는 교육은 제도적으로 이루어졌다. 조선왕조에서는 1406년(태종 6) 十學을 설치하여, 호조 산하의 算學廳에서 算學을 체계적으로 교육하였다.[13] 산학청에서는 『算學啓蒙』, 『揚輝算法』, 『詳明算法』의 교재를 바탕으로 산대표기법, 곱셈구구, 분수·소수, 곱셈과 나눗셈, 제곱근, 원주율, 비례식, 방정식, 수열, 넓이와 부피, 句股術 등을 교육하였고, 양전, 용적, 조세, 공물, 부역 등의 문제들을 풀이하였다.[14] 산학청의 산학교육은 회계 등의 실무능력과 더불어 사고력, 논리력 등도 향상시켰기 때문에, 논리력, 사고력, 분석력을 제고시키는 오늘날의 수학교육과 같은 효과를 볼 수 있었다.[15]

산학은 논리력과 사고력을 증진시키는 것이었기 때문에 양반 사대부의 자제들도 어렸을 때부터 기초적인 셈법과 더불어 산학을 공부했다. 대부분의 양반들은 서당이나 家塾에서 기초적인 셈법을 익혔다. 유교 경전에 대한 교육에 비해 산학 교육에 대한 자료는 많이 남아 있지 않다. 그러나 현재 전하는 단편적인 자료를 통해서도 양반 사대부 집안에서 어릴 때부터 기초적인 셈법과 산학을 널리 교육했음을 알 수 있다. 조선의 개국공신 南在(1351-1419)와 세종의 다섯째 아들인 廣平大君(1425-1444)은 산학에 능하다는 평판을 들었으며, 중종조의 문관 金應箕(1455-1519) 역시 산학에 정통하였다고 한다. 徐敬德(1489-1546)도

---

13) 『태종실록』 태종 6년 11월 15일
14) 최은아, 2012, 「산학취재를 중심으로 본 조선의 산학교육」, 『교육사학연구』 22집 2호, 교육사학회, 108쪽.
15) 19세기 사상가 최한기는 "조리를 분별하는 능력을 기르고 서로 견주어보고 헤아리는 것을 익히는 데에 수학보다 나은 것이 없으며, 수학을 제대로 배우게 되면 경전과 사서의 강론에 유익할 뿐 아니라, 모든 사물을 재량하고 선택하는데 있어서 표준이 된다"고 강조하고 있다. (최한기, 『人政』 권8, 敎人門一人, 數學之平生功夫 養得分開條理 慣熟計較量度 莫過於此 非但有益於經史講論 凡於事物裁度 取捨有準)

수학 등의 잡학에 능했고, 金宗直(1431-1492)은 아버지로부터 算木을 놓는 법을 배웠으며, 李滉(1501-1570)은 그가 저술한 『啓蒙傳疑』에서 산가지를 이용한 곱셈과 나눗셈을 자세하게 설명하고 있다. 奇大升(1527-1572)은 산법을 전문적으로 연구한 학자였으며, 金始振(1618-1667)은 산학에 관심이 많아 『산학계몽』을 복간하기도 했다. 尹拯(1629-1714)은 『양휘산법』을 필사했던 경험을 그의 문집을 통해서 밝히고 있으며, 權尙夏(1641-1721)는 10세경에 조부의 교우인 俞棨(1607-1664)로부터 산법과 수학을 배웠다고 회상하고 있다. 어릴 때『산학계몽』을 공부한 李瀷(1681-1763)는 "元나라의 許衡도 생도들에게 산수를 익히게 했다면서, 나 역시 아이들에게 일년의 날 수에 대해 가르치는데 그 성과가 글을 외고 읽는 것과 비등하다"는 경험담을 이야기 하고 있으며, 『성호사설』에서도 닭과 토끼의 수와 다리 수를 알 때, 각각의 닭과 토끼 수를 구하는 문제인 計兎算과 이에 대한 해법을 설명하고 있다. 또한 洪吉周(1786-1841)는 일찍이 『산학계몽』을 공부한 어머니 徐氏로부터 산학을 배웠으며, 崔漢綺(1803- 1879)는 "소학 단계에서의 산학 공부방법에 대해 말하기를 어렸을 때부터 듣는 것을 익혀서 눈과 귀에 흠뻑 젖게하면 후일에 깨우침에 막힘이 없고 연구와 이해가 자유자재로 된다"고 하여, 소학을 공부하는 단계에서 산학을 마스터해야 한다고 얘기하고 있다.[16] 또한 魏伯珪(1727-1798) 집안의 家塾 學規에는 10세 이상의 자제들에게 算訣을 교육해야 한다는 규정을 두었고, 盧相稷(1855-1931)이 세운 紫巖書堂에서는 강독과 제술 외에 六十甲子의 원리와 곱셈 구구법 등을 가르치고 있다.[17]

---

16) 이상 조선시대 유학자들의 산학교육 실태에 대해서는 최은아, 2012, 「조선의 산학교육에 관한 연구」, 교원대 석사논문 참조.

조선후기 서당에서 산학교육이 체계적으로 이루어졌는지는 분명하지 않다. 현재 남아있는 서당교재중에 산학교재는 찾아보기 힘들기 때문이다. 그러나 교재가 없다고 해서 서당에서 셈법이나 산술능력을 교육하지 않았다는 뜻은 아니다. 앞서 魏伯珪의 家塾 學規나 盧相稷의 紫巖書堂의 사례에서 보듯이 기초 한문교육과정에서 최소한 구구함수나 산대표기법, 산대를 활용한 사칙계산, 도량형 사이의 관계나 산학관련 歌訣[18]등은 특정 교재가 없이도 교육되고 있음을 확인할 수 있다.

16세기말 서원의 부속교육기관이었다가 17세기에는 서원과 독립된 사설향촌교육기관으로 자리잡은 서당은 18세기이후 널리 확산되어 평민층들도 서당에서 초보적인 유교경전은 물론 산술에 대해 기초적인 지식을 습득할 수 있었다.[19] 18세기에는 평민중심의 교재가 본격적으로 선보이고, 직업적 雇傭訓長이 등장하는 등 서당교육의 일대 변혁이 나타났다. 웬만한 평민집안에서도 자제들을 서당에 보내 초보적인 교육을 받았기 때문에 전국의 향촌사회에서는 양반 사대부 지식인 외에도 농민적 지식인들이 대거 발생하고 있었다.[20] 한편 1909년 조사된 『民籍統計表』의 직업통계를 보면 직업이 조사된 전체 가호수 281만8,759호 중에

---

17) 구만옥, 2007, 「조선 전기의 산학정책과 교육」, 『인문학연구』 11집, 경희대 인문학연구소
18) 歌訣은 전통 산학에서 계산식을 노랫말 형식으로 외우는 것이다. 현재 산대를 놓는 법에 대한 布算訣, 곱셈에 대한 九九合數, 나눗셈에 대한 九歸除法, 도량형관계에 대한 斤下留兩法, 특정 연립합동식 해법에 대한 가결 등이 전해진다.
19) 정순우, 1985, 「18세기 서당연구」 한국학대학원 박사논문; 정순우, 1986, 「17세기 서당경영과 향촌지배층의 동향」, 『교육이론』 1권 1호, 서울대 교육학과; 정순우, 1991, 「19세기 서당설립과 향촌사회의 동향」, 『한국의 사회와 문화』 16, 한국정신문화연구원 참조.
20) 고동환, 2007, 「조선후기 도시경제의 성장과 지식세계의 확대」, 『다시, 실학이란 무엇인가』, 푸른역사.

관공리 1만5,630호(0.6%), 양반 5만3,513호(1.9%), 유생 1만8,438호(0.7%), 상업 17만2,707호(6.1%), 농업 2,36만6,075호(83.9%)을 차지하고 있고, 기타 어업, 공업 광업, 일용노동자, 기타, 무직 등이 7%를 차지하고 있다. 전체 인구에서 상업과 함께 관공리, 양반, 유생이 차지하는 비율은 대략 10% 정도였다.[21] 그리고 1911년 『조선총독부 통계연보』에는 전국의 서당수는 1만6,540곳, 수학아동수는 14만1,604명이었고, 사립학교는 2,146곳이었고, 수학 아동수는 십 만여명으로 파악되고 있다.[22] 같은 통계에서 1911년 조선인 인구는 1,383만여명이었기 때문에 전체 인구에서 학생이 차지하는 비율은 대략 1.7%였다. 그리고 19세기 말 20세기초 한국을 방문했던 서양인들은 중국이나 인도에서는 1,000명 가운데 한 명이 글을 읽을 수 있는 데 반하여 조선에서의 읽기는 거의 보편적이며, 한강 유역에는 하층민조차 한글을 읽을 수 있으며, 나라의 변방 끝인 북부지역에도 마을마다 서당이 있고 읽고 쓰지 못하는 조선인은 거의 없다고 기록하고 있다.[23] 앞서 한문소설의 주인공인 여항인의 아내의 사례에서 보듯이 서당교육을 받지 않은 여성들도 상업에 나서서 부를 축적할 수 있었기 때문에 한말시기 문자를 해독하고 상업을 합리적으로 경영할 능력을 갖춘 인구는 전체 인구의 최소 10% 이상은 되었을 것이다. 산술은 일상생활을 영위함에 있어서 가장 필수적인 능력이기 때문에 교재의 형태로 전수되지는 않았지만, 서당이나 家學에서 초보적인 산술은 기본적으로 전수하고 있었다고 보아야 할 것이다. 초

21) 이헌창, 1997, 『民籍統計表의 해설과 이용방법』, (고려대 민족문화연구소) 22쪽
22) 허수열, 1999, 「'개발과 수탈'론 비판 -식민지 산업화와 해방후 산업화의 연관성 비교-」, 『역사비평』 48, 역사비평사.
23) 정연태, 1999, 「19세기 후반 20세기 초 서양인의 한국관」, 『역사와현실』 34, 한국역사연구회, 166쪽.

보적 산술능력을 읽힌 평민들은 장사에 나가기 위해서는 산가지[算木]로 불린 계산도구로 상품의 매매 등 계산이 필요할 때 꺼내 사용하는 방법을 상인들로부터 익혔을 것이다.[24]

그러나 누구나 상업에 종사할 수 있었다고 해서 조선시대에 직업적인 상인집단이 없었던 것은 아니다. 시전상인을 비롯하여 지방 장시를 돌아다니면서 장사하는 행상과 보부상, 船商, 객주와 여각 등의 전업적 상인집단들은 한문소설에서 그려지는 상업활동과 달리 전문적인 지식과 기술을 필요로 하였고, 이를 익히기 위한 교육도 체계적으로 이루어졌다.

조선시대 개성상인들은 物主, 差人, 書記, 使喚이라는 독특한 상업사용인 제도속에서 상업기술을 전수하였다. 전문경영자인 차인이 되기 위해서는 처음 10년 동안은 사환으로 취직하여 임금도 없는 도제생활을 하면서, 가게의 청소부터 상품진열에 이르기까지 상업에 관한 전반적인 내용을 배워야 했다. 개성상인들은 가업을 계승하는 아들을 남의 가게에 사환으로 보내 직접 장사를 배우는 易子制度를 통해서 장사하는 법을 익혔다.[25] 10대 초반에 사환으로 상업 현장에서 장사의 기초를 배운 개성상인들은 20세를 전후해서 독립할 때가 되면, 다른 지방으로 진출하여 그곳을 거점으로 장사하였다. 이러한 관습을 개성에서는 '地方出商'이라고 불렀다.[26]

한편 서울의 특권상인이었던 시전상인들은 혈연적인 폐쇄성에 기초하여 동업조합인 都中을 조직하였는데, 도중은 크게 간부들의 모임인

24) 이용길, 2003 「조선시대 서당의 교재에 대한 고찰」, 『교육연구』 22집, 원광대 교육문제연구소, 84-90쪽 참조.
25) 김남일, 1989, 「한국의 경영교육사에 관한 연구」, 『서울여대논문집』 18, 서울여대.
26) 양정필, 2012, 「일제하 개성상인의 상업전통 연구 - '地方出商'을 중심으로 - 」, 『한국민족운동사연구』 72, 한국민족운동사학회.

大房과 일반 조합원들의 모임인 裨房(혹은 群衆)으로 구분되었다. 도중의 조합원인 都員은 철저한 위계하에 편재되어 있었다. 도원의 위계는 시전에 따라 조금씩 달랐으나, 대체로 맨 하위직은 群衆 또는 軍中, 그 다음은 時行首, 十座, 五座, 先生 또는 領位27)의 순서였다. 대방의 최고 직임은 나이가 많고 덕이 높은 자로 領位였다. 영위 중에서 사무를 잘 아는 사람을 大行首로 선출하였는데, 대행수는 시전도중을 대표하고 책임지는 직책이었다. 도원들의 투표로 선출되는 대행수의 임기는 대체로 2개월이었고, 시전에 따라 6개월이나 3개월인 경우도 있었다. 대행수 밑에는 上公員, 下公員이 있어서 도중의 사무를 담당하였다. 대행수와 상공원, 하공원이 시전의 三所任으로 시전 도중의 사무를 집행하였다. 대방은 삼소임과 함께, 직임을 맡지 않은 先生, 五座, 十座로 구성되었고, 비방은 시행수, 행수와 上任, 下任, 使喚首頭, 군중으로 구성되었다. 군중은 시전상인의 최하층으로서, 임원을 맡지 않은 일반 도원을 지칭하며, 청년점원이라고도 불렀다.28)

이와 같은 시전상인들의 위계는 현대 기업의 부장-차장-대리-평직원과 같은 위계와 다를 바 없었다. 시전 도중에서 위계 승진의 조건은 도원의 나이 즉 영업에 종사한 기간이었다. 이것 또한 현대 기업의 연공서열과 크게 다르지 않은 것이다.

시전상인들은 도중의 위계속에서 상업에 대한 각종 기술도 익혔다. 시전 도중은 혈연을 중시했기 때문에 도원의 아들이나 사위들이 도원의

---

27) 『立廛立議』의 승진규정에서는 시행수-십좌-오좌-영위의 위계를 설정하고 있지만, 「六矣廛都家規則與任員」, 『商業に關する調査書』(국편 도서번호 中 B13j50)에서는 大房의 구성원으로 십좌-오좌-선생으로 설정하고 있다. 이로 미루어 볼 때, 선생과 영위는 시전도중에서 동일한 위계였음을 짐작할 수 있다.

28) 『立廛完議疑義解釋』 "軍中 非任員之一般廛員 謂之軍中 或云靑年廛員也"

자격을 계승하는 경우가 일반적이었다. 그러므로 시전상인들은 자신의 자제들을 일찍부터 시전에 나아가 장사를 익히게 하였다. 시전상인의 자제들은 대체로 15세경부터 시전에 나와 장사를 배웠는데 이를 兒童出市라고 했다. 15세 때 시전에 나와 일을 배운 아동들은 십년 가까이 장사방법을 체계적으로 학습한 다음 24세를 전후하여 群衆의 자격을 획득하여 정식 도원으로 편입되었다.[29]

개성상인과 시전상인이 상업기술을 전수하는데 활용한 교재와 같은 자료는 현재 찾아볼 수 없다. 상업 현장의 구체적인 경험을 통해 도제식으로 상업에 대해 교육이 이루어졌을 것이다. 요컨대 개항 이전 전문적인 상인집단들은 10세를 전후하여 서당이나 집안에서 산술에 대한 기초지식을 터득하고, 15세를 전후하여 상업현장에서 실습을 통해 장사를 익히는 것이었다. 집단적, 공공적이지 않고 개별적 도제식으로 상업 경험을 전수하는 것이 전문적인 상인집단의 상업교육이었던 것이다.

## 3. 개항이후 실업교육의 강조와 학교에서의 상업교육

### 1) 실업 교육의 강조와 官立農商工學校의 개설

조선사회에서 유학은 도덕과 지식체계의 일치를 통해 사회를 지탱하는 기능을 담당하였다. 그러나 개항이후 도덕과 지식체계가 분리되면서 유학은 더 이상 과거의 위상을 가질 수 없었다. 유학의 헤게모니가 상실되고 제국주의 침략에 직면한 조선에서는 유학 이념 하에서 천시되고 억압되었던 상업을 비롯한 실업교육이 강조되고, 상공업을 진흥하기 위한 정책을 본격적으로 추진하게 되었다.

---

29) 고동환, 2002, 「조선후기 시전의 구조와 기능」, 『역사와 현실』 44, 한국역사연구회.

정부에서는 1880년 12월 통리기무아문을 설치하여 개화정책을 담당하게 하였는데, 이 기구는 임오군란으로 1882년 6월 잠시 폐지되었다가 그 해 12월 통리군국사무아문과 통리교섭통상사무아문으로 개편되었고, 통리군국사무아문에 소속된 農商司에서 국내상업문제를 전담하였고, 1887년에는 통리교섭통상사무아문에 通商司를 두어 관세와 국제무역 등을 전담하도록 했다. 1894년 갑오개혁 때는 농상아문(후에 농상공아문으로 확대)이 설치되어 상공업을 전담하는 부서가 아문으로 승격되었는데, 이는 근대국가 운영에서 상공업이 매우 중요한 위상을 차지한다는 사실을 인식하였기 때문에 취해진 정부조직 개편이었다.

상공업 진흥을 위해서는 관제의 개편과 함께 상공인 양성도 시급한 과제였다. 국왕 고종은 1882년 12월 통리교섭통상사무아문의 출범에 맞추어 전국에 다음과 같은 윤음을 내렸다.

> 통상 교섭을 하는 지금 관리나 천한 백성을 막론하고 모두 장사에 나서서 致富할 수 있도록 하며, 농민과 수공업 장인, 상인들의 자식도 학교에 입학하여 모두 다 함께 진학하게 한다. 오직 재능이 어떠한가만을 보고, 출신의 귀천은 따지지 말아야 한다.30)

이 윤음에서 고종은 문벌을 숭상하는 풍습을 과감하게 깨뜨리고, 양반 관리들도 상업에 종사하여 부를 축적할 수 있어야 하며, 농민과 수공업자, 상인들도 학교에서 교육을 받아 신분의 귀천이 아닌 재능을 기준으로 인재를 키워야 한다고 강조하고 있다. 국왕 고종은 연암 박지원, 초정 박제가 등 북학파 실학자들에게 보여지는 양반상인론을 계승하여 신

---

30) 『고종실록』 고종 19년 12월 28일

분제의 굴레를 벗어나 능력위주로 인재를 양성할 것을 천명하고 있는 것이다. 1886년 『漢城周報』의 논설에서도 상업을 진흥하기 위해서는 상무를 잘 아는 사람들, 특히 양반들도 상업[商務]에 참여할 수 있어야 한다고 다음과 같이 주장하고 있다.

> 우리 나라의 지금 사세로 말하건대, 선비가 된 사람들도 스스로 발벗고 나서서 商務를 辨理한 다음에야 구습이 타파되고 통쾌하게 진흥되는 형세를 볼 수 있을 것이며, 재작년(1884년)에 이미 몇 개의 商會가 개설되었으나 대부분 침체상태를 면하지 못한 것은 상회 제도의 미비 때문이 아니라 상회를 주관하는 사람이 적격자가 아니었기 때문이다.[31]

이와 같이 양반계층의 상업참여를 비롯하여 능력 중심의 상업인재양성이 상업진흥의 급선무라는 인식은 갑오개혁의 첫 단계였던 군국기무처의 의안을 통해 구체화되었다. 군국기무처에서는 중앙관제를 개혁하여 외교와 교육, 문화 등을 담당했던 禮曹의 기능 중에 교육기능만을 담당하는 學務衙門을 설립하였다. 학무아문에서는 전통적인 유교 교육을 대신하여 근대적 교육을 시행하는 소학교, 중학교 사범학교, 技藝學校, 전문학교 등의 각종 학교를 설립할 체제를 마련하였다.[32] 군국기무처에서는 과거제를 폐지하고 젊은 자제들을 선발하여 외국에 유학을 보내며, 높은 관리를 지낸 사람이라도 벼슬을 그만둔 후에는 상업을 경영할 수 있도록 할 것 등을 의안으로 제출하여 통과시켰다.[33] 또한 과거제도 폐지 이후 관료 충원시스템을 정비하는 방편으로 1895년 9월 학부령 제

---

31) 『漢城周報』 1886년 3월 1일 「論商會」
32) 한철호, 1992, 「甲午更張中(1894～1896) 貞洞派의 개혁활동과 그 의의」 『국사관논총』 36, 국사편찬위원회, 58～59쪽.
33) 유영익, 1990, 「軍國機務處議案의분석」, 『甲午更張研究』(一潮閣) 134～177쪽 참조.

2호 '成均館經學科規則'을 공포하였다. 이 규칙에서는 성균관을 성균관 경학과로 개편하고, 교과목도 유교 경전 외에 萬國地理, 諺解 및 算術 교과를 개설하였고, 시험도 임시, 정기, 졸업시험으로 구분하였다. 성균관을 완전히 폐지하지 않고 경학과로 개편한 것은 여전히 전통 교육체제를 완전히 벗어나지 못한 한계를 드러낸 것이긴 하지만, 교육체계와 운영 등은 과거준비기관으로서의 위상에서 벗어나 점차 근대적으로 변화하고 있음을 보여주는 것이다.[34]

한편 유길준은 1884년 통리교섭통상사무아문의 主事로서 고종에게 제출한 「言事疏」에서 科擧의 虛文을 폐지하고, 생활과 관련되는 實科敎育이 중요성을 강조하면서, "교육이 不盛이면 人民知識不廣이라 人民知識不廣인 즉 그 其國必貧而弱國이니 국가는 實道의 교육을 담당해서 베풀어야 국가의 自守는 물론 富强해질 수 있다"고 하여 국가적인 차원에서 실업교육의 중요성을 논하고 있다.[35] 또한 유길준은 상업을 진흥하기 위해서는 "물화거래와 財物與受를 조리있게 置簿하는 법, 약속을 정하여 자본을 합하고 확실하게 會社하는 법, 본국과 타국의 화폐를 비교하여 시세의 경중을 마감하는 이치, 각국의 물산을 본국의 물산과 비교하여 물가의 고저를 분별하는 수단, 본국의 물화는 타국에 수출함이며 타국의 물화를 본국에 수입함에 각국 海關의 各物抽稅하는 법, 타인의 선박에 싣는 약속과 항구에 이르러 물건을 하역하는 규칙 등을 제대로 익혀야만 한다"고 주장하였다. 요컨대 개항이후 장부 기재방법, 자본 동원방법, 외국과의 무역거래와 해상운송법 등을 교육함으로써 상업을 진흥하여 나라를 부강하게 할 수 있다는 것이다.[36]

---

34) 박득준, 1989, 『조선근대교육사』(한마당) pp.45~48 참조.
35) 『俞吉濬全書』 4권 정치경제편, 言事疏 63쪽.

상공업 교육을 강조하는 것은 1895년 2월 2일에 공포된 고종의 「교육조서」에서도 잘 나타난다. 교육조서에서는 국가보존의 근본인 교육은 虛名을 버리고 실용을 추구해야 하며, 학교를 설립하여 인재를 양성하는 것이 국가를 중흥시키는 길임을 강조하고 있다.[37] 그러나 「교육조서」에서 실용을 강조했음에도 상공업 교육은 바로 실천되지 못했다. 육영공원에서는 영어가 교육되었고, 1895년에 법관양성소, 한성사범학교, 외국어학교관제가 반포되어 법학, 교육학, 외국어교육의 토대가 마련된 반면, 商工學校官制는 1899년에 비로소 반포되었다. 전문적인 상업에 대한 교육은 어학이나 법학에 비해 약간 늦은 시기에 출발한 것이다.

관립 상공학교는 출범하기까지 힘겨운 태동의 단계를 거쳐야 했다. 먼저 1894년 6월 발족한 농상아문은 상공학교 설립의 출발점이 되었다. 그 후 1897년 3월 상무회의소에서 상무학교의 설립을 농상공부에 청원하게 되고 이 청원을 받아들여 고종은 1898년 10월 30일 商工學校를 설립하여 백성들의 산업을 장려하라는 詔勅을 내렸다.[38] 그러나 고종의 조칙에도 불구하고 상공학교는 예산문제 때문에 바로 개설되지 않았다.[39] 이에 시전상인을 비롯한 富商들이 中署 典洞에 거주하는 나규섭 씨의 집에 모여 상공학교 개설을 준비하였고,[40] 『독립신문』의 논설에서도 "정부 관료들이 관심을 쏟지 않기 때문에 상공학교 개설이 늦어지고 있다"고 상공학교 개설을 촉구하고 있다.[41] 이처럼 상공학교 개설을

---

36) 원홍연, 1976, 「矩堂 俞吉濬의 교육사상연구」, 교육학연구 14권 3호, 한국교육학회.
37) 『승정원일기』 고종 32년 2월 2일
38) 『고종실록』 고종 35년 10월 30일
39) 『독립신문』 1899년 1월 30일
40) 『독립신문』 1899년 3월 18일
41) 『독립신문』 1899년 4월 14일

촉구하는 여론이 비등하자 고종은 1899년 4월 27일 상공학교 개설을 촉구하는 조칙을 재차 내렸다. 이 두 번째 조칙에서 고종은 "지난해에 명령을 내렸으나 아직도 상공학교 개설에 대한 의논이 없다는 점을 크게 개탄한다"면서 상공학교의 개설을 담당아문에 각별히 각별히 申飭하였다.[42] 두 번째 조칙을 계기로 1899년 6월 칙령 28호로 <상공학교 관제>가 반포되어 학교가 비로소 출범하였다.[43]

1899년 6월 공포된 상공학교 관제에서는 상공학교에 상업, 공업 두 과를 나누어 설치하고, 수학연한은 4년으로 정한다. 학교장 1인은 奏任官으로 하고, 教官은 10명 이하를 두되 判任官으로 하며 서기 2명도 판임관으로 한다. 교관으로는 외국인을 고용할 수 있으며, 실정에 따라 지방에 상공학교를 확대 설치할 수 있다고 규정하였다.[44] 이처럼 1899년 상공학교 관제가 반포되어 학교 설치의 법적 토대는 마련되었다. 그러나 농상학교는 개교했지만 실제 학생을 모집하여 운영되었는지에 대해서는 확실하지 않다. 상공학교 운영에 필요한 구체적인 지침이나 교과목, 학생모집절차 등을 규정한 규칙은 1904년 농상공학교 관제가 반포될 때까지 제정되지 않았기 때문이다. 그리고 『황성신문』이나 『독립신문』 자료에서 농상학교 학생모집을 알리는 광고도 1904년 이전에는 찾아볼 수 없다.

다만 1899년 개설된 상공학교의 교장, 교관, 서기 등에 대한 임면 자료는 『승정원일기』에 매우 자세하게 기록되어 있다. 『승정원일기』의 1899년에서 1904년 사이에 상공학교 관리들의 임면자료를 살펴보면,

---

42) 『고종실록』 고종 36년 4월 27일
43) 『고종실록』 고종 36년 6월 24일
44) 『고종실록』 고종 36년 6월 24일

1899년 12월 상공학교 書記로 閔肯鎬를 임명했다는 기록[45]에서부터 1903년 12월 商工學校 敎官 丁奎昇·金在憲·趙濟秉·李胤永·都錫疇·安基赫·徐灝·裴炳植·金在燁·金永圭등이 依願免職되고 새로 姜準熙·柳相烈·趙鏞杓·金敎根·李啓郁·朴容極·河基溶·朴暉秉·元光鎬·朴基敦 등을 商工學校 敎官으로 임명했다는 기록,[46] 그리고 1904년 4월 12일 正三品 朴勝鳳을 商工學校長으로 임명했다는 기록까지 교관과 서기, 교장에 대한 임면기록이 총 52회에 걸쳐 수록되었다. 그리고 1908년에 간행된 『증보문헌비고』에는 1899년(광무 3) 5월에 상공학교를 개설하여 豫科와 本科를 두었다고 기록하고 있고,[47] 농상공학교의 상업과의 후신인 선린상업고등학교 동문회에서 1978년에 편찬한 『선린 80년사』(선린상업고등학교 동문회, 1978) 81쪽에는 "1899년 상공학교 학생수는 많아야 30명 정도 적은 때는 10여명, 혹은 3~4인에 불과한 때도 있었다. 학생들의 학자금이 전액 관비로 충당되고 있었다"라고 기술하고 있어 1899년 개교 당시부터 교육이 행해진 것으로 기술하였지만, 구체적인 근거는 제시되지 않았다.[48]

상공학교 관제의 반포와 교장, 교관, 서기 등의 임면기사가 넘쳐남에도 학교가 정상적으로 개교하여 학생을 모집하고 구체적인 교과를 운영하여 졸업생을 배출했는지는 불확실하다. 상공학교 관제반포로 교장, 교원, 서기 등 관원들은 임면되었지만, 실제 학생을 모집하여 운영되지는 않았을 것으로 보는 것이 학계의 일반적인 견해이다.[49] 학교는 개설

45) 『승정원일기』 고종 36년 12월 9일
46) 『승정원일기』 고종 39년 12월 26일
47) 『증보문헌비고』 권209 學校考 8, 續各學校 "光武三年 五月 設商工學校 實豫科本科 教授農商工業"
48) 『선린 80년사』 (선린상업고등학교 동문회, 1978) 81쪽

되었지만 학생들을 모집하여 운영되지 못했다는 근거는 학교 운영에 필요한 예산이 배정되지 않았기 때문이다. 1904년 4월 15일자 『황성신문』의 기사에는 "학부에서는 商工學校난 民業上에 第一急務오 國家富強이 實基於此ᄒᆞ니 該學校新設費난 已於年前豫籌中에 屢曾編入타가 每有見拔ᄒᆞ니 實涉欠歎이라 新設費幷二萬餘元을 豫籌中에 編入ᄒᆞ라"하여 학부에서는 1899년 상공학교 관제가 공포된 이후 매년 예산을 편입하여 올렸으나 매번 삭감되었으며,[50] 1904년에도 다시 상공학교 예산으로 2만원을 편성하였지만, 이 해에도 상공학교 예산은 일단 삭감되었다가,[51] 1904년 6월 8일 상공학교 관제를 폐지하고, 농상공학교 관제를 반포하면서[52] 농상공학교 예산은 정식 편성될 수 있었다.[53]

이와 같은 사정으로 미루어볼 때 1899년 상공학교 관제의 반포로 상공학교는 개설되어 교장, 교관, 서기등의 관원은 임면되었지만, 학생은 없는 명목상의 학교에 불과했다고 보인다. 개항이후 상공업 진흥의 필요성은 누구나 인식하고 있었지만, 학교에서 상업교육을 통해 상업인력의 양성을 제도화하는데까지는 개항으로부터 30년의 시간이 필요했던 것이다.

명목상으로만 존재했던 1899년의 상공학교는 1904년 6월 8일 칙령

---

49) 최우종, 강태균, 2007, 「한말 일제강점하 상업교육연구」, 『경영교육연구』 45. 한국경영교육학회.
50) 『황성신문』 1904년 4월 15일
51) 『황성신문』 1904년 6월 8일 再昨日議政府에서 會議를 開하얏난딕 (중략) 商工學校 는 緊急지 아니하니 姑且停止 홈이 可하더하야 可決되얏고
52) 『황성신문』 1904년 6월 13일 勅令 第十六号 農商工學校官制 光武八年六月八日
53) 『황성신문』 1904년 7월 5일 光武八年度歲出預算說明書及叅考書 學部所管 第二欵 學校費 第七項 商工學校費 一 本項은 官制頒布後 數年未遑이 實係欠事이기 該經費 를 依請求籌入홈

제16호 「농상공학교 관제」의 반포를 계기로 관립농상공학교로 바뀌었다.[54] 이를 계기로 상업에 대한 체계적인 교육이 이루어졌다. 1904년 개설된 농상공학교는 농업과, 상업과, 공업과를 두었다. 상공학교 시절 미처 마련하지 못했던 운영 규칙이 1904년 8월 18일 學部令 제16호로 공포되었다. 이 규칙에는 학과 과정이나 학년, 학기 규정뿐 아니라 입학, 퇴학, 시험, 졸업 등 학사 업무 전반에 관한 원칙이 명시되었다. 학교개설은 1904년에 이루어져 『황성신문』에 학생모집 광고까지 내었으나,[55] 러일전쟁의 발발로 모집이 중단되었고, 실제 학생모집은 이듬해인 1905년 11월에야 이루어졌다.[56] 을사늑약이 체결되고 1906년 조선통감부에 의해 실업학교령이 공포되면서 종래의 농상공학교는 각 전문별로 분리 개편되었다. 상과는 일본인이 경영하는 사립 선린상업학교로 분리 독립되었다. 선린상업학교는 개교 당시의 수업연한은 2년이었으나 1909년 3년으로 연장되었다. 선린상업학교는 3년을 이수연한으로 하는 본과와 이수연한 1년의 연구과, 이수연한 2년의 夜學導修科로 구성되었으며, 1911년 현재 총 6개 학급에 248명이 재학하고 있었다. 248명중에 126명은 일본인으로 조선인 학생은 122명이었다.[57]

---

54) 宋基澈, 1986, 「韓末의 商業高等教育」, 『마케팅연구』 1권1호
55) 『황성신문』 1904년 9월 8일 官立農商工學校 學員募集
   本校에 商工業 兩科를 爲先教授홀터이니 入學을 願하는 者는 九月 二十二日 陰八月十三日內로 試驗規式을 來問于學部ᄒ고 伊日에 應試할 事 光武八年九月二日學部
56) 최우종 외, 2007, 앞의 논문 참조.
57) 『조선총독부 관보』 126호, 명치 44년(1911년) 2월 2일

## 2) 학교에서의 상업교육과 상업인력 양성

상업 진흥에 필요한 인재에 요구되는 능력중에 가장 중요한 것은 산술능력이었다. 개항한 지 3년이 지난 1879년 7월 金允植·魚允中 등의 개화파 인사들은 청의 이홍장에게 청나라의 무기제조기술을 습득하기 위해 젊은 인사들을 초청해줄 것을 요청하였고, 이홍장은 이에 대해 긍정적인 반응을 보였다. 반면 조선 조정의 원로대신들은 청나라에 파견할 인재의 선발문제와 재정의 곤란함을 들어 매우 소극적인 태도를 보이고 있었다.[58] 이러한 상황에서 국왕 고종은 젊은 인재들의 유학파견은 선진기술의 도입과 국방을 위한 계책이니만큼 즉각 시행할 것을 대신들에게 명령하고, 인재 선발 기준으로 여섯가지를 구체적으로 제시하였다. 그 중에 하나가 바로 '能解算術'이었다. 고종은 근대적인 지식 습득에 산술이 중요함을 이해하고 인재선발의 기준으로 제시하고 있는 것이다.[59]

이처럼 상업인력의 양성에서 산술능력이 중시되었기 때문에 개항이후 설립된 근대학교에서도 산술교육이 강조되고 있었다. 1883년 8월 개항장인 元山에서 설립된 최초의 근대학교인 「元山學舍」에서도 산수와 물리, 농업, 양잠, 礦採 등을 時務의 긴요한 과목으로 교육하였으며,[60] 같은 해 8월 統理機務衙門에서 영어통역관 양성을 위하여 설립한 同文學에서는 西國筆算을,[61] 1886년 개설된 育英公院에서는 算學, 寫所習

---

58) 권석봉, 1962, 「領選使行에 대한 일고찰」, 『역사학보』 17·18합집, 역사학회.

59) 『승정원일기』, 고종 17년 5월 25일
  必以學行純篤, 吏治優異, 技藝精敏, 幹局通鍊, 繕造兵械, 能解算術, 凡六條, 各薦幾人, 以爲需用甚好, 自廟堂, 以此所奏與批答, 措辭行會, 使之斯速擧行, 可也

60) 신용하, 1974, 「우리나라 最初의 近代學校 設立에 대하여」, 『한국사연구』 10, 한국사연구회.

61) 이상국, 1988, 「개화기 서양부기, 회계 도입과정에 관한 연구」 한양대 박사논문;

算法, 大算法 등을 교육하였다.[62] 동문학의 경우 교사가 외국인이었고 교과목도 西國筆算이었기 때문에 아라비아 숫자를 사용한 수학교육이 최초로 이루어진 것으로 추정된다. 아라비아 숫자의 최초 사용은 1842년 김대건 신부의 편지에서 찾을 수 있지만, 이는 마카오 신학교 졸업생이 서양인 신부에게 보낸 편지에 나오는 것으로 조선에 영향을 미치는 것은 아니었다. 한국의 서적에서 아라비아 숫자가 최초로 등장한 것은 1895년 7월 학부에서 편찬한 『簡易四則問題集』과 『近易算術書』였다. 그 후에 편찬된 수학교과서들은 대부분 아라비아 숫자와 로마숫자를 읽는 법부터 시작하고 있기 때문에 1895년 이후부터는 민간에서도 일반적으로 아라비아 숫자가 통용되었다고 볼 수 있을 것이다.[63]

원산학사나 동문학, 육영공원 등에서의 수학교육은 상업에 필요한 가장 기초적인 셈법교육에 불과한 것이었고, 상업에 대한 전문적인 교육은 민간이 세운 상업학교에서부터 이루어졌다. 민간이 세운 최초의 상업학교는 1899년 朴箕陽, 徐相冕, 申海永 등의 전현직 관료들이 서울의 서부 倉洞에 세운 光成學校였다. 광성학교는 1900년 학교명을 광성상업학교로 바꾸고 3년 과정으로 산술, 부기, 일본어, 중국어, 상업학, 경제학, 화폐론, 상공, 역사, 지리, 은행론, 상법, 국제법, 재정학, 내국지리, 무역실무 등을 가르쳤다. 광성상업학교는 1905년 사립학교로 학부의 인가를 받았고, 1907년 3월에는 私立光成實業學校로 개명하였다. 광성

  양정필, 2012, 「근대 개성상인의 상업적 전통과 자본축적」 연세대 박사논문 참조.
62) 김용운, 김용국 공저, 1982, 『한국수학사』(열화당) 304쪽. 1888년까지 算士 채용시험인 取才가 시행되었기 때문에, 육영공원에서도 전통적인 산수 교재인 寫所習算法, 大算法 등의 교재를 통해 기초수학을 교육했던 것으로 짐작된다.
63) 한영균, 2016, 「대한제국기의 산학(수학)교재류에 대한 기초적 연구」, 『한국문화』 73, 서울대 한국문화연구소, 233쪽 참조.

상업학교에서는 1899년부터 상업부기를 교육했으며, 1902년부터는 최초로 은행부기를 교육하였다.

한편 1906년 11월에는 서울 남문 안의 客主都家 廣信社에서 일본에 유학하여 회계학, 부기학 등 전문적인 상업교육을 받고 돌아온 金大熙, 李寅植, 金祥演 3명을 교사로 하여 야간학교로 廣信商業學校가 창설되었다. 학교 건물은 廣信社의 都家를 수리하여 사용하였고, 한 달 150~160圜에 달하는 운영경비는 광신사의 사원 30여명이 자신들이 수취하는 객주 구문의 몇 %를 매달 납부하여 충당하였다. 교장은 前京城商業會議所議長이면서 광신사의 總務인 郭泰鉉이 맡았다.[64] 광신상업학교의 입학자격은 사범학교, 중학교, 고등소학교 졸업자였고, 수업연한은 3년이었다. 광신상업학교의 교과과정은 1학년에서는 만국역사, 만국상업지리, 경제학, 법학통론, 민법총론, 상법총론, 부기학, 산술, 일본어 등이 교육되었고, 2학년 과정에서는 상법(회사편과 手形編), 외국무역론, 은행론, 화폐론, 민법(物權), 국제공법, 은행부기, 일본어가 3학년 과정에서는 상법(상행위편과 해상편), 민법(채권), 국제공법(戰時), 국제사법, 행정법, 재정학, 응용경제학, 일본어 등이 교육되었다.[65] 1907년 1월 신입생을 모집하자, 100여명의 지원자가 몰렸으나 학교가 좁아 70여명을 신입생으로 뽑을 수 밖에 없었다.[66] 광신상업학교에서는 교직원들과 학생들이 廣商學會를 조직하여 학회보를 간행하기도 했으며,[67] 1908년에는 학교 운영경비를 마련하기 위해 객주회사 광신사에서 출입하는 물품 운송을 東美運輸會社가 전담하는 것을 조건으로 동미

---

64) 『황성신문』 1906년 11월 26일
65) 『황성신문』 1906년 12월 25일
66) 『황성신문』 1907년 01월 14일
67) 『황성신문』 1908년 4월 8일

운수회사에서 매년 1천圜을 기부받기로 약정하기도 했다. 이처럼 개교 2년째 활발하게 교육과 학술활동을 전개하던 광신상업학교는 개교 3년째인 1909년 4월 창립자이자 교장이었던 객주 郭泰鉉이 2만圜의 부채를 감당하지 못하고 도주하게 되자 폐교 위기에 직면하였다.68) 광신상업학교의 재정을 정상화하기 위해 鍾路京城商業會議所를 중심으로 다양한 논의가 이루어졌지만, 끝내 정상화되지 못하였다.69) 광신상업학교는 3년의 수학기간을 마친 졸업생을 배출하지도 못한 채 문을 닫았다.70)

상업학교는 서울 이외의 지방에서도 다수 설립되었다. 1906년 學部에서는 인천관립일어학교를 관립인천실업학교(인천상업학교)로 개편하였고, 같은 해에 일본인이 경영하던 부산의 개성학교를 인수하여 부산실업학교(商業)를 세웠는데, 학생 수는 인천 119명, 부산 49명으로 도합 168명이었다.

한편 상공업 교육에 대한 관심은 1905년 을사늑약으로 나라의 위기가 심화되었을 때 훨씬 더 높아졌다. 당시 계몽운동가들은 우리 나라가 국권을 빼앗기게 된 중요한 원인중의 하나가 민족산업이 발달되지 못한 것에도 있다고 보고, 국가의 존립에는 실업교육이 중요하다고 인식하여, 지식과 산업을 함께 장려하여야 한다고 주장하였다. 상공업 진흥이 국가 부강의 가장 중요한 요인이라는 점은 초등학교 교과서에서도 잘

---

68) 『황성신문』 1909년 4월 22일 商業界影響 客主 郭泰鉉氏는 二萬圜의 負債가 有ᄒ야 日昨에 避身逃走ᄒ얏다ᄂᆞᆫ되 該氏는 京城商業會議所會頭와 廣信社長를 曾經ᄒ고 現今 廣信商業學校長으로 在ᄒ야 實業界에 頗히 著名ᄒᆫ 者인되 該氏逃走에 因ᄒ야 一般 客主界에도 不好ᄒᆫ 影響이 有ᄒ깃다더라

69) 『황성신문』 1909년 5월 11일

70) 『조선총독부 관보』 126호, 명치 44년(1911년) 2월 2일 廣信商業學校 設立認可年月 明治 43年 11月 實業學科 商業 受業年限 3個年 學級數 目下休校中

나타난다. 1906년 國民教育會에서 펴낸『初等小學』교과서에서는 고대의 희랍국과 오늘날의 영국도 모두 상업이 발달하였기 때문에 세계 도처에 領地를 차지하고 국민이 부유하게 되었다고 소개하면서

大抵 商業은 一和平한 戰爭이니 戰場에 軍器를 豫備함과 如히 商業에도 資本은 準備할지며 戰場에 軍器를 精銳케함과 如히 商業에도 信用을 要할지며 戰場에 謀計를 用함과 如히 商業에도 物理와 時勢를 察할지니 萬一 戰爭이던지 商業이던지 以上數事를 行치 아니하면 반드시 敗함을 見할지니라.[71]

라고 하여 상업은 하나의 和平한 전쟁으로 상업경쟁에서 이기려면 자본을 준비하고, 신용도 쌓고 물리와 시세의 변천을 잘 살펴야 한다고 역설하고 있다. 뿐만 아니라 이웃한 일본이 강대국으로 성장한 까닭도 상공업이 발달하였기 때문이라고 설명하고 있다. 즉 일본은 明治維新 초에 각종 학교를 세워 인재를 양성하고 실업을 장려하여 民力을 양성한 결과 40년도 못되어 국세가 강성하게 되어 청국 및 러시아와 싸워 승리할 수 있었는데, 이는 실업교육으로 상공업이 발달했기 때문이라고 얘기하고 있는 것이다. 또한 1909년 玄采가 펴낸『新纂初等小學』에서는

通商이 盛하면 其國이 富하고 通商이 盛치 못하면 其國이 貧하나니 現今 時代의 英國과 美國을 見할지라. 我國의 國民된 者는 各其 勤勉하야 多量한 産物을 製造하야 通商이 盛케 하옵시다.[72]

라고 하여 오늘날 미국과 영국이 강국이 된 까닭은 상업과 무역이 융

---

71) 國民教育會,『初等小學』(1906) 권8, 제8 <商業의 必要>
72) 玄采,『新纂初等小學』 권5, 제12과 <通商> (1909)

성했기 때문이므로 국민 모두가 상업과 무역을 발전시키는데 앞장 서야한다고 강조하고 있다. 여기서 보듯이 전문적인 상업인력을 양성하기위한 교육은 농상공학교나 광성상업학교, 광신상업학교 등을 통해 이루어졌지만, 상업에 대한 기초적인 교육은 초등학교나 중학교 교과과정에서도 교수되고 있었다.

대한제국기에 이루어진 상업교육을 당시 학교의 교과서에 나온 내용을 토대로 정리하면 다음과 같이 요약할 수 있다. 초등학교 저학년용에서는 상업은 천한 직업이 아니며, 하찮은 물건을 파는 장사꾼도 세상에긴요한 것이므로 전심하라고 권고하고, 교역이 생기는 연유와 화폐가교역에 필요한 이유를 설명하고 있다. 상업으로 성공하기 위해서는 ①정직한 마음으로 신용이 있어야 하고, ② 정성스러운 마음으로 성실해야 한다고 강조하고 있다. 고학년용에서는 상업의 종류로 都賣·中賣·小賣에 대해 소개하고, 상업이 발달하여야 국력이 부강해지므로 상업경쟁에서 이기려면 자본을 준비하고 신용도 쌓고 물리와 시세의 변천을 잘살펴야 한다고 역설하고 있다. 또 금속화폐의 역사와 화폐의 편리성 및지폐의 발행방법과 가치에 대해 소개하고, 회사의 설립방법과 이익배당에 대해서도 설명하고 있다. 외국과의 통상에 대해서도, 우리는 수입만하고 수출은 못하고 있으니 다량의 산물을 제조, 무역을 왕성케 하여 나라를 부강하게 하자고 역설하고 있다.

중등학교 교과서에서는, 판매자의 본무는 정직한 가격과 품질의 보증및 허위의 약속을 하지 않는 것이라고 강조하고, 세계 각국이 열국과의통상과 통상의 권리를 보유하려고 노력하고 있는데, 우리는 수출과 수입이 모두 외국인에 의해 이루어지므로 무역의 발달을 기대할 수 없고,수출품도 농산물과 광산물에 불과하고, 일용물품은 외국품에 의존하고

있어 자금이 외국으로 유출되어 가난하게 되었다고 역설하고 있다.[73]

1906년 공포된 "고등학교령 시행규칙"에는 상업이라는 독립 과목은 없으나 부기와 경제가 포함되어 있었으며, 1909년 7월에 개정된 고등학 교령 시행교칙을 보면 농업, 상업, 공업 중에서 필요에 따라 선택할 수 있 게 하였다. 이외에도 사범학교와 외국어학교령에도 상업 교과목이 포함 되어 있었다. 대체적으로 보면, 전문 상공학교가 아닌 일반 고등학교 교 과과정에서는 산수와 부기 과목과 상업에 대한 기초 지식만을 교육했다 고 보여진다. 1909년에 공포된 실업학교령 시행규칙 제2장에서는 학과 목, 학과과정, 그리고 매주 교수시수 밝히고 있다. 그중 상업학교에 관계 되는 내용을 보면 필수과목으로 수신, 국어 급 한문, 일어, 지리, 수학, 이 과, 도화, 법규, 체조 등을 두었으며, 상업에 관한 교과목으로서는 상업지 리, 상업문, 상업산술, 결제, 상품, 상사요항, 상업영어를 두었다. 그리고 이 외에의 사항이라도 필요한 경우에는 가할 수 있도록 하였다. 그리고 본과의 학과과정 급 교수시수는 학교장이 규정하도록 되어 있다.[74]

요컨대 대한제국기의 상업교육을 통하여 당시의 식자층들은 상업이 천한 직업이 아니라는 인식을 길러주고, 상업 성공의 조건, 상업의 종류, 상업 발달의 필요성, 회사의 설립, 금속화폐와 지폐의 발행, 외국과의 통 상, 판매자의 본분 등 기본적인 상업지식을 습득케 하여 앞으로 상업에 종사하는데 도움이 되고, 나아가 상업을 진흥하여 국력을 기르고 국권 을 회복하는 기초를 세우려 했던 것이다.[75]

---

73) 김광중, 1998, 「韓末의 개화기 교과서에 반영된 실업교육론-국어와 윤리교과서를 중심으로」, 『인문사회과학논총』 1, 우석대
74) 김홍대, 1999, 「근대전기 상업교과목의 변천사적 고찰」, 『교육과학연구』 4, 신라 대 교육과학연구소
75) 김광중, 1998, 앞의 논문 참조.

대한제국기 시기 농상공학교나 광신상업학교, 선린상업학교 등을 통해 양성된 인력이 어느 정도인지, 그리고 이들이 회사나 은행 등에 얼마나 진출했는지 확인할 수 있는 자료는 거의 없다. 국사편찬위원회의 한국근현대인물자료(https://db.history.go. kr/item/level.do)에 의하면, 1886년 출생한 申明均은 1904년 9월 관립 농상공학교에 입학하고, 1905년 6월에 예비과를 졸업한 다음, 같은 달에 度支部 測量講習生으로 전학하여 1905년 10월 탁지부 측량을 수업한 다음 1906년 1월에 탁지부 技手(판임관 9급)에 임명되고 있다.[76] 1887년생인 宋達燮은 1904년 9월 관립농상공학교에 입학하고, 1905년 6월 예비과를 졸업하고, 1906년 탁지부 사세국 양지과 강습생이 되어 측량법을 교육받은 후에 1906년 탁지부 기수(판임관 10급)로 취직하고 있다.[77] 농상공학교 출신들 중에서 상업을 전공한 학생들의 자료는 보이지 않는다. 대부분 농업과 공업을 전공하여 탁지부 등의 관료로 진출하는 것이 당시 농상공학교 졸업생들의 일반적인 진로였던 것으로 보인다.

농상공학교에서 상업이 분리 독립되어 출범한 선린상업학교 출신들은 어떠했는지 살펴보기로 하자. 1909년 『황성신문』에는 선린상고 1회, 2회 졸업생이 30여명으로, 거의 모두 은행이나 회사, 관청에 취직하여 상당한 성과를 거두고 있다고 기록하고 있다.[78] 선린상업학교의 한 해 졸업생은 15명 내외였기 때문에 1910년 이전 상업학교 졸업생은 많아야 100명을 넘지는 않았을 것이다. 또한 광신상업학교 학생들은 졸업 이전에도 성적이 우수한 학생 2명이 京城隆熙株式會社 등에 취직하고

---

76) 『대한제국 관원이력서』 申明均
77) 『대한제국 관원이력서』 宋達燮
78) 『황성신문』 1909년 11월 12일

있는 것으로 보아, 당시 설립된 다양한 회사에 취직하고 있었던 것으로 보인다.[79] 이처럼 상업학교 졸업생들은 새롭게 등장한 회사나 은행 등에 취업하면서 근대적인 상업세계를 형성하는데 중요한 역할을 담당하고 있었다. 그러나 이들은 대부분 실무자로서의 역할만을 담당했을 뿐 자본가로서 성장한 경우는 거의 없었던 것으로 보인다. 대한제국기 회사나 은행에 대한 기왕의 연구들을 토대로 살펴보면 상공학교나 상업학교를 통해 배출된 인력들이 대표로 있는 경우는 거의 없기 때문이다. 당시 기업가로 성장한 사람들은 상업에 대한 교육유무보다는 자본력의 유무가 훨씬 중요한 요소였다. 대한제국기 기업을 운영한 사람들은 전통적인 상인집안이거나 관료 출신들이 대부분이었기 때문이다.

개항이후 상업을 최상층에서 담당한 세력은 근대적인 상업교육을 이수한 인력이기 보다는 김태희와 박승직처럼 전통사회의 상업현장에서 상업을 익힌 세력이라고 보는 것이 타당할 것이다. 그러나 이들의 사업을 실무적으로 지원한 사람들은 이 시기 근대적인 교육을 받은 사람들이었다. 예컨대 김태희의 수남상회에서는 늦어도 1908년부터, 이르면 1902년이나 1903년부터 서양의 복식부기체계를 도입하여 차변과 대변이 공간적으로 분리된 각종 장부를 작성하였고, 가계와 경영도 확연하게 분리하고 있다. 김태희처럼 근대교육을 받지 않았던 그래서 상업교육을 받은 적이 없고 일본어도 못했기 때문에, 差人인 金圭贊을 고용하여 복식부기의 장부를 작성하고 있었다. 김규찬은 1906년부터 정식으로 부기를 교육했던 관립외국어학교 졸업생으로서 서양식 복식부기로

---

79) 『황성신문』1908년 9월 18일 隆熙會社開業 京城隆熙株式會社에서 株金募集이 畢了됨으로 明日에 刱立總會를 開ᄒ고 卽時開業홀터인디 該社事務員二人을 廣信商業學校學徒中에서 學力이 優異흔 人으로 聘備ᄒ깃다고 該校와 方今交涉中이라더라

장부를 기록했던 것이다. 이처럼 근대적 상업교육을 받지 못한 종로상인들은 자신들의 철저한 감독아래 상업학교 출신이나 때로는 專門學校에서 강의까지 하였던 거물 인사들을 고용하여 상점경영의 근대화를 추구해 갔다.[80] 이러한 사례는 전통사회에서 상업기술을 익힌 자들이나 관료들의 자본과 근대적인 상업교육을 받는 실무자들의 결합함으로써 근대적인 상업체제가 형성되었음을 의미하는 것이다.

## 4. 松都四介置簿法과 서양의 복식부기

### 1) 송도사개치부법의 성격

『근대 자본주의』를 집필한 독일의 역사 경제학자 좀바르트 (1863~1941)는 "자본주의의 탄생 시점은 복식부기의 원칙을 제시한 루카 파치올리(Lucas Pacioli)의 저서 『대수, 기하, 비 및 비례의 총람』이 출판된 1494년이 되어야 한다"고 말하고 있다. 좀바르트는 "자본주의 발생에서 복식부기가 차지하는 위치는 물리학에서 갈릴레이, 뉴톤의 역학에 비견된다"고 하여, 자본주의 발전의 결정적인 요소로서 복식부기를 꼽고 있다. 막스 베버도 '화폐적 이윤을 추구하는 합리적 정신'의 등장을 자본주의의 본질로 이해하고, 이러한 합리성의 원리를 구체화한 것이 바로 복식부기라고 주장하였다.[81]

이처럼 복식회계의 도입, 즉 회계의 합리적 처리가 근대상업의 출발점으로 여겨졌기 때문에 개항이후 상업학교에서도 부기교과목은 매우 중요한 교과로 교육되고 있었다. 1898년 이후 관립학교를 비롯한 각급

---

80) 홍성찬, 2006, 「한말, 일제하 서울 종로상인의 일상활동-포목상 김태희가의 사례를 중심으로」, 『동방학지』 133호, 연세대 국학연구원.
81) 尹根鎬, 1984, 앞의 책 참조.

학교에 있어서는 일본 유학을 마치고 귀국한 사람들을 중심으로 상업, 부기 등이 전문적으로 교육되었다. 1904년 개교한 農商工學校에서는 商業專門科를 두고 簿記學, 銀行論, 外國貿易論, 商品學量을 가르쳤으며, 1905년 개설된 보성전문학교에서는 법률학과와 理財學科[82]에서 상업관련 교과목이 강의되었는데, 이때 개설된 교과목들은 은행부기학, 관청부기학, 은행실무법, 상업부기학, 은행회사상점관리법, 국제무역론 등이었다. 부기교과목은 실용적인 수요가 많았기 때문에 상업학교가 아닌 법관양성소나 사범학교, 외국어학교, 실업학교 등에서도 1905년 이후에는 대부분 정규 교과목으로 개설되었다. 당시 학생모집광고에 簿記가 교과과목으로 들어 있었던 경우는 1899의 時務學校, 光興學校, 1900년의 光成商業學校, 1908년의 興化學校와 培材學堂등이 있었으며, 한성사범학교와 관립외국어학교에서는 1906년부터, 法官養成所에서는 1908년부터 부기 교과목을 개설하였고, 관립외국어학교에서는 1909년에는 官廳及商業簿記 교과목이 추가로 개설되었다. 또한 실업학교령에 의하여 1909년 설립된 釜山實業學校, 仁川實業學校 및 定州實業學校와 1910년 설립된 群山實業學校의 교과과정에도 商業簿記, 銀行簿記, 會社簿記 및 官廳簿記 등의 교과목이 포함되어 있었다.[83]

이처럼 1900년 이후에는 일본 유학을 마친 전문가들에 의해 서구의 복식부기가 상업학교에서 교육되고 있었지만, 1900년 이전 조선의 상인들은 복식부기와 유사한 송도사개치부법이라는 부기제도를 활용하여 장부를 기록하였다. 송도사개치부법은 1899년 창설된 대한천일은행

---

82) 보성전문학교는 1910년부터는 이재과를 상업과로 변경하여 법학과, 상업과의 두 과로 재편되었다.

83) 이상 한말 각종 학교에서의 부기교과목 개설에 대해서는 송기철, 「한말의 상업고등교육」, 『마케팅연구』1, 한국마케팅학회, 1986년, 24~28쪽 참조.

의 장부에서도 활용될 정도로 널리 활용되고 있었다.[84] 이 장에서는 전통적인 송도사개치부법과 서양의 복식부기를 비교하고, 대한제국기 서양 복식부기의 수용과정을 구체적으로 살펴보고자 한다.

거래를 기입하는 방식인 부기는 단식부기와 복식부기로 나뉜다. 단식부기는 기록이 쉽고 간단하며, 기록에 있어서 오류가 있어도 검증이 안되고 단순히 입금과 출금의 정보만을 나타낸다. 이에 반해 복식부기는 1회의 거래를 차변과 대변으로 분리하여 이중으로 기록함으로써 자기검증능력이 있는 부기이다. 복식부기는 회계주체가 소유하는 모든 자산과 그 자산에 대한 청구권을 빠짐없이 기록대상으로 삼으면서 언제라도 대차대조표 방정식의 균형이 이루어지는 조직적인 기록체계이다. 그러므로 복식부기는 경제적 합리성을 나타내는 징표로 널리 받아들여지고 있는 것이다.

오늘날 통용되는 복식부기는 이탈리아에서 창안한 것이지만, 조선에서도 개성상인들에 의해 송도사개치부법이라는 독특한 복식부기 방식의 회계제도가 존재하였다. 송도사개치부법에 대해서는 1910년대 이래로 많은 연구가 이루어졌다. 특히 그 기원에 대해서 많은 논란이 있는데, 크게 보면 고려시대 기원설과 조선시대 기원설로 구분된다.[85] 고려시대 기원설을 주장한 대표적인 학자들은 須藤文吉[86], 田村流水[87], 尹炳

---

84) 조익순, 1968, 「四介松都치부법에 관한 연구 -大韓天一銀行의 記錄과 公開文獻을 中心으로-」, 『경영연구』 고려대 기업경영연구소.

85) 이하 송도사개치부법의 기원에 대한 서술은 정기숙 외, 2001 「한국의 회계가 지향해야 할 가치체계의 탐색 - 회계사상사를 중심으로 -」 IBRD 무상 자금지원 연구과제의 최종보고서 참조.

86) 須藤文吉, 1917, 「高麗之誇=世界最高開城簿記」, 『學友會報』 108호, 神戸高等商業學校

87) 田村流水, 1955, 「高麗時代に複式簿記あり」, 『東京經濟雜誌』 76권 1911호

旭88), 許宗炫89), 尹根鎬90) 등을 꼽을 수 있다. 須藤文吉은 조선 개성의 부기는 이탈리아의 부기보다 앞섰다고 주장하였고, 윤근호는 고려 중세의 경제 사회적 환경을 근거로 하여 사개송도치부법의 기원을 고려시대로 보고, 이탈리아의 부기보다 200여년 앞섰다고 주장하였다. 또한 1918년 오스트레일리아의 공인회계사회 기관지 The Federal Accountant Vol. 3(1918)에서도 개성상인의 부기장부가 이탈리아의 복식부기보다 앞서는 것으로 언급되어 있다.

조선시대 기원설을 주장한 학자는 善生永助91), 平井泰太郎92), 朴鍾文93), 趙益淳94) 등이 있다. 조익순은 17세기 후반이후 금속화폐의 전국적 통용이 보편화된 이후에야 토지의 상품화, 대상인의 출현, 금속화폐에 의한 고리대, 사회적 위신척도의 변화가 일어날 수 있을 것이므로, 개성상인의 송도사개치부법의 정착은 1700년 이후에야 가능했을 것이라고 주장하였다.

대부분의 연구자들은 개성상인의 송도사개치부법이 한국 고유의 회계법이라는 점에 동의하고 있지만, 이를 부정하는 연구자가 없는 것은 아니다. 일제 강점기의 大森研造는 송도사개치부법이 조선 고유의 부기법이 아니라 서양식 복식부기로부터 전래되었다고 주장하였다.95)

고려시기 기원설을 주장한 학자들은 사개치부법을 기록한 문헌이나

88) 尹炳旭, 1955, 「開城簿記小考(松都四掛文書)」, 『經商論叢』 2집, 고려대.
89) 許宗炫, 1955, 「東洋의 簿記組織에 關한 一研究」, 『釜山商大學報』 1권2호
90) 尹根鎬, 1984, 앞의 책 참조.
91) 善生永助, 『朝鮮人の商業』( 조선총독부, 1924)
92) 平井泰太郎, 「産業組織の推移と會計思想」, 『國民經濟雜誌』 40권 6호, 41권 3호, 1926.
93) 朴鍾文, 1955, 『簿記原理』(東國文化社)
94) 趙益淳, 2000, 『四介松都治簿法 前史』(해남)
95) 大森研造, 「開城簿記の起源に就いて」, 『經濟論叢』 14권1호, 1922.

실제 장부를 제시함이 없이 고려시대 국제무역의 활성화라는 정황증거
만을 근거로 제시하고 있다. 이에 반해 조선시대 기원설은 사개치부법
의 방식으로 기장된 장부가 존재하고 있다는 점에서 훨씬 설득력이 높
다.[96] 현존하는 개성상인들의 사개치부법에 의한 회계장부는 첫째 북한
사회과학원 소장의 1786년에서 1947년에 이르는 2,027쪽에 달하는 방
대한 양의 회계장부, 둘째 일본 고베(神戶)대학에 소장된 1854~1918년
기간의 회계장부, 셋째 경기도 고양시에 거주하는 朴在壽 집안에서 소
장해 온 1887년부터 1912년 사이의 14책 1,298쪽 분량의 회계장부가
대표적이다. 이외에도 서울대 규장각 소장의 타급장책을 비롯하여 단편
적인 장부기록이 산재하고 있다. 朴在壽 가문은 대한제국 말기부터 일
제강점기에 이르기까지 활동한 개성상인이었기 때문에 이 집안의 장부
는 개성상인의 회계장부인 셈이다. 이를 연구한 전성호에 따르면, 이 회
계장부는 주요장부인 일기장, 外上長册과 他給長册, 보조장부인 周會計
册, 各處田畓文記謄錄, 各人物出入記, 各人會計册, 外上抄와 그 외의 어
음, 편지, 증서 등으로 구성되어 있다. 모든 기록이 상호 접합된 문서로
오늘날 기업 회계 순환상의 장부구조인 분개장, 총계장원장, 대차대조
표, 손익계산서, 이익잉여금 처분과 배분에 이르기까지 전 과정을 복식

---

96) 북한사회과학원 소장의 개성상인의 회계장부는 1786년이후의 장부이다. 이 장부
중 11권에 달하는 他給長册과 外上長册을 분석한 연구에 의하면, 사개송도치부법
은 1786년경부터 차대변을 구분하여 기장하는 방식을 채택하고 있었지만, 현재의
복식부기 기장방법이 채택하고 있는 계정중심의 기장방법보다는 거래일자 중심의
기장방법을 이용하고 있었다고 한다. 이는 18세기 말경부터는 이미 사개송도치부
법이 비록 현재의 복식부기형태는 아니지만 복식부기의 초기형태라고 할 수 있는
기장방법을 채택하고 있었음을 의미한다고 평가되고 있다.(조익순, 「복식부기로
서의 사개송도치부법 성립시기에 관한 탐색 - 북한으로부터 입수한 옛회계문서를
중심으로」, 『회계저널』 16집, 한국회계학회, 2007참조)

부기 방식으로 작성하여 대차균형의 원리와 원가회계, 그리고 투자자와 경영인과의 이익배분 계약관계를 확인시켜주는 회계장부라고 평가한다. 전성호는 이 장부를 중국과 일본은 물론이거니와 유럽의 회계사 연구에서도 찾아 볼 수 없는 세계적 자료로 평가하고 있다.[97]

사개송도치부법은 개성상인들이 상업 활동을 하면서 이루어진 거래를 복식부기 방식으로 장부에 기록한 방법이다. 사개다리치부, 사개다리문서 또는 四介文書, 四計文書라고도 하나, 주로 개성상인들이 사용, 발전시켰으므로 사개송도치부법, 송도사개치부법이라고 한다. 개성상인의 것이라 해서 개성부기라고도 부른다. 사개치부법의 특징은 사개(四介·四掛·四卦·四開)에 있다. 사개는 원래 건축에서 쓰는 말로 '네 모퉁이가 서로 물려서 밀접하게 관련되어 있는 상태'를 나타내는데, 사개치부법은 네 가지가 긴밀하게 관련되어 있는 치부법을 말하는 것이다. 그 네 가지를 이전의 네 가지 장부(外上帳册, 他給帳册, 日記帳, 銘心錄 또는 會計册)와 네 가지 계정과목(捧次, 給次, 私益, 損害 또는 捧次, 還上, 給次, 還給) 등으로 보는 견해도 있지만, 네 가지는 거래 기록에 반드시 필요한 주는 사람, 받는 사람, 주어지는 것, 받아지는 것의 네 요소를 지칭하는 것으로 보아야 할 것이다.

사개치부법의 장부에는 각각 오늘날 서양 부기의 분개장과 총 계정원장에 해당되는 일기와 장책이 있고, 기타 각종 보조부가 있다. 거래가 발생하면 먼저 일기에 기입하고, 그 다음에 장책에 거래처마다 따로 옮겨 쓴다. 일기는 초고를 草日記 또는 명심록이라고 하고, 정식 일기를 定日記라 하며, 장책을 주는 사람과의 거래장부인 타급장책과 받는 사람과

---

97) 전성호, 2015, 「개성복식부기 장부와 조선시대 회계문화」, 『월간 문화재사랑』 129호, 문화재청

의 거래장부인 외상장책으로 구분된다. 일기의 기록은 문장으로써 서술하되, 주는 사람과 받는 사람을 주어로 하고, 주고 받는 것이 술어로 동사와 목적어를 쓴다. 주어지는 것을 給次 또는 入이라고 쓰고, 받는 것을 捧次 또는 去라고 쓴다. 모든 거래를 사람과 사람사이의 주고받는 것으로 기록하고, 그 사람의 이름이나 상호를 쓰나, 경우에 따라서는 그 일을 맡은 사람과의 거래로 간주하여 秩을 사물 뒤에 붙여 기록한다. 예를 들면, 布木秩, 利子秩, 於音秩 및 비용의 지급에 쓰는 公用秩 등으로 쓴다. 이때 秩은 사물을 맡고 있는 사람의 벼슬 또는 직책을 말한다. 현금의 경우에는 그것을 맡은 사람이나 보관하는 금고와의 거래로 생각하고, 그 것을 나타내는 文과 金 따위의 문자를 쓰고, 받아들이는 것을 上, 내주는 것을 下라고 쓴다. 그 밖에 鐙子法, 打點法, 列旗法 등의 특수한 표시를 쓴다. 장책에는 거래처마다 별도로 계좌를 만들고, 주고받은 것의 구별은 內라는 글자를 쓴다.

이와 같은 개성상인의 회계방식을 송도사개치부법이라고 소개한 사람은 玄丙周였다.[98] 그는 1916년 『實用自修 四介松都治簿法』(德興書林 刊)이라는 책을 통해 우리나라 전래의 고유한 치부법인 사개치부법(사개다리문서)을 최초로 해설하였다. 이 책은 현병주가 개성상인 金璟植과 裵俊汝 두 사람의 교열을 받아 개성상인에게 전수되어 왔던 사개치부법을 널리 보급할 목적으로 편찬한 것으로, 1928년에 3판이 발행되었다. 이 책의 내용은 통론, 부기의 원인, 대차에 권리와 의무를 속하여 논함, 金櫃가 주체되는 예, 상품을 人으로 인정하는 예, 교환의 범위와

---

98) 저자 현병주의 내력은 별로 알려져 있지 않으나 錦江漁父 또는 虛舟子 및 胡然生이라는 호가 있으며, 1921년의 『남녀연합토론집』과 1940년의 『비난정감록진본』 등 몇 권의 편저가 있다.(윤근호, 1984, 앞의 책 참조)

상태, 유형물 및 무형물의 종별, 이익부와 손해부의 설명, 신식 부기와 구식 부기의 종별, 四介의 정의, 주요부 및 보조부의 구별, 일기는 치부의 元料, 捧次帳과 給次帳의 주의, 송도일기는 분개장과 합하여 병진, 송도 일기장의 특용자 및 부호를 치하는 예, 일기의 예제 및 실습과 설명, 각종 장부의 扁題 및 綴方例, 일기 철방례, 他給長册의 철방례, 外上長册의 철방례, 결산시 철방 사개의 분립례, 결산시 합산의 실례, 後錄復簿의 예 등 모두 2,3과 부록 掌記例로 구성되어 있다. 제15장까지는 사개치부법에 관한 기초 이론이며, 제16장에서 일기의 예제를 들어 실습 설명을 하고, 제17장 이후로는 각 장부의 편제 및 철방례를 실제 장부의 양식대로 제시하고 있다.

송도치부법의 특색으로 1) 분개장인 일기책을 분개장, 일기장으로는 물론 현금출납장으로도 겸용하였다. 2) 對替거래의 분개를 鐙子로 묶는다. 3) 계정과목을 좌우평행으로 분할하지 않고 상하 수직으로 분할하였다. 4) 轉記畢의 부호로써 일기의 상부에 타점을 하였다. 5) 일기에 기록된 채권 또는 채무상 轉記 이전에 청산되었을 때는 그것을 일기로서만 기록하고 일기 상부에 列旗표시를 함으로써 轉記업무를 생략하였다. 6) 모든 계정과목을 인간으로 擬制하여 모든 거래를 記帳者와 인격화한 계정과목간의 채권, 채무로 인식하였다. 7) 회계방정식은 자산=부채를 기본으로 하였다. 8)去 대신 봉차나 還給 또는 放이 사용되고, 入 대신 還入이 사용된 경우도 있지만, 그것들은 去 또는 入으로 換置하여도 무방하므로 이것들이 入, 去로 통일되어 갔다. 9) 인격화한 계정과목이름 아래에는 秩字를 첨부한 흔적이 농후하거나 그것이 퇴화해가서 없어졌다는 점 등을 꼽고 있다.[99]

---

99) 조익순, 1968, 앞의 논문 참조.

이러한 송도사개치부법은 오늘날 전산프로그램상에서도 복식부기의 원리와 정확히 일치한다는 연구도 제출되었는데, 산천경제연구소에서 개발한 태극회계프로그램을 활용하여 사개송도치부법의 회계검증원리를 밝히고, 수학적 증명 원리를 고찰한 것이다. 이 연구에 의하면 사개송도치부법의 회계처리절차는 4단계로 구분된다. 1단계는 현금출납장(일기장, 분개장)의 기록단계이다. 즉 현금 및 대체거래 등 모든 거래를 일기장에 기록한다. 2단계는 계정별장책(원장)을 작성하는 단계이다. 현금출납장 기록을 계정별로 전기하여 작성하고, 入 분개는 원장 입변에, 出 분개는 원장 출변에 전기한다. 입출은 예금통장 방식으로 작성하고, 계정잔액 산출은 마이너스 예금통장 방식으로 기록하여 입출금 총액을 비교하여 절대값에 대한 연산을 실시한다. 3단계는 시산표(회계책)의 작성과 계정별 대차손익을 판별하는 단계이다. 원장잔액을 전기하여 작성하고, 잔액에 대한 대차손익(봉급손익)판별은 줄 돈과 받을 돈 기준으로 하고 대차손익은 곧 봉급손익이 된다. 4단계는 손익계산서의 작성 및 순익의 주주계정 이체단계이다. 원장 잔액중 손익계정 잔액만을 전기하여 작성한 후 당기순이익을 주주계정에 이체하여 회계처리한다. 대차대조표는 회계책의 대차계정 잔액을 그대로 활용하도록 하였다. 사개송도치부법의 핵심기호는 입금과 출금이며, 이 2개 기호로 모든 분개가 가능하였다. 모든 대체거래 분개전표를 차변과 대변이 아니라, 차변=출금, 대변=입금으로 입력 시험하였고, 수학적 증명식에서 분개 수식, 원장 수식, 시산표 수식, 대차대조표수식 및 손익계산서 수식이 성립함으로서 사개송도치부법은 복식부기의 원리에 정확히 일치함을 밝힌 것이다.100)

---

100) 이장형, 이원로, 이병원, 2012, 「사개송도치부법의 복식부기에 관한 연구」, 『전산회계연구』 10권 2호, 한국전산회계학회

이러한 송도사개치부법은 18세기 이후 개성상인들의 회계장부를 기록하는 원리로 수용되었지만, 개항이후 서양식 복식부기가 도입되기 이전 大韓天一銀行의 은행거래에도 그대로 사용되고 있다. 현재 우리은행(구 한국상업은행) 은행사박물관에 보관되어 있는 1899년부터 1906년까지의 대한천일은행의 회계장부가 그것이다. 다만 천일은행의 장부가 개성상인들의 장부와 다른 것은 송도치부법의 계정은 좌변을 借邊으로 우변을 貸邊으로 고정시키는 단계까지는 이르지 못했으나, 천일은행의 장책은 이러한 것을 고정하여 置簿하고 있으며, 결산절차상에도 약간의 차이가 있었다. 서양식 부기가 도입되기 이전 송도치부법 결산 방식은 아무런 일기기록 없이 장책에서 결산표를 작성한 것으로 추측된다. 이러한 차이에도 불구하고 두 가지 장부는 모두 자산, 부채, 자본계정을 인위적으로 대차평균시키기 위한 분개를 필요로 하지 않은 영미식 부기방법이라는 공통점이 있었다.[101]

현병주의 『實用自修 四介松都治簿法』이나 1899년에서 1904년의 대한천일은행 회계문서에 사용된 치부법에 나타난 사개송도치부법도 분개장에 해당하는 일기책과 원장에 해당하는 장책, 결산을 행한 회계책을 가지고 있었으며, 일기책의 분개를 전기하는 계정들이 장책에 설정되고 있었으며, 잔액시산표의 작성, 집합손익계정에서의 기간손익을 계산하였으나 재무제표의 작성까지는 이르지 못하였다. 그러나 분개장인 일기책이 분개장의 역할만 한 것이 아니라 현금출납장 및 원장의 현금계정 역할도 겸하였다는 점, 원장인 장책이 총계정원장이 아니라 외상장책(자산및 비용원장)과 타급장책(부채와 수익원장)으로 나뉘어져 있다는 점에서 파치올리의 복식부기와 구별된다.[102]

---

101) 조익순, 1968, 앞의 논문 참조.

조익순은 복식부기가 갖추어야 할 몇 가지 특질을 정하고, 우리나라의 고유부기가 이 특질을 충족하고 있는가를 검토하였다. 다음의 <표 1>은 우리나라의 고유부기가 복식부기로서의 여러 가지 특질에 어느 정도 충족되는가를 비교하기 위해 조익순이 작성한 표이다.

<표 1> 고유부기의 복식부기 특질 충족 여부

| 복식부기의 특질 | 송도사개치부법의 비교 |
|---|---|
| **형식면** | |
| 1.장부의 이중성(분개장과 원장) | 1.일기책과 장책으로 충족시켰음 |
| 2.계정형식의 이중성 | 2.去, 入, 去→內 또는 入→內로 충족시켰음 |
| 3.기입의 이중성(轉記의 이중성) | 3.현금계정을 제외하면 전기의 이중성 충족 |
| **결과의 균형성** | |
| 4.자산＝부채＋자본 | 4.捧次합계＝給次합계 형식으로 충족 |
| **자본주관계** | |
| 5.채권 · 채무를 기록하는 인명계정 | 5.인명계정도 충족됨 |
| 6.비인명계정(상품 · 수익 · 비용계정)추가 | 6.비인명계정도 충족됨 |
| 7.자본주계정<br>(재화와 이익에 대한 지배청구권) | 7.자본주계정도 충족 |
| 8.체계적 손익계산 | 8.완전히 충족하지는 못하였음 |
| ① 순자산증가액＝이익(Stock계산) | ① 순자산증가액 계산은 갖추지 못함 |
| ② 수익 · 비용차액＝이익(Flow계산) | ② 수익 · 비용차액 계산은 충족 |

여기서 우리나라 고유부기는 대한천일은행의 회계기록과 현병주의 사개송도치부법을 말하는 것이다. 조익순은 여러 회계문서를 수집하고 분석하였는데, 이들 문서 중에서 대한천일은행의 회계문서, 현병주의

---

102) 조익순, 2007, 앞의 논문 참조.

"사개송도치부법", "稱生集"[103]등은 완벽하지는 않지만 복식부기의 형식을 갖추고 있다고 평가하였다.[104]

대한천일은행의 회계문서나 현병주의 사개송도치부법이 완전한 복식부기가 아니기 때문에 단식부기라고 말할 수 있겠는가? 총계정원장인 장책으로부터 유도된 수익과 비용의 차액계산과정은 명백히 있었고, 그 차액의 검증수단으로 대차대조표방정식의 균형을 확인하는 대차대조표 작성과정만 결여한 부기를 복식부기가 아니라고 단정적으로 말할 수 없다. 대차대조표의 작성과정을 나타내는 회계방정식(자산=부채+자본)이 체계적으로 정의된 것은 파치올리의 시대가 아니라 1880년에 발표된 스프라그(Sprague)의 "The Algebra of Accounts"(Previts & Merino, 1998)에서 시작된 것임을 고려한다면 순자산증가액에 의해서 이익을 계상하는 방법이 결여되었다고 우리나라의 고유부기가 완벽한 복식부기가 아니라고 굳이 주장할 필요는 없을 것이다.[105]

한편 조선후기 사회에서 회계를 처리하는 장부로는 상인들의 장부만이 아니라 전라도 영암의 남평 문씨 문중에서 작성된 用下記에서도 이와 같은 합리적 장부기재의 전통은 확인된다. 이 용하기는 종족 소유의 자산운영을 위임받은 有司에 의해 작성된 것으로, 매년 엄밀한 회계감사를 받아야 하기 때문에 기록의 정확성을 기할 수밖에 없었다. 유사는 장부기입의 이중성과 그 균형을 도모하는 체계적인 장부기입의 기술을

---

103) 稱生集의 計主는 趙鼎九인데, 1854년생이며 1880년 초에 郡邑 관리로 근무하다 1882년에 鑛務主事, 1895년부터 1897년 8월까지 長津군수, 1905년에 平北鑛務監理를 역임하였다. 그는 조선조 말의 親露派 거두이고 탁지부대신과 군부대신을 지냈고, 을사보호조약을 반대한 李容翊의 처남이다. 이 회계문서는 그가 광무주사로 있을 때의 것으로 추정되고 있다(趙益淳, 2000, 앞의 책 140쪽 참조).

104) 조익순, 2000, 앞의 책 참조.

105) 정기숙 외, 2001, 보고서 참조.

구사하였다. 체계적인 장부기입방식을 채택하였기 때문에, 용하기는 가격정보와 품질정보 그리고 도량형정보와 관련하여 매우 풍부한 양질의 정보를 제공하고 있었다.

용하기의 거래기입은 춘추로 구분된 회기에 따라 租秩, 米秩, 錢秩 세 장부를 중심으로 상호간 서로 짜맞추어진 체계를 구성하여 관련 항목을 이중 기입하는 특성을 갖추고 있다. 1783년(정조 7년)에 작성된 용하기의 한 부분에서 租秩에 '5석9두의 벼를 찧어 쌀로 만드니 43두6승이 되고, 18두의 벼를 찧어 쌀로 만드니 6두3승이 된다'는 문장이 있고, 이러한 사항은 다시 米秩에 '벼를 찧어 쌀로 만드니 49두9승이다'는 기록으로 반영된다. 43두6승과 6두3승을 더하면 49두9승이 나오니 같은 거래를 租秩 계정에 한 번 쓰고, 다시 米秩계정에 한 번 쓰는 복식부기의 형태를 취한 것이다. 또 租秩 계정에선 숫자가 먼저 나오고 米秩계정에는 문자가 먼저 나오는 형식을 취하고 있다. 이는 租秩 계정에서는 벼가 쌀로 변하니 벼의 지출에 해당하는 것이고 米秩계정에는 쌀의 수입(증가)에 해당한다는 것을 구별한 것이다.

용하기의 모든 기록은 이와 같은 형식을 취하고 있다. 계정의 자산이 감소(지출)하는 경우에는 숫자를 먼저 쓰고 자산이 증가(수입)하는 경우에는 문자를 먼저 쓴다. 서양의 복식부기가 재산의 감소는 대변에, 증가는 차변에 일관되게 적는 것과 마찬가지의 논리인 것이다. 문중계라는 비영리조직의 회계문서이기 때문에 이익의 계산과 산출이라는 목적이 없는 조직의 문서로서는 용하기에는 손익계산서가 작성되지 않았다는 점을 제외하고는 복식부기의 형태로 작성되었던 것이다. 이러한 장부기입의 특성을 갖는 회계장부에서 추출하는 도량형정보와 가격정보, 그리고 품질정보의 신뢰도는 단순기입 방식하에서 작성된 회계장부의 관련

정보보다 훨씬 더 우수한 것으로 나타났다고 한다.[106]

이상에서 살폈듯이 현재 남겨진 송도사개치부법에 의해 작성된 장부를 검토한 연구들에 따르면, 송도사개치부법의 속성은 입금거래를 入과 上으로 분개하고, 출금거래를 去와 下로 분개하며, 對替去來를 入과 去로 분할 분개하여 장책에 轉記함으로써 대차평균의 원리를 관철하고 있다. 이와 같은 송도치부법의 속성을 현대적 부기의 기본원리와 비교할 때 그 표현방식에서 독특성을 가지지만, 기본 원리면에서 조금의 차이도 없는 것이다. 사개치부법이 서양의 복식부기와 근본 원리에서 일치하는 완전한 복식부기라는 데 대해서는 이론이 없다. 서양 부기에서는 현재의 거래를 장래의 채권과 채무로 표현한 데 비하여, 사개치부법에서는 현재의 거래를 현재 주고받는 사실로 기록함으로써 기록이 쉽고, 그것이 동시에 장래의 채권과 채무를 표시할 수 있으므로, 어떤 측면에서는 서양의 것보다 우수하다고 평가되기도 한다.[107]

개항이전 송도사개치부법이 상거래의 장부기록 방식으로 널리 활용되고 있다는 사실은 한국에서 18세기 후반부터 합리적으로 회계를 작성하는 기술과 관행이 정착하고 있음을 알 수 있다. 이는 앞서 좀바르트나 막스 베버의 관점에 따른다면 18세기 후반 조선에서도 '자본주의'를 지향하는 움직임이 있었다고 얘기할 수 있는 것이다.[108]

---

106) 전성호, 2002, 「조선후기 장부기입의 특성에 관한 연구」, 『경제사학』 32, 경제사학회.

107) 윤근호, 「송도사개치부법」, 『한민족문화대백과사전』 한국학중앙연구원.

108) 전성호, 2015, 앞의 논문 참조.

## 2) 서양 복식부기의 도입

개항이후 서양의 복식부기법의 본격적으로 도입되기 이전 조선에서의 회계는 대부분 송도사개치부법을 이용하여 회계처리를 하는 것이 관행이었다. 이러한 사정에 대해 일본에서 서양복식부기를 공부하고 돌아와 서양의 복식부기를 교육하고 전파하는데 힘을 쓴 金大熙는 그의 저서 『應用商業簿記學全 − 附工業簿記學』에서 다음과 같이 말하고 있다.

> 吾國은 松都人의 發明으로 全國에 통용하는 소위 四介足治簿라 하는 法이 有하나, 此에 學理를 附하여 說明한 者이 無하고, 西洋簿記法은 甲午更張時에 各衙文簿를 調査 整頓하기 爲하여 初入하였으나, 其法式에 不過하고, 貸借의 理를 知하는 者이 殆無하였다.[109]

여기서 보듯이 사개치부법은 서양 복식부기가 도입되기 이전 이미 전국에 통용되고 있었다. 앞서 살폈듯이 개성상인은 물론 전라도 영암의 문중계에서도 복식부기와 비슷한 형태의 회계부를 남기고 있는 것은 바로 이러한 사정을 잘 알려준다. 김대희는 송도사개치부법을 대체할 서양의 복식부기가 처음 도입된 시기는 1894년 갑오경장 때라고 얘기하고 있지만, 이 당시에는 이를 이해하는 사람이 거의 없었을 뿐만 아니라 당시의 관료들은 "계산기장이 수단적 기술에 불과한 것이기 때문에, 어찌 학문의 이치가 있을 리가 있겠으며, 5백년을 서양부기를 모르고도 태평성대로 百業이 興旺하였다"고 하여 부기를 무시했다고 당시의 사정을 전하고 있다.[110]

갑오개혁 이전에는 호조의 算士나 計士가 전문적으로 재정을 會計 置

---

109) 金大熙, 1909, 『應用商業簿記學全 − 附工業簿記學』, 義進社, 2쪽.
110) 金大熙, 1909, 앞의 책 2쪽.

簿하였고, 1880년 12월(양력 1881년 1월) 이후에는 통리기무아문 산하의 理用司에서 국가 재정을 회계 치부하였다. 경리사의 회계장부가 송도사개치부법에 의해 이루어졌는지는 확인되지 않지만, 현재 규장각 등에 남아있는 당시의 정부 장부들은 대부분 복식부기가 아닌 단식부기 형태의 장부로 작성된 것이다.[111]

한편 1895년 반포된 홍범 14조에는 "인민의 납세는 모두 법령과 법정율에 의하며, 함부로 세금을 징수하지 못한다. 조세의 징수 및 경비의 지출은 모두 탁지아문에서 관할한다. 왕실과 관청의 비용은 매년 예산을 작성하여 1년 회계로 집행한다" 등 근대적 예산 회계제도를 선언적으로 천명하고 있다. 이러한 홍범 14조에 이어 같은 해 3월에는 회계법이 제정 반포되었다. 갑오개혁으로 조세금납화가 전면화되어 실물경제에서 화폐경제로의 전환하였기 때문에, 일본과 독일의 예산제도를 기초로 회계법이 제정된 것이다. 전문 11장 41조로 구성된 회계법은 1904년까지 시행되었다.[112]

갑오개혁으로 정부재정이 화폐경제로 전환하면서 정부재정의 회계처리에 대한 중요성이 높아졌지만, 이 당시 회계가 복식부기의 방식으로 이루어졌다고는 볼 수 없다. 앞서 김대희의 언급에는 이 때 서양의 복식부기가 도입되었다고 하지만, 현재 남아있는 의정부나 궁내부의 회계장부에서 복식부기의 흔적은 발견되지 않기 때문이다. 정부에서 복식부

---

111) 현존하는 서양식 복식부기 도입이전의 각종 장부를 분석한 조익순은 "대한천일은행의 회계문서, 현병주의 "사개송도치부법", "稱生集" 등을 제외하면 모두 계정형식의 이중성, 捧次합계, 給次합계, 實捧次(자본), 인명계정, 비인명계정을 가지는 단식부기의 영역을 벗어나지 못한 것이라고 평가하고 있다.( 조익순, 2000, 앞의 책 참조)

112) 김대준, 1973, 「한말의 회계법(1895년) 고찰」, 『산업과 경영』 11권1호, 연세대 산업경영연구소.

기를 채택한 시기는 통감부가 설치된 이후였다고 추정되고 있다.[113]

1889년에 탈고하고 1895년에 간행한 유길준의 『西遊見聞』第14편 「商賈의 大道」에서는 "상인된 자는 재화를 거래하거나 재물을 주고받을 때에 조리 있게 治簿하는 법과 약속을 정하며 자본을 합하여 착실하게 회사를 운영하는 일등을 배워야 한다"고 하여 상인에게 있어 부기의 중요성을 강조하고 있으며, "장부를 기입하는 법이 자세하지 않으면 타인의 의심을 사기 쉽다"고 얘기하고 있다. 이처럼 1880년대 후반부터 조선사람들은 서양의 복식부기의 존재를 알고 있었지만, 한국에서 서양부기법과 회계법이 최초로 적용된 곳은 1892년 설립된 朝日合辦銀行 Tung Chin Hiang이라고 추측되고 있으며, 실무상에서 최초로 복식부기가 작성된 곳은 1898년 특립제일은행이었다. 당시 특립제일은행에서 부기를 담당한 자는 일본 유학생 李海永과 魚容善이었다.[114] 신문지상에 서양 부기법에 의한 회계기록으로 처음 나타난 것은 1905년 12월 31일 漢城銀行의 신문지상에 공고된 제1기 결산대차대조표이다.[115]

서양의 복식부기는 1890년대 상업부기만이 도입되었지만, 1901년에는 은행부기, 1905년에 관청부기로 확대되었고, 회계 주체에 따라 礦業簿記, 철도부기라는 명칭도 등장하였으며, 1910년을 전후하여 원가계산(공업부기)와 부기원리(회계기초이론)이 순차적으로 도입되었다.[116]

복식부기 교육이 최초로 이루어진 곳은 1899년 광성상업학교에서였다. 일본에 유학하여 서양의 복식부기를 공부했던 교사들은 광성상업학

113) 이상국, 1988, 앞의 논문 참조.
114) 위와 같음.
115) 『황성신문』 1906년 1월 28일
116) 고정섭, 1986, 「한말 서구회계학의 도입사에 관한 연구-회계학저서와 논문을 중심으로」, 『經商論叢』 11권1호, 서강대 경제연구소.

교에서 1899년에는 상업부기를, 1902년에는 은행부기를 가르쳤다.[117]
또한 1905년 11월에는 관립농상공학교에서 부기학이 교육되었고,[118]
1906년에는 관공립학교 대부분에서 부기학이 정식 교과로 채택되었다.

1905년 조선통감부에 의해 내정이 장악되면서 정부의 회계도 서양식
복식부기에 의해 이루어졌으며, 근대적인 회사와 금융기관들도 서울은
물론 지방 도시에 많이 설립되었다. 1905년 이후 금융기관 설립시에는
서양부기법의 도입을 법제화했기 때문에 부기능력을 갖춘 인원에 대한
수요가 대폭 증가했다.[119] 이러한 수요를 충당하기 위해서 1905년 이후
부기교육은 매우 활기를 띠어, 정식 학교만이 아니라 학원이나 강습소
등에서도 널리 이루어졌다. 평안도 선천에서는 부기학교가 설립되었고,
심지어 부기교육을 위한 2개월 속성과까지 등장하였다. 당시 신문광고
에서 확인되는 서양 복식부기를 가르친 교육기관은 다음과 같다.

> 公州私立育英學院, 仁川米商會社 速成簿記夜學會, 全州私立涵育學校, 法學講
> 習所, 私立青年學院, 私立中東夜學校, 華東學校, 漢城女學院, 攻王學校, 私立普光
> 學院, 廣化新塾, 隆熙講習所, 簿記日語講習所, 新興蠶業講習所, 隆進商業講習所

이들 교육기관에서는 상업부기, 은행부기, 관청부기, 공업부기 등 다
양한 부기교육이 이루어졌다. 이처럼 부기교육 열풍이라고 할 만한 현
상은 1905년 화폐정리사업으로 금융공황이 야기되자 상업금융의 완화
책으로 설립된 공동창고회사 등 금융기관에서 서양부기 능력을 갖춘 인

---

117) 위와 같음.
118) 1904년 출범하고, 1905년 11월에 신입생을 모집한 농상공학교의 상업과에서는
    부기학, 산술, 상품학, 은행론, 외국무역론이 교육되었다.(『황성신문』 1905년 11
    월 10일)
119) 이상국, 1988, 앞의 논문 참조.

력이 많이 필요했기 때문이었다.

당시 부기교육은 일본에 유학한 사람들이 담당하였다. 1895년부터 1902년 관비유학생 수는 251명에 달하였는데, 이중 상업과 경제학관련 연구자는 총 44명이었다.[120] 또한 이 시기에 간행된 부기도서는 임경재 『신편은행부기학』(1908), 임경재 『간이상업부기학』(1908), 김대희 『응용상업부기학』(1909)이 있다. 일본에서는 메이지유신 초기 은행회계제도를 정부의 정책과 지원하에 영미국의 수탁책임회계제도를 모방하여 법제화함으로서 1860년대에 이미 복식부기와 회계법이 도입되었고, 1887년 말까지 출판된 簿記書는 84종에 달하고 있었다. 조선에서의 서양식 부기교육은 일본에 비하면 30년 정도 늦은 셈이다.[121]

부기교육은 1906년의 학제 개정으로 관공립학교에서도 정식교과목으로 편성되었다. 1906년 8월 27일 반포된 학부령 외국어학교령 시행규칙 5조에는 부기교과목을 교육하도록 규정하였으며, 사범학교의 교과과정에도 부기교과가 포함되었다. 또한 1906년 학부령 23호의 보통학교령 시행규칙 제9조의 교수요령중 제15호 상업의 2항에서는 간단한 상업부기를 교육할 것을 규정하고 있으며, 1908년 법부에서 고시한 법관양성소 학칙 1조에도 부기교과가 포함되어 있다.[122] 1906년 이후 각

---

[120] 일본유학생 중에서 경제학이나 상학을 공부한 유학생을 연도별로 집계하면 다음과 같다. 1895년 이전(12명) 어용선, 조제환 최영식, 유승겸 오성모 김대희 한진용 유문상, 신해영, 유치형, 원응상, 여병현; 1896년-1903년(10명) 이교승, 김상연, 최석하, 장홍식, 전영작, 김진초, 윤효정, 권보상, 안국선, 현공렴; 1904-1909년(22명) 이창환, 강 기, 유승흠, 한상우, 이승근, 김만규, 김지황, 윤정하, 김성목, 장기영, 최용화, 이한경, 문내욱, 鄭錫迺, 황석린, 나홍석, 정광조, 김국태, 정경윤, 이풍재, 이명재, 유동수(이기준, 『한말 서구경제학도입사연구』(일조각, 1985) 12-16쪽.)

[121] 尹根鎬, 1984, 앞의 책 308쪽

[122] 이상국, 1988, 앞의 논문 참조.

급학교에서 부기가 독립교과목으로 편성되었지만, 부기교과는 대부분 기하, 대수 등과 같이 수학의 한 교과목으로 편성된 것이었다.

한편 정부 관리에 대한 부기교육은 조선통감부에 의해 1906년 12월부터 본격적으로 시행되었다. 통감부에서는 정부 각 부처의 30세 이하의 관원 1명씩을 매일 오후 3시에 顧問部에 모이도록 하여 부기학을 교육하였다.[123] 1907년에는 지방의 세무서원들에게 부기학이 교육되고 있다.[124]

이상에서 살폈듯이 조선에서의 복식부기교육은 개항이후 30년이 지난 1899년 광흥학교에서 최초의 부기학 교육이 이루어졌으며, 1900년 광성상업학교가 등장하여 전문적인 상업인력 양성이 시작되었다. 1905년 이후에는 하급실무 상업인력의 양성이라는 목표하에 각급 관공립 학교에서 실업교육을 실시하였고, 부기교육은 남녀고등학교, 사범학교, 일어학교에서 교육되었다. 특히 부기는 각급 정규학교는 물론 각종 강습소나 속성야학에서도 교육될 정도로 인기가 높았다. 이 과정에서 전통적인 송도사개치부법은 현병주에 의해 학문적인 검토 대상이 되었을 뿐 계승되거나 널리 전파되어 대중화될 기회를 상실함으로써 역사에서 사라졌다. 그러나 전통사회에서 합리적인 회계전통은 1905년 이후 서양의 복식부기 학습 열풍을 뒷받침하는 중요한 동력이 되었으며, 회사와 같은 근대기업의 설립을 용이하게 하는데 큰 역할을 하였다고 평가된다.

---

123) 『황성신문』 1906년 12월 1일
124) 조선통감부 『財務週報』 28호, 1907년 10월

## 5. 상업제도의 도입과 상업인력 양성

이상에서 개항 전후 상업인력의 양성시스템을 간단하게 살펴보고, 자본주의를 상징하는 기준이라고도 평가되는 부기제도를 전통사회에서 널리 사용되고 있었던 송도사개치부법의 성격과 서양식 복식부기의 도입과정을 살펴보았다. 두루 알 듯이 상업은 원시사회 교환이 발생한 이후부터 존재했던 인류사회의 아주 오래된 산업의 하나이다. 그러므로 개항이후 서구에서 복식부기나 회사제도 등이 도입되었다고 해도 개항 이전의 전통사회에서 이와 유사한 제도가 없었던 것은 아니었다. 1903년 한반도를 여행한 바츨라프 세로셰프스키[125]는 조선사회에서 수표제도가 정착되기 이전에 이미 신용을 기초로 한 換과 於音이 널리 유통되고 있었고, 이러한 것들은 19세기 중엽 영국의 토머스 쿡(T. Cook)이 개발한 여행자 수표에 견줘 결코 부족함이 없으며, 이를 가능케 한 조선사회의 뛰어난 재정조직과 부기능력을 높이 평가하고 있다. 그는 또한 "대출기관이 없다고 하여 그와 같은 기관을 세울 능력 자체가 없는 것이 아니라 조선사람들이 그것을 필요로 하지 않았기 때문"이라고도 얘기하고 있다.[126] 실제 19세기 말 20세기 초 조선에서는 육의전 役人廳에서

---

125) 폴란드 출신의 민속학자이자 작가인 바츨라프 세로셰프스키는 러일전쟁 발발 직전인 1903년 10월 10일, 러시아 황실지리학회 탐사대의 일원으로 일본을 거쳐 부산항에 발을 내디뎠다. 곧이어 그는 뱃길로 원산에 도착한 뒤 금강산(安邊) → 平康 → 양담(황해도) → 안양 → 양주 → 서울로 이어지는 여행길을 도보로 구석구석 탐색했으며 이를 러시아의 한 잡지에 연재했고, 그 연재물을 수정 보완하여 1905년 폴란드어로 『Korea-Klucz Wschodu』를 출판했으며, 같은 해 상트 페테프부르크에서 러시아로 『Korea:ocherki』이라는 이름으로 출판되었고, 1906년에는 독일어판이 출판되기도 했다. 한국에서는 1996년 러시아어판을 판본으로 개마고원 출판사에서 『코레야 1903년 가을』이라는 이름으로 번역출판되었다.

126) 바츨라프 세로셰프스키, 김진영외 옮김, 1996, 『코레야 1903년 가을』, 개마고원, "대출기관이 전무하다고 해서 그와 유사한 기관을 세울 능력 자체가 없다는 말은

어음의 교환, 할인, 담보대출 등의 기능을 수행하였다. 은행이라는 간판을 달지 않았지만, 역인청은 은행 업무의 일부를 수행하였던 것이다. 바츨라프의 언급처럼 19세기 말 조선에는 근대적인 금융기관인 은행은 없었지만, 이를 충분히 대체할 수 있는 메카니즘은 작동하고 있었던 것이다.127) 이와 같은 사례에서 우리는 개항 이후 근대적인 상업시스템이 도입되기 이전에 이를 수용할 수 있는 기반이 개항이전에 이미 광범하게 형성되어 있었음을 확인하게 된다.

이러한 측면은 상업인력의 양성시스템에서도 동일하게 나타난다. 개항이전 조선사회에서는 전체 인구의 최소 10% 이상의 인구가 문자를 해독하고 상업을 합리적으로 경영할 수 있는 능력을 갖추고 있었다. 개항 이전 상인들은 10세를 전후하여 서당이나 집안에서 산술에 대한 기초지식을 터득하고, 15세를 전후하여 상업현장에서 실습을 통해 장사를 익혔다. 집단적, 공공적이지 않고 개별적 도제식으로 상업 경험을 전수하는 것이 전문 상인집단의 상업교육이었다.

개항이후 상업교육은 학교제도하에서 이루어졌다. 기초적인 산술교육은 초등교육에서 이루어졌지만, 전문적인 상업교과는 민간이나 정부

---

아니다. 단지 한국인들이 그런 것을 필요로 하지 않았던 것 뿐이고 필요한 경우에는 토마스 쿡(T. Cook)의 수표책에 결코 떨어지지 않을 만큼 매우 지혜로운 旅行換도 개발해 냈다."(41쪽), "모든 여행자들은 여행을 시작하면서 처음 묵게되는 주막주인에게 돈다발을 건네주고 영수증[임치어음 : 인용자]을 받은 뒤, 이후부터는 그것을 돈 대신 사용한다. 이후의 주막 주인들은 영수증에 여행객에게서 받아야 할 숙박비나 식대 그리고 기타 사소한 물품비를 표시해둔다. 여행자가 마지막에 머무는 주막의 주인은 여행자의 영수증을 받고 남은 돈을 내주게 되어 있다. 이 모든 것이 한반도 전역에 걸쳐 이미 오랫동안 지속되어온 뛰어난 재정조직, 그리고 여인숙 주인연합회의 훌륭한 부기능력을 보여준다. 여행객이 규칙을 어기거나 돈을 악용한 경우는 한 번도 없었다고 한다." (263 ~264쪽)

127) 고동환, 2010, 앞의 논문 296~297쪽 참조.

에서 설립한 상업학교에서 교육되었다. 1899년 전현직 관료들이 서울에 설립한 光成學校(광성상업학교)에서 최초로 부기와 상법, 은행론 등 전문적인 상업교과가 교육되었으며, 1904년 농상공학교의 개교를 계기로 관립학교에서도 전문적인 상업교과가 교수되기 시작하였다. 학교에서 부기와 상법 등 전문지식을 익힌 상업학교 졸업생들은 새롭게 등장한 회사나 은행 등에 취업하면서 근대적인 상업세계를 형성하는데 중요한 역할을 담당하였다. 상업학교 졸업자들은 대부분 실무자로서의 역할을 담당했고, 자본가로서 성장한 경우는 찾아보기 어렵다. 개항이후 근대적 상업체제는 전통사회에서 상업기술을 익힌 자들이나 근대적인 상업교육을 받는 실무자들과 지주 또는 관료 자본과 결합하여 형성되었다고 볼 수 있는 것이다.

한편 회계의 합리적 처리가 근대상업의 출발점이며, 복식부기는 자본주의 발전의 결정적인 요소로 인식되었기 때문에 1900년 이후 일본 유학을 마친 전문가들에 의해 서구의 복식부기가 각급 학교에서 교육되기 시작하였는데, 그 이전부터 조선에서는 송도사개치부법이라는 부기법을 활용하여 장부를 작성하고 있었다. 이 부기법은 입금거래를 入과 上으로 분개하고, 출금거래를 去와 下로 분개하며, 對替去來를 入과 去로 분할 분개하여 장책에 轉記함으로써 대차평균의 원리를 관철하고 있다. 이와 같은 송도치부법은 표현방식에서 독특성을 가지지만 서양의 복식부기의 기본원리라는 점에서는 조금의 차이도 없는 것으로 평가되고 있다. 이러한 송도사개치부법은 개성상인과 시전상인 등 상인들의 장부, 전라도 영암의 문중계의 회계장부와 1899년 창설된 대한천일은행의 회계장부서도 활용되고 있었다. 개항이전 송도사개치부법이 상거래의 장부기록 방식으로 널리 활용되고 있다는 사실은 한국에서 18세기 후반부터 합리적으로 회계를 작성하는 기술과 관행이 정착하고 있었음을 보여준다.

　서양의 복식부기는 1905년 이후 상업학교와 사범학교, 일어학교 등 각급 학교는 물론 각종 강습소나 속성야학에서도 교육되었다. 이 과정에서 전통적인 송도사개치부법은 현병주에 의해 학문적인 검토 대상이 되었을 뿐 계승되거나 대중화될 기회를 상실함으로써 역사에서 사라졌다. 그러나 전통사회에서 합리적인 회계전통은 1905년 이후 서양의 복식부기 학습 열풍을 뒷받침하는 중요한 동력이 되었으며, 회사와 같은 근대기업의 설립을 용이하게 하는데 큰 역할을 하였다. 요컨대 개항이후 확립된 은행이나 복식부기 등 상업시스템은 외래적인 요소가 전적으로 이식되어 형성된 것이 아니라 전통적인 상업시스템을 토대로 한 것이었다. 이러한 요인으로 인해 근대적 상업체제는 매우 빠르게 정착될 수 있었던 것이다.

# 3장
## 개항이후 조선상인의 동향과
## 상회사의 등장

## 1. 서울시장의 변화와 시전상인의 동향

### 1) 서울시장의 변화

개항이후 국제무역의 확대와 외국 상인의 진출로 국내시장은 커다란 변화를 겪었다. 확대된 시장 조건에서 조선 상인들은 외국상인과 대립, 경쟁하였다. 개항이전 조선의 대표적 상인들은 시전상인과 개성상인 그리고 포구나 도회지에서 영업하던 객주가 있었다. 이외에도 대청, 대일무역을 담당했던 의주상인과 동래상인, 지방장시를 무대로 활약했던 보부상집단을 전통적 상인집단으로 꼽을 수 있을 것이다. 새로운 경제 환경에서 조선의 상인층은 일부 몰락하기도 했지만, 시대의 변화에 적극 대응하면서 성장한 상인층도 있었다.

서울 시전상인 중 3번째로 규모가 컸던 면주전 상인들은 외국산 면포의 유입으로 완전히 몰락했으며,[1] 서울의 상인집단은 대한천일은행 설립에 참여하여, 개성상인의 상업사용인제도, 개성부기 등을 활용하여

---

1) 고동환, 2008, 「개항전후기 시전상업의 변화-면주전을 중심으로」, 『서울학연구』 32.

은행의 회계업무를 처리하기도 했다.2) 개성상인들은 홍삼 무역과 삼포 경영을 토대로 외국상인과 대결하면서 성장하였으며,3) 개항장객주는 자본을 결집하여 각종 회사를 비롯하여 商社, 商會를 조직하고 상업을 근대화하려는 노력을 구체화하였다.4) 이처럼 조선후기의 내재적 흐름 속에서 성장한 조선 상인들은 개항이후 변화된 경제환경에서 다양한 부침을 보여주고 있다.

개항이전 전국적 시장의 중심이었던 서울 시장도 개항이후 커다란 변화를 경험하지 않을 수 없었다. 서울시장에는 개항이전부터 서양의 직물류가 중국을 통해 반입되어 유통되고 있었다. 서양 직물류의 반입은 종전 시전의 운영방식에서 완전히 새로운 국면을 열어 놓았다. 주지하 듯이 시전체제는 각 시전 도중이 專賣할 물종을 평시서 시안에 등록하고 이를 독점적으로 구매, 판매하는 금난전권을 기초로 운영되고 있었다. 그러나 중국을 거쳐 서울에 반입된 서양산 직물류는 새로운 상품이었기 때문에 이 상품의 전매권을 둘러싸고 중국산 비단을 판매했던 立廛과 국산 비단을 판매했던 면주전, 국산 면포를 판매했던 백목전 사이에 다양한 분쟁이 벌어졌던 것이다. 정부는 1837년(헌종 3) 이러한 분쟁에 대해 통공발매를 결정하였다. 이른바 丁酉決處였다. 서양 직물류의 통공발매가 결정된 이후 외국산 직물류의 수입은 그 이전에 비해 5배 이상 증가한 것으로 추정된다. 이러한 외국산 직물류의 수입유통은 국내의 비단의 생산과 유통을 위축시켰을 뿐만 아니라, 금난전권을 기초로 유지되던 시전상업에 동요를 가져왔다. 여전히 시전상인의 우월권은 인

---

2) 李承烈, 2007, 『제국과 상인』, 역사비평사, 참조.
3) 양정필, 2014, 「개항기 경제 변동과 개성상인의 활동」, 『역사와실학』 55,
4) 김연지, 2013, 「개항장객주의 변모 양상과 성격 고찰」, 『한일관계사연구』 44.

정되고 있었지만, 서울의 시장은 국내 상품은 물론 외국산 직물류가 자유롭게 유통되는 시장으로 변모하였다. 19세기 전반기 세도정권은 通共和賣를 기본으로 하는 辛亥通共의 원칙을 준수하였고, 외국산 물품의 유통도 자유시장에 맡겨두는 정책을 펼쳤다. 이러한 정책은 서울 시장만을 주요한 유통시장으로 삼고 있었던 시전상인들보다는 전국의 상품 가격에 대한 정보는 물론 중국 시장과의 관련성을 가지고 있었던 사상들이 상업이윤을 축적할 수 있는 매우 유리한 요소로 작용하였다. 이러한 조건하에서 사상들의 독점상업인 사상도고가 19세기 중엽이후 성행할 수 있었던 것이다.

한편 외국산 직물류의 반입으로 서울의 시장은 1840년대부터 크게 성장하였고, 이러한 시장의 성장은 시장에 대한 인식을 바꾸어놓는 계기가 되었다. 18세기에 흔하게 취해졌던 국가의 개입을 통해 물가나 상품의 유통을 통제하려는 시도가 자취를 감추었고, 물가와 상품의 유통은 수요와 공급이라는 시장원리에 맡겨두어야 한다는 인식이 보편적 인식으로 자리잡아간 것이다.[5]

개항이전 중국 및 서양산 직물류의 유통으로 혼란을 경험하고 있던 서울 시장은 개항이후 외국의 상인과 상품의 침투를 통하여 양적으로 빠르게 성장할 뿐만 아니라 질적으로도 크게 변모하였다. 이러한 변화는 1882년 朝淸水陸商民貿易章程 체결로 서울이 開市場이 되어 외국상인들의 진출이 본격화하고, 다음 해 인천이 개항됨으로써 수입상품이 서울에 유입됨으로써 크게 촉진되었다. 또한 1899년 경인철도의 개통, 1905년 경부철도의 개통으로 인해 서울시장과 개항장 간의 위상의 변동을 낳고 서울의 전국적인 상업중심지로의 발전을 결정적으로 진전시

---

5) 고석규, 2000, 「19세기 전반 서울의 시전상업」, 『서울상업사』 태학사 참조.

켰다.6)

　개항 이후 서울시장의 확대는 전통적인 시장체제의 성장이 아니라 외국상품의 유입과 외국상인의 진출 등 주로 외래적인 요인에 기인한 것이었다. 그러므로 외국상인은 외국인 수요의 확대, 수입품 비중의 증대, 근대적 교통, 통신설비의 활용, 불평등조약의 특권 등에 의거하여 서울의 商權을 점진적으로 장악하여갔다. 그러나 서울시장의 규모가 계속 확대되었고 러일전쟁 전까지는 국산품의 유통량이 위축되지는 않았으므로, 조선상인이 입은 타격은 결정적이지는 않았다. 조선상인들은 기선과 철도를 이용하고 수입무역의 상권을 장악하려는 노력하였지만, 러일전쟁 이후 일본인 이주의 급증, 철도수송의 본격화, 일본과의 直貿易의 확대, 국산품 이입의 위축으로 점차 일본상인이 서울 상권을 장악하게 되었다.7)

　개항이후 서울에 침투한 최초의 외국상인은 1882년 임오군란 직후 北洋陸軍을 따라온 淸商 40여명이었다. 일본상인도 임오군란 이후 協同組와 大倉組의 10명 내외가 국내로 들어와 남산산록에서 일본인을 대상으로 장사를 하였다. 1883년 11월 최혜국조관에 의해 영국의 상점개설권이 일본에도 허용되자 일본공사관은 일본상인의 서울진출 억제정책을 해제했다. 1882년 이후 서울에 진출한 청상과 일상의 추세를 보면 다음의 <표 8>과 같다.

───────────────

6) 개항이후 상업의 동향에 대해서는 다음의 논문이 참조된다. 한우근, 1970,『한국개항기의 상업연구』, 일조각; 강만길, 1973,「대한제국기의 상공업문제」,『아세아연구』16-2; 신용하, 1974,「19세기말의 한국대외무역의 전개와 상권문제」,『아세아연구』17-2; 손정목, 1882,『한국개항기 도시변화과정연구』, 일지사; 김경태, 1985,「갑신·갑오기의 상권회복문제」,『한국사연구』50·51 합집; 박경룡, 1992,「개화기의 한성부 상업연구」,『향토서울』52호.

7) 이헌창, 2000,「1882-1910년간 서울시장의 변동」,『서울상업사』태학사

<표 8> 1882년이후 淸商과 日商의 서울진출 상황[8]

| | 淸商 | | 日商 | |
|---|---|---|---|---|
| | 상 인 | 상 점 | 상 인 | 상 점 |
| 1883 | 99 | 19 | | |
| 1884 | 352 | 48 | | |
| 1885 | 111 | 25 | 71 | 15 |
| 1886 | | 14 | | |
| 1887 | | | | 26 |
| 1888 | | | 370 | |
| 1889 | 600餘 | 80餘 | | 85 |
| 1890 | 625 | 近100 | 625 | |
| 1891 | 751 | | | |
| 1892 | 957 | | | |
| 1893 | 1,254 | 142 | | |

※ 전거 :『淸季中日韓關係史料』,『朝鮮日本國領事館報告』,『日本外交文書』,
『漢城週報』

초기에 자국 주둔군에 봉사하는 군인 상인의 성격을 지녔던 청상과
일상들은 1885년 후반기를 계기로 서울시장을 잠식하는 상인으로 그
성격이 변하였다. <표 8>에서 보듯이 청상과 그들의 점포는 1883년
99명, 19곳이었으나, 1893년에는 1,254명 142곳으로 늘었다. 10년동안
상인은 12.6배, 상점은 7.5배나 늘었던 것이다. 일상은 1883년에 71명,
1890년에 625명으로 5년여동안 9배정도 늘었다. 청상들은 수표교 일대
를 비롯하여 명동, 남대문 등지에 자리를 잡고 수입직물, 잡화 및 피혁,
모피등을 판매했다. 특히 거상 同順泰號를 비롯한 30여개의 청나라 상

---

8) 김정기, 1989, 「1890년 서울상인의 철시동맹파업과 시위투쟁」,『한국사연구』67
에서 재인용

점은 종루 근처인 수표교 북쪽에 밀집하였다. 일본상인들은 초기에는 공사관이 있던 남산주변과 진고개 일대에 집중되었으나 점차 칠패등 전통적 상권지대로 진출하였다. 유럽인들은 정동을 거점으로 활동하였다.

이와 같이 1882년 이후 외국상점의 출현은 육의전의 금난전권을 무력화시켰고, 부수적으로 인천 개항장 객주의 서울시장 진출을 차단했다. 특히 청국상인들은 서울주민에게 일용품을 공급하는 朝市에도 진출하여 조선상인의 상권을 위협하였다. 19세기 후반 서울의 朝市는 남대문, 동대문 안쪽, 기타 도성 내외에 여러 곳에서 열렸으며, 개시시간은 매일 아침 3-4시부터 시작하여 해뜨기 직전까지, 취급품목은 곡식류, 잡화, 과자, 사탕 , 소금, 과일, 자기, 종인, 야채, 건어물, 생선, 연초 등이었다.

청국 상인의 일용품 판매시장에 진출외에도 서울의 시장을 크게 위협했던 것은 외국상인들에게 어떠한 商稅도 부과되지 않았다는 점이었다. 지방에서 상업활동을 하는 청상과 일상들에게는 지방관이 여러 명목의 상세를 부과하여 잦은 마찰을 빚었지만, 서울에서는 청상과 일상에게 어떠한 세금도 징수하지 않았다. 이와 같은 외국상인의 서울진출은 시전상인 뿐만 아니라 노점상인, 난전상인의 공동반발을 일으켜, 1890년 상인들의 철시투쟁으로까지 진전되었다.[9]

1883년 인천이 개항됨으로서 서울시장이 개항장 무역권에 편입되었기 때문에 서울의 시장은 크게 변동하였다. 서울시장에는 수입품이 대량으로 집하되었고, 수출품도 일정량 집하되었다. 수출입이 늘어나는 만큼 서울 시장은 성장하였던 것이다. 이중에서도 섬유제품을 중심으로 한 외국상품의 서울시장 유입은 서울 시장의 규모를 확대시킨 중요한 요인이었다. 섬유제품의 서울유입양상을 보면, 1894년 청일전쟁 이전

9) 김정기, 1989, 앞의 논문 참조.

인천에서 金巾으로 환산한 서양면포의 연간 수입량은 30만反을 상회하였다. 인천의 수입면제품 중에서는 1897년까지는 金巾이, 1898~1902년까지는 紡績絲가, 1903년 이후는 시팅이 최대품목이었는데, 이들 대부분은 서울을 통해 유통되었다. 麻布도 개항이전부터 중국산 門布, 海南布등이 수입되었지만, 1890년 이후부터 인천항을 통한 중국산 마포의 수입이 본격화되었고, 1896년부터 수입품중에 중요한 품목에 꼽히고 있었다. 비단의 경우도 개항 이전부터 중국을 통해 중국산 및 서양산 비단이 대량 수입되었지만, 1885년부터는 일본비단인 甲斐絹도 수입되기 시작하였다. 외국산 비단 중에서 가장 수요가 많았던 것은 중국산 비단이었다.[10]

서울에 진출한 중국상인 同順泰가 上海의 同泰號와 거래한 장부를 분석한 연구에 의하면, 동순태가 수입한 상품은 견직물, 마직물, 銀之金, 식품, 약료, 잡화, 기타 상품인데, 이중 대부분이 견직물이었다. 1894년에 수입액 5만2천냥중에 3만5천냥이 견직물이며, 1895년 14만7천냥중에 11만냥이 견직물이었다. 1894년, 1895년 두 해동안 상해의 동태호에서 동순태로 수입된 견직물은 총 14만7천냥에 달했다. 전체 수입액중에 74%가 견직물로서, 그만큼 중국산 비단의 수요가 많았음을 의미한다.[11]

이와 같은 외국산 섬유류의 수입으로 조선사람들의 의복문화가 급속하게 변하였다. 이사벨라 버드 비숍은 이러한 사정을 다음과 같이 말하고 있다.

---

10) 이헌창, 2000, 「1882-1910년 서울시장의 변동」, 『서울상업사』 태학사
11) 石川亮太, 2005, 「朝鮮 開港後における華商の對上海貿易- 同順泰資料通して」, 『東洋史研究』 63-4.

외국 상품수요가 창출된 지 13년도 채 못됐다는 것을 고려한다면, 한국인들이 외제품에 의존하고 있는 정도는 놀랄만한 것이다. (중략) 특히 표백되지 않은 셔츠천과 한랭사, 모슬린, 아마포, 아이들 의복용의 터키레드는 한국인의 기호를 완전히 사로잡았다. 다만 솜으로 채워 넣은 겨울옷의 보수주의만이 외국산 울(wool) 제품에 굴하지 않고 있는데, 그 부문에서의 수입은 문자 그대로 전무하다고 말할 수 있다.12)

즉 겨울옷인 솜옷을 제외하고 삼베나 모시 등에 의존하던 조선인들이 셔츠천 한랭사, 모슬린, 아마포, 터키레드 등 외국산 직물로 만든 옷을 선호하게 되었다는 것이다. 값싼 중국 및 서양산 섬유류의 유통이 조선의 의생활문화를 크게 바꾸었기 때문에 국내산 면포와 비단의 생산과 유통은 위축될 수 밖에 없었다.

개항이후 외국상인의 진출과 외국상인의 진출로 인해 서울의 상가도 크게 변모하였다. 원래 서울의 상가는 조선초기 2,000칸이 넘는 규모로 鐘樓를 중심으로 동서쪽으로, 그리고 남대문 방향으로 T자형으로 건설된 시전행랑이 유일한 상가였다. 그러나 유민집주에 따라 도성외부에 인구가 밀집되면서 17세기 후반이후 남대문 밖과 서소문 밖을 중심으로 한 상가가 조성되기 시작하였다. 1660년에서 1670년 사이에 이 지역에는 문외미전, 문외상전, 외어물전, 생선난전 등이 계속 설치됨으로써 종로시전과 함께 서울의 중요한 상가로 번성하였다. 이 때 형성된 상가가 바로 七牌市場이었다. 칠패라는 명칭은 이곳이 우변포도청의 순라군 16패 중에 남대문 밖에서 蓮池까지 순라를 도는 7패가 주둔하는 곳이라는 데서 유래되었다. 한편 1760년경에는 서울 東部의 於義洞 근처에 또 다

---

12) 이사벨라 버드 비숍, 이인화 옮김, 1994, 『백년전 한국의 모든 것, 한국과 이웃나라들』, 살림, 32쪽.

른 상가가 조성되었다. 영조는 어의동을 지칭하는 東村에 민가를 많이 입주시키기 위하여 시전 설치를 허가하였다. 신설된 東村의 시전들은 종로시전과 마찬가지로 평시서에서 관할하였지만, 이들 중에서 契 명칭을 사용하는 사람들은 준천사에 소속시켜 관리하고 있었다. 이 때 조성된 상가가 바로 梨峴商街로 추정된다. 이처럼 18세기 후반에 이르면 서울 도성안팎의 상가는 종로 시전상가와 이현·칠패상가를 합하여 三大市로 형성되었던 것이다. 이처럼 18세기 후반 三大市로 파악되던 서울의 주요 상업지대는 19세기에 이르면 이 3대시에 소의문(서소문)밖 시장이 덧붙여져 4개 시장으로 확대되기에 이른다.[13]

이처럼 4개의 주요시장으로 구성되었던 시장체제는 남대문안의 선혜청 창고터에 선혜청 창내장이 들어섰으며, 1905년에는 배오개 시장에 광장주식회사가 설립되면서 근대적인 시장체제가 확립되었다. 대한제국정부는 남대문로 개수와 假家 철거에 따라 상업 장소를 상실한 假家 상인들과 주변 선혜청 앞 노점, 칠패시장의 노점상인들을 선혜청의 창고 안에 입점시킴으로써 선혜청 倉內場을 개설하였는데, 이 선혜청 창내장이 오늘날 남대문 시장이다. 창내장에서는 창고를 가진 점포 150여개소와 300-400여명의 상인들이 영업하였다. 창내장의 입점은 도로개수로 인해 소멸한 옛 假家부지에 대한 보상의 성격을 띠고 있었기 때문에 입점 상인들은 처음부터 국가에 어떠한 부담도 지지 않았다. 창내장에 대한 농상공부의 세금징수가 시작된 것은 1899년부터였고, 1901년에는 내장원에서 세금을 걷었다. 정부에서는 세금을 징수하는 대신 창내장 건물의 수리를 점담하고, 상인들의 영업권을 보호하였다. 창내장 상인들의 위상은 1905년 러일전쟁을 계기로 창내장에 대한 내장원의 관할권이 소

---

13) 고동환, 2013, 『조선시대 시전상업연구』 지식산업사 참조.

멸함으로써 오히려 악화되었다. 송병준의 대리인이 金時鉉이 창내장의
관리를 담당하면서 상인들에 대한 수탈을 강화했기 때문이다.[14]

한편 광장시장은 대한제국기의 도시개조 사업과정에서 설치되어 '중
앙시장'의 기능을 담당해 왔던 선혜청 창내장(남대문시장)이 러일전쟁이
후 폐지 압력을 받음에 따라 그를 이설하기 위해 계획되었고, 그 이설작
업을 담당할 주체로서 1905년 廣長會社가 설립되었다. 처음 계획은 廣
橋-長橋 구간에 창고와 노점을 설치하려는 계획이었지만, 회사 설립이후
선혜청 창내장의 경영권이 宋秉畯(1858~1925) 등 친일 모리배에게 넘
어감으로서 창내장 이설계획이 백지화되었다. 그에 따라 광장회사의 애
초 계획은 좌절되고, 배오개에 새로운 시장을 만드는 것으로 변경되었
다. 1905년 출범한 광장시장은 조선후기의 배오개 시장을 계승한 근대
적인 시장이었던 셈이다. 광장시장의 이름도 애초에 다리 이름의 첫머리
를 따서 '너르고 긴'이라는 뜻의 廣長 시장이라 이름 지었으나 배오개로
터를 옮기며 이전 이름의 한글 발음은 그대로 둔 채 '널리 모아 간직한다'
는 뜻을 새로 담아 현재의 廣藏시장이 된 것이다.[15] 조선시대 남대문 밖
의 칠패시장이 주로 어물을 거래했다면, 남대문 안쪽의 선혜청 창내장
[남대문시장]은 어물보다는 곡물이나 의류 등이 주로 거래되었다.

또한 서울시장에서의 영업방식의 변화도 불가피했다. 육의전 상인들
은 갑오개혁이후 금난전권을 상실하면서 일반 소매상인과 다를바 없는
처지에 놓였다. 금난전권을 보유할 때는 육의전에서는 고객을 유치하
는 노력을 기울일 필요가 없었다. 1916년『매일신보』의 기사는 중국산

---

14) 전우용, 1999, 「대한제국기-일제초기 선혜청 창내장의 형성과 전개:서울 남대문
   시장의 성립경위」,『서울학연구』12
15) 전우용, 2001, 「한말-일제 초의 광장주식회사와 광장시장」,『전농사론』7

비단을 판매했던 육의전의 우두머리 시전인 縇廛[立廛]의 사정을 다음과 같이 전하고 있다.

비단은 다른 곳에서 팔지 못하고 꼭 우리 집에서만 전매하였다. 조선 전국에서 비단 옷을 걸치는 사람은 우리집에 사람을 보내도 보내고, 자기가 와도 왔지 그렇지 않으면 비단옷을 입어보지도 못하였다. 일년에 한번 冬至使 나오는 길에 육로로 나오는 물건을 우리가 독차지한 까닭으로 다른 사람은 비단장수를 하려고 해도 할 수 없었다.[16]

縇廛[立廛]에서만 중국산 비단을 구매할 수 있었기 때문에 소비자가 입전에 찾아와서 구매해야만 했던 것이다. 그러나 금난전권이 폐지된 이후에는 이러한 영업방식이 통용될 수 없었다. 그러면 여기서 금난전권 보유할 때와 금난전권을 상실했을 때 입전의 영업방식이 어떻게 달라졌는지를 구체적으로 살펴보도록 하자.

금난전권을 소유했던 시기 입전은 주로 개성 상인과 의주 상인 그리고 역관을 통해 상품을 구입하였다. 구입한 상품의 판매는 화초방, 말방, 가가뒷방, 본신방, 못방, 성치방, 발이방, 긴방이라는 8개의 점포 백여칸에서 행해졌다. 입전 상인들은 1평 남짓한 공간인 房 바로 앞에 退廳에 방석을 깔고 앉아 손님을 기다렸다. 시전 상인들이 영업하는 공간은 매우 좁아서 상품 진열은 최소한에 그칠 수밖에 없었다. 당시에는 판매품목을 일일이 알려주는 간판이 없었고, 다만 지나가는 행인이 알아볼 수 있을 만큼 <선전 긴방>이라든가, <선전 말방>, <선전 화초방>과 같이 점포의 이름만을 써붙이는 것이 일반적이었다. 그러므로 일반 소비

---

16) 『매일신보』, 1916년 2월 26일 3127호, 3면. 商界의 今昔

자는 자신들이 원하는 비단을 판매하는 점포를 제대로 찾을 수 없었다. 그러므로 소비자는 자신이 원하는 물건을 사기 위해 종로 일대를 배회하게 마련이다. 이때 이 손님에게 큰 소리로 무슨 물건을 사러왔는가 묻는 사람이 있었다. 이는 시전 상인이 아니라 아직 자기 점포를 갖지 못한 가난한 사람으로서, 손님을 시전 점포로 이끌고 가서 흥정을 붙여 거래가 성사되도록 도와주었다. 이런 사람을 餘利軍이라고 불렀다. 또는 상품 진열장으로 안내한다는 뜻에서 閱入軍이라고도 불렀다. 여리꾼은 시전 상인이 작정한 값보다 더 높은 가격으로 물건을 팔아 주고, 그 차액을 먹었는데, 그것을 餘利라고 했다. 여리꾼은 특정 가게에 전속되어 임금을 받는 것은 아니므로 자기 몫을 챙기려면 주인이 책정한 가격을 미리 알아내서 그보다 비싼 값에 팔아야 했다. 그러므로 손님이 알아듣지 못하도록 암호를 사용해 가격을 알아냈는데, 이 암호를 弁語라고 했다. 변어는 주로 破字의 원리를 이용하는 경우가 많았다. 예를 들어 1은 天不大, 2는 仁不人과 같이 사용했다. 이와 같은 방식의 암호를 사용하여 손님 몰래 가격을 알아내어 그보다 높은 가격으로 흥정을 붙였다.[17]

금난전권을 보유했던 시기 입전에서는 자신의 판매물건을 알리는 간판이나 상품진열에 신경쓰지 않고 여리군의 중개로 거래가 이루어지고 있었다. 그러나 금난전권이 폐지되고, 서울시내의 모든 포목점에서 비단거래가 자유화된 이후에는 대부분 포목점에서 커다란 간판과 판매물종을 진열하여 판매하고 있었다. 이러한 영업방식의 변화를 입전에서도 수용하지 않으면 안되었다. 다시 1916년 『매일신보』의 商界의 今昔기사를 보도록 하자.

---

17) 『立廛完議疑義解釋』, 京城六矣廛行用邊語

비단에 대하여 전권을 가지고 있던 우리도 지금 형편을 어떻게 되었나 세상의 변천이라는 것이 참 기막히네. 성내 각드름전에서 의례히 비단을 척척 갖다놓고 팔며 또 광고판이라나 제 몸보다 더 큰 것을 마치 옛날 상투업는 늙은이 풍잠부치듯이 부치고 커다란 글자로 각종 주단 포목 판매소이니 무엇이니 하고 써붙였네. 옛날에는 그저 알아볼 만큼만 문앞에다 상점이름을 선전이면 선전긴방이라든지 상전이면 동상전이라던지 망문상전이라든지 써붙였다. 우리 입전에서도 다섯째집 긴방에는 광고판을 붙였네. 세상이 변하는데야 어쩌나. 또 우리집 도중의 인명수로 말하면 이왕보다 그리 줄지아니 하였지만 실지로 영업하는 사람은 많이 줄고 여덟집 중에는 빈방이 많이 있으며, 그중에서도 못방, 화초방 같은 데는 더욱 심하다고 하겠네.[18]

여기서 보듯이 縇廛[立廛]의 긴방 점포에서도 광고판을 달고 영업하지 않을 수 없었던 것이다. 입전의 경우 8개 점포중에서 긴방에만 간판을 달았고, 간판을 달지 않은 못방, 화초방 같은 곳은 아예 영업하는 자가 없이 빈방이 많았다고 전하고 있다. 간판과 상품진열을 하는 포목점과 달리 다른 상점에서는 간판 대신에 판매하는 물건을 내걸어 놓음으로써 간판을 대신하기도 했다.

지금 광고판의 대신으로 흔히 물건을 내여 걸었으니 즉 신전 문앞에 신내여놓고 모물전 문앞에 모물내어 걸어 놓고, 술집에 용수거는 풍속이 이것이라. 풍속이 이러한 까닭에 보는 사람도 그 물건을 보아 그 상점에서 파는 물건을 알기는 알지마는 이는 마치 글못하는 새악시가 그 친정부모에서 물건을 청구하되 바늘이 쓰고 싶으면 실곳차를 보내는 것과일반이라, 큼직한 광고판을 부치면 먼데서 보고도 어떠한 상점인줄 알 것이오 보기부터 화려하지 아니한다.[19]

---

18) 『매일신보』, 1916년 2월 26일 3127호, 3면. 商界의 수昔
19) 『매일신보』, 1916년 3월 4일 3133호, 3면.

즉 신발가게에서는 신발을 내어걸고, 털로 만든 물건을 판매하는 모물전에서는 털모자를, 술집에서는 술을 거르는데 사용하는 용수를 내걸어 간판을 대신하고 있다. 이처럼 자신이 판매하는 물건을 내걸어 간판을 대신하는 풍습은 서울에만 있었던 것은 아니었음은 1939년 북경의 신발가게 간판을 찍은 아래의 사진에서도 확인된다.

사진: 중국 북경의 신발가게 간판(天理大學 天理參考官 전시실의 ＜北京の看板＞)

### 2) 시전상인의 동향과 육의전 상인의 몰락

개항이후 서울의 시장은 1882년 서울시장의 개방, 1883년 인천 개항으로, 수출입품이 대량으로 집하되는 시장으로 변모하였다. 개항이후 서울 시장은 수출입이 성장하는 만큼 성장하였다. 이와 달리 서울에서의 시전상업체제는 동요되고 있었다. 금난전권의 통제에서 벗어난 외국상인의 진출과 섬유제품을 중심으로 한 외국상품의 서울시장 유입으로 시전상업은 전반적 위기에 봉착하였다. 이러한 위기는 해가 갈수록 심화되고 있었고, 1890년 시전상인들은 최후의 방책으로 철시투쟁까지 전개하였다.

그러나 시전상인들의 이러한 투쟁은 외국상인의 진출을 막을 수 없었다. 정부에 국역을 납부하는 대가로 禁亂廛權을 보유하여 막대한 영향력을 행사했던 육의전 상인들도 점차 쇠락해갈 수 밖에 없었다. 이러한 시전상인의 몰락을 결정한 것은 갑오개혁기에 행해진 辛亥通共이후에도 보유하고 있었던 육의전 상인들의 금난전권 폐지였다. 1895년 4월 22일에는 平市署의 업무가 모두 농상공부로 넘어가면서 평시서가 폐지되었지만,[20] 육의전의 금난전권이 완전히 폐지된 것은 그로부터 2년여가 지난 1896년 8월 27일 경이었다. 육의전의 금난전권의 폐지와 관련해서 조선정부의 기록에서는 찾아지지 않지만, 한성주재 일본공사의 보고문에 다음과 같은 기록으로 이를 확인할 수 있다.

이곳 鐘路에 六矣廛(六主廛이라고도 말함)이라는 것이 있다. 絹織物類를 매매하는 것을 立廛이라 하고, 金巾木綿類 등을 매매하는 것을 白木廛이라 하고, 布類를 매매하는 것을 布廛이라 하고, 乾魚와 脯魚類를 매매하는 것을 魚物廛, 紙類를 매매하는 것을 紙廛이라 하고, 麻苧와 紬類를 매매하는 것을 苧廛(또는 綿紬廛이라고도 한다)이라 한다. 소위 專賣店이다. 조선 개국 당시부터 平市廳(町役所같은 것)에 예속되어 평소 이 관청의 명령에 따라 전매품을 일정한 가격으로 王家에 납부할 의무가 있었고, 그 報酬로 專賣特權을 획득한 것이다. 최근에 이르러서는 왕가의

---

20) 『각사등록』근대편,「內部請議書 1」
　　발신자 內部大臣錦陵尉 朴泳孝　農商工部大臣 金嘉鎭　　발신일 開國五百四年四月
　　二十二日
　　수신자 內閣總理大臣 金弘集 閣下 査照
　　請議書 平市署의 職掌과 文簿를 農商工部로 送交ᄒᆞᄂᆞ 件.
　　右ᄂᆞᆫ 官制更新ᄒᆞᆫ 後로 商業과 度量衡의 事務를 農商工部에셔 掌흠을 依ᄒᆞ야 平市署의 職과 文簿와 鎰升鎰尺을 送交ᄒᆞᆷ를 閣議에 提出ᄒᆞᄂᆞ이다.
　　內部大臣錦陵尉 朴泳孝 農商工部大臣 金嘉鎭 內閣總理大臣 金弘集 閣下 査照 開國
　　五百四年四月二十二日 十八號

혼인·국상·冬至使 그리고 官衙의 건축이나 수리가 있을 때마다 왕가로부터 임시 御用金을 받게 되었고 이러한 특권 때문에 더 한층 상권을 휘두르고 있었다. 그러나 지난 27일 내정개혁으로 그러한 제도를 폐지하여 모든 상민에게 자유판매를 허가함으로써 그들은 아연 실망하고 있었다. 근래에 이르러 모든 상황이 조금씩 복구되는 경향이 보이자 그들은 지난 19일경 일동이 모여서, 度支部에 전매특허 제도를 부활시키고 안 될 경우에는 六矣廛이 아닌 자가 六矣廛과 같은 물건을 사고 팔 경우 그로부터 이에 상당한 厘金을 징수할 수 있도록 특허해 줄 것을 요청했다고 한다.[21]

『駐韓日本公使館記錄』에 의하면 1896년 5월 27일의 내정개혁으로 육의전의 금난전권을 폐지하였는데, 1896년 아관파천으로 친일파 내각이 붕괴되고, 친러파 내각이 등장한 이후 육의전 상인들이 1896년 8월 19일에 탁지부에 금난전권을 폐지하는 대신에 자신들이 관할하는 상품을 판매하는 상인들에게 세금을 징수할 권리를 부여해줄 것을 요청했다는 것이다. 이러한 육의전 상인들의 요청은 수용되지 않았다. 이제 시전상인들은 어떠한 특권도 지니지 않은 소매상인으로 전락하지 않을 수 없었다.[22]

서울의 시전상인들은 외국상인들에 의해 잠식된 서울의 상권수호를 위해 1898년 9월에 皇國中央總商會를 조직하였다. 총상회는 서울의 시전상인이 회원이었으며, 회장에 의정부 참정을 지낸 趙秉式, 부회장에 참봉을 지낸 李鐘來를 추대했다. 총상회는 독립협회와 연계해 국내 지방에 소재한 외국인 상점을 일일이 조사해 모두 철거할 것을 外部에 건의하는 등 상권수호를 위해 적극적으로 활동하였다. 총상회는 내지에서의 외국상인의 활동을 제한하고 인지발행 및 영업독점을 통해 전국의

---

21) 駐韓日本公使館記錄 11권 二. 本省往報告 (11)[施政一班 등 보고] 報告第10號 1896년 8월 27일
22) 전우용, 2004 「근대이행기(1894-1910) 서울 시전상업의 변화」,『서울학연구』22

상업을 통합하려고 하였다. 이는 갑오개혁으로 철폐된 특권상업체제를 부활하려는 것으로 인식되어 자유상업주의를 지향하는 독립협회의 비판을 받았으나 그 배경을 검토하면 상권수호의 성격이 강한 것이었다.

갑오개혁 후 청·일 상인의 내지시장 침투가 심화되고 서울에서의 점포개설도 급증하는데 당시 시전상인은 이러한 상권침탈의 상황을 자신들의 이해가 관련된 문제로서 뿐 아니라 국민경제를 저해하는 문제로 파악하고 있었다. 대한제국의 출범으로 그동안 외국상인의 진출로 위축되었던 시전상인들이 황실의 비호하에 외국상인들의 침투를 저지하고 상권을 수호하고자 한 것이다. 그러나 1898년 보부상이 중심이 된 황국협회가 만민공동회 습격사건이 발생하자, 정부는 독립협회를 해산시키면서 황국중앙총상회도 같이 해산시킴으로서 시전상인들의 상권수호 활동은 중단되었다.[23]

또한 1905년 7월 서울의 상인들은 京城[漢城]商業會議所를 결성하였다. 1905년 단행된 화폐정리사업으로 서울 상인들이 큰 타격을 받자 영향력있는 객주들과 연대하여 결성한 것이다. 경성상업회의소는 민족상업계를 금융공황으로부터 구제해내기 위해 주력하였다. 경성상업회의소가 가장 먼저한 사업은 탁지부에게 상인구제자금 300萬圓을 貸下해 줄 것을 요구한 것이었다. 상인들은 철시투쟁까지 감행하면서 강력하게 구제자금을 요청하였다. 충분하지는 않지만 고종은 내탕금 35만원을 하사하여 상인들의 요구에 응하려고 했지만 재정고문 메가타 다네타로[目賀田種太郎]의 방해로 5만원만 이들에게 전달되고 30만원은 지불되지 않았다.

경성상업회의소는 이에 그치지 않고 대한제국 정부뿐만 아니라 일본

---

23) 박은숙, 2008, 『시장의 역사』 역사비평사, 269-277쪽.

정부를 상대로 해서 '韓國幣制改革에 關한 請願書'를 제출하여 화폐정리사업의 개선을 요청하였다. 그러나 대한제국 정부는 힘이 없었고, 일본정부는 이를 받아들이지 않았다.[24] 결국 서울의 상인들은 자체적인 대책으로 1906년 초부터 商業銀行의 창립을 준비하였으며, 1909년에는 기관지『商工月報』의 간행을 통해 국내외의 경제동향에 관한 정보를 상업인에게 알려주는 활동도 전개하였다. 『상공월보』는 국내에서 간행된 최초의 商業專門誌로 한말의 실업계를 계몽한 공적이 매우 컸다. 그러나 일제에 의해 한국이 강점되면서 이들의 활동은 위축되었고, 1915년 7월 조선총독부가 「朝鮮商業會議所令」을 공포하고 조선인상업회의소와 일본인상업회의소를 통합함으로써 이 단체는 해산되었다.[25]

이처럼 서울의 시전상인은 상권수호를 위해 다양한 활동을 벌였지만, 시전상인의 몰락을 피할 수는 없었다. 특히 육의전 상인들의 몰락이 더욱 두드러졌다. 중국산 비단을 독점적으로 판매하던 입전은 조선시대 37개 有分各廛중에서도 10分役을 담당하는 육의전중에 우두머리 시전이었다. 입전은 8개의 점포 백여칸에서 백여명의 영업주가 점원 300여명을 거느리고 왕성하게 영업하였지만, 금난전권 폐지이후에는 영업주 열한명에 점원도 2백명의 상점으로 줄어들었다.[26] 입전의 위세는 전에 비해 크게 줄었지만, 1916년 현재 열한명의 영업주의 자본금을 모두 합하면 2백만원 이상의 규모였다. 1910년대까지도 입전상인들은 어느 정도 위세를 갖추고 있었다고 평가되는 것이다.[27]

---

24) 조기준, 1973,「漢城商業會議所의結城」,『韓國企業家史』, 박영사, 1973 ; 전성현,「한말~일제초기 경성상업회의소의 설립과 활동」,『역사연구』제8호, 2000 참조.
25) 조기준, 1977,『한국자본주의성립사론』, 대왕사; 이영학, 2000 「한성상업회의소」,『한민족문화대백과사전』한국학중앙연구원.
26)『매일신보』, 1916년 2월 26일 3127호, 3면.

무명을 판매했던 백목전은 육의전 중에서 두 번째로 영향력이 큰 시전이었다. 그러나 백목전은 개항이후 서양면포가 시장을 장악하면서 점차 쇠퇴하여 1916년 무렵에는 백목전 도중은 도가와 점포를 모두 팔아먹고 해산하기에 이르렀다. 외국산 면포의 유통으로 국산면포시장이 위축되자, 농촌 부녀자들의 길쌈으로 생산되던 토포생산도 함께 위축되면서 백목전은 다른 시전과 달리 끝내 해체되고 말았던 것이다[28]

육의전의 하나였던 백목전은 해체되었지만, 그렇다고 해서 서울에서 무명을 판매하는 포목전이 모두 몰락한 것은 아니었다. 오히려 서울주민들의 서양산 포목에 대한 수요는 급증하여 포목을 판매하는 포목전은 다음의 <표 9>에서 보듯이 서울 도처에 層生하였다.

<표 9> 1900-1910년 서울의 포목전의 분포[29]

| 포목점 이름 | 운영자 | 전거 | 포목점 이름 | 운영자 | 전거 |
|---|---|---|---|---|---|
| 布廛 役人 | 鄭興奎 | 『皇』1900.3.5 | 東署 於義洞 布木廛 | 吳鼎根 | 『大』1906.4.24 |
| 南松峴 布木在家 | 韓世賢 | 『皇』1901.8.6 | 水橋 布木廛 | 李鼎煥 | 『大』1906.5.17 |
| 公洞 布木廛 | 李景哉 | 『皇』1901.8.7 | 廣橋 布木廛 | 朴健性 | 『皇』1906.6.27 |
| 小公洞 布木廛 | 李景哉 | 『皇』1901.11.29 | 禁橋 布木廛 | 金慶善 | 『大』1906.9.15 |
| 龍洞 布木廛 | 李景在 | 『皇』1903.7.1 | 水橋 布木廛 | 李鼎奭 | 『大』1907.3.1 |
| 會洞 木布廛 | 趙仁植 | 『皇』1901.10.8 | 鐵橋 布木廛 | 安義煥 | 『皇』1907.4.1 |
| 東門外 木布廛 | 李喪人 | 『皇』1901.10.7 | 大龍洞 布木廛 | 朴泓瓚 | 『皇』1907.4.3 |
| 東門外 木布廛 | 李相喜 | 『皇』1905.5.4 | 大龍洞 布木廛 | 朴泓瓚 | 『大』1907.4.5 |
| 泥洞 木布廛 | 申義元 | 『皇』1901.11.29 | 南門外 布木廛 | 원경민 | 『大』1907.4.23 |
| 平理院前 布木廛 | 高夏卿 | 『皇』1902.1.23 | 京橋 布木廛 | 鄭圭賢 | 『大』1907.5.17 |
| 上米南 布木廛 | 金元植 | 『皇』1905.5.23 | 會洞 布木商 | 崔雲景 | 『大』1907.11.2 |
| 大安門前 布木廛 | 林景煥 | 『皇』1903.6.9 | 宣惠倉內 布木商 | 金致祥 | 『大』1907.11.2 |
| 南門內 木布廛 | 金時欽 | 『皇』1903.11.11 | 梨峴 布木廛 | 黃英桓 | 『皇』1908.2.15 |
| 南門內 水橋 | 李鼎煥 | 『皇』1904.10.14 | 南門外 青坡 布木廛 | 金萬春 | 『大』1908.3.4 |

---

27) 『매일신보』, 1916년 2월 27일 3128호, 3면.

28) 『매일신보』, 1916년 2월 29일 3129호, 3면. 商界의 수昔 (5)

29) 류승렬, 1996 「한말 일제초기 일제의 상업침탈과 商廛商業」, 『국사관논총』 67. <표 3>, <표 4>에서 작성.

| | | | | | |
|---|---|---|---|---|---|
| 布木廛 | | | | | |
| 南門內 布木廛 | 韓世顯 | 『皇』1904.11.7 | 布廛 五房 | 金? | 『大』1908.3.10 |
| 紬洞 布木廛 | 金宗協 | 『皇』1903.11.11 | 華山 石橋 布木廛 | 吳錫泳 | 『大』1908.3.17 |
| 內需前 宗橋 布木廛 | 盧德淵 | 『皇』1903.12.5 | 南門外 蓮洞 布木廛 | 金鼎禹 | 『大』1908.3.17 |
| 廣橋 布木廛 | 洪鍾晥 | 『皇』1904.1.26 | 布廛 三房 | 白元淳 | 『大』1908.3.21 |
| 西門外 布木廛 | 劉泰○ | 『皇』1904.4.1 | 中署 布木廛 | 崔承祿 | 『皇』1908.3.25 |
| 貞洞 布木廛 | 林창호 | 『皇』1904.7.1 | 廟洞 布木廛 | 崔承穆 | 『大』1908.3.26 |
| 泥峴 布木廛 | 崔仁成 | 『皇』1905.5.8 | 鍾路 布木廛 | 李鑛源 | 『大』1908.4.12 |
| 夜珠峴 布木廛 | 鄭奎煥 | 『皇』1904.10.4 | 往十里 布木廛 | 朴允培 | 『大』1908.5.16 |
| 廣橋 布木廛 | 朴建性 | 『皇』1904.10.28 | 東署 於義洞 布木廛 | 金敎瓚 | 『大』1908.9.3 |
| 靑布廛 三房 | 朴議官 | 『皇』1904.11.5 | 南門內 布木廛 | 李○○ | 『大』1908.10.31 |
| 宗橋 布木廛 | 魯德潤 | 『皇』1904.12.3 | 南門外 盆洞 布木廛 | 宋龍圭 | 『大』1909.1.15 |
| 廣橋 布木廛 | 洪鍾完 | 『皇』1905.4.18 | 鹽谷 布木廛 | 李진鉉 | 『大』1909.1.15 |
| 東門內 布木廛 | 金東旭 | 『皇』1905.6.29 | 靑坡 布木廛 | 金星七 | 『大』1910.4.30 |
| 西門宗橋 木布廛 | 魯德淵 | 『皇』1905.9.5 | 南部 龍洞 布木商 | 朴泓瓚 | 『皇』1910.5.14 |
| 南署會洞 布木廛 | | 『皇』1905.9.22 | 壽南商會 木布廛 | 金泰熙 | 『皇』1910.8.17 |
| 南門外 布木廛 | 李興德 | 『皇』1906.3.10 | 大安門前 布木廛 | 林昌鎬 | 『皇』1910.8.17 |

비고 : 『皇』은『皇城新聞』,『大』는『大韓每日申報』임.

여기서 보듯이 1900년에서 1910년까지 어음분실광고를 낸 포목전은 布廛을 비롯하여 대략 60개 정도에 달하고 있는 것이다. 종전 면포의 판매를 독점했던 백목전의 금난전권의 폐지되자 외국산 면포류의 판매영업점이 서울 도처에 상당수 개업하여 영업하고 있음을 알 수 있다. 이들 포목전에서 발행한 어음의 액수 또한 상당히 고액이었다. 특히 일상적으로 대규모의 어음을 발행하며 영업하던 商廛은 일반 소비자를 대상으로 소매업을 영위한 경우도 있었지만, 대부분 그 거래 규모나 거래 형태를 보아 도매업을 전문으로 하거나 도매와 소매를 겸하고 있었음을 추정할 수 있다.

육의전으로서 백목전은 해체를 면하지 못했지만, 포목전 상인들은 상업을 근대화하고 나아가 사회의 근대화에 적극 참여하면서 새로운 변화에 대응하는 노력을 구체화하였다. 서울의 布木廛 상인 100여 명은 단

합하여 龍洞에 商業 彰信社를 조직하고 포목전 동료 상인들이 파산하는 것을 구제하였으거나,[30] 후술하듯이 1905년 彰信社를 설립하여 일본 직물회사와 직접 무역을 특약하고 영업을 확장하였으며, 합명회사 共益社를 조직하여 전통적인 商廛상업을 근대적인 상업회사 조직으로 전환을 시도하기도 했다.

한편 국산 비단[명주]를 판매했던 면주전도 육의전의 하나였지만, 개항이후 파산 몰락한 대표적인 시전이다. 개항이전 육의전 중에서 3번째로 규모가 컸던 면주전은 개항이후 외국산 섬유제품의 유입으로 민간판매가 크게 위축되었다. 개항이후 면주전 상인들은 주로 왕실에 진배하여 그 대가를 수수함으로써 명맥을 유지할 수 있었는데, 정부재정의 악화로 인해 진배가를 제때 수령하지 못해 상당한 곤란을 겪게 된 것이다. 특히 1880년대 이후 면주가격의 급속한 상승으로 인해 정부나 왕실에서 지불하는 진배가가 원가 이하로 내려갔다. 여기에 더하여 종래는 錢文, 무명, 쌀, 면포 등으로 지급되었던 것이, 무명이나 쌀, 면포가 아닌 시세와 동떨어진 공정비가의 錢文으로 지급되었다. 그러므로 진배를 위주로 하던 면주전의 재정은 거의 파탄지경에 이르렀고, 진배와 공정가격에 의한 受價라는 물자조달시스템은 물가상승 속에서 해체되어 갔다.[31]

이와 같은 진배가에 의한 면주 조달이 면주전의 상황을 악화시켰기 때문에, 1886년(고종 23) 면주전의 폐단을 시정하는 조치가 취해졌다.

---

30) 『황성신문』 1905년 7월 18일
　　布木廛 紳商 田得永씨와 金鼎煥씨가 중심이 되어 商權의 위미부진함을 분개하여 서울 5署內 布木商民 100여 명을 協心團合하여 조직하였다. 그 첫 사업으로 우선 廣橋의 巨商 金永寬씨의 敗業함을 의연 扶持케 하였다

31) Owen Miller, 2007 'The silk merchants of the Myonjujon:guild and government in late Choson Korea' 런던대학 아시아·아프리카연구소 박사학위논문 참조.

水紬의 가격이 1/3을 돈보다는 쌀로 지급하고, 使臣에게 진배한 綿紬價를 진배가가 아닌 시가로 지급하며, 色吐紬 진배가를 쌀로 지급하는 조치등이었다.[32] 이 시기 당오전 발행으로 화폐가치가 크게 떨어졌기 때문에 돈보다 쌀로, 당오전 발행으로 물가가 급등했기 때문에 진배가보다는 시가로 지급받는 것이 면주전 재정에 크게 유리했던 것이다. 그러나 이와 같은 정부의 조치만으로는 면주전이 회생될 수 없었다. 앞서 언급했듯이 정부 재정의 악화에 따라 미수가액이 점점 늘어나 1892년에는 20여만냥에 달하고 있기 때문이다.

면주전은 시전중에서 3번째로 규모가 큰 시전이었다. 그러나 개항이후 면주전의 사정이 악화되면서 면주전은 거의 몰락에 이르고 있었다. 면주전의 도원은 1786년(정조 10)에 115명이었다가,[33] 1832년에는 193명으로 늘었지만, 1870년대에는 120명정도로 크게 줄어들었다.[34] 그러나 1892년의 경우 면주전 전방에서 영업하는 도원은 40여명이 채되지 않았으며,[35] 1905년에는 영업인이 단 2명에 불과했다.[36]

1892년(고종 29) 한 면주전 도원이 면주전 大房에 올린 다음과 같은 소지는 거의 파산상태에 이른 면주전의 상황을 적나라하게 묘사하고 있다.

우리 면주전은 창설된 이후 사람과 재물이 매우 풍족하여 시전중에 3번째 규모

---

32) 『비변사등록』 267책, 고종 23년 12월 7일
33) 『일성록』 정조 10년 12월 14일
34) 須川英德, 2010 「시전상인과 국가재정: 가와이[河合]문고 소장의 綿紬廛 문서를 중심으로」, 『조선후기 재정과 시장-경제체제론의 접근』 서울대출판문화원 참조.
35) 『京都大學所藏韓國古文書 - 綿紬廛關係文書』 所志類, 壬辰(1892) 고문서번호 : 1208. "見今出市者 漸不如古 接房之員 不滿四十"
36) 『京都大學所藏韓國古文書 - 綿紬廛關係文書』 綿紬廛實態 乙巳(1905) 고문서번호 : 1597. "綿紬廛 創設年紀 國初設立 廛人數 四十餘人 營業者數 二人"

를 자랑했습니다. 사람들이 매우 아름답다고 칭송하는 시전이 바로 면주전이었습니다. 최근에 어려움이 극심해졌습니다. 최근 전방에 나와 영업하는 사람이 전보다 못하여 40명이 채 되지 않고, 제대로 모양을 갖춘 사람은 더욱 적습니다. 어떤 자는 끼니도 제대로 잇지 못해 東家食西家宿하고 있으며, 겨울이 따뜻해도 춥다고 호소하며. 농사가 풍년이어도 굶주림에 울부짖습니다. 부모님을 봉양하지 못할 뿐 아니라 가족들도 돌보지 못합니다.[37]

개항이후 면주전 상인들은 가족의 봉양은 물론 끼니도 잇지 못하는 처지로 내몰렸던 것이다. 이와 같은 면주전의 파산상태는 1900년대 후반 일본인들에 의해 조사된 '綿紬廛實態'라는 자료에서 극명하게 나타난다.

現營業者의 數爻: 一人
都中의 關係人 幾何: 四十餘人
都中에 負債有無: 數萬金
都中에 資産有無: 無
都房貰金收入이 每個月幾何: 八円
契有無 契의 性質及資本高: 無
都家의 所在地及間數幾何: 中部堅坪坊禁府後洞瓦家六間
都家의 現今價格: 時價四百円[38]

1900년대 면주전에 도원으로 등록된 사람은 40여명이었지만, 실제

---

37) 『京都大學所藏韓國古文書 - 綿紬廛關係文書』所志類, 壬辰(1892) 고문서번호 : 1208. "恐鑑仰達爲白去乎 矣身等 有所情勢 猥濫冒沒 稟告大房前 而嗟維我廛 創始以後 人器之盛 財貨之富 爲三等之最 而人之甚美極稱者 必曰紬廛矣 挽近以來 雕殘極矣 見今出市者 漸不如古 接房之員 不滿四十 而擧僚成樣者甚少 或饔飧不繼 東食西宿 冬煖呼寒 年農啼饑 侍不奉養 率不保蓄"
38) 『京都大學所藏韓國古文書 - 綿紬廛關係文書』綿紬廛實態, 고문서번호 : 1581.

전방에서 영업하는 사람은 1명에 불과했다. 면주전 도중의 자산은 한푼도 없었으며, 부채만 수만냥에 달하고 있다. 또한 앞서 보았듯이 면주전의 하부에 존재했던 다양한 契조직도 모두 사라졌다. 다만 中部 堅坪坊 禁府後洞에 있는 기와 6칸, 400円에 달하는 도가건물만이 유일한 자산이었다. 개항이전 시전상인중에서 3번째로 규모가 컸던 면주전이 부채가 수만냥에 달하고 영업인이 1명에 불과할 정도로 몰락하였던 것이다.[39]

1900년에 면주전 점포에서 1명만이 영업하고 있었지만, 그 이후 계속 몰락하여 1916년에는 면주전은 이름만 남아있는 형편이었다. 이러한 사정을 『매일신보』는 다음과 같이 전하고 있다.

지방에서 영흥주니 하는 유명한 면주로부터 각 지방의 토산주도 경성에 들어오면 객주에서 의례히 우리집으로 들어오며, 만일 다른집에서 면주를 매매하면 평시서에서 즉시 금지하였으므로, 면주전은 면주거래에 대한 전권을 가지고 있었다. 그러나 지금은 각 포목전에서 마음대로 매매하며 정말 오랜 역사를 가진 면주전은 이름만 남아있다. 지금은 인력거장이되기도 하고, 한방은 잡화상이 되었으며, 또 한방은 나무신전, 한방은 요수 보급이 치룽, 방갓 등속을 보기 싫게 함부로 늘어놓았으니 아무리 보아도 이러한 곳이 상업중심지라고는 말할 수 없게 되었다. 우리 도중의 인원은 지금 130여명이 있어 매달 그믐날에 모이지만, 면주전이 없는 이상에야 도중이 있은들 무슨 소용인가.[40]

즉 면주전은 이름만 남아있고, 면주를 판매했던 점포는 인력거장, 잡화상, 나막신판매점, 방갓 등속을 판매하는 점포로 변화한 것이다. 면주

---

39) 고동환, 2008, 「개항전후기 시전상업의 변화-면주전을 중심으로」, 『서울학연구』 32.
40) 『매일신보』, 1916년 2월 29일 3129호, 3면. 商界의 今昔 (5)

전 조합원은 130여명이 매달 그믐날에 모이기는 했지만, 점포가 사라졌기 때문에 면주전 도중은 친목과 상호부조만을 위한 도중으로 전락하고 말았던 것이다.

<그림 1> 면주전 점포가 인력거장, 잡화점, 나막신 판매점,
치롱가게로 변한 모습[41]

紙廛은 장지, 죽청지 등 국산 종이와 중국산 종이를 판매하는 육의전 중의 하나였지만, 1916년경에는 과거의 점포는 다른 상인에게 세를 주었고, 紙廛 都家는 광통교 아래의 조그만 집으로 옮겼으며, 종이를 판매하는 곳은 在下廛뿐이었다. 이처럼 지전이 쇠락하게 된 까닭은 국산 종이 대신 찢어지기 쉽고, 오래가지 못하는 서양종이를 사람들이 선호했기 때문이다. 지전 쇠퇴의 또 다른 원인은 嶺南方物紙契, 湖南方物紙契

41) 『매일신보』, 1916년 2월 29일 3129호, 3면. 商界의 수昔 (5)

등에서 담당하던 진배역을 紙廛에서 담당했기 때문이다. 정부에서는 이와 같은 진배역을 맡는 대가로 시전상인에게 부과된 국역인 廟社殿宮의 塗褙役事를 면제해주었다. 그러나 지전 상인이 진배한 종이값을 조정에서는 市價의 1/10 정도만 지불했다. 그 결과 지전은 쇠퇴하였다. 이러한 쇠퇴 추세속에서도 紙物商 상인들은 1907년 12월 紙物商組合이라는 단체를 조직하여 紙物 매매시에 2分의 구문을 객주에게 지불하는 것을 폐지하고, 매매를 알선하는 거간에게는 1냥당 1분의 구문을 지불하며, 소비자와 직거래할 때에는 구문을 지불하지 않도록 한다는 약관을 제정하였다. 만약 이를 어길 경우 벌금 100圜을 징수한다고 규정하였다.[42] 紙物商組合은 1907년 말에 설립되어 공칭자본금 8만원 중 제1회 불입금 2만원으로 이래 10년간 朝鮮紙 개량 및 외국 수출에 적지않게 노력하였으나 자본금 부족으로 인해 충분히 그 목적을 달성하지 못했다. 그런데 紙物商 조합에서 총독부에 다소의 보조를 仰請하였으나 승락을 얻지 못하자 그 발전방법에 대해서는 각종으로 강구하다 紙廛都中과 합병하였다. 紙廛都中은 종전 육의전의 일부인데 340여 명의 조합원이 있었으며, 부채가 없이 몇백원의 현금재산[43]과 3만원에 달하는 부동산을 소유하고 있었다. 그러나 지전은 점차 쇠퇴하여 1917년경에는 거의 유명무실하게 되었다. 이러한 상황을 타개하기 위해 지전 상인들은 1917년 紙

---

42) 『황성신문』 1907년 12월 5일 紙商成團
　　皇城內外紙商덜이 團體를 組織하고 紙物買賣間에 口文을 規定훈 全文이 如左하니 (중략) 約欵
　　一 自今爲始ᄒ야 各客主處에 各項 紙物貿來時 壯屬二分口ᄂ 廢止事
　　一 若有居間人이면 每兩頭 一分式 拂給ᄒ고 如或 直接賣買時ᄂ 無口케 ᄒ 事
　　一 諸員이 以上所定約欵에 對ᄒ야 一切 違反ᄒᄂ 境遇에ᄂ 罰金 一百圜을 徵納커 ᄒ 事
43) 『매일신보』, 1916년 2월 27일 3127호, 3면. 商界의 今昔(4)

廛 상인들의 양대 조직인 조선인 지물상조합과 紙廛都中을 결합시켜 朝鮮紙株式會社를 설립하였다. 朝鮮紙株式會社에 참여한 발기인으로는 子爵 趙重應, 吳兢黙, 魏洪奭, 朴泓鎰, 李熙春, 白澄洙, 朱性根, 芮宗錫, 文孝恂 등이었다. 회사 설립에 따라 지전도중은 都中의 공유재산 전부를 출자키로 하였다. 新會社의 자본금은 총액 30만원, 1주 액면 금액은 50원으로 하여 그 부족되는 分은 일반 공중에 모집하는 방식이 취해졌다. 지전도중의 이러한 변신은 祖先의 遺業을 계승하고, 지전 상인 후예의 복리를 도모할 뿐만 아니라 다른 한편으로 國産을 증진케 하며 수출을 장려하기 위한 것이었다고 얘기하고 있다.[44]

털로 짠 직물인 氈이나 털모자, 염색한 포목이나 바늘, 중국에서 수입한 각종 상품등을 전문으로 팔던 靑布廛도 육의전의 하나였지만, 1916년 현재 거의 이름만 남아있고, 그전 시대의 집만이 의연히 남아있으며, 7-80명의 조합원과 약간의 부채가 남아있을 뿐이었다. 다만 종각 동쪽 모퉁이에 자리잡은 청포전 자리는 양말 織造所, 裁縫所, 상전모자부 등으로 변모하였다. 1916년 청포전의 쇠퇴를 전하고 있는 신문기자는

> 청포전에는 새시대의 청포전이 있다고 할 수 있다. 이왕에 팔던 바늘등속의 외국잡화대신에 지금 시대에 정대한 잡화상이 들어있고, 또 염색한 포목대신에 재봉소가 있어 모든 색 비단 양속의 족기두루막이 바지등속을 늘어 놓았으니 이와 같이 생각하면 오늘날 같이 하는 것이 차라리 당연한 사실이다. 청포전은 없어질지라도 이터에서 여전히 같은 종류의 상업이 발달되면 더할수 없는 다행이다.[45]

---

44) 『京城商業會議所月報』第24호., 1917년 12월, 「朝鮮紙株式會社設立計劃」(류승렬, 1996 앞의 논문에서 재인용)
45) 『매일신보』, 1916년 3월 1일 3130호, 3면.

라고 하여 청포전의 사라졌지만, 그 자리에 재봉소, 양말직조업 등 새로운 시대의 청포전이 생기는 것이 상업발달 현상의 하나라고 평가하고 있다.

모시를 판매했던 苧布廛도 육의전의 하나였다. 모시는 苧産七邑(한산, 서천, 청양, 정산, 홍산, 임천, 람포) 모시바리가 서울로 올라오면 모두 저포전에 집산되었다가 다시 소비자에게 판매되었다. 이처럼 저포전이 금난전권을 소유했을 때는 그 위세가 남달랐지만, 금난전권 폐지이후에는 그 위세가 많이 줄어들었다. 그러나 해체된 백목전과 달리 저포전은 해산되지는 않았다. 우리 나라사람들이 여름에는 모두 모시옷을 즐겨입었기 때문이다. 모시를 대용할 직물이 있었지만 당시까지 사람들은 그러한 직물을 사용하지 않았다. 또한 모시를 개량한 改良苧를 유통시켰고, 나아가 보기좋게 염색하기도 하여 우리나라 사람에게 환영받았기 때문이다. 저포전이 명맥을 유지할 수 있었던 것은 서양면포에 대항할 수 있는 자기만의 특성과 더불어 품질개선을 통해 소비자의 욕구를 충족시킬 수 있었기 때문이었다.46)

일제는 개항 이후 개항장에 일찍부터 은행을 설립하고 日商을 이주시키는 등 각종의 형태로 한국경제에 대한 침투를 확대시켰다. 그러나 이러한 일제의 침투는 상당 기간 동안 소기의 성과를 거두지 못했다. 물론 개항장과 개시장을 근거로 商圈을 확장하고 한국의 화폐·금융제도의 미비함을 이용하여 금융지배와 토지침탈을 확대시키기는 했지만, 韓商의 商圈을 위협할 정도에 이르지 못했고 때로는 상당한 손실을 입기도 하였다. 반면 韓商의 경우 商圈의 일정 부분을 日商과 淸商에 탈취당하기도 했지만, 한편으로 새로운 상황에 적극 대응하면서 성장을 모색하였

---

46)『매일신보』, 1916년 3월 2일 3131호, 3면. 商界의 수昔 (7)

다. 韓商은 금융제도의 미비함과 화폐제도의 문란에 더해 각종 부담으로 인해 곤란을 겪기도 했지만, 오히려 당시 경제구조의 특성을 적극 활용하면서 外商과의 경쟁에 대처해 나갔다.

한말에 이르러 浦口와 場市 등에서 收稅 문제를 둘러싸고 많은 분쟁이 발생하고 都賈商業 등 독점적 거래형태에 대한 공격이 높아졌다. 이러한 현상이 발생한 것은 이 시기에 상업의 특권성이 절대적으로 강화되었기 때문이 아니라 오히려 상업 발달에 따른 경쟁이 심화되어 이해의 충돌이 잦아지고 남아있던 특권을 철폐하려는 노력이 높아진 결과였다. 또한 개항장 등지에서 상업상의 분쟁이 빈발하고 일제가 정치적 압력이나 군사적 위협을 동원하여 日商의 진출을 지원하려 했던 것도 당시의 상업구조가 外商의 침투를 저지하면서 韓商의 상업활동을 보장했기 때문이었다.

韓商은 당시의 경제구조를 바탕으로 상업 변동에 적극 대응하였다. 정부는 국내 商權 보호 정책을 시행하면서 外商의 침투를 저지하고 국내의 상업자를 적극 후원하였다. 나아가 당시의 상업을 한 단계 성장시키기 위해 중앙은행을 설립하고, 內地·沿岸 航行 체계를 재정립하며, 상업 수세를 전반적으로 재조정하여 일원화된 收稅 체제를 마련하려 하였다. 이러한 정부의 후원에 바탕하여 韓商도 기존의 상업조직을 근대화시키거나 혹은 근대적 상공업 회사, 금융기관, 상업회의소 등을 조직하려 노력하였다.

한국 정부와 韓商의 대응은 外商, 특히 日商에 큰 위협이 되었고 그들이 韓國內地로 商圈을 확대하는 데 커다란 장애가 되었다. 일제는 다양한 형태로 공작을 펼쳐 이같은 한국측의 노력을 저지하려 하였다. 일제는 한국의 기존 상업체제를 붕괴시키고 日商 주도의 상업체제를 구축하기 위해 개항이래 집요한 공작을 펼쳤다.

일제는 韓商의 조직화 작업 및 收稅權 설정이 통상조약에 違背된다는 구실로 한국정부에 외교적 압박을 가했다. 특히 금융의 자주적 운용을 위해 중앙은행을 설립하려는 데 대해서는 다른 열강과 연합해 끈질기게 방해공작을 펼쳐 결국 저지시켰다. 그러나 일제의 적극적 후원에도 불구하고 日商의 진출은 상당히 부진하였고 내지에 진출한 日商도 韓人의 거센 排日 감정에 직면하여 후퇴하는 사례가 속출하였다. 러일전쟁에 이르기까지 상황은 더욱 악화되었고, 日商은 이에 대응해 개항장으로 상업거래를 집중화하면서 무역거래와 결부된 금융·화폐상의 유리함을 이용하는 방식을 취하였다.

개항 이후 지속된 일제의 한국상업 침탈은 러일전쟁을 계기로 본격화하였다. 러일전쟁 이전에는 주로 淸商과 日商에 의한 商圈 침식이 심각했지만 韓商도 外商과 치열한 商業戰을 전개하면서 조직적 대응을 모색하는 가운데 나름대로 유지와 성장을 도모했다. 그러나 이러한 상황은 일제가 러일전쟁을 경과하며 한국을 군사적으로 準强占하게 되자 크게 변하였다. 군사적 지배와 더불어 정치적 권리를 침탈하고, 이를 바탕으로 경제적 침략의 발판을 확립하기 위해 각종의 침탈정책을 폭력적으로 진행시킴에 따라 韓商의 기반은 와해되었다. 특히 대한제국기에 韓商이 정치적 참여까지 모색하며 확장시켰던 商權은 일거에 수포로 돌아갔다. 더구나 일제가 정치적 지배권을 장악하는 즉시 강요한 소위 '메카타改革'으로 인해 韓商은 자본과 금융의 토대를 상실하였다. 이 때문에 韓商은 당시까지 축적하였던 상업자본과 신용체계를 빼앗기고 막대한 타격을 받았던 것이다.[47]

---

47) 이상 일제의 침탈과 상권변화에 대해서는 류승렬, 1996, 「한말 일제초기 일제의 상

## 3) 시전상인의 근대상인으로의 전화

이상에서 보았듯이 육의전 상인들 대부분은 새로운 환경에 적응하지 못한 채 파산 몰락하였다. 이처럼 몰락하는 추세속에서도 일부 서울상인들은 새로운 체제에 기민하게 대응하면 정치 경제적으로 더욱 성장하였다. 대표적인 사례가 백목전 상인이었던 金泰熙(1887-1947)家의 壽南商會, 입전상인이었던 白潤洙(1855-1921)家의 大昌貿易株式會社, 배오개[梨峴] 상인이었던 박승직(朴承稷, 1864~1950) 상점이다.

1860년대 백목전 상인이었던 김태희 집안은 19세기 후반에는 김성호(1815- 1873)의 네 아들 가운데 둘째 김상태(1849-1910)가 장사에 나서 지금의 서울 종로 1가에서 수남상회라는 포목점을 운영하였고, 셋째 김상민(1851-1918)은 한강의 마포 東幕에서 同泰院이라는 객주업체를 경영하였다. 이들은 19세기말, 20세기 초에 근대화, 식민지화의 소용돌이 속에서 상점경영을 근대화하고, 자산구성을 상품, 부동산, 유가증권, 대부금 등으로 다각화하고, 사업영역을 포목점, 객주업 외에도 무역업, 정미업, 운송업, 창고업, 보험대리업 등으로 확장하고, 상점조직을 주식회사로 개편하는 등 성공한 부르주아지가 된 경우였다.

19세기 말 20세기 초 수남상회의 조직은 개성상인의 차인제도 즉 전통적인 상인조직에 기초하였지만,[48] 운영은 매우 체계적이고 합리적이었다. 수남상회의 조직은 직무에 따라 차인, 서기, 사환 등으로 구분되었다. 차인은 店主를 대신하여 상점운영의 主務를 맡은 사람으로서 대개 점포에 상주하면서 점주를 대신하여 상품의 판매, 구매, 주문매수, 수금을 위한 지방출장까지 전반을 기획하고 실행하였다. 그 외 서기는 記帳

---

업침탈과 商廛商業」, 국사관논총  67 참조.
48) 개성상인의 差人제도에 대해서는 후술하는 개성상인의 근대상인으로의 전화 참조.

과 계산업무를 맡았고, 사환은 영업과 관련된 각종 잡역에 동원되었다. 점원들은 집에서 보통 한문이나 간단한 전통 부기, 算術 등을 익힌 후 사환으로 들어가 잡역을 맡다가 서기로 승진하여 記帳과 계산업무를 맡았다. 그리고 차인이 되면 그간의 경험을 토대로 점주를 대신하여 업무를 통괄하거나 점주가 지점, 분점을 낼 경우 그것을 맡아 운영하기도 하였다. 그리하여 창업자금이 마련되면 차제에 출자금을 내어 店主와 동업하거나 그 점포를 인수하였고, 때로는 아예 새 점포를 내어 독립 店主(master)가 되기도 하였다. 차인이 점포경영 전반을 숙지한 主務(journeyman)였다면, 사환과 서기는 업무를 더 익혀야할 일종의 견습(apprentice)이었다. 따라서 이들에게는 수습임을 감안하여 많은 봉급을 주지 않았다. 1910년대에 수남상회의 사환 월급은 김태희 집에서 가사를 돌보던 사람의 월급과 같은 2원에 불과하였다.

수남상회는 늦어도 1908년부터, 이르면 1902년이나 1903년부터 서양의 복식부기체계를 도입하여 차변과 대변이 공간적으로 분리된 각종 장부를 작성하였고, 가계와 경영도 확연하게 분리하였다. 그리고 1913년부터는 근대기업, 근대적 사업체의 중요한 특징이라는 자본금 불변의 원칙을 지켰으며, 일기, 보조장부, 총계장원장으로 이어지는 근대적 장부체계를 갖춘 채 대차대보표, 손익계산표 같은 재무제표도 작성하였다. 1900년대에 수남상회는 이미 근대 기업이 갖추어야할 특징을 두루 갖추었던 것이다.

수남상회에서 복식부기를 작성한 사람은 金圭贊이었다. 그는 관립외국어학교 졸업생으로서, 거기서 배운 서양부기 지식을 활용하여 1910년대 초 수남상회의 장부체계를 바꾸는데 크게 기여했다. 김규찬이 수남상회를 그만 둔 후에도 수남상회에서는 서양복식부기에 입각하여 일기, 보조장부, 총계정원장을 작성하고 재무제표도 만들었다. 김태희처럼 근대교육을 받지 않았던 그래서 상업교육을 받은 적이 없고 일본어도 못했던 종로상인들은 자신들의 철저한 감독아래 상업학교 출신이나 때로는 專門學校에서 강의까지 하였던 인사들을 고용하여 상점경영의 근대화를 추구해 갔던 것이다.

수남상회는 전통적인 상업조직을 기초로 일본을 통해 도입된 자본주의적 상업경영기법을 동원해 무역활동에 까지 진출하였으며, 신문에 광고를 내거나 우편을 이용해 지방에까지 판매를 확장하였다. 신문광고에는 주로 취급상품과 점포의 위치 및 상호등을 알리는데 주력했다. 수남상회는 황성신문이나 대한매일신보 등에 광고를 적극 이용하였다. 또한 서울 상인들은 지방 상인과의 거래에서 대리인이나 중개인 또는 우편을 통해 상품을 주문받아 소포나 화물운송 편으로 거래처에 보낸 후 우체국을 통해 상품과 대금을 교환하는 郵便引換의 방식을 이용하였다. 이처럼 수남상회는 상점경영에 관해서는 첨단의 기법을 적극 활용하면서 부를 축적하였다.

김태희 가문이 부를 축적하는 방법은 포목의 매매라는 상업에 한정된 것은 아니었다. 이들 역시 종로에서 점포를 운영하며 서울과 지방에 다수의 부동산을 소유하여 임대료 수입과 매매차익을 얻었고, 자기자금과 타인자금을 대부자금으로 활용하여 이자수입을 얻었으며 때로는 원리금 미상환을 이유로 채무자들이 맡긴 담보물건을 헐값에 취득하기도 하였다. 이들은 유가증권을 소유하여 배당수입과 매매차익을 얻었고 그걸 매개로 그 회사의 중역이 되어 경영에 참가함으로써 상당한 보수를 받기도 하였다. 그런 점에서 이들은 단순한 상인이 아닌 지주이자 자본가이고 대금업자이며 기업경영자였다. 김태희 집안은 같은 시기에 새로운 환경에 적응하지 못한 채 몰락한 숱한 상인, 기업가들과 달리 이들은 서울의 이름난 기업가로 성장하였다. 이들은 19세기 말에 서울 종로와 한강변에 다수 존재하였던 시전상인과 경강상인의 오랜 전통을 이은 상인들이 한국의 전형적인 부르주아지로 성장하였던 것이다.[49]

종로의 立廛商人인 백윤수는 대대로 이어져온 육의전 비단 점포를 주식회사 체제로 전환하여 생존을 도모하는 한편 자본주의 체제에 적극 적응하여 성장을 추구해 보고자 하였다. 백윤수는 1916년 大昌貿易株式會社를 설립하여 근대적인 상인으로의 전환을 도모하였다. 이 회사의 자본금은 50만 원으로, 주식의 대부분을 백씨 가문이 소유했다. 경영권도 감사역의 趙鎭泰를 제외하면 백윤수와 그의 아들 4형제인 白樂元, 白樂仲, 白樂三, 白樂承이 독점한 폐쇄적 가족회사였다. 백윤수는 외국 상인의 수입품에 의존하던 직물류의 조달을 산지와 직접 거래를 통해 구입했으며, 이를 통해 비단과 마포 등 주요 판매 물품의 수입에서 판매에 이르는 전 과정을 장악하여 유통 마진을 확대하였다.

대창무역주식회사는 제1차 세계대전의 전시 호황에 힘입어 큰 수익을 내어, 1919년의 4기 영업기까지 평균 30% 이상이라는 고율의 주주 배당을 실현하였으며, 共益社 등과 함께 13만 엔에 달하는 거액의 戰時利得稅를 내기도 하였다. 1920년에는 무역회사 산하에 소규모이기는 했으나 견직물과 麻布의 생산 시설을 갖춘 직물가공부를 두고 생산을

---

49) 이상 수남상회의 경영에 대해서는 홍성찬, 2002, 「한말, 일제하 서울 종로상인 연구-포목상 金泰熙家의 壽南商會 운영을 중심으로」『동방학지』 116 ; 홍성찬, 2006, 「한말, 일제하 서울 종로상인의 일상활동-포목상 김태희가의 사례를 중심으로」, 『동방학지』 133; 홍성찬, 2014, 「서울 상인과 한국부르주아지의 기원-김씨가의 사례를 중심으로」, 『한국경제학보』 21권 2호; 홍성찬, 2015, 「일제하 서울 종로상인의 자산운용-1910, 20년대 수남상회의 자료를 중심으로」, 『동방학지』 170 참조.

시작하여 제조업의 영역까지 진출하였다. 백씨 집안의 견직물 생산은 1918년 大昌貿易 株式會社 산하에 직물부에서 시작했지만, 1924년에는 직물부를 대창직물주식회사로 독립시켰다. 직물회사의 초창기 경영은 일본산 제품과의 경쟁 열세로 고전의 연속이었다. 그러나 1920년대 후반 주력 생산품을 본견직물에서 인견직물, 인견교직물 제품으로 전환하면서 경영이 안정되었고, 본격적인 성장 궤도에 진입할 수 있었다. 종로의 육의전 상인은 1920년대에 이르면 견직물 판매 상인에서 견직물 제조업자로 전환하여 근대적인 자본가로 변신한 것이다.[50]

배오개 시장을 무대로 활동하다가 대상인으로 성장한 박승직도 근대 상인으로 전환한 대표적인 사례이다. 매헌 박승직의 부친 박문회는 경기도 광주에서 여흥 민씨의 위토를 경작하는 소작인이었다. 박승직은 15세에 결혼하였고, 18세 때인 1882년 그의 지주 민영완이 해남 군수로 부임하면서 그를 쫓아 해남으로 내려갔다. 해남에서 박승직은 영암·나주·무안·강진 등에서 생산되는 무명 토포를 구입하여 서울에 내다 파는 換布商을 하여 약간의 자본을 축적하여 서울로 올라왔다.

1889년 박승직은 배오개[梨峴]에 정착한 후 약10년 동안 그는 경기도를 비롯하여 함경도·평안도·강원도·충청도 및 경상도까지 왕래하면서 각종 포목행상을 하였고 때로는 위탁판매와 같은 기능을 수행하면서 부를 축적하였다. 박승직은 약간의 자본을 토대로 1899년 배오개에 박승직 상점을 창업하여 물상객주가 되었다. 배오개는 입지조건 때문에 18세기부터 사상도매의 거점으로 되어 있었지만 박승직 상점과 인접해 있는 동대문 시장은 전차가 개통된 후 크게 번창하여 남대문시장과 더불

---

50) 배석만, 2016, 「1920-30년대 백윤수(白潤洙, 1855∼1921)집안의 大昌織物株式會社 설립과 경영-일제시기 전통상인의 산업자본 전화과정 분석」, 『한국사학보』 64집.

어 서울의 양대 시장권을 형성하였다. 박승직 상점에서는 한국산 목면 외에 영국 및 일본산 옥양목 등 수입 면직물을 판매하였다. 박승직 상점의 창업 당시 우리나라에는 영국 및 일본 면직물의 유입량이 급증하고 있었다. 일례로 1887년부터 1896년까지 면직물 수입액은 우리나라 총 수입액의 70~80%를 차지할 정도였다. 박승직의 사업수완은 뛰어나 점포는 나날이 번창했다. 개업한 지 불과 몇 년 사이에 매상이 크게 증가하여 박승직은 장안의 부상으로 알려지게 되었다.

박승직은 1905년 7월, 동대문 소재 포목상들과 함께 동대문시장 경영을 목적으로 광장주식회사를 설립하였다. 이 회사는 당시의 종로 및 동대문 포목상인 장두현, 주단포목상 최인성, 김태희 등이 주동이 되어 자본금 7만8천원으로 설립된 상사회사였다. 종로 포목상을 중심으로 설립된 광장주식회사는 일본 세력에 맞서 민족자본을 지키고자 동대문 시장의 관리 회사로 출범하면서 토지, 건물임대, 창고업, 금전대부 등의 업무를 수행하였다.[51]

박승직은 1906년 1월에는 한성상업회의소를 발기·창립하여 1911년까지 상임의원으로 활약하였다. 이어서 1907년에는 장안의 대표급 포목상들과 합작으로 자본금 2만9백원의 합명회사인 共益社를 설립하였다. 원래 1905년 10월 종로 백목전 상인 등 포목상 80여명이 자본군 10만환으로 彰信社를 설립하여 직물과 면사를 수입하는 무역업을 개시하였고, 일본의 후지방적회사[富士紡績會社]와 특판계약을 체결해 상당한 이익을 보았으나, 일본인과 결탁한 일부 사원이 특약권을 유지한 채 이탈하는 사건이 발생했다. 이에 박승직 등 일부 회원은 탈퇴하여 합명회사 共益社를 세웠던 것이다. 공익사 창립에는 박승직 사장 외에 최인

---

51) 김동운, 2001, 『박승직상점, 1882~1951년』 혜안.

성·김원식·최경선 등 42명의 객주출신 포목상이 1만원을 출자했다. 박
승직은 일본측과의 제반 업무를 원활하게 추진하기 위해 한성상업회의
소 상담역이었던 니시하라를 참여시켰다.

공익사는 1914년에 자본금 50만원까지 증자될 정도로 번영하였다.
이 시기에 공익사는 국내 각지에 지점을 설치하였고, 또 만주에까지 진
출하였다. 공익사는 1921년에는 1백만원까지 증자했다. 공익사는 비록
한일합작에 의해서 설립되었으나 박승직이 초대사장에 피선된 이래
1940년까지 사장직을 맡았다. 1937년 중일전쟁의 발발 이후 일본의 전
시통제경제는 강화되고, 1938년 10월 '물품판매가격규칙'에 의해 면사
와 면직물의 공정가격제가 실시되었다. 1940년에는 면직물에 대한 배
급제가 실시되어 상행위는 극도로 위축되었다. 이리하여 박승직은 공익
사의 사장직을 사직하였다.

한편 박승직을 유명하게 한 사업 중의 하나로 한국 최초의 화장품인
'박가분'을 들 수 있다. 1915년에 개발된 박가분은 당시 한국 여성이라
면 애용하지 않는 사람이 없을 정도로 유명한 화장품이었다. 박승직은
부인이 경영하는 박가분 본포를 자신이 경영하는 면포상과 연결시켰다.
그리하여 박가분은 박승직 상점의 지방출장소를 통하여 보급되기 시작
하였다. 처음에는 경기도와 강원도에만 보급되다가 전국적으로 인기가
있는 화장품이 되었다. 그러나 1920년대 중반 일본의 고급화장품이 다
량으로 유입됨에 따라 박가분의 인기는 쇠퇴하기 시작하여 결국 1937
년에는 폐업하게 되었다. 박승직은 박가분 판매를 시작한 이듬해인
1916년에는 미곡상인 공신상회를 설치하였고, 1925년 2월에는 박승직
상점을 자본금 6만원(전액불입)으로 주식회사로 개편하였다. 박승직 상
점은 창업 당시에는 포목점을 위주로 하였으나 뒤에 와서는 미곡·식염

등의 위탁판매를 겸하였고 소매뿐만 아니라 도매업에도 힘썼다. 그는 전국 각지의 포목상과도 관계를 맺고 그들에게 물품을 도매함으로써 판매망을 확장시켜 나갔다. 박승직 상점은 1921년에 한국인 소유의 개인 기업으로서는 최고의 납세자가 되었다. 상업 이외의 박승직의 연간 총 수입액은 2천여원이었다. 박승직 상점이 주식회사로 개편(1925년)된 이후 이 상점은 물품수입에 있어서 일본 생산자와 직접 거래하는 방법을 취하였다. 박승직 상점은 1938년에는 자본금 12만원, 1943년에는 18만원으로 각각 증자하였다.

박승직은 1921년에는 경성곡물신탁 주식회사(자본금 100만원)의 감사역에 취임하였고, 1933년 12월에는 일본 기린맥주가 한국 진출을 위해 설립한 소화 기린맥주(현, 동양맥주의 전신)의 주주가 되었다. 소와 기린맥주의 대주주는 일본의 기린맥주회사로서 6만주 가운데 5만7천8백주를 차지하고 있었으며, 일제의 회유정책으로 박승직과 김연수(경성방직 경영)를 조선인 주주로 했던 것이다. 이 두 사람은 각각 200주씩 소유하여 이사가 되었다. 이와 같은 인연으로 박승직은 1941년에는 소와 기린의 대리점을 운영하게 되었다. 이 외에도 박승직은 자금 여유가 생기면 토지에 투자하여 소작료 수입을 증대시켜 나갔다.

박승직은 상인으로서 대외활동에도 적극성을 보였다. 1909년에는 한성상업회의소(1905년 창립) 상임의원으로 피선되었고, 1918년에는 경성포목상조합을 발기·창립하여 조합장이 되었다. 1919년 고종 장례식 때와 1926년의 순종 장례식 대는 상인봉도단을 조직하여 단장이 되었다. 그리고 1925년에는 중앙번영회 회장, 1931년에는 경성상공협회 회장에 각각 취임하였다. 1941년 12월 태평양전쟁을 일으킨 일본은 경제 통제를 더욱 강화시키기 시작했다. 이와 같은 상황하에서 박승직 상점

은 도매부를 1941년 3월 15일, 삼목상사주식회사라고 개칭하였으나 소
매부는 상호변경없이 겨우 명맥을 유지하다가 해방을 맞이하게 되었다.
그후 1945년 9월, 박승직 상점은 폐업하였다.[52]

## 2. 개성상인의 근대 상인으로의 전화

개항이후 개성상인을 비롯한 경강상인, 의주상인, 동래상인 등 사상
들은 외국상인의 침투에 대하여 가장 적극적으로 대처하였다. 이들은
수출입상품유통으로 활동영역을 옮겨, 일부는 오사카, 나가사키, 상하
이, 홍콩까지 진출한 예도 있었다. 사상 중 가장 규모가 컸던 경강상인은
세곡운반이 일본의 중기선에 독점되고 지세금납화로 크게 피해를 입었
으나 을사조약 이전까지 서울소재 외국상인이 미곡거래에 깊숙이 개입
하였다.[53] 그러나 이들 사상들은 경강상인과 개성상인을 제외하고 대부
분 독자적인 영역을 확보하지 못하고 쇠퇴해 갈 수 밖에 없었다. 반면 개
성상인은 개항 이후의 새로운 경제 환경에 성공적으로 적응해 갔고, 그
들의 경제력도 위축되거나 쇠퇴하지 않았다. 이처럼 개성상인들이 성공
적으로 적응한 까닭은 홍삼의 생산과 유통을 장악하고 있었기 때문이
다. 이제 개항이전과 이후 개성상인의 동향을 살펴보기로 하자.

개성상인들은 조선전기부터 전국을 무대로 농민들이 필요로 하는 襦
衣나 목면류, 농기류등을 판매하였다. 소규모 자본으로 전국을 무대로
행상활동을 하던 개성상인이 오늘날 거대자본을 축적하고 합리적 상업

---

52) 이상 박승직의 상업활동에 대해서는 김동운, 2001, 『박승직상점, 1882~1951년』
    혜안 참조.
53) 김호범, 1993, 「개항기 상업구조와 식민지 상업체제의 형성에 관한 연구」, 『경제
    학논집』 2권 1호.

활동을 전개한 대표적인 상인집단으로 각인된 것은 조선후기부터였다. 개성상인 중에는 조선시대 한양의 시전상인과 마찬가지로 개성부에 세금을 내고 금난전권을 소유한 시전을 경영한 상인들이 있었다. 1910년 대까지 개성에는 縇廛, 白木廛, 靑布廛, 魚果廛, 門外白木廛, 衣廛, 紙廛, 鍮器廛, 襤廛, 砂器廛 등 16개가 있었다. 개성의 시전상인들은 한양의 시전과 마찬가지로 동업조합을 결성하여 신입조합원의 가입여부 결정, 都員상호간의 상호부조등의 일을 처리하였다. 한양 시전의 동업조합은 都中이라고 했지만, 개성의 조합은 廛契라고 지칭하였다.

개성상인의 본령은 시전상업보다는 전국의 시장을 무대로 전개된 상업활동과 국제무역이었다. 개성상인들은 대부분 소나 말을 소유하고 여러 명이 행상단을 조직하여 활동하고 있었다. 행상들은 행상단을 꾸려 활동했기 때문에 다른 지역 상인과 달리 상인조직이 발달하였다. 조선 초기에는 物主인 富商과 사용인인 差人이 존재했지만, 조선후기에는 조직이 더욱 세분화되어, 差人, 書士, 首使喚, 使喚 등으로 구성되는 상업 사용인 체제가 정립되었다. 수사환과 사환은 상업활동의 구체적인 업무를 담당하였다. 사환은 소년점원으로서, 좋은 집안의 자제를 상업견습생으로 다른 집에 위탁시키는 경우가 많았다. 사환에게는 일정한 보수가 없었으며, 매년 1-2회 의복, 신발 등을 지급할 뿐이었다. 사환은 일정 기간이 경과되면 수사환으로 승진하였다. 수사환도 사환과 마찬가지로 보수가 없었지만, 영업성적에 따라 결산기에 이익의 일부분을 지급받았다. 재직 7-8년이 지나 신용을 얻게 되면, 주인은 수사환에게 소자본을 주어 독립시켜 지방행상을 하게 하였다. 서사는 부기장부인 사개치부의 작성 등 회계업무를 담당하였다. 차인은 주인의 신용을 얻은 자가 독립하여 지방행상 및 금융에 종사하는 자였다. 차인은 상업자본가를 대신하여 영업하는 점포의 고급사용인으로서, 일정한 월급을 받거나 자기책임하에 진행된 손익계산에 의하여 이익분배에 참여하기도 하였다. 1930년대 기록에 의하면 차인의 규모는 대상인의 경우 30명 이상, 소상인의 경우는 2-3명 규모였다.[54]

이와 같은 상업조직을 기초로 개성상인들은 전국의 주요지역에 松房을 설치하여 차인을 상주시키고 그 지역의 상품유통을 담당하게 하였다. 개성상인들은 자본력은 물론 조직력에서도 국내의 여타 상인에 비해 훨씬 월등했으므로 전국을 대상으로 한 도고상업을 전개할 수 있었다. 개성상인들의 활동은 육지시장만을 대상으로 한 것이 아니었다. 조선시대 사상 세력중에서 상당한 자본력을 소유한 상인들이었기 때문에, 개성상인들은 선상활동도 적극적으로 전개하였다. 1753년(영조 29) 개성의 사공 김중재는 개성의 富商인 物主 金振哲의 돈 2,200냥을 가지고, 예성강을 출발하여 충청도 은진 강경포, 경상도 영일 포항, 강원도 삼척에서 미곡 540석을 토대로 각 지역에서 생산되는 수산물을 구매하는 활동을 하였다. 배의 선장인 사공 김중재는 개성상인의 차인으로 활약한 것이다.[55]

17세기 후반이후 청과 일본과의 무역이 활발해지면서 개성상인들은 의주의 灣商, 동래의 萊商과 함께 국제무역을 주도하는 상인으로 성장하였다. 개성상인의 국제무역 참여는 中江開市에 참여하면서부터였다. 중강개시는 임진왜란 시 창설된 이후 중단되었다가 청나라의 요청에 의해 1646년부터 재개되었다. 2월15일과 8월 15일 1년에 두 차례 열린 중강개시에서 조선은 農牛, 소금, 紙物과 海帶, 해삼, 면포, 사기 등을 수출

54) 고동환, 2009,「조선후기 開城의 도시구조와 商業」,『지방사와 지방문화』12-1호
55) 고동환, 2009, 앞의 논문 참조.

하였다. 중강개시에 참여하면서 중국과의 교역경험을 쌓은 개성상인들은 이후 의주상인과 함께 중국과의 교역에서 주도권을 장악하게 된다. 원래 개성상인과 같은 私商들의 무역행위는 불법으로 지목되어, 정부에서 철저하게 통제하였다. 그러나 1681년(숙종 7)부터 정부에서는 사행비용과 군수품조달을 목적으로 부상들을 貿販別將에 임명함으로써 사상들의 대외무역 참여의 길을 열었다.

특히 개성상인들은 17세기 중엽에서 18세기 전반까지 일본과 중국과의 직교역 단절을 계기로 전개된 중국-일본을 중개하는 무역에 인삼을 참여함으로써 막대한 부를 축적할 수 있었다. 인삼 유통허가권을 보유한 개성부에서 이 권한을 개성상인들에게 부여했기 때문에, 개성상인들은 인삼이 재배되기 이전부터 국내 인삼유통의 주도권을 장악할 수 있었다.

개성상인들은 정부의 허가하에 이루어지는 공식적 인삼무역외에 밀무역에도 적극적이었다. 1821년(순조 21) 기록에는 정부의 공식 홍삼무역량은 1년에 200근이었지만, 密造되어 중국에 수출되는 홍삼은 수천 근에 달한다고 얘기하고 있다. 공식무역에 비해 밀무역 규모가 열배이상이었던 것이다. 이처럼 19세기 홍삼 잠매가 성행한 것은 包蔘에 비해 잠매되는 인삼의 가격이 1/3정도로 헐했기 때문이다. 인삼잠매의 주체도 개성상인이었다. 인삼잠매를 막기 위해 정부에서는 의주에서 밀무역을 철저하게 통제했는데, 개성상인들은 정부의 통제를 피하여 서해안에서 밀무역을 활발하게 전개하였다.

개성상인들은 신용에 기초한 금융거래기법을 발달시킴으로써 합리적인 상업관행을 정착시키는데도 크게 기여했다. 개성은 우리나라에서 가장 일찍 금속화폐가 유통된 지역이었다. 1678년(숙종 4) 상평통보가 주조 발행되기 훨씬 이전부터 개성에서는 銅器나 銅鐵덩어리가 화폐로 유통되었다. 화폐유통과 함께 농업보다 상업이 주된 산업이었기 때문에 개성에서의 대부분 거래는 화폐를 매개로 하여 이루어졌으며, 이 과정에서 신용을 기초로 한 거래도 활성화되었다. 식량이나 의류, 심지어 반찬가게에서도 1년동안 거래된 액수를 연말에 한번, 혹은 7월과 12월의 2회에 나누어 대금을 치루는 것이 보편적인 거래관행이었다.

이와 같은 신용을 기초로한 거래관행은 금융의 대부에서도 그대로 관철되었다. 그것이 개성지역에서만 존재했던 독특한 금융관행인 市邊制였다.[56] 개성 상업이 크게 발달했던 17세기 무렵 발생했을 것이라고 추정되는 시변제는 자금의 대여자와 차용자가 중개인을 매개로 물적 담보없이 신용을 바탕으로 대차관계를 맺는 제도였다. 시변제하의 이자율은 換중개업자를 통해 그때그때의 시세에 따라 정해졌는데, 개성상업계의 자금순환과 인삼등의 주요 물산의 생산과 집하, 시변자금의 결제일등의 사정에 따라 월 0.75%~1.50%로 다양했다.[57]

신용을 토대로 한 거래관행이 정착된 개성지역에서는 우리나라 최초로 신용화폐도 유통되었다. 동전운송의 비효율성과 원거리운송의 위험성을 극복하기 위해 개성상인이 고안해 낸 것이 신용화폐의 일종인 換과 於音이었다. 환은 원거리에 동전을 보내거나 자신이 동전을 직접 가지고 가기 어려울 때, 그것을 대신한 신용전표로서, 상인들 사이의 거래에 이용되었다. 개성상인이 처음 쓰기 시작한 환 거래는 19세기에 오게 되면 개성 지역에서 통용되는 松換을 비롯하여, 仁川換, 全州換, 宣川換, 鐵山換, 海州換 등의 이름으로 전국적으로 널리 통용되었다. 환과 어음

---

56) 이에 대해서는 제4장 3. 근대적 민간신용제도로서의 개성상인의 市邊制 참조.
57) 오성, 2002, 「한말~일제시대 개성의 市邊制」, 『한국근현대사연구』 21

은 18세기 후반경 서울과 평양, 개성등 대도시에서 보편화되었고, 환거래의 일회규모는 18세기 후반 400냥에서 1,500냥규모였으나 19세기 이후는 수만냥까지 거래될 정도였다.

개성상인들의 상업활동에서 특기해야 하는 점은 앞서 살폈듯이 給次秩, 捧次秩, 利益秩, 所費秩 등 네 개질로 나누어 계산하는 고유한 복식부기법인 松都四介置簿法을 고안했다는 점이다. 이러한 과학적인 복식부기법은 조선초기부터 발생하여 개성의 시전은 물론 송방, 객주, 여각 등과 고리대업자 사이에 널리 이용되고 있었다.[58]

개성상인들은 국내 상업과 국제무역에서 축적한 자본을 생산부문에 투자하였다. 정부의 허가를 받지 않고 광산을 채굴하는 잠채광업에 투자하여 광산물주가 되기도 하였고, 삼을 캐는 사람들에게 미리 蔘價를 주고 정해진 날짜에 인삼을 받는 등, 생산부문에 대한 선대제적 경영도 시도하였다. 개성상인들의 생산부문에의 투자중에서 가장 두드러진 분야가 인삼 재배업과 홍삼제조업이었다.

개성상인들이 상업에서 인삼재배로 주된 업종을 바꾸었다는 것은 개성상인들이 상업자본을 인삼재배에 투자함으로써 농업자본가로 전환하였음을 의미한다. 인삼재배를 개성상인들이 주도하게 된 것은 인삼재배에 적합한 토질과 더불어 수확까지 길게는 6,7년, 짧으면 4,5년의 장기간 동안 자금을 투여할 수 있는 자본력이 있었기 때문이다. 개성에서는 신용으로만 돈을 융통할 수 있는 市邊制와 같은 금융제도가 존재했기 때문에, 이와 같은 장기간 막대한 자금이 투입되는 삼포경영이 가능했던 것이다. 삼포를 경영했던 개성상인들은 백삼을 홍삼으로 증조하여

---

58) 고동환, 2010, 「조선후기~한말 신용거래의 발달:於音과 換을 중심으로」, 『지방사와 지방문화』 13권2호.

중국에 판매함으로써 막대한 이익을 남겼다. 초기 서울의 경강에 위치
했던 홍삼 제조장인 蒸包所는 1810년부터 인삼산지인 개성으로 옮겨왔
다. 이를 계기로 소규모에 머물렀던 개성에서의 홍삼생산은 19세기 중
반 대량생산체제로 전환하였다.

 인삼재배의 성행과 인삼의 국제상품으로서의 성가가 높아지자, 1797
년(정조 21) 조정에서는 중국사신의 경비로 책정된 팔포정액을 은 2000
냥에서 인삼 120근으로 변경하였다. 이후 包蔘定額은 1811년 200근,
1823년 800근, 1834년 8천근, 1847년에는 2만근, 1851년 4만근으로 급
속히 증액되었다. 1853년에는 2만5천근으로 감액되긴 했지만, 120근에
서 4만근으로 무려 230배가 증가하는데 불과 50년의 시간밖에 걸리지
않았다. 19세기 후반기에 약간 위축되긴 했지만, 18세기 후반의 상황과
는 비교할 수 없을 만큼 삼포경영과 홍삼제조가 증가하였다. 1888년의
경우 개성지방에서는 165명의 삼포주가 200좌의 삼포를 경영하고 있으
며, 총 採掘間數는 154,055간에 달하고 있다. 개성상인이 조선후기 대
표적인 私商세력으로 성장할 수 있었던 배경은 삼포경영과 홍삼제조와
함께 국제무역에서 막대한 수익을 올릴 수 있었기 때문이다.

 개항이후 갑오개혁 시기까지 홍삼은 禁輸品이었고 공식 수출은 이전
방식대로 육로를 통해 이루어졌다. 그러나 적지 않은 수량이 密蔘으로
청나라로 수출되었다. 1886년 공식 허가된 홍삼 수출량은 2만 5천근이
었지만, 밀무역으로 반출된 홍삼은 5만근 정도로 추정되고 있다. 2만5
천근 수준이었던 개항이전 홍삼 무역액이 개항이후 두배 정도 증가한
것이다. 개성상인들은 홍삼의 대금으로 받은 돈으로 중국에서 馬蹄銀,
견직물, 잡화 등을 수입하여 막대한 이익을 얻었다.[59]

---

59) 양정필, 2012, 「근대 개성상인의 상업적 전통과 자본축적」 연세대 박사논문

개성상인들은 국제무역과 전국을 무대로 활동했기 때문에, 개항이후 확대된 시장 중에서 신흥 상업 중심지에 진출하여 영업하였다. 그들은 개항장 중심의 무역구조를 전통적인 연안 교역망 및 내륙 교역망과 연결시켜서 기왕의 상권을 보존하면서 상업이익을 취득했던 것이다. 이처럼 개성상인은 개항기의 경제 변동에 능동적으로 성공적으로 적용하고 있었기 때문에 개성에서 일본 상인과의 경쟁에서도 밀리지 않았다. 이는 일제강점기 개성의 상권이 한국인이 장악하고 있었던 데서 확인할 수 있다. 개항기의 급변하는 경제 환경 변화에 능동적으로 대응하였던 개성상인은 일제의 식민지배라는 더 악화된 조건 속에서도 고유한 상업 전통을 토대로 여전히 활발하게 활동하였고 그를 통해 그들의 경제력과 세력을 유지할 수 있었다. 이는 전통상인의 근대적 상인으로의 성공적이 전환 사례로 평가되는 것이다.[60]

## 3. 전통적 상인조직의 변화와 상회사의 등장

### 1) 개항이전 동업조직으로서의 契와 동업관행

일반적으로 계는 자치적 기능과 식리적 기능을 본질로 한 공동체라고 이해되고 있다. 계는 몇 사람 혹은 수십 인이 특정의 목적을 위해 일정한 규약을 만들고 金品을 갹출하여 공동재산을 조성한 인적 결사체이다. 당초 지배신분의 社交契로 출발한 계는 15~16세기에 洞契와 族契로 확대되었고, 17~18세기에는 學契, 婚喪契로, 19세기에는 軍布契 등으로 더욱 분화하였다. 1926년 조선총독부에서 조사한 바에 따르면, 전국에 19,067개의 계가 조직되어 있었고, 814,138명이 계원으로 가입

---

60) 양정필, 2014, 「개항기 경제 변동과 개성상인의 활동」, 『역사와실학』 55,

되어 있었다. 목적별로 분류하면 洞契, 書堂契 등 공공 목적이 1,623개 82,312명, 族契, 婚喪契 등 부조 목적이 11,696개 351,172명이었다. 이 외에도 산업 목적과 금융 목적의 계가 있었는데, 이 계들은 일제하에서 생겨난 것으로 파악하고 있다.[61] 기왕의 연구에서는 향촌사회에서 산 업목적의 계가 개항이후 생겨난 것으로 파악하고 있지만, 1900년 러시 아 대장성에서 편찬한 『한국지』에는 동업조합이라는 항목에서 조선시 대부터 산업목적의 계가 광범하게 존재했음을 다음과 같이 설명하고 있다.

> 한국의 동업조합들은 서로 공통적인 이해관계를 갖는 매우 여러 가지 그룹들로 서 조직되어 있다. 가장 주요한 결속의 원인은 직업의 공동성이다. 한국에서는 모든 사람들이 생존을 위해 살아가는 수단이 같은 경우에 특정한 규칙과 구조를 가진 특 수한 동업조합-어느 정도는 유럽의 공업조합(cech)이나 길드를 연상시키는-을 형성 하고 있다고 과감하게 말할 수 있을 것이다. 여기에는 매우 많은 종류의 조합들이 있다. 예를 들어 석공, 목수, 목공, 관짜는 사람들, 지붕 이는 사람, 지게꾼, 마부들이 각각 조합을 이루고 있는 것이다. 이러한 조합들은 상업단체들과 같이 주로 도시에 집중되어 있고 세력있는 단체를 이루고 있어서 정부도 이들의 일에 대한 독점권을 인정해야만 했었다. 이러한 조합에 가입하지 않은 사람은 이 조합에 가입한 사람들 과 동일한 직업을 영위할 수 없었다. 왜냐하면 만약 그렇게 하는 경우에는 이해관계 가 있는 조합 측으로부터 잔인한 복수를 받을 것이기 때문이었다. 이때 정치세력들 은 적극적으로 아니면 침묵으로써 그들의 행동을 시인하였다. 독점권을 얻기 위하 여 조합들은 그들의 공동회계로부터 정부에 많은 금액을 지불하고 있다.[62]

즉, 도시에서 동일한 직업집단들, 예컨대 석공, 목공, 지게꾼, 마부등

---

61) 김필동 1992, 『韓國社會組織史硏究 : 契組織의 構造的 特性과 歷史的 變動』 일조각 참조.
62) 러시아대장성, 1984, 『국역 한국지』 한국학중앙연구원 288-289쪽

이 조합을 결성하고 있다고 설명하고 있는 것이다. 『한국지』에서 설명하고 있는 산업조직으로서의 계는 마부들의 조합으로서의 馬契, 지게꾼 조직으로서의 運負契, 얼음을 저장하여 판매하는 동업조합으로서 氷契 등이 있었다. 이들 계들이 담당하는 업무는 원래 조선시대 서울 주민들의 부역인 坊役으로 운영되던 것이었다. 그러나 이러한 노동력 동원시스템이 부역제에서 給價雇立制로 변하였다가, 품삯을 대신 받고 노동력을 제공하는 동업조합으로서 운부계, 마계, 빙계등이 출현한 것이었다.

마계는 1707년 말을 소유한 용산주민 50여 명이 창설한 동업조합이었다. 이처럼 조직을 갖춘 동업조합인 마계는 50명이 공동출자하여 운영되었을 뿐만 아니라 적당한 이익을 추구하는 이익을 위한 결사이기도 했다. 아직 근대적인 법인격은 확보하지는 않았지만, 영리를 목적으로 하는 회사조직과 유사하게 운영되었던 것이다.63)

운부계는 원래 內需司의 郊草운반만을 담당하는 동업조합이었지만, 나중에 조세곡의 하역운수작업도 담당하는 조직이었다. 운부계는 1729년(영조 4)에 龍山坊 灘項契에 사는 金龍元에 의해 창설되었는데, 이들은 郊草의 운송은 배를 이용했으며, 세곡의 하역운수는 지게를 이용하였다. 운부계에서는 내수사의 교초 운송권을 독점한다는 점을 빌미로 용산은 물론 마포나 서강지역 등 경강 전체에 정박한 선박에 실린 화물의 하역운수도 독점하였다. 이러한 용산 운부계의 독점에 대해 마포나 서강의 지게꾼이 반발하여 결국에는 용산 운부계의 독점이 부정되고 마포나 서강주민들도 하역운수업에 종사할 수 있도록 하였다. 이러한 것은 초기 부두노동자 조직으로서 이들이 지역마다 동업조합을 결성하여

---

63) 마계의 운영에 대해서는 본고 5장 6절 개항이전 車契·馬契와 개항이후 馬車會社의 경영 참조.

서로 대립하고 있음을 보여주는 것이다.[64]

빙계 또한 장빙역을 대신하는 공인계로서 출발하였지만, 私氷庫를 설치하여 동빙고나 서빙고 등 관영빙고에 얼음을 진배하는 것과 더불어 민간에 얼음판매를 주업으로 삼아 활동하였다. 17세기 후반 이후 대동법 실시를 계기로 노동력의 상품화가 진전됨에 따라 노동력 징발체제인 役制가 給價雇立制로 전환되었다. 이와 동시에 국가에서 필요한 노동력 청부부분에 대해 作貢化가 진전되었으며, 공물화된 부분 가운데 일부는 상업도시로 전환되었던 서울에서 자유로운 영업분야로 정착하였다. 이른바 요역이 영업으로 전환하면서 영업이윤을 추구하는 산업목적의 계가 결성되었던 것이다. 이러한 계에 투자한 사람들은 대부분 서울의 부호들이었다는 점에서 이 계가 상업결사임을 확인할 수 있는 것이다.[65]

이처럼 개항이전에도 조선사회에서는 이윤을 추구하는 산업목적의 결사로서 계가 발생하여 막대한 이익을 취하고 있었다. 이러한 계의 전통과 더불어 개항이전 조선사회에서는 자본과 자본의 결합, 자본과 노동의 결합에 기초한 동업도 관행적으로 널리 행해지고 있었다. 1910년 충청남도 公州 지방에서 同事에 관한 관습을 조사한 자료에 의하면,

> 同事는 同事員이 계약을 맺고 일정한 자본을 갹출하여 상업을 경영하는 것을 목적으로 하는 것이다. 出資 방법은 평등하게 하는 것도 있고 불평등하게 하는 것도 있으며, 한편이 자본 전부를 제공하고 다른 한편은 자본의 運轉, 즉 상업에 종사하는 의무를 부담하는 것도 있다. 또 어떤 상업을 일시적으로 경영할 것을 약속하는 것도 있고 혹은 점포를 열어 영속적으로 상업을 경영할 것을 약속하는 것도 있어서

---

64) 이상 마계, 운부계에 대해서는 고동환, 1998, 『조선후기 서울상업발달사연구』 지식산업사 참조.
65) 빙계에 대해서는 본고 5장 3절 조선후기 藏氷業과 한말의 圓滿會社 참조.

출자 방법이 일정하지 않다. 일시적인 同事는 대개 임시로 어떤 이익이 있는 商事를 발견했을 경우 몇 사람이 계약을 맺고 同事를 한 다음 그 목적으로 하던 상업이 종료되었을 때는 당연히 해약하는 것이 보통이다. 영속적인 계약을 맺는 경우에도 당사자의 합의에 의해 종료 해산하기도 한다. 또 각 同事員이 평등하게 또는 불평등하게 자본을 갹출하는 경우에도 同事員이 5명이 넘는 것은 매우 드물며, 2명 또는 3명이 보통이다. 당사자의 한편이 전부를 부담하고 다른 한편이 상업에 종사할 것을 약속하는 경우에는 2명인 것이 보통이라 한다.[66]

라고 하여 동사가 상업을 목적으로 2명 이상이 자본을 합자하여 경영하는 것이라고 얘기하고 있다. 『중추원조사자료』에 의하면, 동사자가 평등하게 또는 불평등하게 출자하여 상업을 하는 경우에도 동사자 중 1명을 업무 집행원으로 정하기도 하며, 또 각 동사자가 차례로 업무 집행원의 소임을 맡기도 하며, 소임을 맡은 자는 상업에 관한 사항 일체를 자기 책임 하에 하며, 다른 동사자는 때때로 장부 및 재산 상황을 검사할 뿐 상업에 대해 참견을 하지 않는 것이 보통이라고 한다.

하지만 同事가 목적으로 하는 상업 이외의 상업을 하거나, 또는 동사의 재산을 근본적으로 변경하거나, 그 밖에 채무를 부담하여 혹 상업의 목적을 변경하려는 경우에는 업무 집행자는 반드시 다른 동사자와 협의해야 했다. 同事에 의해 생긴 재산 및 각자가 출자한 재산은 同事員 전체의 공유물로 인정되었고, 동사원 중의 한명이 탈퇴하고 싶을 때는 언제든지 재산의 분할을 청구할 수 있었다. 또한 동사에 불이익이 되거나 혹은 동사자의 신용을 해치는 행위를 했을 때는 그 행위자를 제명할 수 있다. 이런 경우에는 동사원의 일치단결이 필요한데, 결의는 다수결로써

---

66) 『중추원조사자료』 1910, 「충청남도 공주 지방에서 행한 관습 조사 보고서」 同事에 관한 관습

정하였다. 동사의 손익 분배는 출자의 많고 적음을 표준으로 삼아 정했다. 동사가 채무를 부담했을 때는 먼저 그 부담을 상환한 후가 아니면 이익을 분배할 수 없었다. 그러므로 만약 동사의 업무 집행자 혹은 동사자 중에 신용이 있는 사람이 동사 때문에 채무를 부담한 경우에는 다른 사람의 의사가 어떤지를 불문하고 먼저 동사 재산 중에서 채무액을 빼고 난 후에 이익을 분배하였다.[67]

위에 언급된 동사는 자본의 결합에 의한 동업관행이었다. 이와 달리 자본과 경영이 결합한 동업도 널리 행해졌는데, 이를 差人同事라고 불렀다. 차인동사는 당사자 중 한편이 자본을 제출하고 다른 한편이 그 자본을 이용하여 상업을 경영하기로 약속하는 것이다. 이 경우에는 상업을 경영하는 자는 출자자의 간섭없이 자율적으로 상거래를 할 수 있었다. 출자자는 보통 출자액 100圓에 대해 월 2圓 정도의 利息을 거둬들일 뿐이었다. 전체 영업이익 중 출자자에게 지급하는 이식을 공제한 후 남은 이익은 출자자와 경영자가 평균 분배하였다. 경영자는 최초에 정한 상업을 계속하는 동안에는 완전히 자유이지만, 만일 그 상업의 종류를 변경하는 것과 같이 상업상 중요한 관계가 있는 사항에 대해서는 출자자와 협의해야 했다. 또한 영업으로 인해 발생한 채무는 출자자가 책임을 지는 것이 아니라 경영자가 전적으로 부담했는데, 다만 출자자가 그 채무에 대한 책임을 진다는 뜻을 표시했을 때는 출자자도 부담하였다. 동사자는 영업으로 인해 생긴 손익을 평등하게 분배하는 것이 보통이지만, 우선 채무를 이행한 후 이익을 분배했다. 差人同事의 재산은 출자자의 재산이지만, 상거래에 있어서는 경영자의 뜻대로 자유롭게 처분하거

---

67) 『중추원조사자료』 1910, 「충청남도 공주 지방에서 행한 관습 조사 보고서」 同事에 관한 관습

나, 그 밖의 행위를 할 수 있다고 한다.[68] 또한 동사는 협의에 의하여 해산할 수 있고 해산 후의 재산처분은 출자자에 대해서는 그 액수에 따라 분배하고 나머지는 머릿수대로 분배하며, 손해가 있을 때는 평등하게 이것을 부담하고, 제3자에 대해서는 각자가 전부의 책임을 이행할 의무를 지고 있었다.

이러한 同事 즉 동업관행은 충남 공주 뿐만 아니라 경기도 안성,[69] 평안북도[70]는 물론 東萊[71]에서도 존재하였다. 안성에서는 2인 이상이 각자 출자하여 점포를 차려 공동으로 사업을 경영하는 것을 同事라고 불렀으며, 각자 자본을 내어 공동으로 행상하는 것을 특별히 同務라고 불렀다고 한다. 이러한 동업에 대해서는 18세기 후반 유수원은 『迂書』에서 자본의 합자와 더불어 부상과 가난한 사람의 노동력이 결합되는 두가지 형태의 상업을 合夥상업이라고 부르고 있다.[72] 중추원조사자료에서 同事와 差人同事를 유수원은 合夥라고 불렀던 것이다. 그러므로 비록 상업관행에 대한 조사시기가 서양의 회사제도가 도입된 이후인 1910년이긴 하지만, 同事관행은 개항이전의 전통적인 상업관행으로 이해되어야 할 것이다.

이처럼 개항이전 조선의 상업관행은 마계나 빙계와 같은 영업목적의

---

68) 『중추원조사자료』 1910, 「충청남도 공주 지방에서 행한 관습 조사 보고서」 同事에 관한 관습
69) 『중추원조사자료』 「隆熙二年 조사보고서」, 安城編 제1편 민법 제3장 債權 제101 組合에 관한 관습은 어떠한가
70) 『중추원조사자료』 「隆熙二年 조사보고서」, 平北編 제1편 민법 제3장 債權 제101 組合에 관한 관습은 어떠한가
71) 『중추원조사자료』 「東萊郡 調査報告書」 第二編 商法 제3장 商行爲 제189 匿名組合에 관한 관습이 있는가.
72) 柳壽垣, 『迂書』 권8 論商販事理額稅規則

결사가 상당수 존재했을 뿐만 아니라, 同事를 통해 합리적인 동업관행도 광범하게 존재하였다. 특히 동사 중에서도 한 사람은 자본만을 출자하고, 다른 한 사람은 경영만을 담당할 때, 자본을 출자한 사람은 경영에 간섭할 수 없었다는 것을 동사의 관행으로 여기고 있다는 점에서 일찍부터 자본과 경영의 분리가 상업에서의 동업관행에 정착되고 있음을 확인할 수 있다.

개항이후 설립된 초기의 회사들은 전통적 상업질서, 즉 도고상업체제 위에서 활동해야 했기 때문에, 서구의 근대적 회사와는 상당히 다른 면모를 보였다. 이들 회사가 합자를 통해 자본을 마련하였던 점에서는 서구의 회사와 다를 바 없었지만, 정부에 대한 납세를 대가로 하여 영업독점권, 징세청부권 등의 특권을 행사하였던 점에서는 都賈와도 유사한 존재였다. 뿐만 아니라 회사의 조직·운영원리도 전통적 상인단체인 都中의 運營例나 민간의 산업조직인 계에서 차용하는 것이 일반적이었다. 초기 회사가 지닌 이러한 성격은 전통적 상업질서가 온존된 상황에서 서구의 제도를 형식적으로만 도입함으로써 나타난 것이었다. 그러므로 상회사 뿐 아니라 수세를 주업무로 하는 客主組織이나 都賈도 회사의 명칭을 쓰는 일이 일반화되었다.[73]

이상에서 보았듯이 자본과 인적 결합을 통해 상업을 영위했던 전통은 개항이후 조선사회에서 결코 낯선 것이 아니었다. 개항이전 조선사회의 계와 동업관행이 상업조직 내부에 널리 존재했기 때문에 개항이후 서구에서 도입된 회사제도가 기왕의 상업조직과 큰 마찰없이 잘 정착될 수 있었던 것이다.

---

73) 한우근, 1970, 『한국개항기의 상업연구』 일조각 참조.

## 2) 개항이후 상회사의 등장

근대에 있어서 영리활동의 중심은 개인, 가족, 국가가 아닌 자본의 결집체로서의 회사이다. 혈연이나 신분이 아니라, 계약에 의해 영리를 목적으로 조직된 결사체로서의 회사는 근대사회를 형성하는 가장 기본적인 제도의 하나를 이루고 있다. 수없이 다양한 경제활동이 회사에 의해 수행되고 있을 뿐 아니라. 회사는 법인격을 획득함으로써 자연인과 동등하게 법률상의 권리와 의무의 주체로서 존속가능하게 되었다.74)

개항기는 회사의 발흥기이기도 했다. 회사는 영리활동을 위해서 조직한 법인이다. 회사가 일반적인 모임과 다른 점은 법률적인 인격을 가지고 있어 구성원이 교체되어도 그와 무관하게 영속성을 갖는다는 점이다. 회사를 설립하는 이유는 자본 규모가 개인이 감당하기 어려울 만큼 크거나 사업이 너무 위험하여 자본과 위험을 분담하기 위한 것이다. 대개 영리기회에 대한 지식과 경영능력이 있지만 자본이 부족할 때 자본을 모으기 위해 회사를 설립하게 된다.

개항이후 회사에 관한 최초의 기록은 1882년 兪吉濬이 저술한 『商會規則』이었으며, 1883년 『한성순보』에는 會社說이 게재되어 회사를 소개하고 있다. 이처럼 회사가 소개됨과 동시에 조선에서는 회사가 설립되기 시작했는데, 개항이후 갑오개혁기까지의 회사 설립추이를 보면 다음의 <표 10>과 같다.

---

74) 김재호, 1999, 「개항기 원격지무역과 회사 - 대러시아 무역과 경성천일회사」, 『경제사학』 27호

<표 10> 1883-1894년간의 회사, 제조장의 설립 상황[75]

| | 농림업 | 제조업 | 광업 | 상업 | 운수업 | 수산업 | 조합 | 기타 | 계 |
|---|---|---|---|---|---|---|---|---|---|
| 1883 | 1 | 11 | | 3 | | | 1 | 2 | 18 |
| 1884 | | | 1 | 8 | 2 | | 1 | 1 | 13 |
| 1885 | 2 | 2 | | | | | | | 4 |
| 1886 | | | | 3 | 1 | | | | 4 |
| 1887 | | | | 2 | | 1 | 1 | | 4 |
| 1888 | | 1 | | 3 | 2 | 1 | | | 7 |
| 1889 | | 1 | | 3 | | | | | 5 |
| 1890 | | | | 3 | | | | 1 | 4 |
| 1891 | | 1 | | 1 | | | 1 | | 3 |
| 1892 | | | | | | | 1 | 1 | 2 |
| 1893 | | | | | 2 | | 2 | | 4 |
| 1894 | 1 | | | 3 | 1 | | | | 5 |
| 합계 | 4 | 16 | 1 | 29 | 8 | 2 | 7 | 5 | 73 |

출전 : 전우용, 2011 『한국회사의 탄생』 서울대 출판문화원, 54쪽 표 재인용

<표 10>에서 보듯이 1883년 제조업 기업이 11개나 설립된 까닭은 관영 및 관독상판형 제조장이 많이 설립되었기 때문이다. 이 시기 설립된 회사 중에 농림업과 제조업, 광업 부문은 거의가 관영, 또는 관독상판형 기업이며, 상업, 운수업, 수산업 부문은 민영회사가 압도적으로 많았다. 초기 회사설립상황에서 보여지는 이러한 특징은 아직 민간부분에서 산업자본이 형성되지 않은 사정을 반영하는 것이면서 동시에 조선정부가 청과 일본이 시도했던 근대화 노선을 충실히 답습하였기 때문이기도 했다.[76]

1880년대에는 국가에서 설립한 관영회사가 많았지만 부산, 원산, 인천의 개항장에서 객주들이 설립한 객주상회사를 비롯하여 민간 회사들

75) 이헌창, 1999, 『한국경제통사』, 법문사, 258쪽 재인용.
76) 전우용, 2011, 『한국회사의 탄생』 서울대 출판문화원, 53쪽

도 속속 설립되기 시작하였다.[77] 1883년부터 1894년의 갑오개혁까지 설립된 회사는 그것이 관설이든 민설회사이든 일종의 특권을 부여받은 관허회사였다. 이 때 설립된 상회사들은 객주에 의해 설립된 것과 일반 상인에 의해 설립된 것으로 크게 구분된다.

우선 개항장 객주들이 설립한 객주상회사를 살펴보도록 하자. 개항을 계기로 일본과의 무역이 왕성해지자 개항장에서 새로운 객주층이 형성되었다. 개항장의 日商 가운데 양국 상품을 수출입하는 자를 무역상이라 하고 양국상인 사이에서 매매를 주도하는 자를 중매상이라고 했다. 무역상은 대개 중매상에게 곡물의 구입을 위탁하는 경우가 많았다. 객주는 개항 초기에는 외국무역의 조선측 담당자였다. 개항초기 상품유통에 있어서는 생산지→포구객주→중매곡물상→개항장객주→거류지 일본무역상이라는 유통구조가 부산·원산·인천 등의 개항지마다 형성되어 갔다.[78] 客商은 現品授受의 안전, 금전거래의 신용, 대외상거래에서의 유리한 교섭 등의 이유 때문에 객주에게 의존하는 것이 불가피하였다. 더구나 內外商間의 교역에는 구매와 판매 간의 시간적 불일치가 항상적으로 존재하기 때문에 객주의 위탁매매자로서의 역할은 필수적이었다. 이러한 객주의 위탁매매 영업은 독립적인 영업주체로서 수행된 것이다.[79] 그러므로 개항장객주는 개항장무역을 통해 새롭게 생겨난 상

---

77) 1970~90년대 개항기객주에 대해 주목한 연구로는 한우근, 1970『개항기 상업구조의 변천』,한국문화연구소; 이병천,1985「개항기 외국상인의 침입과 한국상인의 대응」,서울대학교 박사학위논문;홍순권, 1985「개항기 객주의 유통지배에 관한 연구」,『한국학보』11,일지사; 류승렬, 1996「한말·일제초기 상업변동과 객주」, 서울대 박사논문; 표용수,1996「개항기 부산항을 중심으로 한 객주상인의 상업 활동」, 경주사학 15,경주사학회 등이 참고된다.

78) 吉野誠, 1975,「朝鮮開國後の穀物輸出について」, 朝鮮史硏究會論集 12,朝鮮史硏究會, 41쪽.

인 집단이라고 보기보다는 전통적인 상권을 토대로 개항장 무역의 네트워크를 연계하는 객주집단의 성격을 띠는 것이다. 즉 개항장객주는 국내 상인과 외국상인간의 무역에서 매매주선을 담당하는 상인층이었던 것이다. 이러한 개항장 객주는 1890년에는 부산항을 중심으로 160명, 1893년 인천항에는 46명이 있었던 것으로 추정되고 있다.[80]

위탁매매뿐만 아니라 금융업, 창고업, 해운업, 무역업 등에 종사했던 개항장객주들은 위탁매매를 통해 구문을 수취하였다. 이 과정에서 부를 축적한 개항장 객주들은 외국상인의 침투에 대응하기 위하여 객주상회소를 설립하여 전근대적 수탈과 압박으로 부터 객주의 상권을 보호하고 대외교역을 촉진하였다. 그러나 객주상회소는 여전히 징세기관으로서 궁내부에 소속되어 국가 권력의 보호와 고급관료의 관리하에서 활동하였다. 객주상회소는 객주들이 새롭게 형성된 수출입 상품유통망의 원만한 발전을 통해 자신들의 이익을 도모하기 위해 조직한 단체이다. 객주상회소의 기반은 종래부터 존재하던 기본조직인 客主都中을 바탕으로 한 경우가 많았다.[81]

객주상회소와 달리 객주상회사는 여러 객주의 자본을 합해 운영하는 합자회사였다. 객주상회사는 객주로부터 가입비를 받고 회사에 속된 객주에게만 영업을 허가하였다. 객주들은 타인의 상품을 위탁받아 판매를 대행해주는 대가로 물건 값의 1/10을 '구문'(수수료)으로 받고 그 중에 일부를 회사에 납부하였다. 객주상회사가 개항장의 객주영업을 독점한

79) 이병천, 1985, 「개항기 외국상인의 침입과 한국 상인의 대응」,서울대학교 박사학위논문,71쪽.
80) 조기준, 1973, 『한국자본주의성립사론』 대왕사, 285쪽
81) 김호범, 1993, 「개항기 상업구조와 식민지 상업체제의 형성에 관한 연구」, 『경제학논집』 2권 1호.

것은 통리기무아문이나 내장원과 같은 관청에 영업세를 상납하는 대가로 권리를 인정받았기 때문이었다. 1896년에 인천 객주도중이 설립한 紳商會社는 종친인 청안군 이재순을 사장으로 임명하고 매년 2000원을 내장원에 상납하였는데, 경쟁자를 몰아낼 수 있는 강력한 권력이 필요했기 때문이었다.[82]

이처럼 개항기 회사의 전형은 국내외 무역업에 종사하였던 상회사였다. 국제무역을 비롯한 원격지무역의 발전이야말로 개항 이후 상업의 가장 큰 특징이었기 때문에 이러한 상회사의 급증은 어쩌면 당연한 현상이기도 했다.[83] 객주에 의해 설립된 회사는 상법회사, 상회소, 상회 또는 상법회소 등으로 불리어졌는데, 이 상회사들은 일종의 특권단체의 성격을 가진 특권도고였다. 예컨대 1883년에 원산 객주들이 설립한 상회사는 상의소라고 하였으며, 1885년에 인천항에 설립된 것은 상회라고 했다. 그리고 1888년에 원산·부산항에 균평회사가 설립되었다. 이 균평회사는 인천항에도 설치되었으나 외국상인의 반발로 1890년 문을 닫았고, 이를 대체하여 부산항에 객주 상법회사가 설치되었다. 이러한 상법회사는 일종의 동업조합이었다.

한편 일반 상인에 의하여 설립된 상회사도 상회, 상사, 회사 등으로 불렸는데, 이는 객주조합의 성격을 띤 상법회사와는 다른 것이었다. 당시 회사 또는 상회사라는 것은 일반적으로 사용되었던 「結社營商」한다는 의미로 사용되었다. 즉 내용적으로는 상민들의 합자기업을 의미하지만 그들이 말하는 합자는 전통적인 종래 동업관행인 同事형식을 벗어나지

---

82) 김연지, 2013, 「개항장객주의 변모 양상과 성격 고찰」, 『한일관계사연구』 44.
83) 김재호, 1999, 「개항기 원격지무역과 회사 - 대러시아 무역과 경성천일회사」, 『경제사학』 27호

못한 것이었으며, 출자의 책임한도도 분명하지 않았다. 상회사의 설립은 정부의 허가를 맡아야 했으며 정부는 이 같은 관허상회에 대하여 업종에 따르는 각기 소정의 납세의 의무를 갖게 한 반면에 이들의 상업활동을 보호하여 지방에서의 잡세나 분세를 징수하기 못하게 보증해주고, 같은 업종에서 다른 무허가회사가 임의로 설립되는 것을 방지해 주었다.[84]

1880년대에는 상업, 운수업을 비롯한 다양한 분야에서 일반 상인들이 설립된 회사도 많았다. 이처럼 다양한 분야에서 회사 설립이 빠른 속도로 증가하였다는 것은 새로운 변화가 격렬하게 진행되고 있었음을 의미한다. 그러나 이러한 회사 중에 都賈會社, 收稅會社등과 같이 전근대적 특권에 기초하여 영업하는 회사들도 있었다. 조선후기에 권력을 배경으로 어떤 물건의 매매를 독점하거나 매점매석으로 이익을 취하는 것을 都賈라고 불렀는데, 개항 후에도 이와 유사한 회사들이 적지 않았다. 선박이 왕래하는 항구나 포구에서 화물이나 선박에 징세하여 그 일부를 관청에 상납하는 조세청부업이 주 업무였다. 특정 상품의 생산이나 판매를 독점하고 징세하는 회사도 있었다. 누룩을 독점하여 위반자로부터 조세를 거두었던 麴子會社가 좋은 예다. 회사 설립을 허가받는 것을 독점권을 인정받았다고 생각하는 사고방식은 오랫동안 사라지지 않았다.

이 시기 설립된 상회사들은 수세나 도고를 업으로 하는 회사만은 아니었다. 1886년에 설립된 大興會社는 외국 기선을 구입하여 연안 해운업을 시도하였으며, 1896년에 함경북도 경성에서 설립된 天一會社는 러시아 연해주 지역과의 무역에 종사하였다. 함경도 특산물인 한우와 燕麥을 블라디보스토크로 수출하고 金巾 따위의 면직물을 수입하는 것이 주된 영업이었다. 또한 쌀과 동전의 원활한 순환을 위해 京江商人이 설립한

---

84) 황명수, 1999, 『한국기업가사연구』 단국대출판부 참조.

米商會社는 지방에서 거둔 세금으로 쌀을 구입, 서울로 운반하였지만 그 규모는 크지 않았다. 평양의 대동상회, 서울의 의신사 등도 설립되었는데, 이들 상회사는 대부분 합자에 의한 공동기업이었으며 그 활동범위는 전국에 걸쳤으며 타도에 지사를 설치할 정도로 광범위한 국내상업망을 형성하고 있었다. 그들은 미곡·포·우피 등의 국내재화를 수집하여 대외무역에 종사하였거나 혹은 선운업, 상업 등에 종사하였다. 상회사 출자자의 신분은 그 대부분이 상민과 전직하급 문무 관료들이었다. 이들 상회사에서는 근대적인 회사조직, 예를 들면 주식회사제도를 채용했던 흔적은 볼 수 없다. 즉 이들 상회사는 일종의 특권회사였던 것이다.[85]

이러한 것은 전통사회의 상업관행이 개항이후에도 여전히 강력하게 작동하고 있음을 보여주는 것이다. 비록 상인집단을 표현하는 명칭이 회사라는 것을 바뀌었지만, 이러한 회사의 영업은 개항이전 전통적인 상업관행에서 벗어나고 있지 않았던 것이다. 이러한 한계에도 불구하고 여기서 주목해야 할 점은 개항이전 동업관행이나 산업조직으로서의 계를 운영한 경험은 회사 설립을 용이하게 만드는 중요한 요소였다.

1894년 갑오개혁 이전인 개항기 회사의 전형은 국내외 무역업에 종사하였던 상회사였다. 개항기 상회사는 자유경쟁적, 비특권적인 근대회사의 특질보다는 독점적, 특권적인 성격이 강했다. 그 대표적인 것이 객주상회사였다. 개항 직후 외래자본의 침투에 직면해 초기 자본가들이 취한 태도는 일단 상업이익을 봉건권력과 분할함으로써 봉건권력과 전통적 상관습에 기대 상권을 옹호하려 했다 그러나 외국상인, 특히 일본상인에 맞서 상권을 지키고 자본축적을 진행하는 것은 극히 힘들었고,

---

85) 황명수, 1999, 『한국기업가사연구』 단국대출판부 제2장 한국의 기업발달과 기업가의 경영이념

경제시설의 불비와 문란, 자본 청일전쟁 이후 상인 일반의 일상에 대한 금융적 예속은 한층 심화되었다.86)

　1880년대 서구의 회사라는 제도가 소개되고, 상회나 상회사 등의 명칭을 지닌 조직이 등장하기 시작하였지만, 이러한 회사들은 전통사회의 도고상업체제에 깊이 뿌리내린 것들이 대부분이었다. 전통사회의 상업관행을 토대로 회사가 설립, 운영되었기 때문에, 이 당시 상회사들은 근대적 기업으로서는 상당한 한계를 안고 있을 수 밖에 없었던 것이다. 회사가 장기간 존속하려면 회사가 외부의 권력과 폭력, 그리고 횡령이나 배임과 같은 내부의 부정행위로부터 보호받을 수 있는 제도가 갖추어져야 한다. 이를 위해 공적인 회계와 경영자의 사적인 가계가 명확히 구별되고 회계장부가 체계적으로 작성되어 관계자 간에 신뢰가 보장되어야 한다. 단기간에 이러한 조건을 갖추기 어렵기 때문에 개항기에 설립된 회사들은 대부분 단명하였다. 전·현직의 관료들이 회사 설립에 참여하는 경우가 많았던 것도 개항기 회사의 특징이다. 사업기회를 얻고 외부의 침해로부터 보호받기 위해서 관료의 도움을 받을 필요가 있었으며 회사 관련 지식이 민간에 전파되기까지 시간이 걸렸기 때문이다. 갑오개혁 이전에 설립된 회사 중에 장기간 존속한 회사는 거의 없었지만, 이후에는 분명히 새로운 변화가 일어나고 있었다. 처음에는 국가가 회사를 설립하거나 전현직 관료들이 회사설립에 대거 참여하는 방식이었지만 점차 일반 상공인들의 참여가 증가하면서 상인들이 설립한 회사나 상회들도 근대적인 회사의 성격을 갖추어갔다.87) 앞서 살폈던 金泰熙

---

86) 김재호, 1999,「개항기 원격지무역과 회사 - 대러시아 무역과 경성천일회사」,『경제사학』27호
87) 전우용, 2011,『한국 회사의 탄생』서울대 출판문화원 참조.

가문의 수남상회는 이러한 근대기업으로의 전환에 성공하여 해방이후
까지 존속한 사례이다.

# 4장
# 개항전후 신용거래의 증가와
# 은행의 출현

## 1. 개항전후 신용거래의 증가

1903년 한반도를 여행한 러시아인 바츨라프 세로세프스키가 남긴 『코레야 1903년 가을』에는 매우 흥미로운 여행경비 지불방법을 알려주고 있다.[1]

모든 여행자들이 여행을 시작하면서 처음 묵게되는 주막주인에게 돈다발을 건네주고 영수증[임치어음 : 인용자]을 받은 뒤, 이후부터는 그것을 돈 대신 사용한다. 이후의 주막 주인들은 영수증에 여행객에게서 받아야할 숙박비나 식대 그리고 기타 사소한 물품비를 표시해둔다. 여행자가 마지막에 머무는 주막의 주인은 여행자의 영수증을 받고 남은 돈을 내주게 되어 있다. 이 모든 것이 한반도 전역에 걸쳐 이미 오랫동안 지속되어온 뛰어난 재정조직, 그리고 여인숙 주인연합회의 훌륭한 부기능력을 보여준다. 여행객이 규칙을 어기거나 돈을 악용한 경우는 한 번도 없었

---

1) 민속학자이자 작가인 바츨라프 세로셰프스키는 러일전쟁 발발 직전인 1903년 10월 10일, 러시아 황실지리학회 탐사대의 일원으로 일본을 거쳐 부산항에 발을 내디뎠다. 곧이어 그는 뱃길로 원산에 도착한 뒤 금강산(安邊) → 平康 → 양담(황해도) → 안양 → 양주 → 서울로 이어지는 여행길을 도보로 구석구석 탐색했으며 이를 러시아의 한 잡지에 연재했고, 1905년 그 연재물을 수정 보완하여 묶어낸 책이 바로 이 책이다.

다고 한다. 이 모든 것이 전국주막주인들의 조직이 광범위하고 일원화되어 있기에 가능한 것이다. 나는 이 편의를 이용할 기회가 없었다. 나는 실제로 그런 은행식 주막들이 마을마다 있으리라곤 믿지 않았다. 나중에 가서야 어디나 다 있다는 걸 알게 되었지만, 그런 거래를 하려면 아주 경험많은 통역사가 있거나 한국말을 잘 해야만 했다. 하여튼 통역사를 믿지 않았던 것은 후회스럽다.[2]

바츨라프 세로세프스키는 이러한 신용거래를 19세기 초 개발된 영국 T. Cook의 여행자 수표에 견줘 결코 부족함이 없는 旅行換이라고 평가하고 있다. 1903년 전국적으로 이미 널리 이용되고 있었던 換과 於音은 거래당사자 사이에 일정한 신용을 토대로 유통되는 일종의 신용화폐였다. 이러한 신용에 토대를 둔 거래가 어느 정도 활성화되었는지를 파악하는 것은 18세기 이후 상업발달의 질적 지표를 이해하는데 중요한 기준이다. 브로델이 언급하듯이 근대적 화폐, 은행제도, 장기채와 공채 등 금융과 보험과 같은 신용을 기초로 전개된 상업거래는 물질생활과 시장경제, 자본주의라는 층위에서 제일 상층을 차지하는 자본주의의 핵심요소이기 때문이다.[3]

그동안 어음과 환을 중심으로 한 신용거래의 실태에 대해서는 홍희유 『조선상업사』의 개설적 언급이 거의 유일하다. 여기서는 개성상인이 남긴 『四介松都治簿冊』과 북한 사회과학원에 소장된 『他給長冊』의 분석을 근거로 환과 어음이 18세기후반 광범하게 사용되었으며, 규모는 환이 어음에 비해 거래규모가 컸다는 점이 지적되었다.[4] 이 연구를 제

---

2) 바츨라프 세로세프스키, 김진영외 옮김, 1996, 『코레야 1903년 가을』, 개마고원, 41쪽, 263 ~264쪽.
3) 페르낭 브로델, 주경철 옮김, 1995, 『물질문명과 자본주의 3-1 세계의 시간』上, 까치, 522쪽.
4) 홍희유, 1989, 『조선상업사－고대중세』, 과학백과사전종합출판사, 254~256쪽 참조.

외하고 조선후기에 통용된 환과 어음의 유통실태에 대한 연구는 이루어지지 않았다.[5] 이처럼 연구가 이루어지지 않은 까닭은 이를 밝혀줄 수 있는 자료의 공백 때문이다. 이 장에서는 조선후기에서 한말에 이르는 시기에 거래된 어음과 환의 사용실태와 양상을 해명함으로써, 당시 신용거래의 수준과 성격이 어떠했는지를 해명하고자 한다.

### 1) 於音의 유통[6]

신용경제는 화폐경제가 한층 발달한 상태에서 나타나는 것이다. 신용의 발달은 그 자체가 화폐경제의 발달을 반영하는 것이다. 조선후기 신용거래를 대표하는 것은 於音과 換이었다.

어음은 신용거래의 징표로 발급된 증권으로 魚驗으로 불리웠다. 於音은 종이의 중앙에 '出文 또는 出錢 몇兩'이나 '出給 또는 出次3라고 기입되었다. 출문 또는 출전은 얼마만큼의 금액에 해당한다는 것을 의미하고, 또 출급 또는 출차는 지급하겠다는 것을 의미한다. 대체로 어음의 오

---

5) 환과 어음의 유통실태에 대한 연구가 제대로 이루어진다면, 조선후기 화폐유통량 산정에도 큰 영향을 미칠 것이다. 그동안 화폐유통량에 대한 연구는 상평통보 주조량과 유통속도를 통해 전체 유통화폐량을 추정하였다.(이헌창, 1999, 「1678~1865년간 화폐량과 화폐가치의 추이」, 『경제사학』 27, 경제사학회 참조) 동전주조량을 기본으로 화폐량을 산정했기 때문에 신용화폐로 유통된 어음, 환은 화폐유통량에서 제외되었고, 그 결과 조선사회 화폐유통량은 훨씬 낮게 평가될 수밖에 없다. 18세기 이후 대부분의 고액거래는 어음, 환을 기초로 이루어지고 있으므로, 이를 화폐유통량에 포함시킨다면 실제 화폐유통량은 훨씬 커질 것이다.
6) 어음은 우리말의 어을을 비롯 한문의 取音인 於音, 魚驗, 魚音 등 여러 가지 한자로 표기되어 왔다. 於音의 어원은 어조사어의 於자와 친구간에 서신왕복을 가르키는 音信, 惠音에 쓰이는 음자를 따서 어음이 된 것이고, 魚驗과 魚音은 물고기의 특성을 意化해 표현된 것으로 해석되고 있다. 또 하나의 해석은 새기다, 가르다, 나누다는 뜻을 가진 '어히다' (현재의 '에다'에 해당)에 명사형 접미사 '-엄'이 붙어서 어험 > 어엄 > 어음과 같이 변화한 것으로도 풀이되고 있다.

른쪽 또는 왼쪽의 윗부분에 작성한 날짜를, 그 밑부분에 채무자의 성명
을 기입하고 날인하였는데 성만을 기입하는 것이 보통이다. 일단 어음
이 작성되면 보통 어음의 가운데를 지그재그 모양으로 절단하여 채무자
의 기명이 있는 쪽인 男票(雄片·雄票)를 채권자에게 교부하고 다른 한쪽
인 女票(雌片·雌票)를 채무자가 보관하였다. 남표의 보유자가 채무자에
게 지급을 요구하게 되면 채무자는 그가 보관하고 있는 여표와 맞추어
보고 액면의 금액을 지급하였다. 조선 말기에 이르러서는 대개 어음을
절단하지 않고 그대로 채권자에게 교부하는 것이 일반적인 관행이었다.
이처럼 어음을 절단하지 않고 全紙 그대로 발행하게 된 것은 한말 이후
부터였다. 그 이전에는 대부분 사람들이 도장을 지니고 있지 않았기 때
문에 어음을 절단했지만, 한말 이후 대부분 사람들이 도장을 지니고 있
었기 때문이다.[7] 어음의 서식을 보면 다음과 같다.

> 庚戌二月初十日 某(振出人所持)
> ……錢文壹仟兩限陰三月朔日出給事……
> (受取人所持) 公州郡東部面江景里 李大一 印[8]

어음은 크게 出給어음과 任置어음의 2종류가 있었다. 출급어음은 상
품을 구입할 때 금전 대신 발행하는 것이며, 임치어음은 금전을 예치한
경우에 그 증서로 발행하는 것으로 지급기한을 특정하지 않았다. 출급
어음에는 첫째 출급어음이라는 것을 보여줄 수 있는 문자, 둘째 일정한
금액, 셋째 수취인의 성명, 넷째 발행 연월일, 다섯째 일정한 만기일이

---

7) 『중추원조사자료』, 「隆熙三年 韓國慣習調査報告書-平北 篇」 제2편 商法 제4장
   手形.
8) 『중추원조사자료』, 「공주에서 행한 특별 조사4-於音 및 手形에 관한 관습 조사」.

있는 경우 그 기일을 명시한다. 임치어음에는 첫째 임치어음이라는 것을 보여줄 수 있는 문자, 둘째 일정한 금액, 셋째 수취인의 성명, 넷째 발행 연월일을 명시한다. 후술하듯이 임치어음의 경우는 상인들의 어음할인이나 어음매매에 주로 활용되었다.

어음에는 지급기일이 기입된 것도 있고 또는 그것이 기입되지 않은 것도 있었는데, 전자는 그 날짜가 되면 지급되는 것이고 후자는 요구불로서 언제든지 지급을 청구할 수 있는 것이다. 그런데 어음의 기일은 원칙적으로 1파수(한 장날에서 다음 장날까지의 5일간) 또는 2파수로 되어 있었으며 길어도 2개월을 초과하지 않는 것이 보통이었다.[9] 기한부의 어음을 소지한 사람이 그 기한을 경과하여 청구한다고 해도 그 때문에 채권이 없어지는 것은 아니었다. 만약 어음 발행인이 지불기일에 지불할 수 없을 경우, 보증인을 두어 지불의 연기를 요청하는 것은 가능했다. 만약 지불 연기일에 발행인이 지불할 수 없는 경우 보증인이 어음에 기재된 금액을 지불해야할 의무가 있었다. 보증인과 발행인은 그 책임에 있어서 조금도 차이가 없었던 것이다.

어음에는 발행한 사람의 이름만이 기록되어 있기 때문에, 어음의 引受人을 특정하지 않는 것이 일반적이다. 어음은 타인에게 양도가능 했으나, 지불기일이 길어야 한달이었으므로, 2~3회의 양도에 그치는 것이 일반적이다. 만약 양도된 어음에 대해서 어음 발행자가 이를 인정하지 않으면 거래는 취소되었다. 어음은 배서 없이 양도되었으며 어음의 보유자는 누구라도 채무자에게 지급을 청구할 수 있었다. 다만 어음을 발행한 사람이 지불능력이 없을 경우에는 그 이전 교부자에게 대금을 청구하였다. 즉 어음을 甲은 乙에게, 乙은 丙에게, 丙은 丁에게 어음을

---

9) 홍희유, 앞의 책, 255쪽 참조.

차례차례 넘겼을 경우, 기한에 이르러서 정이 지불을 받지 못했을 때에는 정은 먼저 병에게 지불을 청구하였다. 만약 병이 지불하지 못했을 때라 하더라도 정은 직접 을에 대해 청구할 수 없으므로, 정은 병에게, 병은 을에게, 을은 갑에게 차례로 청구하였던 것이다.

어음의 양도절차는 지역에 따라 약간 차이를 드러내 보인다. 경기도 안성에서는 어음의 양도에는 어떠한 절차도 필요없었다. 어음 교부만으로 어음의 양도는 완성되었다.10) 그러나 대구지역에서는 어음의 매매에는 양도인이 이름을 적는 다짐[踏音]을 하는 관례가 있었다. 그러나 대구에서도 다짐을 하지 않았다고 해서 그 어음이 무효가 되지는 않았다.11) 일반적으로는 어음의 양도, 양수는 오늘날 裏書나 捺印의 절차가 없어도 합법적인 매매가 성립된 것으로 인정한 것이다. 讓受人은 발행인에 대해 어음의 眞僞 및 기일에 지불할 것인지의 여부를 질문한 후 讓受하였다. 그러므로 讓受人은 양도인에게 그 이전 소유인을 물어보지 않으면 어음상에서 어음의 그 이전 소유인을 알 수 없었다. 지역적으로 상당히 떨어져있어 어음을 발행한 사람에 대한 정보가 없을 경우에, 양수인은 어음발행인에 대한 신용정보를 여러 방면으로 탐문한 다음, 신용도를 확인한 후에 어음을 양수하는 것이 일반적이었다. 만약 어음발행인에 대한 정보가 불충분하거나 확실하지 않을 경우에는 대부분 어음양도를 거절하였다. 어음의 발행인은 항상 최종적으로 어음에 기재된 금액의 지불인이 되었다. 만약 발행인이 지불하지 않을 경우에는 양수인은 양도인에게 어음의 기재액을 청구할 수 있었다.12)

---

10) 『중추원조사자료』, 「隆熙二年 조사보고서 - 安城」 제2편 商法 제4장 手形.
11) 『중추원조사자료』, 「大邱郡에 관한 조사보고서」 제2편 商法 제4장 手形.
12) 『중추원조사자료』, 「隆熙三年 韓國慣習調査報告書 - 平北 篇」 제2편 商法 제4장 手形.

어음은 일종의 신용화폐이기 때문에 이를 담보로 금전을 貸借하기도 했다. 아직 지불기일이 도래하지는 않았지만 금전이 필요한 경우에, 이 어음을 전당으로 하여 금전을 차입하는 것이다. 이른바 어음할인이 일반적으로 행해졌다. 다만 어음을 담보로 금전을 대차하는 사람은 어음의 진위를 확인하고, 어음발행인이 지불기일에 지불할 수 있는지의 여부를 확인한 후에 이를 담보로 금전을 대차하였다. 지불기일이 지난 후에 어음을 가지고 와서 대금을 청구할 경우, 그 기간동안의 이자를 지불하는 경우는 없었다.

만약 어음을 분실한 경우에는 소지인은 그 사정을 곧바로 발행인에게 통고하여 지불 정지를 요구한다. 지불기한이 있는 것은 그 기일에, 만약 지불기한이 없는 경우에는 지불을 요구하는 날에, 어음 분실에 대해 '훗날 이 어음이 발견되어도 쓸모없는 것이며, 또한 분실한 어음에 대해 전액을 영수하였다'는 뜻을 기록하여 발행인에게 교부하는 관습이 있으므로 발행인은 어음을 다시 교부하지 않는다. 만약 분실어음을 善意로 수취한 자가 발행인에게 지불을 요구하는 경우에는, 어음분실인이 사전에 발행인에게 분실사실을 통보하지 않았다면, 발행인은 이를 지급하였다. 이 경우 어음분실을 통고하지 않은 어음양수인이 손해를 감수해야 했다.[13]

출급어음이 유통을 위해 발행하는 것이라면, 임치어음은 금전 또는 물품을 예치한 때에만 발행하였다. 그러므로 어음과 마찬가지로 임치어음에 대해서도 양도인에게 상환을 청구할 수 있었다.[14] 출급어음과 달

---

13) 이상 어음에 대한 일반적 서술은 경기도 안성에서 이루어지고 있는 어음거래관행을 조사한 『중추원조사자료』, 「隆熙二年 조사보고서(安城), 제2편 상법, 제4장 手形, 제197 수형에 관한 관습이 있는가」의 자료를 토대로 한 것이다.
14) 『중추원조사자료』, 「隆熙三年 韓國慣習調査報告書 - 平北 篇」 제2편 商法 제4장 手形,

리 임치어음은 매매하는 경우가 없었다.[15] 또한 어음은 보통 중앙을 절단하여 발행인이 한쪽을 보관하지만, 임치표의 경우는 중앙을 분할하지 않고 발행하였다.

### 2) 換의 유통

원거리에 있는 사람들의 금전거래에 편의를 주기 위하여 미리 서로 약속을 하고 그 약속된 범위 안에서 발행하는 신용거래 형태가 바로 換이다. 예컨대 의주 상인이 서울 상인 甲에게 받을 돈 1만냥이 있고, 서울 상인 乙에게 지불할 돈이 1만냥 있다고 했을 경우, 의주상인은 을에게 갑을 지급의무자로 정하는 1만냥의 換을 발행하여 지불함으로서 자신의 부채의무를 수행하는 것이다. 만약 의주상인이 서울의 을에게 1만냥의 동전을 직접 지불하고자 할 경우 동전의 운송비용이 상당할 뿐만 아니라 운송도중에 도적 등에게 강탈당할 위험도 컸다. 조선후기 금속화폐인 상평통보는 한 바리[駄]에 200냥(2만개의 동전)이상 실을 수 없었다. 그러므로 1만냥에 달하는 동전을 운송하는 비용은 엄청났다. 1894년 조선을 여행한 헤쎄 바르텍이 전한 다음과 같은 얘기는 당시 동전운송이 얼마나 버거운 것인지를 잘 알려준다.

조선에서는 지불을 하기 위해서 질이 형편없이 나쁜 구리 동전을 주로 쓴다. 이 동전은 중간에 구멍이 뚫려있는데, 이는 운반할 때 간편하게 줄로 꿰매기 위해서이다. 얼마 전에 조정에서 가운데를 청색으로 칠보를 입힌 은전을 만들어 보급하려고 했으나 실패하고 지금은 더 나쁜 쇠 동전을 계속사용하고 있다. 독일 돈 1마르크를 바꾸려면, 1,500대 1로 바꾼 동전 무게가 가히 1.5kg이나 된다. 국내 여행을 하기 위

---

15) 『중추원조사자료』, 「東萊郡 調査報告書」 제2편 商法 제4장 手形,

해서 우리 돈 50~60마르크를 환불하는 경우, 그 무게나 부피가 얼마나 되는지 싣고 가는 나귀 한 마리의 힘이 겨울 정도라면 상상하기에 별로 어렵지 않겠다.[16]

이처럼 엄청난 동전운송비용을 줄이고 안전한 거래를 위해 고안된 신용거래방식이 換이었다. 換이 언제부터 유통되었는지는 명확하지 않지만, 18세기 이후 松房이라는 지방지점을 갖추고 영업하던 개성상인들 사이에서 시작되었다고 추정되고 있다.[17]

어음과 달리 換은 인수인이 특정되는 것이 일반적이다. 환의 발행주체가 동시의 채무와 채권관계에 놓여져 있지 않아도 환은 발행될 수 있었다. 예컨대 안성의 상인 甲이 경성의 상인 乙에게 받을 돈이 있을 때 갑은 어음을 만들어 이를 반으로 나누어 절반은 발행하고, 나머지 절반은 경성의 을에게 송부하여 이에 대한 절반을 소지한 자에게 支拂해 달라는 뜻을 미리 통고하면, 어음 소지인은 을에게 가서 지불받을 수 있는 것이다. 여기서 보듯이 환과 어음은 기능이 서로 중첩되면서 다양하게 활용되고 있었다.

환을 발행할 경우는 대부분 거래내역을 기록한 편지글[換簡][18]과 함께 환표를 발행하였다. 환어음의 양식은 다음과 같다.

---

16) 김영자 편, 1987, 『100년 전 유럽인이 유럽에 전한 조선왕국 이야기』, 헤쎄 바르텍, 「일하지 않는 사람이 더 많은 나라 - 1894년」, 서문당, 71~72쪽.

17) 홍희유, 앞의 책 참조.

18) 『중추원조사자료』, 「大邱郡에 관한 조사보고서」 제2편 商法 제4장 手形. 이 조사자료에 의하면 환간은 예전에 換錢이라 부르며 쓰던 것이었지만 지금은 없다고 한다. 換簡은 일본의 환어음(爲替手形)과 동일하지만 경우에 따라 유효하거나 무효일 때가 있으므로 일본의 환어음과 완전히 동일하다고 말할 수 없다고 설명하고 있다. 또한 換簡은 편지 모양의 것으로서 표는 아니었다.

換票

隆熙四年 庚戌二月初十日(振出人所持)

……錢文壹千兩到卽出給事……

(受取人所持)公州郡東部面江景里 李大一 印


換簡

云云錢文壹仟兩執換上送到則考票出給無至狼狽事

庚戌二月初十日公州郡面江景里 李大一 印[19]


환은 환표와 함께 換簡을 덧붙임으로써 환의 기능을 수행할 수 있었
다. 만약 환간을 첨부하지 않았을 때는 지불인이 발행인에 대해 가령 채
무를 졌더라도 어음을 지불하지 않았다. 환의 형식에는 환간이 필수요
소였다. 환은 환에 표기된 금액을 단번에 전액지불하는 경우가 일반적
이었지만, 받는 자의 요구에 따라 몇 차례로 나누어 받을 수도 있었
다.[20] 換票에는 裏書, 添書, 附箋 등을 하지 않는 것이 일반적이다.[21] 환
은 발행할 때마다 換居間이 있어 중개했으며, 이에 대한 수수료와 이자
도 지불하였다. 환에 붙는 이자는 依邊이라 하여 1개월에 1분2리5모의
이율이 통상적인 것이며, 다른 경우에는 1개월 이율로 1분5리의 이율을
받는 경우도 있다.[22] 환을 지급의무자에게 제시했을 때, 돈을 지급하지
않으면 발행인의 신용이 크게 떨어져 더 이상 영업을 할 수 없었기 때문
에 파산하지 않는 한 지불하였다. 만약 지급의무자가 돈을 지급하지 않
았을 경우 환을 무효화하는 退換제도도 있었다.

---

19) 『중추원조사자료』, 「공주에서 행한 특별 조사4 - 於音 및 手形에 관한 관습 조사」
20) 홍희유, 앞의 책, 254쪽 참조.
21) 『중추원조사자료』, 「東萊郡 調査報告書」 제2편 商法 제4장 手形.
22) 朝鮮殖産銀行調査部, 「開城の時邊」, 『殖産調査月報』, 1929 7월호.

## 3) 어음, 환유통의 일반화

18세기 후반 개성을 중심으로 시작된 환거래는 19세기 이후 점차 일반화되어갔다. 1895년 『일본공사관기록』에 의하면, 함경북도 경성, 명천, 길주지역에서는 일본은화, 러시아 은화, 조선 동전이 유통되고 있었지만, 조선상인들의 거래는 어음을 통해 대부분 이루어지고 있었다. 이 지역에 진출한 초기에 일본상인들은 이와 같은 환어음거래에 익숙하지 않았기 때문에 많은 어려움을 겪었다. 그러나 조선상인들의 신용거래에 적응한 일본상인들도 점차 어음을 사용하게 되어 4천원에서 5천원정도의 거래는 어음으로 결제한다고 얘기하고 있다. 일본상인들의 어음거래 규모는 일본, 러시아 은화 유통규모의 5% 이상이었다.[23] 일본상인들의 일상적 거래에 어려움을 초래할 정도로 조선 상인들의 거래에서는 신용거래가 일반적이었던 것이다. 이처럼 어음 유통은 19세기 이후 확대되어 갔지만, 개항이후에 훨씬 더 보편적으로 유통된 것으로 보인다. 그 쓰임도 상거래에 국한되지 않고 임금지불, 여행경비지불, 벌금납부, 조세납부 등 매우 다양한 분야에서 유통되고 있었다. 이하에서는 어음과 환

---

23) 『駐韓日本公使館記錄』 7권, 五.機密通常和文電報往復 一·二 第1冊 > (82) [咸鏡道의 物價와 日本銀貨 流通高·信用 및 換率]
鏡城·明川·吉州에서의 우리 1圓 銀貨는 그에 걸맞게 유통되었다. 그 流通高에 대해서는 도저히 조사할 방도가 없었으나 길주의 도매상과 鏡城의 天一商會가 測算한 바로는 길주 부근에서는 4만 圓, 명천·경성 간에는 3만 圓 정도라고 한다. 러시아 은화는 일본 은화 같은 신용이 없었다. 따라서 일반인에게 통용되지 않았으며 겨우 경성 이북에서만 유통되었다. 이것은 블라디보스토크에 행상하는 사람들이 교환해서 휴대한 것으로 대략 2만 圓 내외가 될 것이라 한다. ···(중략)··· 우리 행상이 행상하는 곳에서 가장 불편을 느끼는 것은 換어음을 거래하는 방법이다. 그러나 그 중점적인 본거지를 공고히 해서 商路가 연장됨에 따라 연락을 도모하고 활동해서 신용을 얻기에 이르면 자연히 그 길이 개발될 것이다. 실제 吉州府의 바닷가에 접한 시장에서는 2~3개의 도매상에서 4,000~5,000圓까지는 쉽게 어음 거래를 할 수 있게 되었다.

유통의 구체적인 사례들을 살펴보고자 한다.

### ① 일반상거래에서의 어음과 환의 유통

18세기 후반 상인들에 의해 유통되기 시작한 어음은 19세기이후 일반 상거래에 매우 보편적으로 사용되었다. 1775년(건륭 51년)에 작성된 『他給長冊』에 나타나는 환의 유통규모와 지역을 살펴보면 다음과 같다.

乾隆五十一年丙午 他給長冊 第三冊中 換記事
4월 22일 朴公一 京換 1천5냥, 구문 2냥5전 入
4월 29일 林景培 平換입 5월 본400냥 한 윤7월말일 평급차3삭依邊
5월 초1일 龐聖瑞 換錢 入 600냥
5월 초1일 韓汝述 安岳換 入 200냥
5월 초1일 禹伯猷 入 京換給次 100냥 5전
5월 초3일 金㓜元 江景換 入 600냥 限2삭 依邊
6월 초9일 李仲培 全州換 入 400냥 限1삭 의변 限 6월晦
7월 18일 崔仲元 江景換 入 600냥
9월 14일 陳士益 安岳債 入 130냥
9월 28일 朴景岳 京換 入 400냥 한10월 회일 변 6냥, 京給次[24]

여기서 보듯이 18세기 후반 개성상인들의 환 거래는 서울, 평양, 전주, 강경, 안악 등지를 망라하고 있으며, 환의 규모는 1천냥에서 100냥까지 달하고 있다. 18세기 환거래는 서울, 전주, 강경, 강릉 등 대도시 중

---

24) 『乾隆 51년 丙午 他給長冊』은 북한 사회과학원 역사연구소에 소장되어 있기 때문에 실물을 확인할 수 없다. 그러나『타급장책』의 구체적인 내용은 朝鮮殖産銀行調查部,「開城の時邊」,『殖産調查月報』, 1929. 7월호에 자세히 소개되어 있다. 여기서는 식산조사월보의 자료를 바탕으로 설명하였다.

심이었지만, 19세기 환거래는 해주, 연안, 서흥, 경상도의 함안, 경기의 인천등 소규모 읍으로까지 확대되고 있었다. 환은 주로 대상인들 사이에 유통된 신용환표이지만, 어음은 중소상인과 소생산자 사이에 널리 유통되었다. 그러므로 어음액면의 크기는 환액면의 크기 보다 영세한 것이 일반적이다. 『他給長册』에도 환의 최고액은 5천냥이었지만, 어음은 1750냥에 불과했다.[25]

규장각 소장 『於音册』은 1905년 종로에서 포목전을 경영하는 趙鐘常과 廣泉 德順泰 상점, 상인 全泰成 등이 발행한 어음의 반쪽을 기재한 책이다. 그러므로 상업거래에서 사용된 어음의 실태를 잘 알려준다. 아쉽게도 어음의 반편만을 수록했기 때문에 어음발행액은 모두 다 파악하기 어렵다. 이 중에서 어음액을 확인할 수 있는 것을 통해 어음발행액 규모를 보면 대체로 당오전 1만냥에서 5만냥 내외였다.[26] 또한 1901년에서 1905년 10월까지 『황성신문』, 『대한매일신보』, 『제국신문』 등의 신문자료에는 어음분실관련 광고가 상당수에 달한다. 분실공고를 통해 어음발행규모를 보면 대체로 1만냥에서 5만냥내외였다. 소액인 경우는 720냥 어음도 있었지만, 대부분은 1천냥을 넘는 액수로 발행되는 것이 일반적이었다.[27] 朴戴陽이 갑신정변의 뒷수습을 위하여 1884년(고종 21) 11월부터 이듬해 2월까지 4개월간 일본사행을 기록한 『東槎漫錄』에는 어음을 외국에서 발행하는 兌換紙幣와 동일한 기능을 하는 것으로 이해하고 있다. 다만 태환지폐는 돈이 정부기관에 보관되어 지폐 그 자체로 유통되지만, 어음은 개인에게 돈이 있기 때문에, 돈을 찾은 후에야 비로소

---

25) 홍희유, 앞의 책, 257쪽 참조.
26) 『於音册』(상백 고 951.06).
27) 『황성신문』, 『대한매일신보』, 『제국신문』의 광고란 참조.

유통되는 것이 다르다고 설명하고 있다.[28] 태환지폐와 마찬가지로 어음은 매우 일반적으로 유통되고 있음을 말하고 있는 것이다. 비록 개인에 의해 지불보증이 된 어음이어도 그 신용도는 매우 높은 것으로 평가된다. 후술하는 이덕유의 어음 사례에서 보듯이 서울의 시전상인이나 부호들이 발행한 어음은 국왕이 발행한 것보다도 더 신용도가 높았다.

## ② 임금지불수단으로서 換票

환은 임금지불수단으로도 유통되고 있었다. 19세기 후반 李容植이 지은 『銅店別曲』에는 함경도 甲山銅店에서 換으로 임금을 받는 광산노동자들의 거래형태를 잘 표현하고 있다.

> 불쌍하다 성영주야(지은이-옮긴이) 죽을 생각 절로 난다
> 貿銅所의 바쳐내니 銅價錢을 내여줄제
> 換錢쪽을 내여주며 이백쉰량 先給주니
> 썩은 나무에 좀먹듯이 사분일이 破錢이라
> 米穀장사 南草장사 거리저자 황하장사
> 換錢주면 팽개치니 이돈쓸곳 전혀없네
> 咸換淸換 내여주니 왕한태가 떨어내며
> 銅千斤 삼백량이 이백쉰량 되니
> 이백쉰량 그가운데 破錢縮錢 떨어내니
> 前後事를 마련한즉 적은 백량 절무되네

---

28) 朴戴陽, 『東槎漫錄』1884년. 乙酉 正月 二十七日
午後往觀印刷局 卽造紙幣所也 夫用紙幣之法 與銀金相値 假使金銀錢貯萬圓 則紙幣
亦造萬圓 紙幣之末 必換給金銀錢 無或低昻 如我國錢標去來 俗所謂於音 但我國錢
標則錢在於私 故傳標索錢 以錢行貨 紙幣則錢在於公 故以紙爲錢 通行無礙 然現日
邦 紙幣有贏而金銀見縮 如欲兌換 只餘紙上空文 所鑄金銀錢 盡輸外國商利 民墮其
術 愚迷不知 歷覽化學印字水機電氣劍術等諸法

본전회계 고사하고 생애조차 자랄소냐[29]

이 가사에서 보듯이, 갑산동점의 노동자들은 구리 천근을 캐내어 貿銅
所에 바치면, 300냥을 정당한 임금으로 받아야 하지만, 50냥을 換거간이
받는 수수료로 미리 떼어 250냥어치의 환표를 수령하였다. 이러한 환표
를 가지고 미곡이나 담배, 또는 바늘이나 실 따위의 잡화를 파는 황아장
사에게 물건을 구입하고자 해도 이를 제대로 쳐주지 않아 손해를 보고
있었다. 갑산에서는 갑산동점에서 발행한 換외에도 咸興과 淸津에서 발
행한 환도 유통되고 있었다. 환을 임금으로 지불한 사례는 1901년 금곡
의 산릉조성때에도 찾아진다. 산릉조성시 동원된 車夫들의 임금으로 標
北光鮮泰에서 발행한 당오전 21,317량4전 어음을 지급하고 있다.[30]

### ③ 여행경비 지불수단으로서 임치어음

앞서 언급했듯이 1903년 한반도를 여행한 러시아인 바츨라프 세로세
프스키는 조선에서 여행경비의 대부분은 어음의 방식으로 결제되고 있
음을 얘기하고 있다.[31] 그의 기록에 따르면, 러시아 20루블은 엽전 1만
개 이상으로 무게가 24.5킬로그램에 달하며, 100루블어치면 말 한마리
에는 실어야 할 무게였다고 한다. 여행경비로 쓰일 동전을 위해 말 한 마
리가 따로 동원되어야 하는 것이다. 이러한 엄청난 불편함으로 인해 조
선사람들은 매우 편리한 어음의 방법을 고안하여 처리하고 있다고 얘기
하고 있는 것이다. 이러한 어음은 상점이나 점막 또는 신용있는 사람에

---

29) 銅店別曲은 1885년경 李容植이 지은 것으로 추정되고 있다. 정렬모, 1964, 『가사선
   집』, 조선문학총동맹 출판사, 323~331쪽.
30) 『제국신문』, 1901년 5월 17일 3면.
31) 바츨라프 세로세프스키, 김진영외 옮김, 1996, 『코레야 1903년 가을』, 개마고원,
   41쪽, 263 ~264쪽.

게 미리 금전을 맡겨두고 근대의 은행에서와 같이 필요할 때에 수시로 어음표를 작성하여 발행하면 기금을 맡아가지고 있는 사람이 지불한다는 것으로, 임치어음과 같은 성격의 것이었다. 이러한 임치어음의 뛰어난 활용사례를 경험한 그는 이러한 신용거래가 가능한 이유를 '오랫동안 지속된 뛰어난 재정조직과 숙박업소의 훌륭한 부기능력'이 있었기 때문이라고 평가하였고, 나아가 "조선에서 대출기관이 전무하다고 해서 그와 유사한 기관을 세울 능력자체가 없기 때문이 아니라 한국인들이 그런 것을 필요로 하지 않았던 것"이라고 덧붙이고 있다.[32]

### ④ 조세상납과 재정운영에서의 환과 어음의 유통

동전의 운송경비보다 조세곡의 운송경비가 훨씬 컸기 때문에, 조세곡 납부과정에서 이와 같은 換이 활용되는 것은 당연한 일이었다. 세곡납부에서 京換의 사용은 19세기 초부터 시작되고 있었다. 1806년(순조 6) 각읍의 色吏들은 세곡운송비용을 절약하기 위해 結錢, 大同 등 각종 稅納을 駄運하지 않았다. 대신에 색리들은 돈 한푼 지니지 않고 서울에 올라와서 京換을 추심하여 돈을 구한 다음 곡물을 구입하여 선혜청에 납부하고 있었다. 이처럼 경환으로 납부되는 양은 백여만냥에 달하였다. 結錢과 같이 동전으로 납부해야 하는 세목은 지방의 동전을 서울로 반입해야 했지만, 京換의 형태로 상납되었기 때문에 서울에 동전이 반입되지 않아 서울에 돈이 귀해졌다고 얘기하고 있다.[33]

---

32) 바츨라프 세로세프스키, 김진영 외 옮김, 앞의 책, 41쪽.
33) 『日省錄』 순조 6년 10월 5일
　　外邑各樣上納錢 依舊典駄運 毋得京換 宣惠廳堂上朴宗慶啓言 錢貨之極貴 莫甚於近
　　日 都下民情之遑急 此非一朝一夕之故 外邑上納 皆有駄價載運 自是不易之典 挽近
　　以來 如結錢大同各樣稅納之愆期 爲守令者 豈或犯用而然哉 初不駄運 專以京換爲便

조세상납과정에서 어음의 활용은 조세금납화가 이루어진 1894년 이후 보편화되었다. 예컨대 1895년 순창군의 상납전 중 1만냥을 순창군에 사는 林雲峰이 미리 납부하였는데, 그중에 5천냥은 은화로 바치고, 오천냥은 어음으로 납부하기로 약속한 뒤에 1만냥에 대한 留置票를 발급하고 있다.[34] 1886년 통리교섭통상사무아문에 납부할 염세 1천냥 중에 350냥을 신윤재의 어음으로 납부하고 있으며,[35] 1907년 진주군수 정우묵은 晉州 별향미 代錢 2만4천냥을 당겨 쓴 다음, 어음을 발행했지만 아직까지 납부하지 못해 문제가 되고 있다.[36] 또한 1903년 황주군의 진결 1420결의 결세전 113,600냥 중에 2만냥을 어음으로 발행하고 있으며,[37] 1895년 순창군의 上納錢中 一萬兩을 은화 5천냥과 어음 5천냥으로 상납하고 있다.[38]

어음제도는 현금의 유통을 지연시키는 효과를 나타낸다. 그러나 이러한 지연효과는 정부재정일 경우는 재정부족을 은폐하고, 이를 지연함으로써, 재정난을 심화시키고, 그 사이 중간 관리들의 재정횡령을 가속화시키는 원인이 되기도 했다. 예컨대 1900년의 경우 1년의 세입은 그 전에 비해 줄지 않았지만, 재정이 더욱 곤란해진 이유를 어음발행의 성행으로 꼽고 있다. 즉 각군에서 미지불한 조세액을 어음이나 환표 등만을 받아서 이를 은폐하고, 미봉하였으며, 이러한 미봉된 세금은 이듬해 세

---

故各邑色吏 不持一錢而來 及其上納也 取諸都下 東西彌縫 本廳所納 百餘萬兩 幾皆如此 則他可推知 錢貨安得不匱竭 上納安得不遲滯乎 此後則 申明舊典 使之駄運上納 無敢換給 若有復蹈前習 現發於上納之時 則依事目草記論罪之意 預先知委從之

34) 『公文編案』 10권, 各邑去關 湖南, 순창군의 미상납액 처리 등에 관한 내용.

35) 『京畿關草』 奎18067 제1책 統理交涉通商事務衙門(1886년 12월 12일).

36) 『고종시대사』 光武 7年 10月 17日

37) 『黃海道各郡訴狀』 奎19158 책수 4册 光武 7年 건명 陳荒處에 起耕地처럼 課稅한 弊端을 시정.

38) 『公文編案』 10 乙未七月四日(1895-07-04L0) 발송자 淳昌郡守 朴用元

수로 이를 채워놓는데, 그 과정에서 어음이 발행되는 것이다.[39)]

## ⑤ 어음의 국제적 유통

어음의 유통은 단지 국내만 국한된 것은 아니다. 신용도가 높은 상인의 어음은 중국에서까지 유통되고 있었다. 이와 관련하여 『梅泉野錄』에는 이덕유의 어음이 조선 국왕의 御璽보다 훨씬 더 신용도가 높아 통용되고 있음을 다음과 같이 말하고 있다.

> 李德裕는 서울 사람으로 나라의 갑부였다. 그가 가지고 있는 재산은 閔泳駿보다 더 많았다. 그는 젊었을 때 통역관으로 북경을 가던 도중 요동을 경유하다가 한 죄수를 만났다. 그 죄수는 1천냥만 있으면 죽음을 면할 수 있다고 했다. 이런 사정을 안 이덕유는 돈 자루를 다 털어서 그 죄수에게 주었다. 그 후 수십 년이 지나서 이덕유는 또 북경을 가다가 어떤 사람을 만났다. 그는 장막을 훌륭히 치고 있으면서 조선의 이아무개란 사람을 기다린다고 하였다. 이렇게 만난 그는, "내가 옛날의 사형수입니다. 공의 돈을 갚기 위해 기다리고 있었으나 공이 오지 않아 그 돈으로 이자놀이를 하여 밭을 사다 보니, 지금은 큰 별장이 되어 그 조세의 수입이 보리와 기장으로 1만석이나 됩니다. 공께서 이것을 보십시오"라고 하더니 품속에서 장부 하나를 꺼내어 주면서 "이 속에 그 수가 다 기록되어 있습니다"라고 하였다. 우리 나라는 땅이 좁고 척박하여 그 면적에서 사는 백성들 중 부자라고 하는 사람은 극히 소

39) 『황성신문』 1900년 9월 15일(光武四年 九月 十五日 土曜日) 別報 前平理院長洪鍾宇疏草 (續)
一日度支 一國之財政 非度支則不可一日經用者也 今國有度支乎 一年之稅入 無減於前日 而財用艱紬 莫此爲甚 是曷故焉 現今各郡未收之虛張捧票 擧皆塗沫也 且以寬限息肩 私相賣情於親密之間 而善着彌縫之手段 挪移明年之來稅 以之爲於音考尺 終未見實數入部 日愈納守令之就囚 未幾遽爾保放 使之觀望廷拖 果據何法歟 甚至富商大賈 締結部官道察 外劃巨貫 窺覘利竇 江上之積穀 經年待日 都下之貨幣 朝刻變幻 且各貢房之未授 初以排年流償 非不良籌而累鉅萬貫 一朝傾盡 預籌支出全沒措手之方 月給稱貸 了無淸帳之日 銀行之儲蓄已罄 鍾路之派授永絶

수에 불과하였다. 그나마 외국에다가 별장을 마련한 사람은 이덕유로부터 시작되었다. 그의 집에는 馬蹄銀이 두 창고에 가득 차 있어 그 소문이 이웃 나라까지 퍼졌다. 고종은 언제나 중국 지방에 돈을 쓸 일이 있으면 이덕유의 어음을 보냈다. 그것은 청나라 상인들이 고종의 어새보다 이덕유의 어음을 더 믿었기 때문이었다.40)

이덕유는 19세기 후반 역관출신의 대상인으로서 대청무역에 종사하는 상인이었다. 서울의 부호 이덕유는 당시 중국에서 널리 유통되는 馬蹄銀이 두 창고에 가득 차 있는 부자였기 때문에, 고종도 중국에서 돈을 쓸 일이 있으면 이덕유의 어음을 보내고 있는 것이다. 이는 조선에서 발행한 어음이 중국에까지 유통되고 있음을 보여주는 사례인 것이다.

### ⑥ 일상 금전거래시의 어음사용

어음은 상거래 뿐만 아니라 일상에서의 금전거래 거의 모든 영역에서 활용되고 있다. 관직을 사고팔 때 관직을 사는 사람들은 어음을 발행하였다.『梅泉野錄』에는 고종이 조정에서 인사발령을 할 때, 관직을 사는 사람이 어음을 가져오면, 고종은 "이 어음이 裵東益에게서 나왔습니까?"라고 묻고 있었다. 서울의 시전상인이었던 배동익의 신용도는 고종도 인정하고 있었던 것이다.41) 1901년에는 평산에 사는 趙씨가 博士직

---

40)『梅泉野錄』제1권 下(1894년 이전) ② 李德裕의 魚音

李德裕者, 京師中人也, 富冠一國, 比閱泳駿而過之, 少時以譯舌赴燕, 過遼東, 見一囚, 待千金贖死, 德裕解橐予之, 後數十年, 又赴燕路, 遇一人, 盛供帳, 待朝鮮李某至, 曰 吾昔者死囚也, 欲償公金, 而公不來, 遂殖金, 買田成大庄, 今佃租所入麥黍可萬石, 公 可閱此, 探懷中簿而進曰, 此其數也, 我國壤褊而瘠, 民居其間, 號擁富者, 特小小耳, 其有庄在他國, 自德裕始, 其家馬蹄銀盈數庫, 名聞隣國, 上每向中國地方, 有用財之 事, 輒徵德裕魚音而遣之,

41)『梅泉野錄』제1권 下(1894년 이전) ② 裵東益의 於音

京師商廛, 有裵東益者, 錢路甚確, 每當政批, 買官者爭以魚音進, 上必問此出裵東益 乎, 盖京鄕雄富有名稱者, 上皆知之

을 얻기 위해 당오전 2만1천냥 어음을 발행하고 있다.[42] 또한 죄수들의
속전납부도 어음을 활용하였다. 1896년 개성부의 징역죄수인 平山의
張在植은 속전으로 당오전 3,640냥을 부과받았는데, 이 중에 3천냥은
어음으로 납부하고 있었다.[43] 심지어 백범 김구는 치하포에서 일본인
중위 土田讓亮을 살해하고 土田이 소유한 돈을 강탈한 뒤에, 그 중 800
냥은 치하포의 포구주인 李化甫에게 맡겨두고 어음을 발급받아 도망치
고 있다.[44] 강탈한 금전도 맡겨 어음을 발급받을 정도로 어음의 유통은
매우 일반화되었던 것이다. 어음은 전답이나 가택의 매매시 매매대가로
지불하는데 이용되었다. 1875년 樂山에 사는 吳召史는 묘지값으로 88
냥을 어음으로 받았으며,[45] 1901년에는 논의 매매가로 5천냥의 어음이
지급되었다.[46] 어음은 채무의 담보조로 발행되기도 했다.[47]

---

42) 『황성신문』 1901년 6월 12일자 2면.
43) 『司法照牒』 4권, 징역죄수의 상납 벌금 발송 통지 建陽元年八月五日
開城府懲丁平山張在植의 就役日字을 除ㅎ고 贖錢當五千六百四十兩內의 三千兩
於音一片과 當五錢六百四十兩을 送交ㅎ오니 査收ㅎ신 後 繕票擲交ㅎ심을 爲ㅎ야
玆에 通牒홈.
44) 『內部來去文』 8권, 蛭子音三郎의 피해와 관련된 범인 체포의 어려움과 일본인이
실었던 물품 현황 보고, 建陽元年五月一日
三月初에 日人一人이 乘黃州趙應斗之船ㅎ고 來泊于本所鴟河浦 而海州居金昌洙等
四人이 自龍岡渡來ㅎ야 自謂義兵所左統令ㅎ고 一見日人에 拔劍卽殺ㅎ야 投屍江
中後에 以日人錢七十五兩으로 買驢子ㅎ고 餘數八百兩은 任置於該浦主人李化甫處
ㅎ고 受於音 直向海州云故로 別遣耳目ㅎ야 今方査探이라 ㅎ옵기로(이하 생략)
45) 『규장각 고문서』 吳召史所志(山訟) 私人文書(所志類(山訟)) 권수 17책 樂山居吳召史
右謹陳矣段 矣曾祖母山 在於南昌面九峴洞是白加尼 仙亭居郭昌殷爲名人 潛自偸葬
而去四月分 矣子呈訴圖形 渠自理屈落科 自外私和之意 百般懇乞 故不忍冷却 定山
價八十八兩後 受於音紙 以來 因病身死而尚未永窆是在良中 且女矣身 以其病身 托
身無處 來接於婿息家 而勢且赤立勘葬未由 故前呈公文與於音紙 粘連仰訴 特軫如右
情勢 即爲發牌 推給以助 永窆之財爲只爲 行下向教是事使道主 處分 乙亥十一月 日
46) 『황성신문』 1901년 6월 14일자 2면.
47) 『황성신문』 1899년 9월 18일자 3면.

이처럼 어음은 일상의 모든 금전거래에 보편화되었기 때문에, 어음을 둘러싼 각종 분쟁과 사기사건이 빈발하였던 것이다. 어음에는 발행인의 성과 거주지역만이 명기되어 있는 것이 보통이기 때문에, 때로는 엉뚱한 사람이 발행인으로 몰려 지불을 강제당하는 경우도 있었다. 예컨대 1900년 서울의 경무청에서는 水下洞 安이 발행한 5만냥짜리 어음이 지불되지 않자, 수하동에 거주하는 安秉祐을 체포하여 5만냥 지불을 강제하였다. 안병우는 처음부터 자신이 발행한 어음이 아니라고 극구 주장했지만, 경무청에서 이를 수용하지 않자 어쩔 수 없이 5만냥을 지불하였다. 그 이후 경무청에서 이 5만냥짜리 어음이 안병우가 아니라 몇 년 전에 인천항에서 영업하던 安東旭이 발행한 것임을 밝혀냈다. 그러나 안병욱은 이미 죽었고, 그 아들에게 5만냥을 징수하려 했지만, 아들이 내지 않아 문제가 발생한 것이다.[48] 또한 지불할 능력이나 의사도 없으면서 어음을 남발하는 어음사기사건도 많았다. 1898년 9월 24일부터 1주일 내에 경성재판소의 민사판결 6건중 4건이 어음과 관련된 송사였으며,[49] 1906년(광무 10) 의주시 재판소의 9월 한달동안의 『旣決未決時囚

본인이 유소용처(有所用處)하야 진동 황참판 기연씨의게 *償한즉 8월 晦日 出次 어음을 쥬면 得給云 고로 엽 2천4백량 어음을 출급하엿더니 錢則終不得給고 어음을 亦爲他인출급하야 欲爲橫懲할야는 고로 자이광고하오니 무론 내외국인하고 勿爲相關하야 無至見斯白失하시옵. 결성 후동 거 박주사 성태 고백

48) 『일신』庚予(光武四年·一九〇〇) 三月 二十六日
向日自警務廳 水下洞居安秉祐捉去 責償於音一片 其於音五萬兩 其於音之上水下洞安也 安氏不爲自己之於音 雖爲發明 自該廳不爲理會 一向督納 故無奈何 如數辦納矣 其後自警廳別岐査探 則年前水下洞居者安東旭之仁港營業 上納各五萬兩於音 該安氏已爲身故 故今已捉囚其子 而秉祐之誤徵錢 尙今不爲索還也云 德源監理 尹致昊 據京部電報 則按廉使到府 罪之有無 不爲聲明 無端封庫 不知其理由 印章傳授於何處乎 卽爲示明也云

49) 『司法稟報』45책.

成册』에 따르면 기결수 7명중에 어음사기죄로 구속된 자가 2명에 달하였다.[50]

## 2. 六矣廛 力人廳의 於音交換所와 換錢客主의 출현

어음 유통이 일반화되면, 어음을 담보로 돈을 미리 대출하거나, 어음을 할인하는 업무가 필요해진다. 이와 같은 어음교환소의 역할을 담당한 곳은 서울 종로의 육의전 力人廳이었다. 육의전의 각 전은 적어도 50~60房 이상의 都員들이 장사를 하고 있어 그 많은 여러 방에서 각기 거래, 수수되는 어음은 실로 엄청나게 많았다. 따라서 그것을 교환, 결제하는 어음교환소를 두었고 그것을 力人廳이라 불렀다. 역인청은 모든 육의전에 있었으며, 입전이면 입전 역인청, 백목전이면 백목전 역인청이라고 했다. 역인들은 어음교환만을 위해 존재한 것이 아니라 각 시전에 종속된 피사용인이었다. 육의전에 소속된 역인들은 원래 京江상인들과의 거래를 전담하던 자들이었지만 육의전에서 어음거래가 증가하면서 어음결제를 전담하게 되면서 사람들은 역인청을 어음교환소로 인식하였던 것이다.

역인청에는 가장 신임받는 頭目이 上座가 되어 신용있는 수십여인의 力人을 통솔하였다. 가령 백목전의 역인청에서는 백목전 各房 도중 수천명이 서로 받을 어음과 내줄 어음을 모두 모아 받아올 어음은 받아오고, 내줄 어음은 돈을 지불하여 수천건에 달하는 어음결제를 행하였다. 결국 백목전에서 내줄 돈이 많으면 돈을 역인청에서 내주고, 받을 돈이 많으면 역인청에서는 받았던 것이다. 어음결제업무를 담당했기 때문에

---

50)『司法稟報』125책, 100쪽.

역인청에는 백냥씩 묶은 엽전뭉치를 방바닥에서부터 천정까지 쌓아놓았는데, 이러한 엽전뭉치는 '한담불'이라고 불렀다. 역인청에는 수십만 냥에 달하는 엽전을 수십담불씩 쌓아놓고 어음결제의 기금으로 삼고 있었다.[51]

또한 어음의 매매도 행해졌다. 어음의 매매는 어음의 양도와는 다른 것이었다. 돈많은 부자나 대금업자가 10만냥을 자금으로 하여 1만냥 어음 10장을 발행하여 廛居間에게 어음을 내주고 이를 팔아오도록 하면, 거간은 종로 시전에 가서 어음을 판매하였다. 자금이 필요한 상인은 1만 냥의 현금을 주고 사는 것이 아니라 지불기한이 5일(한 把守)이라면 5일 동안의 이자만을 지불하고 어음을 구매하였다. 고종 초기, 중기에 한 파 수에 62냥 5전만을 지불하고 1만냥의 어음을 얻을 수 있었다. 이와 같은 이자율은 당시에 가장 헐한 이자율로서 신용이 제일 좋은 자들에게만 적용되던 이자율이었다. 廛居間은 62냥 5전을 받아 대금업자에게 주면, 대금업자는 거간에서 10%인 6냥2전5분을 구전으로 지불하였다. 만약 한 파수이후에도 여전히 어음을 사용하려고 한다면, 다시 한 파수의 이 자를 지불하면 되었다. 어음을 구매한 시전상인이 이를 현금화하고자 한다면, 거간을 통하여 1만냥의 어음을 발행한 대금업자에게 가서 자신의 이름으로 1만냥의 어음을 발행하여 대금업자에게 주고 대신 현금을 받았다. 어음형태로 사용하거나 현금화하는 것은 어음을 구매한 상인이 결정하였다. 어음매매는 거간이 중개하는 것이 관례였다. 종로에만 어음매매를 중개하는 거간이 수십명에 달했고, 도성안과 도성밖을 모두 합한다면, 어음교환에 종사하는 거간은 수백명에 달하였다고 얘기되고 있다.[52]

---

51) 유자후, 1940, 「朝鮮於音考」, 『朝光』 1940년 4월호, 253쪽.

1900년대 어음거간을 통해 큰 부자가 된 사람이 평양출신의 李元貞이었다. 그의 전성시대는 1904년과 1905년경이었는데, 하루에 중개하는 어음액수가 20만냥에 달했고, 구문으로 얻는 수익은 125냥에 달하였다고 한다. 이원정은 40~50만냥에 달하는 부를 축적한 부자로 성장했다. 이원정 외에 金德潤도 어음 거간으로 큰 부를 축적했던 자였다.[53]

한편 어음의 융통은 주로 돈을 가진 자가 어음을 발행하고 돈이 필요한 사람이 일정기간 이자를 지불하면서 사용하는 것이었지만, 신용이 높은 상인들에게 미리 돈을 맡겨두고 대신 어음을 발급받아 사용하는 경우도 많았다. 예컨대 1901년에는 경상도 고성의 許모는 군수직을 얻기 위해 당오전 25만냥을 종로 시전에 맡기고 어음을 얻고 있으며,[54] 전필오는 梨峴의 상인 김영두에게 돈을 맡겨두고 당오전 1만냥짜리 어음과 1천냥짜리 어음을 얻었고,[55] 1904년 남원에 사는 오명언은 당오전 8,250냥을 서소문밖의 배선익이라는 상인에게 유치하여 어음을 발급받았으며,[56] 1904년 아산에 거주하는 김정묵은 梨峴 米塵상인에게 당오전 2만냥을 맡기고 어음을 받고 있다.[57] 이처럼 현금을 맡긴 다음에 어

52) 유자후, 위의 글, 254쪽.
53) 유자후, 위의 글, 255쪽.
54) 『일신』辛丑 (光武五年·一九〇一) 第十三册 九月 十三日
　　再昨日自鍾路, 何許二人, 相詰而來, 人去客圍立觀聽, 故探聞其理由, 則固城居許姓者, 圖得郡守次上京, 當錢二十五萬兩, 留實于鍾路一塵房, 討得於音, 此於音持來人許出給云, 居間同郡居蔡·徐二人, 指窠圖囑固城郡守矣, 該徐姓者, 持往該於音, 該錢推尋行賂, 渠之以姓名, 敍任固城郡守, 許姓者, 四處探索徐郡守, 自鍾路逢着, 同事者蔡哥, 欲爲押付交番所巡檢, 巡檢不受曰, 吾等之職責, 保護人民, 但分揀是非而已, 郡守圖囑錢推還權限, 漢城裁判所及平理院自在, 吾不相關云故, 許姓挽携蔡哥以去也。
55) 『황성신문』 1903년 10월 29일자 3면.
56) 『황성신문』 1904년 5월 14일자 3면.
57) 『황성신문』 1904년 7월 16일자 3면.

음을 발급받아 유통시키는 것은 매우 보편적 현상이었다. 은행과 같은 금융기관이 없었기 때문에 자본이 큰 상인들이 그러한 역할을 대신한 것이다.

육의전 역인청은 실제 은행과 거의 동일한 구실을 하고 있었다. 알렌은 이러한 사정을 『朝鮮見聞記』에서 다음과 같이 전하고 있다.

> 서울의 중심부에는 상인들의 조합이 있다. 이곳에서는 각자의 전문분야에 따라서 전국의 거래를 통제할 뿐 아니라 일종의 은행구실도 하고 있다. 앞으로의 돈 지불 또는 원거리 지불에 대한 지불서, 어음, 지불명령서를 양피지와 같은 종이에 한 줄로 써서 붉은 도장을 찍는데, 도장찍힌 곳과 문자의 줄 중간을 세로로 절단하여 이 두 종이조각을 맞추면 하나의 문서가 되도록 해야 한다. 이렇게 하는 것은 위조를 못하도록 함에 있다. 이들 조합의 본부는 매우 넓으며 외국인들이 입국하기 이전부터 궁궐 밖에 있는 유일한 2층건물을 사용하고 있었다.58)

이와 같은 어음교환은 서울 뿐만 아니라 지방의 상업도시에서도 자주 행해지는 일이었다. 『중추원조사자료』「東萊郡 調査報告書」에 의하면, "갑이 을에게 지불한 手形과, 을이 갑에게 지불한 手形을 객주 내에서 정산을 하고 교환하는 일도 있다"고 당시의 사정을 전하고 있다.59)

한편 어음교환 뿐만 아니라 개항이후 당오전이 발행되면서, 당오전과 당백전, 상평통보간의 액면가와 실제 유통가의 차이가 발생하면서 이들 사이의 시장가치를 반영하여 이를 교환하는 換錢客主도 발생하였다.60)

---

58) H.N. 알렌, 신복룡 옮김, 1986, 『조선견문기』, 평민사, 85쪽.
59) 『중추원조사자료』, 「東萊郡 調査報告書」 제2편 商法 제4장 手形.
60) 『중추원조사자료』, 「大邱郡에 관한 조사보고서」 제2편 商法 제4장 手形.
    問 옛날에는 兩替가 없었는가? 答 京城에는 當五와 當百이 있어서, 이를 교환한 적이 있다.

환전객주는 금융업을 전문으로 하는 객주로서 대금업자 내지 금융기관에 해당하는 것이다. 당오전, 당백전간의 교환만이 아니라, 달러나 마르크, 일본 엔화등을 조선의 화폐로 교환해주는 환전상도 활약하고 있었다. 1883년 조선을 여행한 마예트는

> 우리가 서울에 도착한 3주일 전의 환불시세는 조선돈 480文이 銀錢 1달러에 해당했는데, 우리가 귀국할 즈음에는 700-730문이었다. 돈을 바꿔야 할 때 업자에게 연락을 하면 업자가 와서 한참 서로 실랑이를 한 뒤에야 교환가격이 정해지고, 그 후 짐꾼 서너명이 꼭 우리 소시지같이 보이는 동전꾸러미를 메고 오는데 이 동전꾸러미가 100-150달러에 해당하는 액수이다. 지금 사용하고 있는 동전은 옛날 이 나라에 있던 동전에 비해 훨씬 질이 나쁘다고 하였다.[61]

라고 하여, 당시에 달러와 상평통보의 교환시세가 형성되고 있을 뿐만 아니라 전문적으로 환전을 하는 객주들이 영업하고 있음을 전하고 있다. 또한 1894년 조선을 여행한 헤세 바르텍은 독일 돈 1마르크를 상평통보 1,500문으로 교환하였고,[62] 이사벨라 버드 비숍은 1달러당 500문으로 교환하였다.[63] 이사벨라 버드 비숍은 같은 책 다른 곳에서는 조선 상평통보와 달러의 명목상 교환비율을 1달러당 3,200푼으로 계산하기도 했다.[64] 비숍은 여행중에 들른 제천의 河港인 마교장터에서 行商人들에게 일본돈 35엔을 상평통보 3천냥을 환전하였고 있는데,[65] 이 사실은 환전업무가 서울만이 아니라, 전국 대부분의 곳에서 행해지고 있

---

61) 김영자 편, 1987, 위의 책, 마예트, 「금속활자의 열매는 어디에 ─ 1883년」, 192쪽.
62) 위의 책, 헤세 바르텍, 「일하지 않는 사람이 더 많은 나라 ─ 1894년」, 71~72쪽.
63) 이사벨라 버드 비숍, 이인화 옮김, 1994, 『백년전 한국의 모든 것, 한국과 이웃나라들』, 살림, 26~27쪽.
64) 위의 책, 88쪽.
65) 위의 책, 101쪽.

음을 보여주는 것이다.

근대적 화폐, 은행제도, 장기채와 공채 등 금융과 보험과 같은 신용을 기초로 전개된 상업거래는 물질생활과 시장경제, 자본주의라는 층위에서 제일 상층을 차지하는 자본주의의 핵심요소이다. 이러한 신용에 토대를 둔 거래가 어느 정도 활성화되었는지를 파악하는 것은 18세기 이후 상업발달의 질적 지표를 이해하는데 중요한 기준이다. 본 연구에서는 18세기 이후 개성상인을 중심으로 발행, 유통되었던 어음과 환의 구체적 유통실태를 고찰하였다. 대상인을 중심으로 유통되었던 어음과 환은 19세기이후 일반 상거래에 매우 보편적으로 사용되었다. 18세기 환거래는 서울, 전주, 강경, 강릉 등 대도시 중심이었지만, 19세기 환거래는 해주, 연안, 서흥, 경상도의 함안, 경기의 인천 등 소규모 읍으로까지 확대되고 있었다. 환규모는 대체로 200냥에서 1,500냥 사이였다. 환은 주로 대상인들 사이에 유통된 신용환표이지만, 어음은 중소상인과 소생산자 사이에 널리 유통되었다. 그러므로 어음액면의 크기는 환액면의 크기보다 영세한 것이 보통이다. 1901년에서 1905년 사이에 발행된 어음은 대체로 1만냥에서 5만냥이 일반적이었다.

어음, 환은 일반 상거래 뿐만 아니라, 임금지불, 여행시 경비지출, 국제교역의 결제수단, 매관매직시의 지불수단, 조세상납 및 국가재정운용에서도 활용되고 있었으며, 심지어 죄수들의 속전납부나 강탈한 재물의 보관수단으로도 활용되고 있었다. 이처럼 신용화폐의 유통은 매우 일반화되고 있었던 것이다.

어음과 환이라는 신용화폐 유통의 일반화는 당연히 어음의 할인이나, 이를 담보로 한 금전대출업무를 담당하는 어음교환소의 출현을 필연화한다. 이와 같은 기능을 담당한 곳은 조선 최고의 상인들이었던 육의전

역인청이었다. 육의전 역인청에서는 어음의 교환, 할인, 담보대출 등, 비록 은행이라는 간판을 달지 않았지만, 은행의 업무를 실질적으로 수행하고 있었다. 이와 같은 어음의 할인, 교환에 종사하는 거간층도 당시 서울에는 수백명을 헤아릴 정도였다. 또한 개항이후 외국 돈을 교환해주는 환전객주도 출현하였다. 개항이후 달러나 마르크, 엔화에 대한 교환시세도 형성되고 있었으며, 이 교환시세는 수시로 변동하였다. 외국 화폐의 교환은 서울뿐만 아니라 남한강 상류인 제천지역에서도 이루어지고 있었기 때문에, 거의 전국적으로 행해지고 있었던 것이다.

19세기말 20세기 초 육의전 역인청에서 어음교환소를 운영하고, 현금을 맡은 대신 어음을 발행하여 유통시켰고, 이러한 어음교환과 매매에 종사하는 사람이 수백 명에 달했으며, 전국 각지에서 당오전과 상평통보의 환전은 물론 외국 화폐와의 교환도 큰 불편없이 이루어지고 있다는 사실은 신용거래가 얼마나 보편화되었는지를 단적으로 보여주는 사례이다. 앞서 바츨라프의 언급처럼 19세기 말 조선에는 근대적인 금융기관인 은행은 없었지만, 이를 충분히 대체할 수 있는 메카니즘은 작동하고 있었던 것이다.

### 3. 근대적 민간신용제도로서의 개성상인의 市邊制

조선후기 개성상인들은 독자적인 상업사용인제도, 사개치부법에 근거한 복식부기제도와 더불어 독특한 금융시스템인 시변제를 가지고 있었다.[66] 개성상인들이 운용한 시변제도는 개항이후 은행이 설립된 이후에도 계속 존속된 개성상인 고유의 민간 금융제도였다. 17세기 전후한

---

66) 고동환, 2011, 「개성상인」, 『한국민족문화대백과사전』 한국학중앙연구원 참조.

시기부터 시작되었다고 추정되는 시변제도는 자금의 대여자와 차용자가 중개인을 매개로 물적 담보없이 신용을 바탕으로 대차관계를 맺는 제도였다.

시변은 개성상인들이 오랜 상업 활동 속에서 발전시킨 민간 금융이기 때문에 근대적인 금융기구와는 매우 다른 내용을 갖고 있다. 거래방법은 매우 간단하였다. 매일 다수의 중개인[換都中]이 시변 이용자 집을 아침부터 저녁까지 돌아다니며 자금 수급 유무를 청취한다. 그 과정에서 중개인은 대출 의사가 있는 사람에게 某某가 차입을 희망한다는 뜻을 전한다. 이에 대출자가 그 사람이면 대출해도 지장이 없겠다고 말하면서, 그 즉시 중개인에게 현금을 건네준다. 중개인은 차입 희망자에게 그 현금을 전달하고 그들로부터 어음을 받아서 대출자에게 보냄으로써 거래는 마무리 되었다.

이러한 시변 거래방법은 일반 대차 관계와 비교하여 몇 가지 특징을 갖고 있다. 우선 일반대차관계에서는 차입자가 어음을 발행하여 이를 대출자에게 넘긴 후 대출금을 받지만, 시변에서는 대출자가 어떠한 증빙서류를 작성함이 없이 바로 중개인에게 현금을 건넨다. 대출자와 중개인 사이에는 철저한 신용을 매개로 거래가 이루어지는 것이다. 이처럼 증빙이 없이 현금을 넘겼다고 해도, 중개인이 중간에 횡령하는 일은 전혀 발생하지 않았다. 개성의 시변에서 대차관계는 중개인이 주선하고 어떤 경우에도 대차 당사자가 직접 거래하는 일은 없었다.

중개인은 무담보 대인 신용으로 위험성이 높은 시변에서 차입자와 대출자의 신용 변동에 면밀한 주의를 기울여서 대출자에게 관련 정보를 제공하여 대출 결정에 도움을 줬을 뿐만 아니라, 시변의 이율을 정하는 권한도 가졌던 것이다. 중개인인 거간이 이른바 브로커 구실을 하면서 여유자금을 융통하려는 자산가와 급전이 필요한 상인들을 연결시켜줌으로써 구문을 수취하였다. 시변운용에서 대금을 대여하는 자는 누구나될 수 있었지만, 자본금이 적을 경우 시변을 중개하는 거간의 입장에서는 소액을 차입하려는 자들의 신용상태를 확인하기가 어렵고, 중개구문이 적기 때문에 이들을 자주 찾지 않게 된다. 그러므로 자금을 운영하는자들은 대부분 상당한 자산이 있고 신용이 높은 자로 한정되었다. 만약소규모 자금을 가지고 시변대출에 참여하려면, 여러 사람의 자본을 하나로 모아 대자본을 형성하여 시변 내에서 융통시키는 것도 자주 행해졌다.[67]

시변제의 이율은 월 0.75%~1.50%로 다양했는데, 개성상업계의 자금순환과 인삼등의 주요 물산의 생산과 집하, 시변자금의 결제일등의사정에 따라 결정되었다. 시변제의 이율은 3월에서 7월까지의 5개월을상반기, 8월에서 이듬해 2월까지의 7개월을 하반기로 구분하고, 상반기5개월의 이율은 매월 1분2리5모, 하반기 7개월 중에 11월은 1푼7리5모, 1월은 1푼2리5모, 기타 5개월은 1푼5리로 정해지는 경우가 대부분이었다. 이처럼 이율이 달에 따라 차이를 보이는 것은 3-7월은 거래가 한산하여 자금수요가 적었기 때문이며, 8월 이후에는 인삼이 집중 거래되는시기이기 때문에 자금수요가 많아져 이율이 높았다.

시변제의 운영에 있어서 가장 중요한 역할을 한 사람은 환중개인이었다. 換都中이라고 불렸던 이들은 그들의 단체인 換契를 결성하고, 상업활동에 필요한 자금의 수요자와 공급자를 매개하였다. 1930년대 환계의 계원은 대략 80여명이었으며, 1929년경 연간 융통고는 최소 300만원에서 최대 800만원으로 추산되고 있다. 환중개인들의 환계에 가입하

---

67) 양정필, 2012, 「근대 개성상인의 상업적 전통과 자본축적」 연세대 박사논문

기 위해서는 입회금 200원을 납부하고, 신원보증인을 세워야 했다. 보증인은 반드시 시변거래인이어야 했다. 조합원에 가입하기 위해서는 조합원 전원의 동의가 필요하였다. 조합비는 매월 30錢 이었으며, 조합원 간에는 扶助의 관행이 있었다.[68]

최근 개성상인의 후손가에 남겨진 장부를 토대로 時邊制를 실증적으로 연구한 논문에 따르면, 시변제는 이자율이 수시로 변동하는 오늘날 은행과 은행 간의 단기 콜 제도와 유사한 제도로 평가한다. 즉 시변은 30일 미만의 단기 신용에서 나타나며 동 시대 다른 지방의 이자율보다 낮은 수준의 이자율로 자금을 융통시키는 신용망이 특징이었다. 자금이 필요한 개성상인들은 시변을 통해 언제 어디서나 간편하게 자금을 융통할 수 있었다. 그러므로 자금에 여유가 있는 부자들은 자금을 시변에 투자하여 이윤을 획득할 수 있었다. 이러한 행위는 전근대 부자들이 자신의 여유자금을 금고에 축장하거나 토지에 유착시켜서 고정지대를 추구하는 것과는 매우 다른 합리적인 행위이다. 그러므로 이 논문에서는 개성의 시변제를 근대적 민간신용제도로까지 평가하고 있다.[69]

## 4. 화폐제도의 변화

1876년 체결된 강화도수호조약 부록의 제7조에서는 조선에서의 일본화폐의 유통권을 인정하였다. 개항장에서의 일본 화폐의 자유유통은 한일 양국 화폐의 교환비율인 소위 韓錢比價를 낳게 되었다. 개항 당시 조선화폐는 본위화가 없는 상평통보가 통용되고 있었다. 대원군 집정기

---

68) 오성, 2002, 「한말~일제시대 개성의 시변제」, 『한국근현대사연구』 21집
69) 전성호, 2011, 「개성 시변제도 연구-개성상인 회계장부 신용 거래 분석(1887~1900)」, 『대동문화연구』 75집

때 당백전이 발행되기도 했고, 淸錢이 수입되어 유통되기도 했으나 화폐
제도의 문란만을 야기했을 뿐 상평통보를 제외하고는 대부분 시장에서
퇴출되었다. 이에 반해 일본 화폐는 신용도가 높았을 뿐만 아니라 고액
거래등에도 사용될 수 있었기 때문에 점차 유통량이 증가하였다.[70] 그러
므로 일본 화폐의 국제 화폐화가 진전될수록 한국 화폐의 가치는 그 동
전이 함유하는 금속의 地金價値로 평가되는 경향을 가지게 되었다. 조선
에서의 일본화폐 유통권을 관철한 일본은 개항장내에서의 일본 화폐의
유통에 그치지 않고, 화폐발행권을 장악하고 일본화폐의 조선 법화로의
인정을 통해 조선에서 식민지 금융경제를 건설하고자 하였다.[71]

조선정부는 이러한 화폐제도의 문란을 정리하고, 국가재정을 확보하
기 위해 1883년 典圜局을 설치하고, 이곳에서 당오전을 주조하였다.
1894년 7월까지 유통된 당오전의 명목 가치는 상평통보의 5배였으나
실질 가치가 2배에 지나지 않았다. 당오전은 정부는 물론 민간에서도 청
부 주조가 행해졌으며, 일본에서도 몰래 주조되어 수입하는 경우도 있
었다. 이로 인해 당오전 유통량이 급증하였다. 1891년 당시 당일전(상평
통보:엽전) 유통량은 2천만냥이었으나, 당오전 유통량은 7천7백만냥에
달하였다. 당오전 유통량이 증가하면서 당오전 가치가 하락되어 1문전
상평통보와 같은 값으로 통용되기도 하였다.

당오전은 발행초기에는 서울과 인천지역을 중심으로만 유통되었다.
그러나 1886년경부터 경기도 전역으로 확대되었고, 다시 황해도와 충
청도 그리고 강원도 연해지방까지 유통지역이 확대되었다. 이에 따라

---

70) 김호범, 1993, 「개항기 상업구조와 식민지 상업체제의 형성에 관한 연구」, 『경제
    학논집』 2권 1호.
71) 오두환, 1991, 『한국근대화폐사』 한국연구원 참조.

조선의 화폐유통시장은 당오전 유통지역과 엽전 유통지역으로 확연히 구분되었다. 이와 같이 화폐유통지역이 나뉜 까닭은 조선정부가 취한 재정정책의 이중성에서 비롯되는 것이었다. 정부에서는 재정 확보를 위해서는 당오전 유통구역을 확장시켜야 했지만, 동시에 조세를 거둘 때 惡貨인 당오전으로 수납하면 재정에 큰 손실을 가져왔기 때문에 당오전의 유통을 전국적으로 확대하지 못했던 것이다.

악화인 당오전이 유통된 지역에서는 물가가 급등하여, 이른바 '당오전 인플레이션'이 발생하였다. 서울과 인천의 쌀 1석의 가격은 1884년 초 1.9貫文에서 1885년에는 9.7관문, 1986년에는 18.3관문으로 급등하였다. 뿐만 아니라 당오전 유통량의 증대는 일본 화폐와의 교환율에도 영향을 미쳐 일본의 円銀과 조선 동전의 교환비율인 韓錢比價도 폭락하였다.[72]

1894년까지 발행된 당오전은 시간이 감에 따라 그 질이 더욱 나빠졌다. 특히 1891년 이후 평양에서 주조된 平壤錢은 질이 아주 나빠, 중량은 一文錢과 같거나 그에 미치지 못하는 경우도 있었다. 당오전의 유통 범위는 서울, 경기, 충청, 황해, 강원도 연해지역 외에도 점차 개항장이 있는 부산, 원산 지역으로 확대되었다. 이러한 사정에 의해서 1890년대 전반에는 인천뿐만 아니라 부산, 원산에서도 한전시세하락, 물가상승이 일어났다. 이처럼 악화인 당오전 유통량이 증가하자, 화폐가치가 폭락하고 물가가 폭등하여 일반 하층민의 생활이 어려워졌을 뿐만 아니라 국가 재정까지 파탄시킨 결과를 초래하였다.[73]

이와 같은 당오전의 폐해를 극복하기 위해 정부에서는 1892년 은본

---

72) 원유한, 1967, 「당오전고」, 『역사학보』 35·36합집, 역사학회.
73) 하원호, 1997, 『한국근대경제사연구』 신서원 33쪽.

위제를 기본으로 하는 「신식화폐조례」를 발표하고 근대적 화폐제도의 수립을 추진하였다. 1892년 전환국 幫辦에 임명된 安駉壽는 전환국의 근대 조폐시설로써 素錢을 뽑아 刻印을 찍는 방법으로 전근대적인 화폐인 상평통보를 계속 주조할 생각을 가지고, 일본정부와 大阪製銅會社長 마쓰다 노부유키(增田信之)의 자금지원을 받아 신식화폐를 발행하기로 하고, 당시 일본에서 실시되고 있던 은본위제도를 채용하는 것을 골자로 하는 「신식화폐조례」를 제정하였다.[74]

　　1892년의 「신식화폐조례」는 신식 錢貨의 칭호와 분량표준, 「新式錢貨通用制限法」 및 벌칙 등 세 부분으로 구성되었다. 「신식화폐조례」를 당시 일본의 화폐제도와 비교해보면, 일본은 1圓 은화를 본위로 하고 있는 데 비해, 조선에서는 5냥·1냥 은화를 본위로 하고 있다. 5냥 은화는 외국인 전용으로 하고, 1냥 은화는 국내인의 거래에 사용하게 하였다. 그리고 5냥 은화는 일본의 1원, 1냥 은화는 20전, 2전 5푼 백동화는 5전, 5푼 적동화는 1전과 동일한 가치를 가지는 것이었고, 1푼 황동화는 상평통보 2푼에 해당되었다. 조선정부는 이와 같은 신식화폐조례에 의거해, 23만여圓에 달하는 각종 신식 화폐를 주조하였다. 이때 주조된 화폐는 5냥 은화, 1냥 은화, 2전 5푼 백동화, 5푼 적동화, 1푼 황동화 등 5종이었다. 그러나 화폐의 주조는, 이듬해인 1893년 1월 마쓰다 노부유키가 약속을 어기고 화폐발행에 필요한 地金의 양도를 거절했기 때문에 중지되었으며, 「신식화폐조례」마저 폐지되었다. 이로써 결국 신식화폐의 주조·통용의 계획은 수포로 돌아가고 1894년 「新式貨幣發行章程」이 공포·시행될 때까지 기다려야만 하였다.

　　1894년 일본은 조선에서 청일전쟁을 치르는 동안 거액의 군사비가

---

74) 오두환, 1991, 『한국근대화폐사』 한국연구원 참조.

필요하였다. 그러나 당시 조선에는 일본화폐의 사용을 배격했으며, 또한 조선의 상평통보는 가치변동이 심하고 무거워 원거리 수송에 불편하였다. 그래서 일본은 1892년 조선정부가 「신식화폐조례」에 의거해, 주조했으나 사용하지 않고 있던 5냥 은화 등을 근대식 화폐로 사용하는 방안과, 동시에 자국 화폐를 조선에서 사용할 수 있는 방안을 모색하였다. 이리하여 일본정부는 은본위 화폐제도를 골자로 하는 「신식화폐발행장정」의 공포·시행을 요구하기에 이르렀다. 즉, 이 장정은 1892년의 「신식화폐조례」와는 달리 일본의 강력한 간섭 밑에서 공포·시행되었다.

1894년 7월 공포된 「신식화폐발행장정」은 7개조로 되어 있는데, 주요 내용은 다음과 같다. 제1조 신식화폐를 은·백동·적동·황동의 4종류로 나눈다. 제2조 화폐의 최저 단위를 分, 10푼을 錢, 10전을 兩으로 한다. 제3조 화폐를 5등급으로 나누어 최저 단위 1푼을 황동, 그 다음 5푼을 적동, 그 다음 2전 5푼을 백동, 그 다음 1냥 및 5냥을 은으로 한다. 제4조 5냥 은을 본위화폐로 하고 1냥 은 이하를 모두 보조화폐로 한다. 1냥 은화의 1차 與受量은 50냥을 상한으로 하고, 백동화 이하의 1차 여수량은 5냥을 상한으로 하되, 단 여수자가 서로 즐겨 허락하면 이 예에 준하지 않는다. 제5조 신·구화폐를 모두 통용하되 가치 비율은 다음과 같다. 황동 1푼은 舊錢 1매, 적동 5푼은 구전 5매, 백동 2전 5푼은 구전 25매, 은 1냥은 구전 100매, 은 5냥은 구전 500매이다. 제6조 각종 稅項 및 봉급을 은화로 정한 것은 은화를 사용하되, 사정에 따라서는 구전으로 대용할 수 있으며, 구전으로 정한 것은 제5조의 비례에 따라 은화로 대용할 수 있다. 제7조 신식화폐가 다량으로 주조될 때까지는 잠시 외국화폐를 혼용할 수 있으며, 이 경우에 외국화폐는 조선화폐와 同質·同量·同價여야 한다.

조선의 화폐는 이제 5냥 은화를 본위화로 하고, 각종의 보조화폐를 발행하도록 규정되었다. 5냥 은화는 일본 円銀과 동질 동량으로 고정되었으며, 화폐단위에는 兩 외에 元, 錢, 分을 두고, 교환비는 1元＝5兩, 1兩＝10錢, 1錢＝10分로 정하였다. 재래화폐와 신화폐의 법정교환율은 일문전 500매가 5냥 은화는 1매였다. 1문＝1분, 100문＝1냥이라는 종래 계산단위에 입각한 교환율이 채택된 것이다.

「신식화폐발행장정」은 일본화폐제도를 본떠서 은화본위제를 채택한 것인데, 특히 제7조의 규정은 일본화폐의 조선 내에서의 유통의 길을 트기 위한 것이었다. 이에 따라 일본의 1원·20전·10전·5전·2전·1전의 硬貨가 조선에 유입되었다. 또한 장정에는 1892년의 「신식화폐조례」와는 달리 화폐의 불법주조행위에 대한 금지 내지 처벌 규정이 전혀 없어, 이후 많은 私鑄 행위를 야기시켰다.

이처럼 장정에서는 5냥 은화를 본위화로 설정했지만, 원료의 결핍으로 典圜局에서는 본위화폐인 5냥 은화와 1냥 은화는 주조하지 못하고, 백동화·적동화 등 수익성이 큰 보조화폐만을 濫鑄하여 유통시켰다. 장정에 따르면 백동화 1매는 일문전 25매와 교환되는 것이었다. 그러나 백동화는 일문전 1매 정도의 실질가격 밖에 가지고 있지 않았다. 그러나 정부 입장에서는 백동화의 주조는 가장 수익성이 높은 사업이었다. 그러므로 전환국에서는 정부의 재정난 타개를 위해서도 백동화를 대량 주조하였다. 백동화가 악화이기 때문에 누구도 명목가치로 교환하지 않았다. 그러므로 백동화시세는 1898년과 1902년의 4년 사이에 약 40%가량 하락했다. 한편 백동화는 전환국에서만 주조된 것이 아니라, 特鑄·默鑄·사주 등 불법으로 주조되는 경우도 많았고, 심지어는 다량의 백동화가 일본 등 외국에서 사주되어 밀수입되는 형편이었다. 그 결과 악화가 대량으로 시중에 유통되면서 이른바 '백동화 인플레이션'이 야기되었다. 조선의 시장은 당오전 통용때와 마찬가지로 서로 다른 두 개의 통화권으로 나뉘게 되었다. 백동화 유통권은 중부, 서북부(경기, 충청, 황해, 강원, 평안도)로 확대된 반면, 남부, 동북부(경상, 전라, 함경도)는 한전 유통권에 속하였다.[75] 백동화의 가치는 그만큼 인정받지 못하였고, 백동화의 대량 유통은 그 대신 물가 앙등만을 가져왔다.

이처럼 백동화의 가치가 크게 하락하면서 상대적으로 가치가 안정된 일본 은화나 지폐에 대한 신용도가 높아졌기 때문에 일본화폐-円銀, 태환지폐, 제일은행권의 유통량이 크게 늘어났다. 개항 초 통용된 일본화폐량은 정확히 알 수는 없지만 1897년 일본인 상업회의소가 조사한 바에 의하면 당시 일본은화만도 300~350만원에 달했다고 한다. 이 금액이 어느 정도인지를 비교하기 위해서 갑오농민전쟁 직전의 엽전유통량을 살펴보면 800~1,000만원으로 추산되고 있는 실정이다.[76]

일본화폐는 청일전쟁을 계기로 유통범위를 확대하였을 뿐 아니라, 백동화와 상평통보 통화권을 연결하는 기축통화의 역할을 했던 것이다. 일본 은화는 상거래의 수단에서 나아가 부의 축적수단으로도 기능하였다. 특히 곡물수출의 확대로 대일무역이 본격화하는 1890년에 들어 개항장뿐만이 아니라 농촌에서도 일본화폐의 축장이 빈번했으며 그 유통량도 1894년경이 되면 100~150만엔 정도로 조선 전체 화폐유통량의 10분의 1 이상을 차지하였다. 이와 같은 일본화폐의 사용증대는 조선상인의 일본자본에 대한 경제적 예속도를 높여 일본의 경제적 침투를 더

---

75) 木村光彦 浦長瀨隆 1987「개항후 조선의 화폐와 물가」, 『社會經濟史學』 53권 5호
76) 박영호, 1994,「한국의 식민지적 자본주의화 과정에 관한 일연구-화폐정리사업을
   중심으로」, 『한신논문집』 11호, 235쪽

욱 용이하게 만들어주는 결과를 초래하였다.[77]

「신식화폐발행장정」은 위와 같이 제정 동기와 내용에도 많은 문제점이 있었을 뿐 아니라, 운영상에서도 많은 불합리한 점이 있어 사회·경제적인 혼란만을 초래하였다. 결국 1901년 광무정권은 1894년의「신식화폐발행장정」을 폐지하고, 그 대신에 금본위 화폐제도를 채용한「화폐조례」를 제정·공포하였다.[78]

한편 러일전쟁이후 조선의 내정을 장악한 통감부에서는 화폐 재정 금융제도를 재편하였다. 1904년 한일의정서에 의거하여 재정고문으로 초빙된 메가타 다네타로[目賀田種太郎]는 1905년 화폐정리사업을 실시하여, 한국의 화폐제도를 일본의 화폐제도와 동일하게 하고 본위화로서 제일은행권을 발행하였다. 1905년 4월 반포된「화폐조례 실시에 관한 건」에는 백동화 교환은 7월 1일 부터 실시하며 舊貨 1元에 신화 1圜의 비율로 교환한다고 규정하였다. 화폐의 교환이 시작되기 전 한국인들은 손해를 피하기 위하여 백동화를 투매하거나 백동화로써 상품 및 부동산을 매입하고 심지어 백동화어음을 남발하였는데, 이 과정에서 한국인들의 수중에 남은 것은 통용될 수 없는 백동화뿐이었다. 화폐의 교환이 시작되면서부터 한국인들은 자금이 고정화되거나, 이미 쉽게 유통될 수 있는 구화는 빠져나갔기 때문에 어음지불과 상거래에서 심각한 금융핍박을 받게 되었다. 그 결과 전황으로 인하여 파산하거나 도주, 자살하는 자가 속출하였다. 일본 상인과 청상인은 이러한 사태 속에서 엄청난 이익을 획득하였다. 화폐정리사업의 기만적 진행과정에 의해 조선인은 막

---

77) 하원호, 1997,『한국근대경제사연구』신서원.
78) 오두환, 1991,『한국근대화폐사』한국연구원; 원유한, 신식화폐발행장정, 한민족문화대백과사전.

대한 화폐자산을 탈취당했던 것이다. 화폐정리사업을 통해 일제는 동일한 통화권이란 이점을 이용하여 상품과 자본의 수출 및 식량과 원료의 반출을 보다 손쉽게 할 수 있었고, 식민지 지배에 필요한 자금을 은행권의 신용창조를 통하여 조달할 수 있게 되었다. 화폐정리사업으로 조선의 화폐주권은 완전히 박탈당하였고, 일본상인과 식민지권력에 대한 조선상인의 종속이 심화되었다.[79]

## 5. 은행의 출현

앞서 살폈듯이 개항 당시 한국사회에는 재래적 금융관행이 존재했다. 일정한 수준으로 상품화폐경제가 발달해 있었고, 투자자금을 공동으로 조달하고 투자수익을 분배하는 상업관행이나 자금을 대부하고 이자를 수취하는 금융시장도 형성되어 있었다. 근대적인 금융기관은 아직 설치되지는 않았지만, 어음과 환 등 신용거래가 증가하고 있었고, 이러한 신용화폐의 할인과 교환, 담보대출, 단기 콜 대부 등과 같은 근대 금융기관에서 행하던 업무들은 이루어지고 있었다. 그러므로 1903년 조선을 여행한 바츨라프는 "조선에는 근대적인 금융기관인 은행은 없었지만, 이를 충분히 대체할 수 있는 메카니즘은 작동하고 있었다"고 얘기했던 것이다.[80]

한편 향촌에서도 상호부조, 생산, 기타 등등의 공동사업을 목적으로 하는 계가 발달했고 계는 기금확충을 위해 주로 식리활동에 종사했다.

---

79) 김호범, 1993, 「개항기 상업구조와 식민지 상업체제의 형성에 관한 연구」, 『경제학논집』 2권 1호.
80) 바츨라프 세로세프스키, 김진영외 옮김, 1996, 『코레야 1903년 가을』, 개마고원, 41쪽, 263~264쪽.

오늘날 신용조합의 원초적 형태로 평가되는 계가 조직화된 금융기구로서 역할했다면 육의전 역인청이나 개성의 환 도중과 같은 사람은 전문적 금융인에 해당한다. 이러한 재래적 금융방식은 상당히 오래전부터 존재해왔고 제도권 금융기관이 제 역할을 하지 못하는 상황에서 일정한 자금조달창구로서 역할해 왔던 것이다.

개항이후 조선의 경제에서 가장 중요한 것은 경제활동의 자유를 보장하고 발전된 서구의 시장경제제도를 도입하여 정착시키는 것이었다. 이 중에 가장 중요한 것은 효율적인 금융제도로서 은행의 설립이었다. 근대적인 은행은 거래비용을 줄이고 자금의 조달과 배분을 용이하게 함으로써 신기술도입과 생산성향상을 지원하여 경제성장을 촉진시킬 수 있기 때문이다.

조선에서 최초의 은행은 1876년 개항이 되자마자 일본인 두 상업자본가인 大倉喜八郎과 澁澤榮一이 공동출자하여 자본금 오만원으로 부산에 설립했던 민간제일은행이었다. 그러나 민간제일은행은 1878년에는 國立第一銀行 부산지점이 개설되면서 폐점되었다. 따라서 본격적으로 일본금융기관이 침투하기 시작한 것은 1878년부터라고 볼 수 있다. 국립제일은행은 그 뒤 주요 개항장과 주요 도시에 지점과 출장소를 설치해 나갔다. 1880년에 원산지점, 1882년에는 인천지점, 1888년에 서울지점, 1898년에 목포지점, 1903년에 진남포와 군산지점을 설치했고 화폐정리사업이 시작된 1905년에는 평양, 대구, 개성, 함흥, 마산, 경성에 출장소를 설립하였을 뿐만 아니라 서울지점을 한국총지점으로 승격시켰다.

日本第十八銀行도 1890년 10월에 인천지점의 개설을 시작으로 1894년 원산, 1897년 부산, 1905년 서울, 1906년 목포, 나주에 지점 또는 출장소를 설립하였다. 또한 日本五八銀行- 이 은행은 나중에 第百三十銀行으로 개칭되었다가 安全銀行에 합병되었다-은 1892년에 인천, 1893년 부산, 1895년에 서울지점을 개설하였다. 1905년 화폐정리사업 이후인 1907년에는 일본흥업은행, 1909년에는 일본주방은행 등 일본계 은행들이 줄을 이어 한국에 진출하여 지점을 설치하였다.

이처럼 개설된 일본계 은행을 지역별로 보면, 부산에는 국립제일은행(1878), 일본 제18은행(1897년)과 일본 제58은행(1893년)이 들어섰고, 원산에는 일본 제일은행(1880년), 일본 제18은행(1889년; 제102은행 지점이었다가 1893년에 제18은행에 합병)이 개설되었다. 인천에는 일본 제일은행(1882년)과 일본 제18은행(1890년), 일본 제58은행(1892년), 중국과 영국계인 홍콩상하이은행(1896년) 지점이 각각 들어섰다. 서울에는 일본 제일은행(1889년)과 일본 제18은행(1905년)의 지점과 러시아계 한러은행(1898년)이 개설되었다. 이중에서도 일본 제일은행은 부산, 원산, 인천 등 3곳의 개항장 모두에 지점을 설치하였고 1889년에는 서울에 지점을 개설하였다.

그런데 여기서 우리가 주목해야 될 것은 일본제일은행의 업무내용이다. 일본제일은행은 상업은행으로서의 일반업무 이외에 특수업무를 담당하면서 토착경제의 유통부문을 철저하게 지배 장악하였다. 일본 제일은행은 1880년 인천에 세관이 설치되자 관세업무를 위탁받았고, 또 1889년에는 조선의 체신대신으로부터 부산, 인천, 서울에서 우편위체 자금 보관사무를 위탁받아서 담당했고, 청일전쟁과 러일전쟁 당시에는 출장소를 각지에 설치하고 군용자금의 보관 및 출납업무를 담당했다.[81] 이처럼 조선의 海關稅업무와 郵便爲替 자금보관업무까지도 독점적으

---

81) 조선통감부편, 1910, 『韓國財政施設綱要』, pp. 176~178.

로 취급하여 오던 일본제일은행은 다시 1901년 은행권 발행을 도모하였다.

일본제일은행은 1901년 4월 우리나라의 해관세를 저당으로 우리나라 정부에 3백만원을 빌려주고 그 대가로 은행권 발행권을 획득하고자 당시 영국인 고문이었던 브라운을 통하여 정부와 교섭하였으나 성공하지 못했다. 이렇게 되자 이 은행은 같은 해 10월 무역을 촉진시키고 해관세의 출납을 원활히 하는 데 필요하다는 이유로 일람불 약속어음의 발행허가신청서를 일본대장성에 제출하였고 이에 일본정부는 제일은행에 무기명식 一覽拂 어음 즉, 은행권의 발행을 허가하는 특별규정을 제정하였다. 그리하여 제일은행은 『주식회사 제일은행규칙』이라는 것을 만들어 우리나라에서 은행권을 발행하기 시작했다. 일본제일은행은 일본화폐로 태환하도록 일원, 오원, 십원 3종의 은행권을 1902년 5월부터 발행하기 시작하였다. 이 제일은행권의 총발행액은 1904년 말에는 337여만원에 이르렀다.

일본제일은행이 은행권 발행을 강행하자 조선에서는 일본제일은행권의 유통을 비판하는 운동을 적극적으로 전개하였다. 인천상인들의 단체였던 紳商協會가 제일은행권을 授受치 않을 것을 결의하였고 국내 친러파도 이의 폐지를 건의하였다. 이에 외부대신 조병식이 1902년 8월 각 항구의 감리들에게 제일은행권의 수수를 금지하라는 훈령을 내렸다. 이러한 국내 반발에 직면한 일본정부는 연 2회씩 제일은행권 발행상황을 한국정부에 보고한다는 조건을 제시하여 1903년 1월에 각 항구 감리에 내려졌던 제일은행권 유통금지령을 해제시켰다. 그 이후 다시 조선 상인들에 의해 제일은행권 배척운동이 재연됨에 따라 광무정권은 1903년 2월 제일은행권의 사용금지령을 다시 선포하였다. 이처럼 재차 사용

금지령이 내려지다 일본은 군함을 인천에 입항시켜 놓고 한국정부를 위협해서 일본의 한국에서의 은행권 발행권을 인정하도록 강요하였다. 이에 한국정부는 굴복하여 1903년 2월 12일에 일본제일은행권 유통금지령을 철회함과 동시에 이의 통용을 방해하는 자는 엄벌에 처한다는 취지의 포고까지 내렸던 것이다. 이런 과정을 통해서 우세한 정치적·군사적·경제적 배경을 가진 일본화폐는 국내화폐시장을 교란시켰고 국가화폐인 엽전을 상품화하면서 스스로 한국의 본위화폐(법화)와 같은 행세를 하였던 것이다.[82)

이처럼 일본제일은행은 일본금융자본과 결탁해서 해관세를 장악했고, 한국산 地金을 수매했다. 뿐만 아니라 일본에서 폐기된 円銀의 한국내 유통을 촉진하고 제일은행권의 발행 등으로 조선의 금융계를 독점적으로 장악하였다. 제일은행 조선지점은 1883년 해관세업무의 취급을 계기로 조선정부의 국고은행으로서 발판을 마련하였고 1902년에는 제일은행권 발행할 수 있게 되었다. 1905년 화폐정리사업에서는 제일은행권이 한국의 본위화로 되고 조선정부의 세입이 모두 제일은행에 예금됨으로써, 제일은행은 중앙은행으로서의 기능을 수행하였다. 제일은행의 대출은 압도적으로 상업자금으로 활용되었는데, 조선정부의 세입이 제일은행을 매개로 일본상인의 무역자금으로 이용되었다. 1909년 한국은행이 설립되어 제일은행이 맡았던 중앙은행의 역할을 인수하였고, 1911년 그것은 조선은행으로 개명된다. 이처럼 개항이후 일본계 은행의 조선진출은 일본 자본주의가 한국을 침략할 수 있도록 선도적 역할을 하였던 것이다.[83)

---

82) 박영호, 1994, 「한국의 식민지적 자본주의화 과정에 관한 일 연구-화폐정리사업을 중심으로」, 『한신논문집』 11호, 235-238쪽

이처럼 일본계 은행이 조선의 금융을 장악해가는 가운데, 조선 정부에서도 조선인 은행이 필요하다는 인식이 널리 확산되었다. 조선인 은행에 대한 설립논의는 1880년대부터 줄곧 있어왔지만 청나라를 위시한 여러 나라들의 방해로 성사되지 못했다. 1880년대 중엽부터 고종은 청의 내정간섭을 벗어나기 위해 열강들과 외교관계를 수립하고, 외채를 도입하여 은행을 설립하고 신식화폐를 발행하고자 수차례 시도했다. 1886년에는 민영익과 알렌(Horace N. Allen)이 주도한, 미국으로부터 차관을 도입하려는 시도가 있었다. 이것은 조선의 개혁을 도모하고 중국의 재정적 지배로부터 벗어나기 위한 계획이었다. 1887년에는 민영익의 뜻을 계승하여 정병하가 일본으로부터 차관 100만円을 차입하려 했고, 1888년도 100만 달러를 募債하여 은행 설립과 경성-인천 간의 철도부설에 사용하고자 했다. 또한 1889년에는 내부협판 데니(O. N. Denny)가 200만 달러의 외채를 도입하여 그중 3분의 2로 부채를 청산하고 나머지로 서울에 은행을 설치하고자 했다. 그러나 이러한 시도들은 청의 방해와 열강들의 비협조로 성과를 거두지 못했다.

1894년 갑오개혁으로 조세금납화, 신식화폐발행장정의 반포 등으로 은행 설립의 필요성이 증대되었지만, 조선인에 의한 은행설립은 갑오정권이 몰락하고 나서야 이루어졌다. 1896년 6월에 독립협회 설립을 주도한 安駉壽, 李完用, 李采淵 등의 정동파 그룹이 朝鮮銀行을 설립하였고, 1897년 2월에는 민씨 가문의 일원인 閔泳瓚과 그들의 후원을 받는 관리 金宗漢, 보부상 출신인 李承業등이 漢城銀行을 설립하였다. 조선은행의 공칭자본금은 20만 元이었지만, 납입자본금은 얼마인지 확인되지 않는

---

83) 황명수, 1971, 「한말에 있어서의 외국금융기관의 침략에 관한 연구 - 일본지점은행의 침략을 중심으로 -」, 『동양학』 1.

다. 조선은행은 상품을 담보로 하는 단기 대출를 주요업무로 영업하였지만, 1901년에 사실상 폐업하였다.

한성은행의 공칭자본금은 20만元, 납입자본금 4만 5천元이었다. 한성은행은 당시 주요 세원이던 牛皮, 砂金, 結戶稅 등 각종 수세취급업무를 담당하는 것을 주목적으로 高宗의 內旨에 의해서 설립된 은행이었다. 그러나 금융업무는 조선은행과 마찬가지로 상품을 담보로 한 단기대출에 치중되었기 때문에, 한성은행은 경영부실로 사실상 개점 휴업상태에 빠지게 된다. 이에 한성은행은 황실 및 정부재산의 관리와 금융으로 전환하고, 1903년 2월 합자회사 공립 한성은행으로 개편하였다. 합자회사 한성은행의 은행장 李載完은 高宗의 사촌이면서 현직 宮內府 대신이었다. 은행장을 비롯한 대부분의 은행간부와 직원이 현직 관리로 충원되었다. 한성은행이 사립에서 공립으로 개편된 것은 일본으로부터 500만元의 차관을 얻고자 하는 것인데 이 차관은 계약은 이루어졌지만, 차관도입은 이루어지지 않았다.[84]

1905년 화폐정리사업으로 전황이 닥치자 큰 타격을 입은 한성은행은 그해 9월 자본금 15만원의 주식회사 공립한성은행으로 변경한 다음, 일본 제일은행의 융자를 받아 위기를 극복하였다. 주식중의 일부는 제일은행에 넘겨줌으로써 한성은행은 일본인이 경영에 참여하는 은행으로 성격이 변질되었다. 일본인의 경영참여로 한성은행의 경영은 그 이후 정상화되어 1906년 3월 「은행조례」에 따라 주식회사 한성은행이 되었으며, 1906년 10월에는 수원지점, 1908년 2월에는 서울 마포에 東幕출장소를 개설하는 등 매우 순조롭게 성장하였다.

조선은행과 한성은행의 뒤를 이어 광무정권에 의해 설립된 조선인 은

---

84) 한백홍, 1996,『구한말 민족은행 생성사』시나리오 알타, 120쪽.

행이 1899년 설립된 대한천일은행이다. 광무정권은 1898년부터 백동화 발행고를 급격하게 증가시키는 인플레이션 정책을 추진하여 한편으로는 일본 화폐의 진출을 저지하고, 다른 한편으론 국가적 차원의 민중 수탈을 통해 국가자본을 축적하였다. 1898년 7월 27일 의정부회의에서는 금본위제 채택을 천명하였고, 1899년부터 외자도입을 통한 화폐개혁과 중앙은행 설립이란 금융근대화 사업을 추진하였다.

대한천일은행은 이러한 정책의 구체적 실현으로서 설립된 것이다. 이 은행은 심상훈, 민병석, 민영기 등 31명의 창립발기인이 황실로부터 3만元의 자금을 지원을 받아 설립되었다. 대한천일은행의 설립과정에는 대한제국 관리들만이 아니라 당시 자본과 실무적 지식을 겸비한 유력한 상인층이 참여하였다. 대한천일은행은 광무정권의 기획과 상인층의 실무가 결합된 형태의 금융기관으로 출현한 것이다. 대한천일은행의 경영진은 고종 측근세력인 고위양반관료에서 상인에 이르기까지 다양하였지만, 경영의 핵심은 전환국 고위관료인 이용익과 최석조였고, 그 밑에 개성상인과 시전상인, 인천의 객주 등이 실무를 담당하였다. 대한천일은행의 조직체계와 회계양식이 개성상인의 조직체계와 개성부기를 준용하였고, 유년기부터 기초적인 한문소양과 상업 실무 경험을 쌓은 상인들은 은행 업무에 잘 적응하였다.

광무정권은 자본 투자, 황실 및 정부의 재정 예치, 그리고 전환국의 자금 지원등의 방식으로 대한천일은행을 전폭적으로 지원하였다. 이러한 지원으로 조성된 자본을 토대로 하여 대한천일은행은 지전매입과 백동화 방출을 주 업무로 하는 환전영업을 통해 백동화 유통을 확대하려는 광무정권의 통화정책을 실현하였으며, 또 과다대출 상태를 감수하면서 京江, 梨峴, 서소문시장 일대의 객주와 시전상인을 포함한 한상에게 자금대출을 늘려갔다. 자금 융통의 방식으로 담보대출 형식을 취하는 경우도 있었지만 대부분 상인들이 발행한 어음을 담보로 한 어음대출이 가장 많았다. 상품매매와 관계없이 발행한 어음을 매개로 하여 대출하는 어음대출은 부도의 위험이 높아 담보를 설정하는 경우가 많지만, 대한천일은행은 대부분 담보 없이 상인들에게 대출하였다. 어음부도는 거의 일어나지 않았고 대출을 받은 상인들은 예외 없이 정해진 기한 안에 원금을 상환하였다. 특히 자금 수요가 많은 5월~6월, 그리고 9월~1월 사이에 집중적으로 이루어진 대출은 한상들의 상업경쟁력 강화를 지원하였다.

또한 대한천일은행의 이자율은 日商들에게 상업자금을 대출하는 日本五十八銀行보다 결코 높지 않았다. 이처럼 대한천일은행은 일상및 청상들과 경쟁관계에 있는 한상들에게 다액의 상업자금을 높지 않은 이율로 제공하였는데, 이러한 금융지원은 한상들이 자국의 근대적인 금융기관의 지원을 받고 있는 淸商·日商들과 대항하여 국내의 상권을 유지할 수 있는 배경이 되었다. 대한천일은행을 이용할 수 있었던 상인들은 육의전에 소속된 시전상인, 종로 이현 일대의 上米廛, 靑布廛, 刀子廛, 寶物廛, 鞋廛, 雜穀廛, 下米廛, 布木廛 상인들, 남대문일대의 南米廛, 布木廛 상인들, 그리고 마포를 포함한 三湖일대의 경강상인들에 국한되었다. 이들은 한상 가운데 대상으로 분류되는 상인들이다.

韓商에 대한 대출이 증가하자 은행의 영업이익도 많아졌고, 이것은 한상들의 상업 경쟁력이 강화되는 것이기도 했다. 그러나 1904년 러일전쟁 이후 대한천일은행의 신장세는 멈추었고, 일제가 1905년부터 백동화를 근간으로 하는 대한제국의 금융시장을 붕괴시킨 화폐정리사업을 전개하자, 대한천일은행은 1905년 6월 휴업하지 않을 수 없었다.

1906년 7월 1일 대한천일은행이 영업을 재개하고 휴업 이전의 임원들이 다시 선임되었으나 은행의 지배구조에는 큰 변화가 나타났다. 은행의 경영 방향을 좌우하는 日人지배인이 취임하였고, 일제의 실질적 지배하에 있는 탁지부로부터 운영자금을 차입하였다. 은행의 지배구조가 변화하자 대한천일은행의 대출에서 日人이 차지하는 비중이 계속 늘어났고, 1909년에는 51%를 넘어섰다. 1911년에 朝鮮商業銀行으로 行號를 변경하여 대한제국의 흔적을 말살하였고, 1917년에는 韓人으로 한정되었던 주주의 자격 제한을 철폐하여 日人도 주식을 취득할 수 있게 하였다.

이상에서 살폈듯이 대한천일은행의 설립과 경영은 대한제국이 도고 상인층과 유착하여 추진한 금융근대화의 한 표현이었고, 또 개항 이래로 있었던 조세제도를 개혁하여 사회적 모순을 해결하고 자본주의화를 지향한 국가주도 근대화 방략이 실현되는 과정이기도 하였다. 그러나 이러한 광무정권의 금융근대화는 한국에 대한 침략 의도를 갖고 있었던 일제에 의해 저지되었고, 그것은 후발 자본주의 국가로 이행하려는 대한제국의 근대화 방략이 후발 자본주의 국가인 일제에 의해 좌절되는 과정이었다. 일제가 한국을 강점한 이후에 대한천일은행이 식민지 금융기관인 조선상업은행으로 재편된 것은 광무정권의 금융근대화 성과가 일제에 의해 조정·재편되어 식민지 지배체제에 흡수되는 과정이 나타난 전형적인 사례였다.[85]

---

85) 이상 대한천일은행에 대한 서술은 이승렬, 2007, 『제국과 상인』 역사비평사 참조.

# 5장

## 개항이전 영업조직의
## 개항이후 회사로의 전환

## 1. 회사의 다양한 형태와 설립 추이

근대사회에서 이루어지는 영리활동의 중심은 개인, 가족, 국가가 아닌 회사이다. 회사는 혈연이나 신분이 아니라, 계약에 의해 영리를 목적으로 조직된 자본의 결사체이다. 근대사회의 대부분 경제활동은 회사에 의해 수행된다. 회사는 법인격을 획득함으로써 자연인과 동등하게 법률상의 권리와 의무의 주체로서 기능한다. 그러므로 회사는 근대사회를 형성하는 가장 기본적인 사회제도의 하나인 것이다.

한국에서 서구의 회사 제도가 소개되고, 상회나 상회사의 명칭을 지닌 조직이 등장한 것은 1880년대였지만, 이 때 설립된 회사의 상당수는 오늘날의 회사와는 거리가 먼 조직이었다. 이들 회사는 정부로부터 영업독점권을 취득하고, 대신 收稅를 담당하는 收稅都賈會社라는 점에서 조선후기 이래의 都賈商業體制에 연원을 둔 결사체였다. 法人格의 부여 여부, 社員의 책임 범위, 회사형태 등 회사제도를 운영하기 위한 기본적인 법적 규정도 갖추지 못한 상태의 회사였던 것이다. 오늘날과 같은 형태를 지닌 회사는 1912년 조선총독부가 제령 18호로 공포한 朝鮮民事

令에 따라 조선에서도 日帝의 상법이 시행되어, 일본의 회사제도가 도입된 이후 본격적으로 출현했다고 평가되고 있다.[1]

그러나 회사의 근대성을 논할 때 반드시 제도적, 법적 장치의 완결성만을 가지고 논할 일은 아니라고 판단된다. 서구에서도 근대적 제도의 정립과정이 그렇듯이 초기에는 전근대적인 요소가 상당부분 잔존하는 가운데 수많은 시행착오의 과정을 거쳐 비로소 근대적인 회사제도가 성립하는 것이 일반적이기 때문이다. 그러므로 개항이후 회사제도를 서구에서 완성된 회사제도와 기계적으로 비교함으로써 한국에서의 근대기업인 회사가 일제강점기 조선민사령의 성립 이후 비로소 출현했다는 논의는 이 시기가 근대 이행기라는 특질을 외면한 평가일 수 밖에 없는 것이다.

개항이후 조선에서는 1880년대 초부터 私商 및 객주와 여각, 행상들이 상회 혹은 상회사 등의 명칭으로 합자회사를 조직했다. 앞의 <표 10>에서 살폈듯이 설립회사의 수는 1883년에 18개, 1884년에 13개로 붐을 이루었다가 1894년까지는 연평균 5개 정도가 설립되었는데, 앞서 언급했듯이 이들 상회사들은 대부분 특권적인 수세도고회사의 성격을 지닌 것이었다.[2] 그러나 1894년 갑오개혁을 계기로 회사의 성격이 바뀌기 시작했다. 갑오개혁으로 화폐, 재정개혁과 함께 조세금납화, 시전의 금난전권 폐지, 商理局과 收稅都賈의 혁파, 雜稅 철폐 등 독점적인 상업체제가 부정되었다.[3] 또한 정부는 1895년 4월 농상공부 고시 1호로

<hr>

1) 洪制煥, 2013,「韓國 近代의 會社制度 活用에 관한 研究」, 서울대 경제학과 박사논문 참조.
2) 이하 회사에 대한 설명은 전우용, 2011,『한국 회사의 탄생』서울대 출판문화원에 크게 의존하여 서술했음을 밝힌다.
3) 오두환, 1985,「갑오경제개혁의 구조와 성격」,『사회과학논문집』3 인하대 사회과학연구소

'각 회사로부터 官許章程과 商業憑票를 환수하는 건'을 공포하여, 과거의 도고수세회사를 전면 부정하고, 새로운 경제질서에 걸맞는 회사만을 인정하였다. 또한 1895년 11월 10일에는 '商務會議所規例'를 반포하여 종전의 객주 상법회사를 상업회의소의 위상을 갖는 협의기관으로 개조하고자 시도하였다. 그러나 정부의 이러한 회사 근대화정책은 상인층의 지지를 얻지 못하여 큰 성과를 거두지 못하였고, 외국 상인의 상권침투를 가속화하는 부작용을 낳기도 했다.

갑오개혁이후 회사 설립 추세를 보면, 1895년 이후 연평균 10개 정도였지만, 1899년 이후에는 연평균 약 30개 내외가 설립될 정도로 급증하였다. 갑오개혁기에 비해 대한제국기의 회사설립 수는 3배 정도로 늘었던 것이다. 1895~1904년간 회사 설립 상황을 보면 다음의 <표 11>과 같다.

<표 11> 1895~1904년간 회사 설립 상황[4]

| 연도 | 금융업 | 농림업 | 제조업 | 광업 | 상업 | 운수업 | 수산업 | 청부·토건업 | 기타 | 계 |
|---|---|---|---|---|---|---|---|---|---|---|
| 1895 | | | 2 | | 2 | | 8 | | | 12 |
| 1896 | 2 | | 3 | | 6 | 3 | | | 1 | 15 |
| 1897 | 1 | 1 | 1 | | 2 | 3 | | | 2 | 10 |
| 1898 | 2 | | | | | 3 | | 1 | 8 | 14 |
| 1899 | 4 | 2 | 5 | 2 | 13 | 8 | | 2 | 4 | 40 |
| 1900 | | 3 | 2 | 3 | 15 | 3 | 1 | 3 | 4 | 32 |
| 1901 | 1 | 2 | 3 | | 4 | 1 | 1 | 4 | 8 | 24 |
| 1902 | | 3 | | 1 | 16 | 2 | | 3 | 6 | 31 |
| 1903 | 1 | 1 | 1 | 1 | 10 | 3 | 1 | | 2 | 20 |
| 1904 | | 4 | 3 | 2 | 3 | 1 | | 1 | 5 | 19 |
| 계 | 11 | 16 | 20 | 9 | 69 | 27 | 11 | 14 | 40 | 217 |

---

4) 전우용, 2011, 앞의 책 130쪽에서 재인용.

1895-1904년 사이에 설립된 회사의 종류는 크게 3가지 유형으로 구분된다. 첫째 는 조선후기에 존재하였던 都賈가 회사로 전화하는 유형이다. 도고회사의 특권상인들은 자본을 모아 회사를 만들고 농상공부나 내장원에 납세하는 것을 바탕으로 물종별, 지역별로 판매독점권을 부여받아 부를 축적하였다. 그들은 영업권을 독점하면서 이윤을 수취하였다. 둘째 유형은 내장원 허가 아래 일반상인을 수탈하는 데 전념하였던 收稅會社이다. 첫째 유형의 도고회사는 자기 자본을 구비한 경영주체이면서 내장원으로부터 공식적인 영업독점권을 부여받은 회사인 데 반해, 수세회사는 도고회사와 동일한 명목으로 허가를 받았음에도 불구하고 章程을 위반하면서 단지 수세기능 만을 행하는 회사였다. 그들은 상행위를 담당하는 상인들로부터 이윤의 일부를 세금이라는 명목으로 거두고 거둔 세금 중 일부를 농상공부나 내장원에 세금으로 바쳤다. 내장원은 회사가 상납 의사만 밝히면 인허했기 때문에 이런 종류의 수세회사가 난립하였다. 이 때 창립된 保險會社나 保船會社, 渡津會社, 船商會社 등이 대표적인 수세회사들이었다. 셋째 유형은 개항장의 客主都中이 모여서 만든 客主商法會社이다. 갑오개혁 때는 도고, 여각 등을 혁파하고 객주 도중을 상무회의소로 개편하려고 시도했지만 실현되지 못하였다. 대한제국시기에는 개항장 객주들이 중심이 되어 객주상법회사를 만들었는데, 정부에서는 그것을 모두 내장원에 귀속시켜 관리하였다. 내장원은 객주상법회사에게 개장항내에서의 독점영업권을 부여하고, 반대급부로 객주들에게 세금을 징수하여 바치도록 하였다. 내장원은 개항장 객주들이 의무적으로 객주상법회사에 가입하도록 하였으며, 그에 가입하지 않은 객주들의 영업은 금지하였다. 이 시기 설립된 회사는 위의 3유형 외에도 관영기업이 있었는데, 1903년 관료인 이용익이 설립한 龍

東商會(화전개발회사), 한성전기회사(1902) 麻浦煉瓦工場(1906) 등이 그것이다.[5]

　이제 갑오개혁이후 설립된 회사들이 어떠한 분야에 집중되고 있음을 살펴보도록 하자. 1895년 이전 설립되었거나 활동하고 있던 회사들은 대개 藏氷業이나 해산물 채취업 관련 회사들로서 갑오개혁 이전의 회사와 다를 바 없었다. 1896년 이후 금융업, 제조업 분야에서 근대적 기업이 본격적으로 출현하기 시작하였다. 중앙은행을 목표로 한 大朝鮮銀行과 한미합작의 漢城電氣會社가 1896년에 설립되었고, 1897년과 1898년에는 漢城銀行, 特立第一大韓銀行, 大韓帝國人工養蠶合資會社, 大朝鮮苧麻製絲會社 등이 차례로 설립되었다. 그리고 해운업 분야에서도 회사가 많이 설립되었는데, 대표적인 회사는 廣通社, 韓國郵遞汽船會社, 永興會社, 艀船株式會社 등이었다. 이 회사들이 설립되어 활동하게 된 배경에는 대한제국 정부가 일본 선박의 미개항장 항행을 엄격히 금지한 조치가 있었다. 그리고 1899년 이후에도 운수업 분야의 회사설립은 급증하여 大韓協同汽船會社, 元一輪船會社, 濟益船社가 설립되었으며, 방직업과 연초업 분야에서도 漢上紡績股本會社, 織造緞布株式會社, 香烟合資會社, 信錫煙草合名會社, 鏡城煤礦會社 등이 설립되었다. 이들 회사들은 상당한 자본을 갖추고 근대적 경영기법을 채용한 회사들이었다. 이외에도 특정 물종에 대한 전매권을 내장원으로부터 허가받아 상인들에게 株金 명목의 잡세를 징수한 후에 그 일부를 내장원에 상납하는 收稅都賈會社들도 여전히 증가하였다.

　갑오개혁이후 설립된 대표적인 근대 기업은 은행이었다. 갑오개혁 당시 조세금납화 조치로 국고금 관리기구의 필요성이 절실해졌을 뿐 아니

---

5) 이영학, 1997, 「대한제국의 경제정책」, 『역사와현실』 26,

라 화폐유통도 급속히 확대되었기 때문에 정부에서는 은행 설립에 적극적이었다. 그리하여 1896년에는 大朝鮮銀行이, 다음 해에는 大韓特立第一銀行(大韓銀行)과 漢城銀行이, 1899년에는 大韓天一銀行이 각각 설립되었다. 이들 은행은 모두가 황실 및 고위 관료가 중심이 되어 설립한 것으로 한성은행을 제외하면 처음부터 중앙은행을 목표로 한 것들이었다. 그러나 이들 은행의 국고금 관리 시도는 탁지부고문 브라운(J. M. Brown, 柏卓安)의 반대로 실현되지 못하였다. 그러므로 이 은행들은 정부의 재정자금을 관리하는 등 정부와 밀접한 관련을 유지하면서도 사설은행으로만 활동할 수밖에 없었다.

은행 다음으로 대규모의 근대적 회사가 출현한 부문은 해운업이었다. 민간 해운회사는 官督商辦型 회사였던 利運社가 소멸한 1896년부터 각지에서 설립되기 시작하여, 德利會社·泰運會社·廣通社·永昌會社 등 소규모 해운회사가 먼저 출현하였고, 뒤이어 郵遞汽船會社·大韓協同汽船會社·大韓協同郵船會社 등 정부와 밀접한 관련을 맺고 국내외를 왕래하는 대규모 회사도 속속 설립되었다. 특히 대한협동우선회사는 관료자본을 주축으로 하여 정부의 각별한 지원하에 국제 항로를 개설하는 등 활발한 활동을 벌였다. 광무년간 해운회사의 설립이 활발하였던 데에는 정부가 '管船司官制'와 '國內船稅規則'을 제정하는 등 연안 해운권을 지키기 위한 제도적 장치를 마련하는 한편, 정부 소유선박을 불하하거나 임대하는 등의 지원을 베푼 것도 중요한 배경이 되었다.6)

한편 광무년간에는 경부철도 공사가 본격화함에 따라 철도회사도 다수 출현하였다. 특히 경부철도 공사에 한인회사의 참여를 의무화한 '京釜鐵道合同' 계약은 공사청부회사가 속출하는 계기가 되었다. 이 계약

---

6) 나애자, 1998, 『한국근대해운업사연구』 국학자료원 참조.

을 계기로 大韓國內鐵道會社, 大韓京釜鐵道役夫會社 등 토건회사의 창립이 이어졌는데, 이들 중에는 약간의 수수료를 받고 일본 토건회사에 명의만을 대여하는 것도 많았지만, 일부는 실제로 공사에 참여하기도 하였다.

제조업분야의 회사의 설립은 다른 부문에 비해 상대적으로 부진하였다. 갑오개혁 이후 정부와 지식인 일반의 식산흥업에 대한 관심이 고조되면서 國富의 근원을 제조업에서 찾아야 한다는 논의가 본격적으로 제기되기 시작하였지만, 그를 뒷받침할 수 있는 조건은 아직 성숙하지 못한 상태였다. 공장제 제조업의 육성을 위해서는 대규모의 금융지원과 관세장벽 등 정부의 지원과 보호가 절실하였지만, 백동화 인플레이션으로 인한 화폐가치의 지속적 하락, 관세자주권의 침해로 인한 효율적 보호장치의 부재 등으로 인해 제조업 회사가 설 수 있는 기반은 대단히 취약했다. 광무년간 개명관료층을 중심으로 漢上紡績股本會社, 織造緞布株式會社, 香烟合資會社 등의 제조업 회사가 적지 않게 설립되었음에도 불구하고 별다른 성과를 거두지 못하였던 것은 그 때문이었다. 광무년간에는 官許農桑會社, 牧養社, 大韓帝國人工養蠶合資會社, 開墾會社, 養蠶會社, 農業會社, 農鑛會社, 煤礦合資會社, 鏡城煤礦會社, 海産會社 등 농림업과 광업, 수산업 분야의 회사도 다수 설립되어 회사가 경제 각 부문으로 확산되어 갔다.

산업분야 중에서도 가장 많은 회사가 설립된 부문은 상업부문이었다. 조선 후기 이래의 상업발전과 개항으로 인한 상품유통의 확대를 기반으로 성장해 온 상인층은 특권적 상업질서에 편승하여 내장원과 밀착해 갔다. 麻浦米商會社, 軍部用達會社, 米豆會社, 石油用達會社, 炭商會社 등은 모두 내장원에 납세하는 대가로 특정 물종을 전담 취급하거나 특정 관부에 대한 물자조달을 독점한 회사들로서, 기본적으로는 도고의 연장이었다. 상업회사 일반이 도고적 행태를 보이는 상황에서 회사 설립을 빙자하여 株金 명목의 잡세를 수탈하거나 영업독점권을 명목으로 영세상인을 수탈하는 회사도 속출하였다. 각지의 加沙里會社와 麴子會社, 仁川의 柴炭會社, 漁商會社, 米豆會社, 菜果會社, 翔物會社, 南草會社, 沃溝의 魚鹽會社, 長淵의 魚物會社, 元山의 鹽商會, 利原의 五種會社, 全州의 八商會社 등은 모두 특정 물종의 전매권을 자임하면서 소상인과 소생산자를 수탈한 도고회사들이었다.7) <표 11>을 보면, 1899년 이후 설립회사 수가 급증하고 있다. 이는 대한제국의 황제권의 전제화에 발맞추어 내장원을 중심으로 하는 특권적 상업질서가 부활되면서 도고회사들의 설립이 급증했기 때문이다.

이상에서 보았듯이 갑오개혁이후 대한제국기까지 민영기업과 관영기업이 대거 설립되었다. 회사의 설립에는 상인들 이외에도 관료 등도 출자했는데 자본규모가 큰 것은 수십만 냥에 이르고 있었다. 특히 대한제국시기에 관료 및 상업 자본에 의해 설립된 기업들은 한 때 상당한 성과를 거두기도 했으나, 폐쇄적 조직, 자금부족, 운영방식의 미숙, 일본의 방해 등으로 크게 발전하는 데는 실패했다. 이들 회사들은 관아에서 허가받아 매년 일정액을 납세하면 특권상인의 수세, 첩세, 각종 잡세를 면제받을 수 있었지만, 조정은 그 이외의 적극적 보호책이나 장려책을 펴지 않았다.8)

---

7) 이상 회사의 설립상황에 대해서는 전우용, 2011, 앞의 책; 전우용, 2000, 「상회사의 설립과 상권수호운동」, 『신편 한국사 44』 국사편찬위원회. 185-194쪽에 의거해서 서술했음.

8) 김호범, 1993, 「개항기 상업구조와 식민지 상업체제의 형성에 관한 연구」, 『경제학논집』 2권 1호.

대한제국기 회사의 발전에 큰 장애가 된 것은 자본 부족이나 경영 능력 결핍 등 회사 내부의 문제만이 아니었다. 더 큰 문제는 화폐 제도의 문란, 관세장벽의 결여, 국가 재정의 곤궁 등 회사 외부에 있었다. 특히 백동화 인플레이션은 화폐 및 유가증권의 가치를 끊임없이 하락시켜 자본가치를 보전할 수 없게 했다. 주식회사가 다수 설립되었음에도 불구하고 주식 모집이 순조로울 수 없었던 것도 이 때문이다. 근대적 경제 체제가 먼저 정비 되지 않는 한, 근대적 회사의 발전을 기약할 수는 없었다. 그런데 백동화 인플레이션은 한편으로 무차별적인 대중 수탈의 성격도 지녔다. 국가를 중심으로 한 자본 축적에서는 이조차 원시적 축적의 한 계기를 이룬다. 문제는 이것이 다시 국가 재정을 위기로 몰아갔던 데에 있는데, 이에 따라 정부는 兌換金券條例와 中央銀行條例를 각각 반포하는 한편 유력한 재산가들을 중앙은행 창립사무위원에 임명하여 이들 문제를 해결할 방침을 세웠다. 대중수탈을 통한 국가 중심의 자본 축적을 다음 단계로 이행시킬 계기를 만들려 한 것인데, 이는 러일전쟁 이후 일제의 침략으로 좌절되었다.[9]

한편 일제가 한국 내정 전반을 좌우하기 시작한 1905년에서 1910년까지의 회사 설립(신청) 상황을 표시하면 다음의 〈 표 12 〉와 같다.

<표 12> 1905~1910년간 한인회사의 설립(신청) 상황[10]

| 연도 | 금융업 | 농림업 | 제조업 광업 | 상업 | 운수업 | 수산업 | 청부업 토건업 | 기타 | 계 |
|---|---|---|---|---|---|---|---|---|---|
| 1905 | 7 | 6 | 8 | 9 | 6 | | 6 | 2 | 44 |
| 1906 | 10 | 2 | 13 | 21 | 11 | 4 | 6 | 14 | 81 |

9) 전우용, 2011,『한국 회사의 탄생』서울대 출판문화원, 420-422쪽
10) 전우용, 2011, 앞의 책 236쪽에서 재인용.

| 1907 | 7 | 5 | 8 | 19 | 9 | 3 | 6 | 9 | 66 |
|---|---|---|---|---|---|---|---|---|---|
| 1908 | 4 | 8 | 11 | 25 | 8 | | 3 | 13 | 72 |
| 1909 | 5 | 9 | 24 | 20 | 5 | 1 | 2 | 15 | 81 |
| 1910 | 3 | 7 | 32 | 22 | 6 | 1 | 1 | 9 | 81 |
| 계 | 36 | 37 | 96 | 116 | 45 | 9 | 24 | 62 | 425 |

<표 12>를 <표 11>과 비교하면, 1905년 이후 회사의 설립(신청) 건수는 그 이전 시기에 비해 3~4배 가량 늘었다. 전통적 금융체계가 붕괴되고 회사에 대한 정부의 시혜가 중단되고, 조선통감부의 한인회사에 대한 억압이 본격화되는 등 회사의 설립, 경영 조건이 전반적으로 악화되었음에도 불구하고 회사의 설립이 증가한 까닭은 무엇일까? 그 원인을 다음의 네가지로 요약할 수 있다. 첫째는 관제 변경 등에 따라 퇴직한 관리들이 회사를 대거 설립했다는 점, 둘째 을사조약 이후 급격히 고양된 구국계몽운동과 관련하여 계몽운동가들이 근대적 산업자본의 중요성을 깨달아 직접 회사를 설립했다는 점, 셋째 일제의 화폐·재정정리로 인해 화폐가치가 상대적으로 안정되고, 금융기관이 정비되어 회사영업이 안정화되었다는 점, 넷째 일본인이 설립한 회사가 증가했다는 점이 그것이다.

통감부시기 회사의 활동은 광무년간과는 사뭇 다르게 전개되었다. 금융업에서는 일본 제일은행과 각지 농공은행이 각각 중앙은행 업무와 지방 금융을 전담하게 됨에 따라 단순한 상업자금 대부를 주목적으로 하는 회사들만이 설립될 수 있었다. 韓一銀行, 韓美協同倉庫會社, 龜浦貯蓄株式會社, 株式會社韓隆社(京城隆興株式會社), 株式會社大韓商業社, 義州保産合資會社 등이 모두 상업자금이나 토지구입 자금 대부를 목적으로 하여 설립된 회사들이었다. 농림업에서는 특히 柞蠶 관련 회사가

다수 설립되었는데, 이들 회사는 일본 생사회사에 원료를 공급하기 위한 작잠, 또는 家蠶 재배에 주력하였다. 安義鶴峴蠶業會社, 蠶農社, 柞蠶合資會社, 全羅南道株式蠶農社, 柞蠶株式會社, 種桑會社, 柞蠶製炭株式會社 등은 모두 蠶繭만을 생산하기 위해 설립된 것들이었다.

통감부시기에 가장 많은 변화를 강요받은 것은 상업회사들이었다. 일제는 일본 상품의 자유로운 유통을 보장하기 위해 개항장 객주의 독점영업권을 부인하고 수세도고회사를 철폐하는 등 도고상업체제를 해체해 나갔다. 그에 따라 통감부시기에는 이전과는 다른 유형의 상업회사가 출현하였다. 객주업을 전문으로 하는 회사, 일본상품을 직수입하는 무역회사, 도시 定住商業의 발달에 따른 시장관리회사, 지역별·물종별 전매권이 소멸된 데 대응한 조달업·용달업회사가 출현한 것이다.

객주업 전문회사는 객주들이 자본규모를 늘려 日商의 상권 침탈을 대응하려는 의도에서 설립되었다. 大韓貿易商社, 紫巖泰興社, 廣濟社, 客主協信商會, 水陸物産株式會社 등이 이 시기에 설립된 대표적 객주업 전문회사들이었다. 또한 일본 상인의 직무역 독점이 강화됨에 따라 수입품 확보에 곤란을 겪게 된 상인들은 이것을 타개할 목적으로 무역회사를 설립하였다. 彰信社, 合名會社共益社, 淸鹽會社, 淸韓貿易合資會社, 興業社, 株式會社湖上館商會, 大韓貿易商社, 韓美興業株式會社 등은 모두 서울·의주·개성의 상인들이 일본의 회사와 특판계약을 맺거나 특정 국가와의 무역을 전담할 목적으로 설립한 회사들이었다.

일제는 표면상 도고회사의 존재를 용인하지 않았기 때문에 통감부시기에는 원칙적으로 도고회사가 설 자리는 없었다. 그렇지만 이 시기에도 수세도고회사는 지속적으로 등장하였다. 이는 기본적으로 도고상업체제의 강고성을 반영하는 것이기는 하지만, 통감부의 한인 수탈정책도 이에 적지 않은 영향을 미쳤다. 龍淵掘江會社, 津船組合會社, 陸運穀料會社, 保船會社, 商業會社, 韓國畜産會社 등은 모두 일진회원 등의 친일한인들이 설립한 것으로 광무년간의 수세도고회사와 다를 바 없는 민중수탈을 자행하였다. 수세도고회사는 기본적으로 정치적 권위에 기탁하여 상민을 수탈하는 기구였고, 따라서 그에 상응하는 정치적 보호나 특권 부여가 전제되어야 했다. 그리고 이 시기 정치권력을 장악하고 있었던 것은 바로 통감부였다. 일제는 표면적으로는 도고상업체제의 청산을 표방했지만, 이면에서는 도고상업체제에 입각한 일본인과 일부 친일 관리, 상인층의 민중수탈을 용인함으로써 한인의 자본을 일본인의 수중에 넘겨주고자 하였던 것이다.

통감부시기 한인의 회사 설립에서 나타나는 가장 큰 특징은 제조업 부문의 약진이다. 이 시기의 제조업회사 증가는 전래의 수공업 생산을 공장제 생산으로 전환하면서 회사를 설립하는 사례가 급속히 늘어난 점, 한인 상인이 일제 수입품 취급으로부터 배제되는 데 대응하여 수입대체산업 육성에 대한 관심이 높아진 점 등에 기인하는 것으로 보인다. 이 시기의 제조업 회사는 제혁업을 제외하고는 모두가 내수용이나 수입대체적 부문에서 설립되었다. 大韓煙草株式會社, 谷香合資會社, 半島製烟社, 盤松製烟社, 廣盛商會 등의 연초회사, 漢城織物株式會社, 漢城染織會社, 韓興織組會社, 京城織紐合名會社 등의 직물업회사, 京城釀造合名會社, 酒類釀造會社 등의 양조회사, 造紙用達會社, 大韓製紙會社 등의 제지회사, 平壤磁器製造株式會社, 汾院磁器株式會社 등의 도자기 제조회사, 大韓獸皮合資會社, 合名牛皮會社 등의 제혁회사, 印刷工業會社 등의 인쇄회사, 鐵工製造株式會社 등의 철기제조회사 등이 이 시기에 설립된 대표적 제조업회사들인데, 이들은 규모의 대소에 관계없이 기본적으로 수공업적 토대를 벗어나지 못하고 있었다. 이는 당시까지 한국 제조업의 기술수준이 낮았던 데에 일차적 원인이 있지만, 그와 동시에 비교적 넓은 시장이 존재하는 영역에는 예외없이 일본자본이 침투해 들어왔던 점도 중요한 요인으로 작용하였다. 정부의 보호나 보조를 기대할 수 없었던 한인자본가들이 거액의 투자를 요하는 신기술 채용에 나설 수는 없었기 때문이다.[11]

한편 기선운수업은 관영으로부터 민영으로 전환하면서 성장하는 추세였는데, 일본 선박업체의 압박, 운송량의 부족과 자금난, 기선의 침몰사고 등으로 타격을 받았다. 개항장에 출입하는 조선의 기선은 청일전쟁 전후 3만톤 정도에서 1904년 18만톤까지 증가하였다가, 러일전쟁 후에 감소하여 1909년에는 12만톤이었다. 그래서 러일전쟁 전까지 기선출입량의 2할을 넘었지만, 1908년부터 5%이하로 떨어졌다. 조선인 은행은 대출기선을 제조업으로 확장하지는 못하고 어음할인 위주의 단기상업금융에 국한되는 등 전반적으로 영업활동이 부진하였다. 조선인 은행으로서 가장 활발하였던 대한천일은행의 대출금이 일본은행의 대출금에 대해 차지하는 비율은 1902-5년간 5.4-8.4%에 불과했다. 러일전쟁 이후에는 한일합작회사도 늘어났다. 일본인들은 시장정보나 商慣習上의 이유로 한인과 합작으로 회사를 설립하려고 했으며, 한국인들은 통감부의 한인회사 억압을 회피하기 위해 일인을 끌어들여 회사를 설립하였던 것이다.[12]

---

11) 이상 통감부시기의 회사에 대해서는 전우용, 2011 앞의 책; 전우용, 2000, 「상회사의 설립과 상권수호운동」, 『신편 한국사 44』 국사편찬위원회. 185-194쪽에 의거해서 서술했음.
12) 이헌창, 2005, 「개항기의 경제사적 의의」, 『동양학』 37.

## 2. 회사 설립의 주체와 그 성격

대한제국기 회사설립의 주체는 출신계보에 따라 귀족·관료출신 기업가, 지주출신 기업가, 상업 기타 서민출신 기업가로 대별할 수 있다. 귀족·관료출신 기업가로는 1911년에 「시사신보」에서 조사한 바에 의하면 전국에서 50만 원 이상의 자산가 1,018명중에 일본인은 986명, 조선인은 32명이었다. 조선인 32명 중에 왕족과 귀족이 9명, 관료가 3명, 기타는 대지주 등으로, 이들은 대개 서울에 거주하는 상층 양반들이었다. 양반들도 개항 이후 각종 회사 설립과정에서 자본가로 참여하고 있는 것이다.[13] 상층 양반에 비해 상인 출신은 50만원 이상의 기업가에 한명도 없었다.

대한제국기 은행과 금융업, 전기회사와 같은 자본 규모가 큰 회사는 대부분 관료와 귀족, 대지주 혹은 상인자본가에 의해 설립되었다. 고종과 황실은 한성전기회사(1896), 특립제일대한은행(1898), 대한천일은행(1899) 등의 은행과 회사를 설립하도록 하고, 그에 직접 출자함으로써 회사를 근대적 문물제도를 도입하는 기구인 동시에 소요 재원을 조달하는 기구로 활용하였다. 고종과 황실의 회사 참여는 관료들의 회사 설립 및 운영에 자극제가 되었다. 대한제국시기 회사의 설립과 운영에 참가한 인물 중 관료층이 약 40%를 차지하였다. 지주출신 기업가의 예로는 물산객주인 장우석과 만석꾼 지주인 윤상은이 합자하여 1908년에 설립한 구포저축주식회사(구포은행)가 대표적이다. 상인과 서민들이 세운 회사는 대부분 소규모 무역에 종사하는 회사였다. 중소 내지 영세기업을 설립, 경영한 상인출신의 기업가는 전래의 토착상인으로서 그들은

---

13) 김영모, 1977,『조선지배층연구-관료양반의 사회학적 고찰-』일조각

영리에 밝고 환경에 적응능력이 뛰어났다. 그들은 개항이후 새로운 시장상황에서 점차 근대기업경영의 체험을 쌓으면서 갑오개혁 이후 1900년대부터 근대기업가로 성장하였다. 이들은 근대적인 경영기법을 익히면서 이윤추구에 철저했기 때문에 일제강점기에 오히려 훨씬 더 많은 자본을 축적하여 대상인으로 성장할 수 있었다. 한말의 대표적인 기업가는 전통적인 관료지배층 출신이 대부분이었지만 서울에서는 시전상인이나 객주 출신의 기업가도 많았다. 대표적인 사례가 앞서 살폈던 백윤수의 대창무역주식회사, 김태희가의 수남상회, 박승직 상점이었다.[14)]

대한제국 초기에 회사 설립을 주도한 사람들은 현직 고위 관료들로서 친일개화파로 분류되던 안경수, 김종한과 정동구락부 계열의 이채연, 이완용, 이윤용, 그리고 이재순, 이재극, 민병석, 민병한, 민영환 등 황제의 친인척들과 황제의 신임이 두터운 이용익, 이근배 등이었다. 고위 관료와 황제 측근이 회사 설립에 적극 참여한 것은 정부의 지원이 있었기 때문이다. 이외에도 중하위 관료인 김익승, 우경선, 오귀영 등은 광업, 운수업, 제조업 등 각 분야에서 일관된 경력을 쌓으면서 전문경영인의 소양을 다졌다. 관료에 비해 상인층의 근대적 기업 설립은 많지 않았고, 고위 관료나 황실과 맺은 사적 관계에 따라 소극적, 수동적으로 참여하는 자들이 많았다.[15)]

1897년 창설된 馬車會社는 고위관료와 상인들이 合資로 운영되었고, 같은 해 창설된 大朝鮮苧麻製絲會社는 국내에서 생산되는 삼과 모시를 合絲하여 외국에 수출할 목적으로 설립된 회사였다. 苧麻製絲會社의 회

---

14) 황명수, 1999, 「제2장 한국의 기업발달과 기업가의 경영이념」, 『한국기업가사연구』 단국대출판부
15) 전우용, 1993, 「개항기 한인자본가의 형성과 성격」, 『국사관논총』 41

장은 안경수, 부회장은 이채연, 장무관은 이근배, 윤규섭, 타운센드, 데슐러, 존슨, 서재필 등이 맡았는데, 독립협회의 주요 인물들이 외국인 자본을 끌어들여 창립한 회사였다. 또한 大韓帝國人工養蠶合資會社(1900)는 사장 김가진(전 대신), 평의장 박정양(전 대신), 간사 서병숙(참서관), 서상면(주사), 기술자 金漢睦, 方漢永, 韓宜東, 尹壽炳, 姜鴻大(기수) 등 농상공부의 전현직 관료들이 민간자본을 모집해 창립한 회사였다. 1900년 5월에 회사 사무소를 壽進洞의 前濟用監으로 이전하고 회사내에 일반인들에게 잠업을 교수할 목적으로 人工養蠶傳習所를 개설하였는데, 소장과 소감에는 농상공부 대신 閔丙奭과 참서관 서병숙이 취임하고 기수 김한목 등은 교사로 활약하고 있었다. 광무황제는 회사 설립시에 제용감을 이용할 수 있도록 배려하는 한편 桑木을 하사하였고, 인공양잠전습소에도 보조금 천원을 은사하는 등 지원을 아끼지 않았다.[16]

한편 광무정권은 이 시기에 설립된 민간 은행에 대한 지원도 아끼지 않았다. 대한제국은 안경수 계열과 김종한 계열이 각각 관료와 상인 자본을 합동해 창립한 朝鮮銀行(1897)과 漢城銀行(1897)에 대해서 거액을 예금해 운전자금을 지원했고, 1899년에 황실과 가까운 관료, 상인들이 망라되어 설립 경영한 大韓天一銀行에 대해서는 더욱 각별한 지원을 베풀고 있었다. 황실은 영친왕 명의로 자본금(8천원)을 출자해 주주가 되었고 전환국을 통해 거액의 운전자금을 지원하였을 뿐만 아니라 조세자금 취급 권한을 부여하는 등 갖가지 특권을 부여하였다.

민간회사에 대한 대한제국의 후원이 가장 잘 드러나는 사례는 大韓協同郵船會社였다. 大韓協同郵船會社(1900)는 당시 일본인이 장악하고 있던 항해권을 회복하려는 목적 아래 사장에는 의정부 찬정 李允用, 총

---

16) 오진석, 2006, 「한국근대 電力産業의 발전과 京城電氣」 연세대 박사논문 9-15쪽.

무에는 객주 출신의 거부 丁致國이 취임하는 등 정부 고관들과 상인들이 자본을 합동하여 인천에 창설한 해운회사였다. 황실은 전환국을 통해 이 회사에 1만원을 출자해 주주가 되었다. 동 회사는 설립 직후 정부소유기선 3척을 貰入하여 운행에 나섰으며, 수개월 후에는 이 선박들을 15만원에 불하받는 등 정부로부터 많은 지원을 받고 있었다.

개별 회사 설립과 운영 과정에서 드러나듯이 개화파관료들에 의해 시작된 민간회사 설립운동은 황실과 일부 측근친위세력, 권문세가, 중하급관료까지 확산되고 있었다. 당시는 황실의 일원부터 권문세가, 양반가의 서자, 중인 그리고 중하급관료 출신들까지 상인들과 어울려서 신분차이에 구애받지 않고 자본을 합동하여 회사를 경영하는 일이 붐을 이루던 시절이었다. 그러나 민간자본만으로는 상공업 진흥정책을 추진하기에는 자본의 결집과 기술 도입상 한계가 있었다. 거대자본과 첨단기술이 요구되는 철도, 광산, 전력업의 경우가 특히 그러했다. 따라서 광무정권은 해외자본의 직접투자를 유치하는 데에 힘을 기울였다. 방법은 두 가지였다. 하나는 개인이나 회사 형태로 진출한 외국자본에게 개발권을 부여하여 직접투자를 유도하는 방법이었다. 이 경우 대한제국은 토지와 시설물 그리고 각종 편의를 제공하고 계약 상대방은 필요 자본을 조달하고 기술을 도입해 富源을 개발하는 방식을 취했다. 1896년 3월 경인철도 부설권을 미국인 모스(Morse)에게 허가한 것이나 동년 7월 경의철도 부설권을 프랑스의 피브리유(Fives-Lille)社에게 부여한것, 그리고 1898년 9월 澁澤榮一을 중심으로 한 京釜鐵道株式會社(조약 당사자는 佐佐木淸麿, 乾長次郎)에 경부철도 부설권을 허가한 것이 그 예였다.

다른 하나는 대한제국 황실이 외국 자본과 합자를 통해 회사를 설립하여 富源을 개발하는 방식이었다. 예를 들어 대한제국이 1896년 4월 미국인 자본가 모스와 25년간 雲山金鑛 개발에 합의하면서 자본금 10만불의 朝鮮開鑛會社(Korean Mining and Development Company)를 설립한 경우가 그러했다. 고종이 총주식의 1/4을 인수하여 광산개발에서 얻는 이익을 배당의 형식으로 환수하는 대신, 일체의 세금을 면제하는 특권을 이 회사에 부여하기로 했다. 그러나 이 방법은 극히 일부였고 이후 광산업에서는 대개 외국인 사업자에게 자본조달과 경영을 전적으로 맡기고 이익의 일부를 분배받는 조건으로 전환했다. 예를 들어 1898년 7월에는 독일 세창양행과 채광기간 25년, 이익분배율 25%의 조건으로 堂峴金鑛 채굴계약을 체결하자 마이어 컴퍼니(Meyer Company, 세창양행의 본점)는 베를린 할인합자회사(Berlin Disconto Gesellshaft)와 동업하여 독일 신디케이트(German Syndicate)를 조직하여 필요한 자본을 조달하였다. 1898년 9월에는 영국 상인 머독, 헤이와 같은 조건으로 殷山礦約을체결하였는데, 이들은 영국인 모건을 끌어들여 영국신디케이트(British Syndicate, 일명 Morgan Company)를 조직하여 사업을 뒷받침하였다. 1900년 8월에는 역시 동일한 조건으로 일본인 澁澤榮一, 淺野總一郎, 礦山組合에게 稷山金鑛 채굴권을 부여했다.[17]

이상에서 개항이후 회사설립의 추세와 설립추제들에 대해 개괄적으로 살펴보았다. 이하에서는 개항이전 조선에서의 영업조직이 개항이후 회사로 전환한 몇가지 사례들을 통해 근대 상업 형성과정에 나타난 조선인들의 주체적 대응을 살펴보고자 한다.

---

17) 이영학, 1997, 「대한제국의 경제정책」, 『역사와현실』 26,

## 3. 조선후기 藏氷業과 한말의 圓滿會社

### 1) 조선후기 장빙업과 氷契

원래 겨울에 얼음을 저장하고 여름에 나누어주는 일은 빙고에서 담당하는 일이었다. 정부에 소속된 빙고는 동빙고, 서빙고와 궁궐안의 내빙고 두 곳 등 네 곳이 있었다. 동빙고는 국가 제사용 얼음, 서빙고는 정2품 이상의 관료들에게 나누어줄 얼음을 저장하였으며, 내빙고는 궁궐안에 설치되어 왕실에 얼음을 공급하였다. 각 빙고에서는 한강에서 얼음을 채빙하여 얼음을 저장하는 일을 京江住民에게 부역으로 부과하였다. 이를 藏氷役이라고 했는데, 이 장빙역도 17세기 후반이후 점차 물납세로 전환되었고, 18세기 후반에는 하역운수역과 마찬가지로 공인계인 氷契가 창설되어 경강주민들을 품삯을 주어 얼음을 저장하는 제도로 바뀌었다.

조선시기 얼음의 수요처는 반드시 정부나 궁가, 사대부만이 아니었다. 그러므로 민간에서도 사빙고를 설치하여 여름에 얼음을 판매하는 민간장빙업이 성행하였다. 원래 민간에서 사사로이 빙고를 설치하는 것을 금지되었는데, 성종의 친형인 月山大君이 망원, 합정지역에 私氷庫를 건설하여 성종의 승인을 얻은 이후 사빙고 설치가 크게 늘어났다. 사빙고는 대부분 막강한 권세를 가진 양반가가 아니면 쉽게 설치 운영할 수 없었고, 사빙고를 설치한 권세가들은 민간장빙업을 영위함으로써 막대한 부를 축적할 수 있었다.[18]

---

18) 18세기 후반 망원 합정지역에서 막강한 영향력을 행사했던 민간장빙업자 姜慶煥은 양반으로서 姜希孟의 후손이었다. 당시 사람들은 민간장빙업자들을 고위 관료를 지낸 자[曾經顯職者]이거나 양반으로서 모리에 익숙한 자[班戶之慣於牟利者]로 표현하고 있다.(『正祖丙午所懷謄錄』 卽今江居之曾經顯職者 班戶之慣於牟利者

민간장빙업은 조선전기부터 시작되긴 했지만, 크게 성행한 시기는 아무래도 서울의 상업도시화가 진전된 18세기 이후였다. 상업도시 서울에서는 일반 가정에서도 각종 어물과 육류의 수요가 늘었다. 소고기 판매점인 懸房이 24곳으로 늘어나고, 불법적으로 소를 도살하여 판매하는 곳도 늘어났다. 이뿐만 아니라 종전 대부분 말리거나 소금에 저려서 유통되던 어물도 생선으로 유통되기 시작하였다.[19] 이는 출어하는 어선에 얼음을 싣고 포획한 고기를 저리거나 말리지 않고 생선상태로 소비지까지 유통시킬 수 있는 냉장선의 일종인 氷魚船이 출현함으로써 가능한 것이었다.[20] 18세기 중엽이후 얼음수요가 크게 증가하였기 때문에 私氷庫도 18세기 후반에는 30여곳에 달했지만, 서울 주민의 수요를 감당할 수 없을 정도였다.

이와 같이 얼음 수요가 급증하자 관영빙고에 얼음 저장을 대행하는 대가로 민간에 대한 얼음판매를 독점하는 貢人契인 氷契가 1782년(정조 6) 출현하였다. 빙계는 경강주민의 방역으로 운영되었던 내빙고, 동빙고, 서빙고에 무상으로 얼음을 진배하는 대신 그동안 자유롭게 영업하던 민간장빙업자의 사빙고의 얼음 저장을 일체 금지하였다. 주민의 노동력을 강제로 동원해서 이루어졌던 장빙 작업에서 '設契作貢'의 형태로 빙계가 출현한 것이다. 이와 같이 창설된 공인계는 소수의 유력자들이 공동으로 출자하여 영리를 목적으로 운영되었다. 형태는 공인계였으나 출자자들의 공동출자와 이익의 출자액에 따른 분배 등 그 운영형태는 근대의 회사와 크게 다를 바 없었던 것이다.

---

以冒法私氷爲業)
19) 고동환, 2007, 『조선시대 서울도시사』 태학사 참조.
20) 고동환, 2017, 「조선후기 경강의 냉장선 氷魚船 영업과 그 분쟁」, 『서울학연구』 69

빙계는 私氷을 금했으므로, 빙계의 창출은 곧 藏氷都賈의 출현을 의미했다. 그들의 독점권 행사는 매우 강력한 것이었다. 빙계인들은 강상의 여러 곳에 설치되어 있는 사빙고를 모두 파괴하였고, 심지어는 겨울에 고기잡이 배에서 물위에 떠 있는 얼음을 버리거나 싣는 것도 犯禁했다고 처벌을 받게 하거나 또는 贖錢을 내게 할 정도였다. 이에 따라 민간 장빙업자들은 모두 파산할 지경에 이르렀다. 민간장빙업자들은 빙계의 장빙도고에 대해 민간장빙업자들의 반대운동은 강력하게 전개하였다. 그러므로 비변사에서는 민간장빙업자의 반발을 무마하기 위해 서강, 마포, 용산지역에서는 빙계의 독점을 허용한 대신, 양화진과 합정 이하 지역에서의 민간장빙업을 허용하였다. 1786년(정조 10) 빙계인들은 서강, 용산, 한강 지역에 설치된 사빙고를 모두 파괴하거나, 겨울에 한강에서 물위에 떠 있는 얼음을 싣는 것까지 금지하였다. 이처럼 장빙도고가 강화되자 1787년(정조 11)에는 민간장빙업자들은 빙계는 氷都賈이므로 이를 혁파하고, 강변 백성들에게 자유롭게 얼음의 판매를 허용해야 한다고 주장하였다. 민간장빙업자들이 빙계를 반대한 명분은 빙계에서 설치한 8곳의 빙고에서 저장한 얼음만으로는 급증하는 얼음수요를 모두 충당할 수 없기 때문에 여름철에 얼음값이 너무 오른다는 논리였다. 1786년(정조 10) 禁軍 崔德禹는 빙계의 장빙도고에 대하여 다음과 같이 비판하고 있다.

빙고가 많으면 얼음값이 싸지고 빙고가 적으면 얼음값이 비싸집니다. 종전에 水上과 水下에 설치된 빙고가 30여 곳에 가까운데도 오히려 모자란 염려가 있었습니다. 지금 빙계에서 모든 빙고를 일절 금지하고, 빙계에서 설치한 8곳만 두었습니다. 예전에 비해 5분의 1로 줄었다고 말할 수 있습니다. (중략) 예전에는 많았으나 오히려 모자랐는데 지금은 적으니 어찌 1분의 양을 저장하고 5배의 수요를 감당할 수 있

겠습니까? 그러므로 얼음 값이 오른 것은 당연한 것입니다. 21)

이와 같은 민간장빙업자들의 격렬한 반대운동으로 인해 빙계는 1787
년(정조 11) 혁파되었고 다시 민간장빙자들이 자유롭게 얼음을 저장하
고 판매할 수 있게 되었다. 얼음판매권을 둘러싼 빙계인과 민간장빙업
자와의 분쟁에서 결국 양반들인 민간 장빙업자들이 승리했던 것이다.22)

조선시대 얼음은 어떻게 채취했을까? 1908년에 農商工部 水産局에
서 편찬한 『韓國水産誌』에 의하면, 얼음은 한강변 저자도 근처에서 음
력 12월이나 1월중 오전 2시경에서 해뜨기 전에, 길이 45cm(1尺5寸),
너비 30cm(1척), 두께 21cm(7촌)정도로 한 덩이씩 떠내었고, 얼음 한덩
이의 무게는 18.75kg(5貫)정도였다. 이렇게 채취한 얼음 3덩이를 묶어
지게에 지고 운송하였다. 빙고에서는 얼음을 차례대로 배열하고, 틈마
다 얼음조각을 삽입하여 조그마한 틈도 없게 한 다음, 위에 빈 가마니 여
러 장을 덮어 외부의 공기가 유통되지 못하게 막음으로써 얼음이 녹는
것을 방지하였다. 얼음을 채취하는 채빙공과 빙고에 저장하는 저장공은
기술이 필요했기 때문에 숙련노동자를 고용했지만, 운반에는 품팔이노
동자를 고용하였다. 장빙업은 빈민들이 겨울철에도 살아 갈수 있는 일
거리를 제공한 영업이었던 셈이다.

---

21) 『正祖丙午所懷謄錄』 禁軍 崔德禹 所懷
　　氷庫多則氷價賤 氷庫少則氷價貴 而從前水上水下之置氷庫者 殆近三十處 猶患不足
　　矣 今此氷稧 凡諸氷庫 一切禁斷 自其稧中 只置八庫 若比於前 可謂五分之一也 (중
　　략) 曾雖廣而尙絶 今旣狹則 何況以一分之藏 當五倍之用 則氷價自然騰踊矣
22) 고동환, 1994, 「조선후기 藏氷役의 변화와 藏氷業의 발달」, 『역사와현실』 14 참조.

<그림 2> 1910년대 한강의 얼음채빙 모습(1910년 조선풍속도 엽서)

조선시대 서울지역에서 1년에 소비된 얼음량은 어느 정도였을까? 이를 알기위해서는 관영빙고와 사빙고에 저장된 얼음 양을 추정해보기로 하자. 조선후기 관영빙고인 동빙고, 서빙고와 내빙고 두 곳 등 관영빙고에서 저장한 얼음은 시기에 따라 증감이 있지만, 대체로 20만丁내외였다. 정은 얼음 한 덩이를 의미하는 용어로, 그 무게는 18.75kg(5貫)에 달하였다. 관영빙고가 아닌 사빙고에 저장된 얼음은 관영 빙고보다 훨씬 많았다. 민간장빙업자가 사빙고에 저장한 얼음은 2백만정으로 추산된다. 동빙고, 서빙고등 관영빙고에 저장한 얼음에 비해 민간장빙업자들의 사빙고에 저장한 얼음의 크기가 훨씬 작았기 때문에 사빙고 한 정의 크기를 관영빙고의 반[9kg]으로 가정하면, 사빙고에 저장된 얼음양은 1.8만톤으로 계산된다. 관영빙고의 3,750톤을 합하면 조선후기 서울의 얼음 저장양은 2만톤 내외였을 것이다.[23] 18세기 후반 서울의 실거주인

---

23) 1923년 제빙업이 본격화되기 이전 천연빙을 저장하는 단계에서 얼음저장량은 2만 6천톤으로 추산하고, 이 양은 서울주민의 소비량에 미치지 못한다고 얘기하고 있다. (올해 경성에 있는 여름 음료 및 기타에 사용할 얼음의 在荷는 경성천연빙, 조

구를 30만명으로 추산한다면, 주민 1인당 얼음저장량은 70kg 가량이었다. 그렇다면 1인당 얼음 소비량은 얼마였을까? 겨울철 빙고에 저장된 얼음은 자연적으로 녹아 없어지는데, 『韓國水産誌』에는 1908년 당시 빙고에 저장한 얼음의 收率을 대략 3분의 1이라고 얘기하고 있다. 한겨울에 저장한 것중에 3분의 2는 녹아 없어지고 판매할 수 있는 것은 저장량의 3분의 1에 불과했다는 것이다.[24] 이를 조선후기 빙고에 적용하면, 조선후기 서울주민 1인당 얼음 소비량은 20kg정도로 추산할 수 있다.[25]

또한 관영빙고와 사빙고의 얼음저장량을 비교한다면, 18세기 후반 민수용 얼음수요는 官需用에 비해 15배나 많았음을 알 수 있다. 이처럼 얼음수요가 광범하였기 때문에 장빙업은 막대한 이익을 낳는 산업으로 자리잡았다. 18세기 후반 장빙업의 이익은 어느 정도였을까? 현재 민간 장빙업자들의 경영문건이 남아있지 않아 구체적으로 이익규모를 추산하기는 어렵다. 다만 장빙도고를 둘러싼 분쟁과정에서 혁파된 빙계의 영업규모와 이익을 추산할 수 있는 단편적인 자료들을 통해 이익규모를 추정할 수 있다. 빙계에서 1년에 100여만정을 저장하기 위해 투입된 자금은 1만냥 정도였다. 100정의 얼음을 보관하는데 1냥의 비용이 소요되었다. 빙고에 저장된 얼음의 자연소모분을 총저장량의 2/3로 계산되기 때문에, 저장 얼음 100만정 중에서 판매용 얼음은 대략 33만정내외였다. 이 3만여정을 내빙고 등에 진배하고 나머지 30만정을 민간에 판매할 수 있었다. 빙계인들은 자신들의 얼음판매가격을 1정당 1전이라고

선천연빙 및 개인이 경영하는 얼음양을 합하여 대략 2만6천噸(톤)으로 예년 경성에서 소비하는 양에 비해 약간 부족하다. 每日申報 1923-05-14 )

24) 農商工部 水産局, 1908, 『韓國水産誌』1권 第4章 捕魚 輸送と販賣, 氷庫 참조.

25) 고동환, 2009, 「조선시대 얼음의 문화사」, 『물질문화와 농민의 삶-문화로 보는 한국사 2』 태학사.

주장하였고, 민간 장빙업자들의 私氷은 빙계인들의 것보다 작았음에도 1정당 8전을 받았다. 30만정을 빙계인의 주장대로 1정당 1전씩 판매하면 3만냥이 되며, 사빙의 판매가격인 8전으로 계산하면 24만냥이 된다. 빙고설치와 장빙에 투자한 1만냥을 제하고도 1년 사이에 적어도 2만냥에서 많게는 20여만냥의 이익을 낸 것이다.26)

## 2) 대한제국기 圓萬會社와 일본인의 藏氷業 진출

이처럼 막대한 이익을 가져다줬던 장빙업은 개항이후에도 가장 각광받는 산업분야로 꼽혔다. 『韓國水産誌』에 의하면 1908년 즈음의 사빙고는 12곳이 있었는데, 이 가운데 일본인이 경영하는 곳이 2곳, 일본인이 출자를 받아 조선인이 경영하는 곳이 4곳이라고 기록하고 있다. 나머지 6곳은 조선인이 설치하여 운영하는 빙고인 것이다. 12곳의 빙고 소재지는 다음의 <표 13>과 같다.

<표 13> 대한제국 시기 한강의 빙고 소재지27)

| 지명 | 위치 |
|------|------|
| 흑석동 | 용산철교의 상류 약 10丁(町＝60間＝109m)의 좌안 |
| 노량진 | 노량진역에서 북쪽 약 2정 |
| 마포 | 용산의 서쪽 |
| 현석리 | 마포의 하류 약 8정 |
| 서호 | 현석리의 하류 약 5정 |
| 양화진 | 양화진 서호의 하류 |

이중에 흑석동 및 노량진의 빙고는 일본인 하타노 마쯔타로(羽多野松

---

26) 고동환, 1994, 앞의 논문 참조.
27) 農商工部 水産局, 1908, 『韓國水産誌』1권 第4章 捕魚 輸送と販賣, 氷庫 참조.

太郞)가 경영하는 곳으로 이곳의 얼음은 병원 및 기타 일반 위생용으로 주로 사용되었는데 1년에 50만관 정도를 병원에 판매했다고 한다. 나머지 10곳의 빙고에 저장된 얼음은 대부분은 일반의 수요를 목적으로 하지만, 냉장선인 빙어선용으로 제공되기도 하였다.

『韓國水産誌』에 의하면, 빙고는 강기슭의 고지대를 파서 커다란 지하실을 만들고 지상에는 단지 지붕만을 설치하여 건설한다고 한다. 강기슭을 선택하는 것은 자연적인 배수를 고려하기 때문이다. 빙고의 구조를 보면 다음 <그림 3>과 같다.[28]

<그림 3> 대한제국 시기 木造 氷庫의 구조

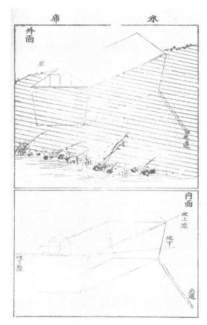

28) 農商工部 水産局, 1908, 『韓國水産誌』 1권 第4章 第4章 捕魚 輸送と販賣, 氷庫.

대형 빙고의 건설비는 크기에 따라 차이가 있으나 빙고 안이 대략 23.4m(13間[29]), 폭은 지붕이 7.8m(26尺), 아래의 폭은 6m(20尺), 깊이 5.4m(18尺)이며, 지붕은 띠로 잇는데 모두 900~1,000원이 필요하다고 한다. 12곳의 빙고는 대형빙고이지만, 냉장선인 빙어선에 얼음을 제공할 목적으로 한강변에 지어진 소형빙고도 매우 많았다. 『韓國水産誌』의 기록에 의하면 냉장선인 빙어선을 운영하는 자는 2평 정도의 소빙고를 설치하여 貯氷하였는데, 이러한 소형비고의 수는 매년 다르지만 한 강에 얼음이 두껍게 얼은 해에는 100곳 정도에 달하는 경우도 있다고 한다. 대형 빙고의 건설비는 1,000원에 달했지만, 소형 빙고의 건설비는 30~50원에 불과했다.[30]

한말 시기 장빙업자의 영업이익율은 얼마였을까? 『韓國水産誌』에 따르면, 1908년(융희 2)의 경우는 봄, 여름에 얼음 1관의 도매가격은 8전이었다. 한 겨울에 장빙업자가 1,400-1,500圓을 투자하여 15만관을 저장한다고 하면, 도중에 녹아 없어지는 얼음이 10만관이고, 최종 판매되는 얼음은 5만관이므로 판매금액은 4,000원이다. 장빙업자는 1년 동안 1,500원을 투자하여 2,500-2,600원의 이익을 보아 투자수익율은 167%에 달하였던 것이다. 또한 일제강점기 조선총독부에서 위생문제를 이유로 한강변의 장빙을 금지하자 이에 반발한 高陽의 한 기자가 동아일보에 기고한 기사에 따르면,

> 빙고업은 채빙시에 빙괴(氷塊) 1개에 3-4전의 운임이 들 뿐이므로 따로 큰 자본이 필요치 않다. 그 다음 해 얼음값이 좋으면 1개 빙괴가 70-80전에서 1원 이상으로

---

29) 1間은 6尺=1.8m이다.
30) 農商工部 水産局, 1908, 『韓國水産誌』 1권 第4章 第4章 捕魚 輸送と販賣, 氷庫.

팔리니 상당한 이익이 있는 영업이다. 강변의 수산물은 얼음을 가지고 여름철에 신
선함을 보존하니 빙고업을 금지하면 어업도 금지된다. 그리고 노동자들도 추수 후
에는 얼음채취와 운반으로 생계를 이어가는데 빙고업을 금지하게 되면 이들도 실
직하게 된다.[31]

고 하여 얼음의 판매 수익이 상당하다고 얘기하고 있다. 녹아 없어지
는 2/3를 제외하고 판매된다고 하면 1920년대 빙고의 영업이익은 투자
금액의 7배 정도로 계산된다. 장빙업의 투자수익율은 한말 시기 167%,
1920년대 700%이기 때문에 18세기 후반에 산출한 투자수익율
200%~2,000%도 그다지 과장된 수치는 아닐 것이다.

조선후기이후 한말에 이르기까지 엄청난 이익을 볼 수 있는 영업분야
가 장빙업 분야였다. 그러므로 『韓國水産誌』에서도 한국의 여러 산업
분야중에서도 장빙업처럼 많은 이익을 내는 분야는 거의 없다고 평가하
고 있는 것이다.[32]

개항이후 번성한 장빙회사 중에 圓萬會社는 청일전쟁 중에 자신이 저
장한 얼음을 청나라에 주둔한 일본군에게 판매하기도 했다. 이러한 실적
을 가진 원만회사는 1905년 2월 龍山에 주둔한 日本兵站司令部 松尾謙
太郎과 住野嘉吉에게서 日本兵이 淸國 營口 등지에서 이번 여름을 지낼
것이므로 조선에서 얼음을 사서 運用할 것이라는 電通을 받았다. 그러나
그 이후 또 다른 연락이 없어 원만회사에서 회신을 기다리지 않고 본사
의 藏氷을 민간에 發賣하였다. 다만 日本 군인 청나라 땅에서 여름을 순
조롭게 지내게 하기 위해 本社 소장의 빙고 한 곳을 農商工部에 봉납하
고 값을 받지 않겠으니 이를 農商工部에서 日本公館에 照會하여 조만간

---

31) 『동아일보』 1925년 1월 9일
32) 農商工部 水産局, 1908, 『韓國水産誌』 1권 第4章 捕魚 輸送と販賣 참조.

운반해 가서 사용하게 하라고 요청하였다.[33] 이처럼 원만회사의 빙고 한 곳의 얼음을 일본군에 헌납하였기 때문에 농상공부에서는 외부를 통해 일본공사관에 圓滿會社員 李昶을 표창해주도록 요청하고 있다.[34]

이처럼 장빙영업이 많은 이익을 남겼기 다른 어떤 영업분야보다도 일본인들의 진출이 매우 두드러졌다. 일본 佐賀縣 출신 山田幸七은 1877년생으로 1894년 조선으로 건너온 뒤에 1897년 다시 朝鮮의 京城으로 와서 山田氷室이라는 장빙회사를 열고 얼음판매영업을 시작하였으며,[35] 이 사업을 막대한 부를 축적하여, 1921년에는 자본금 30만원, 불입금 15만원으로 朝鮮天然氷株式會社 창립하였다. 朝鮮天然氷株式會社는 얼음의 저장 및 판매 소금의 매매 및 창고, 운송업, 碎氷 등의 부대사업 등을 주력 업무로 삼고 있었다.[36] 또한 규슈 大分縣 출신의 羽田野茂八은 1864년생으로 1899년 조선에 진출하여 本町에서 羽田野商店을 열어 天然 얼음 판매업을 시작하였고, 1912년에는 상점을 본정에서 明治町 2丁目으로 옮기고 있다. 羽田野商店에서 운영하는 빙고는 黑石里에 있었는데, 주로 總督府 병원에 필요한 얼음을 공급했는데, 대략 1년에 50만관 이상을 판매하였다.[37]

---

33) 農商工部來去文 (奎 17802) 제1책 農商來案 第一号, 開國五百四年五月十一日
34) 주한일본공사관기록 (76) [韓人會社에서 日本軍 夏季用 얼음의 상납을 희망] 1895년 6월 5일 오전 10시 30분 발신 발송자 公使 井上 수신자 占領地 總督 中將 佐久間
35) 국사편찬위원회 한국근현대인물자료 山田幸七
36) 朝鮮銀行會社組合要錄(1935년판), 朝鮮天然氷(株), 東亞經濟時報社
37) 국사편찬위원회 한국근현대인물자료 羽田野茂八

## 4. 개항 이전 津船 운영과 1902년 渡津會社

### 1) 개항 이전 한강의 津船 운영

삼남지역에서 서울로 들어오려면 한강을 건너야 했으므로 그 주요 지점에는 나루가 설치되었다. 한강 상류부터 渡迷津, 廣津, 三田渡, 漢江津, 西氷庫, 銅雀津, 露梁津, 楊花津, 孔巖津, 祖江渡 등이 한강을 건너는 주요 나루였다. 조선초기 한강의 나루는 津渡別監 또는 渡丞이 관리하다가 그 뒤에 津渡別將으로 고쳐서 兵曹에서 관리하였다. 나루터에 배치된 津夫의 수도 大渡는 10명, 中渡는 6명, 小渡는 4명이었고, 漢江渡의 경우는 서울과 삼남지역을 연결하는 요충이었으므로 20명의 津夫를 두었다. 이들 진부에게는 位田을 주어 나룻배를 운영하게 하였다. 병자호란 津夫들이 흩어져 楊花渡에 4명, 孔岩津에 6명, 三田渡에 1명, 廣津에 1명 등 16명이 소속되었을 뿐이었다. 1678년(숙종 4) 노량진, 동작진, 한강진에서 운용하고 있는 나룻배는 전체 50여척이었지만, 1746년(영조 22)에는 63척, 1785년(정조 9)에는 83척으로 늘었다.

津渡의 뱃사공인 津夫를 관리하는 관청은 兵曹였지만, 1710년(숙종 36) 삼전도는 총융청, 한강진은 훈련도감, 양화도는 어영청, 노량진은 금위영, 송파진은 수어청 등 軍門이 관리하는 체제로 바뀌었다. 군문에서는 別將을 두어 津船을 관리하였다. 각 군문에서는 江村의 閑遊人 50명을 모집하여 作隊한 후에 각종 잡역을 면제하고, 그 대신 津夫로 輪回立番하게 함으로써 津夫를 충당하였다. 이로써 종전까지 位田을 지급하여 진부를 충당하는 방식이 폐지되었다. 이와 같은 京江津渡의 관리체제는 1741년(영조 17)에 다시 변동되었다. 수어청에 소속된 松坡津 別將이 廣津, 三田渡, 新川의 上江을 함께 관할하였고, 어영청에 속한 楊花

渡 別將은 孔岩津과 鐵串津을 같이 관할하도록 하였다.

軍門의 진도 관리체제는 균역법이 시행된 1750년 이후 다시 변동하였다. 각 진도에는 군영에서 鎭을 설치하여, 한강 각 구역에 대한 관리체제를 정비하였다. 노량진은 금위영에, 한강진은 훈련도감에, 송파진은 수어청, 양화진은 어영청에 소속되어 관리되었다. 수어청에 소속된 松坡鎭에서는 廣州·東蠶室·廣津·뚝섬지역을, 훈련도감에 소속된 한강진에서는 鴨鳩亭·豆毛浦·뚝섬·夢賚亭·漢江津·西氷庫 지역을, 금위영에 소속된 露梁鎭에서는 果川·新村里·沙村里·橭契·兄弟井契·麻浦 지역을, 어영청에 소속된 양화진에서는 土亭里·瓮里上契·瓮里下契·玄石里·栗島·多仁里(당인리 - 인용자)·下中里·合井里·水溢里·望遠井 1·2 契·始興·新井里 지역을 관할하였다.38)

원래 관진인 한강진, 송파진, 노량진, 양화진을 제외한 나루에는 官船이 아닌 私船을 배치하여 행인들을 건네주었다. 관선으로 나룻배를 운영할 만큼 건너는 행인들도 위의 네 나루가 가장 많았는데, 18세기 이후에 한강과 동작나루 대신에 서빙고 나루가 주요 이용되었다. 이에 따라 조정에서도 서빙고나루를 한강진 별장이 관리하고, 관선 나룻배를 배치하여 운영하였다. 또한 삼전도를 제외한 津船 45척을 한강진 8척, 서빙고 6척, 동작 9척, 노량 9척, 양화도 9척, 鐵庫 1척, 공암진 3척으로 새로 분배하여 나루터를 운영하도록 하였다.39)

---

38) 이현종, 1966, 「京江 津, 渡, 船에 대하여」, 『향토서울』 27
39) 승정원일기 영조 30년 8월 24일 신미 1754년 승정원일기 영조 30년 8월 24일 신미 1754년
御將洪鳳漢日 臣於江船摘奸時 審察各津船路 則漢江 因行人之或就松坡或就西氷庫渡涉者比前漸少 銅雀則津淺灘險 而泊船處亦不便 渰溺之患 比比有之 近來行人 捨漢江·銅雀 而由西氷庫作路者 甚多 蓋非但渡涉之順便 江之北 無負兒峴之險 渡江後或從僧房坪前 而因向果川 或抵霜草 而轉向板橋 計其程途 別無遠近故也 行人旣已輻

이처럼 18세기 이후 경강의 각 나루가 軍門에 예속되고, 18세기 중엽에는 각 군문에서 나루터에 鎭을 설치하였을 뿐 아니라 19세기에 들어서서 한강 하류지역까지 관할구역을 확대한 것은 유동인구의 증가에 따라 譏察 등의 임무가 중시된 것과 아울러 나룻배가 단순히 행인을 건네주는 역할만이 아니라 남한산성과 강화도의 待變船의 기능을 겸하고 있었기 때문이었다. 그러나 그보다도 중요했던 것은 상업중심지로 성장하였던 경강을 군문의 관할하에 둠으로써 軍門이 경강을 무대로 활약하는 상인들이 얻는 상업이윤의 일부를 장악할 수 있었기 때문이었다. 각 군문에서는 나룻배에 대한 경강 각 나루에 대한 선세를 수취하였는데, 나룻배에 대한 군문의 수세는 나루 뱃사공이 도강하는 사람으로부터 받는 渡江料의 일부를 세금을 징수하는 것이었다. 그렇다면 한강을 건너는데 어느 정도의 비용을 지불했을까? 후술하는 渡津會社章程에서 보듯이 지게를 진 사람, 가마를 탄 사람, 짐을 실은 말과 소 등에 따라 도강료가 달랐을 것이다. 그러나 개항이전에는 도강료를 알려주는 자료가 현재 찾을 수 없기 때문에 이에 대해 자세히 알 수 없다.[40]

## 2) 1902년 渡津會社 설치와 혁파

개항이후에도 군문에서 한강의 각 나루를 관리하는 체제는 그대로 유

---

湊於西氷庫 故已爲一二隻私船 船人多 極爲紛沓 反爲爭先 生死之慮 卽今事勢 西氷庫津路 旣不可禁 則無寧移置官船 以便其濟 然各津舊路 猶不可廢 姑爲從便變通 實合事宜 三田渡外 各津船隻四十五隻 量宜分排 漢江八隻 西氷庫六隻 銅雀九隻 露梁九隻 楊花渡九隻 鐵庫一隻 孔巖津三隻 磨鍊改正式 而西氷庫則仍令漢江別將句管 而私船則禁斷 各津船隻 雖或推移 各軍門十五隻 分定修改之法 毋得變易事 分付於均廳·兵曹·工曹各軍門 何如 上曰 依爲之

40) 이상 조선후기 한강의 津渡에 대해서는 고동환, 1998,『조선후기 서울상업발달사연구』지식산업사 참조.

지된 것으로 보인다. 각 군문의 성격과 명칭이 바뀌었지만, 각 나루는 여전히 군문에서 관리하고 있는 것이다. 훈련도감은 1881년 별기군의 설치되어 1882년 폐지되었고, 어영청은 壯禦營, 摠禦營으로 바뀌었다가 1894년 폐지되었으며, 금위영은 1881년 장어영으로 통합되었다가 1895년 폐지되었지만 훈련도감에서 관할하던 한강진은 1889년에는 摠禦營 소속 한강진 별장이 관할하였다.41) 각 군문에서 각 나루를 관할하지만 나루터의 실제 운영은 나룻배를 직접 운항하는 뱃사공 각 개인이 행인으로부터 운임을 받아 그 중 일부를 군문에 납부하는 형태로 운영되는 것이 일반적이었다. 이와 같은 각 군문에 형식적 종속과 뱃사공 자율운영 시스템인 나루터 운영체제는 1902년 각 나루에 수세업무를 대행하는 渡津會社가 설립되면서 변모하였다.

도진회사는 前江華府尹 洪鍾萱42), 南署에 사는 李秉承 등이 "沿江의 各나루터에는 나룻배 운임의 定式이 없어 나루마다 높고 낮은 폐단이 있고, 나루를 건너는 데 소요되는 시간의 느리고 빠른 차이가 있는 등 폐단이 많으니 渡津會社를 設立해 憑票를 발급하여 乘船하게 하여 여행에 도움을 준다"는 명분으로 내장원에 회사설립을 청원하여 승인을 받았다. 이들에 의해 작성된 渡津會社章程을 보면 다음과 같다.

　　1조 社命은 渡津會社라 칭하고, 皇城에 설립하고 13府 津梁에 分詞를 설립한다.

---

41) 內各司 (關草) 2 , 總禦營來文　己丑六月二十八日 (1889년 6월28일(음))
　　來文 相考事 卽接本營屬漢江鎭別將所報 則以爲今月二十七日申時量 法國館通詞 朴聖老 使喚 李仁學 金守明 等 執捉沙坪里居 鄭云應 爲名人 自西氷庫越津際 被捉鄭躍入中致死是如 故事非尋常 上項該館屬三名 與同時乘船人 趙乬圭 沙工 趙守根 竝捉囚本鎭是如有亦 事係外國館所屬 故玆以文移爲去乎 自貴衙門措處之地事.　總禦營來文 己丑六月二十八日
42)『황성신문』광무 6년(1902년) 3月 10日(月)

2조 내장원 세납은 매년에 銅貨 2천원식 정하고, 두 번에 나누어 상납한다. 여름
　　은 음력 5월, 겨울은 음력 10월

3조 幸行時에는 나룻배의 進排는 도진회사가 전담하여 거행한다.

4조 본사에 관한 제반 규칙은 내장원경의 인가를 받는다.

5조 본사의 임원은 다음과 같다. 사장 1인, 부사장 1인, 총부 1인, 사무원 10인

6조 각 나루터에 사원은 사무의 緊歇에 따라 다소간에 정하며 賣票를 담당한다.

7조 본사에 고용 3인을 두어 업무를 보게 한다.

8조 股金(출자금)은 1백깃으로 나누고 1깃에 銅貨 1백원씩 정한다.

9조 나루터 입구에 板屋을 설치하여 賣票한다.

10조 船票 세금은 다음과 같다.

　　가마탄 사람은 銅貨 6전(단 가마꾼과 隨從은 보행인과 같다)

　　말 탄 사람은 銅貨 6전( 단 마부와 수종은 보행인과 같다)

　　짐 실은 우마는 銅貨 8전

　　짐을 진 사람은 銅貨 6전

　　짐 싣지 않은 우마는 銅貨 6전

　　보행인은 銅貨 2전

11조 선표의 세금은 반을 제하여 사공에게 지급하고 나머지 반은 본사에서 입금
　　한다.

12조 각 나루에 檢督 1명씩을 사공 중에 정하여 船格을 감독한다.

13조 배가 훼손되었을 때에는 즉각 수리하고, 새로운 배를 건조할 때 튼튼하게
　　한다.

14조 사원의 월급은 차등하여 결정하고, 매달 말에 지급한다.

15조 본사의 금액은 매년 음력 5월과 10월에 정산하여 이익음은 출자금에 따라
　　분등하여 지급한다.

16조 배의 대소를 감안하여 여행객을 탑승하게 한다.

17조 未盡條件은 서로 의논하여 마련한다.

광무 6년 1월 내장원[43]

---

43) 『渡津會社章程』(규장각도서 18976)

이 장정에 의하면 도진회사는 각지에 산재하던 渡船業을 통괄하여 나룻배 운임의 절반을 뱃사공에게 지급하고, 나머지 절반을 거두어 수익으로 삼았다. 내장원에는 매년 銅貨 2,000원을 음력 5월, 10월 두 차례에 나누어 상납하였다. 회사의 자본금은 1만원이었고, 본사는 서울에 두었고 전국 각지의 나루에 分社를 두었으며, 임원으로는 사장 1인, 부사장 1인, 총무 1인, 사무원 10인을 두고, 임원 이외에 雇傭 3인을 두어 업무를 담당했으며, 각 나루에 사원을 두어 賣標를 담당케 하였다. 사원의 급료는 매월 말에 지급하고, 本社에서는 매년 5월과 10월에 손익을 계산하여 이익금은 출자금의 다소에 따라 지급하였다. 나룻배삯은 가마탄 사람은 銅貨 6전(단 가마꾼과 隨從은 보행인과 같다), 말 탄 사람은 銅貨 6전(단 마부와 수종은 보행인과 같다), 짐 실은 우마는 銅貨 8전, 짐을 진 사람은 銅貨 6전, 짐 싣지 않은 우마는 銅貨 6전, 보행인은 銅貨 2전을 거두었다. 한번 강을 건널 때 지급하는 배 삯은 같은 해의 기록이지만 도진회사장정의 기록과 여타 기록에 차이가 있다. 『황성신문』에는 "보행자는 엽전 1錢, 짐을 진 자[負擔者]는 엽전 3전, 牛馬는 每駄 당 엽전 4전"으로 기록되어 있으며,[44] 『제국신문』에는 "교자 탄 사람과 말 탄 사살과 짐진 사람과 짐 안실은 우마에는 모두 1냥5전, 곡식 실은 우마에는 2냥5전, 잡물실은 우마에는 2냥을 받기로 작정하였다[45]고 기록하고 있다. 도진회사장정은 백동화이고, 나머지 신문기사는 엽전이어서 차이가 나기는 하지만, 『황성신문』의 기사와 『제국신문』의 기사에서 배삯이 다른 것은 이해하기 어렵다.

도진회사는 1902년 2월 1일 내장원의 허가를 얻어 정식 출범하였다.

---

44) 『황성신문』 광무 6년 3월 10일
45) 『제국신문』 1902년 광무 6년 3월 11일자 기록

출범당시 도진회사의 임원들은 대부분 전직 관원들이었다. 사장은 前江
華府尹 洪鍾萱, 부사장은 李鳳鎬, 總務員 趙義林, 事務員 李秉承 등이었
다.46) 이처럼 도진회사가 출범하여 각 나루터에 수세소를 설치하고 도
진회사 사무원이 나루터에 나가 매표하자 나루뱃사공은 물론 나룻배 이
용객도 크게 반발하였다. 도진회사장정에서 보듯이 나룻배 이용객이 사
공에게 지불하는 배삯중에 절반만 사공에게 지급하고 나머지는 회사가
수취하는 것이기 때문에, 뱃사공이 크게 반발하였을 뿐만 아니라 배 삯
도 급등하여 도강하는 사람들의 반발도 컸다. 사공과 한강진과 서빙고
주변 민인들은 도진회사의 나루터에 있는 사무소를 습격하고 사무원을
난타하고 분서장을 쫓아냈다.47) 이로써 도진회사는 출범과 동시에 스스
로 혁파된 것이나 다를 바 없게 된 것이다.

그 이후 나루터에 대한 수세는 내장원이 아닌 英親王府에 속하게 하
여 수세를 감행했는데, 당시의 상황을 전하는 김윤식의 『續陰晴史』에
는 "매 10리마다 몇전씩 거두어 표를 바꾸어줬는데, 행인이 모두 끊겨
수세가 이루어지지 않고 있다"고 얘기하고 있다.48)

---

46) 『京畿道各郡訴狀』(奎 19148) 7책 광무 6년
    前官人들이 渡津會社의 章程을 올리고 認許를 請願. 발신처  渡津會社 社長 등
    (1902년 2월) 수신처  內藏院 題音 訴狀대로 章程을 成給할 것. 2월 1일
47) 『日新』壬寅 (1902) 二月 初五日,
    自渡津會社各津來往人許 收捧船賃矣 昨日自漢江各船人及該附近民人會集 打破該
    會社津頭事務所 亂打事務員 逐送分署長 報于內藏院 且報警務廳也
    『日新』壬寅 (1902) 二月 十三日
    向日自渡津會社 承內藏院認許 渡津人許 收船賃矣 西氷庫及漢江附近人民及船人輩
    打破該會社支店後 自內藏院 該會社永永撤罷云爾
48) 『續陰晴史』권10 광무6년 4월 1일
    所謂渡津會社行人憑票 石鼓費工錢 元興寺創建費 渡津會社屬于內藏院 爲先京江上
    下津頭設所徵收 群怨嗷嗷 打碎稅所 逐送稅員 今已自罷 行人憑票 屬英親王府 每十
    里收幾錢換票 行旅阻絶 勢必不成

### 3) 1909년 渡船營業取締規則

연강 각 나루터에 대한 수세가 권력기관의 개입으로도 관철되지 않은 상태에서 일제는 1909년 4월 1일 「渡船營業取締規則」49)을 반포하여 전국 각지의 나루터에 대한 통제를 시도하였다. 경기도, 충청남도의 경우 이 규칙은 渡船營業取締規則, 충청북도에서는 渡船營業營業規則, 警視廳에서는 渡船營業團束規則 등으로 官報에 실렸는데, 그 내용은 거의 대동소이하다. 경기도와 충청남도령 제1호로 내려진 渡船營業取締規則을 살펴보면 "도선영업을 경영하고자 하는 사공은 주소, 發着所의 약도 및 지명과 선체의 구조, 渡船價 및 승객정원 등의 사항을 갖추어 관할 경찰서를 경유한 후 관찰사에게 청원하여 허가를 받아야 하며, 도선가표는 승객이 보는 장소에 게시해야 하고, 이 이외의 금품을 요구해서는 안된다고 규정하였다. 또한 폐업 또는 휴업하고자 할 때는 10일 이전에 관할 경찰서를 거쳐 관찰사에게 신고해야 하며, 경찰관의 요구에 의해 임시로 渡船의 운항을 정지할 수 있었다. 관찰사는 영업자가 도선 영업상에 부당한 행위가 있다고 인정될 때나 교통 수리 기타 공익상의 필요로할 때는 그 영업을 정지하며 제한할 수 있으며 그 허가를 취소할 수 있으며, 이러한 규칙을 위반할 경우 5圜 이하의 벌금에 처한다고 규정하였고, 현재의 영업자가 그 영업을 계속하고자 할 때는 본칙 시행일로보터 60일 이내에 제1조의 절차를 행해야 한다고 규정하였다. 도선영업취체규칙은 1909년 4월 1일부터 시행되었다.50)

---

49) 『한국법전』 경기도령 제1호 융희 3년 4월 12일 (『한말근대법령자료집』 8권 189쪽, 국회도서관)

50) 『관보』 제4343호 융희3년(1909) 4월 6일
渡船營業取締規則에 關흔 件을 左와 如히 制定ᄒ야 玆에 公佈홈 隆熙三年三月三十一日

한편 경시청에서 반포한 도선영업단속규칙에는 영업에 사용하는 나룻배의 구조 및 적재정량, 영업시간 및 배삯, 그리고 영업자는 매년 1회 경찰관서가 지정한 날에 선체검사를 받아야 하며, 사공은 18세 이상 60세 미만의 건장한 남자로서 신체건강하고 배를 다루는 기술이 능숙해야 된다고 규정하였다. 또한 뱃사공이 저지른 잘못이어도 책임은 영업자에게 귀속된다고 규정하였다.[51]

여기서 보듯이 1909년에 반포된 도선영업규칙은 앞서의 도진회사장정과 달리 도선영업자에 대한 수세를 규정하지 않고 나룻배 운영에 관한 일률적 통제, 승객의 안전과 渡船영업의 지속성을 위한 규정이었다. 나룻배 운영에 대한 수세권은 일제 권력의 출범으로 폐지되었던 것이다.

## 5. 조선후기 懸房과 개항 이후 檢疱所·廣源會社

### 1) 조선후기 懸房과 푸줏간영업

懸房은 조선시대 성균관 典僕이 경영하던 쇠고기 판매점으로 屠肆 또는 다림방이라고도 불렸다. 성균관 노비들인 典僕은 文廟를 유지하고, 성균관 유생의 생계를 책임지고 있었기 때문에 이들에 대한 보상으로 소의 도살판매권을 독점했다. 현방 이외의 도살은 私屠라 하여 금지되었던 만큼, 현방은 비록 平市署 市案에는 등록되지 않았지만, 시전이 소유한 금난전권이라는 특권을 누리는 특권상인의 성격을 가지고 있었다. 한양에 설치된 현방의 수는 소 전염병이나 國恤 등의 원인으로 인해 변동이 심하였는데, 1675년(숙종 1) 15개였다가 18세기에는 22개, 19세기

---

51)『관보』, 제4395호 융희3년(1909) 6월 5일
　　警視廳令 第一號 渡船營業團束規則을左와如히定홈 隆熙三年六月三日 警視總監 若林賚藏 渡船營業團束規則

에는 23개로 변동하였다.

현방은 쇠고기의 판매만이 아니라 도살된 소에서 나오는 부산물의 판매를 통해서도 이익을 얻었다. 그 대표적인 생산품이 소가죽[牛皮], 소기름[牛肪], 소뿔[牛角] 등이었다. 현방 전복들은 현방에서 나오는 소가죽으로 신발의 밑창을 제조하여 판매하는 昌廛을 직접 경영하기도 했다. 소기름은 본래 牛肪廛에서 판매하였으나 정조 연간에 우방전이 폐지되고 현방에서 담당하였다. 이처럼 현방은 쇠고기 관련 생산품으로 많은 이익을 얻었으므로 三法司로 일컬어진 형조, 한성부, 사헌부에 세금을 납부하였다.

한 곳의 현방은 성균관 典僕 60호 정도가 운영하는 것이 일반적이었다. 현방에는 전체 조직의 우두머리인 行首, 하부의 심부름꾼으로 隨從 등의 조직이 있었다. 隨從은 현방 구성원중에서도 가장 하층의 심부름꾼으로 송파장에서 소를 구매하는 업무를 담당하였다.[52] 현방에 참여하는 성균관 전복은 거의 1만명에 달할 정도로 많았고, 현방 영업점 한 곳에서는 하루에 대략 한 마리의 소를 잡아 판매하였는데, 소 한 마리를 잡아 얻는 이익을 60호가 분배했으므로 하루에 한 집에 돌아가는 이익은 쌀 1되에 지나지 않아 처지가 매우 곤궁했다. 뿐만 아니라 현방 전체에서는 매달 삼법사에 贖錢으로 한달에 600~700여냥을 납부했는데, 1년에 총 7,700여냥에 달했다. 22개 현방에서 한달에 속전으로 내는 돈은 30냥으로 현방 한 곳에서는 매일 1냥 4푼 정도를 속전으로 낸 셈이다.[53]

---

52) 송찬식, 1996, 「懸房考」, 『조선후기사회경제사의 연구』, 일조각.(송찬식 1988 「懸房攷(하)」, 『한국학논총』 10).
53) 『승정원일기』 숙종 30년 10월 21일
　　大司成 趙泰耈 請對入侍時所啓 本館典僕之弊 罔有紀極 逐日呼訴 將至流散之境 故敢此仰達(중략) 即今此輩生理 只在屠肆 而屠肆一頭牛一日之利 六十人分食 故一人

이처럼 현방의 이익이 보잘 것 없었기 때문에 18세기 현방의 전복들은 빚을 지지 않을 수 없었다. 1712년(숙종 38) 21곳의 현방 전체의 부채는 4-5만냥에 달하기도 했다. 이처럼 현방의 빚이 크게 늘어나자, 성균관 대사성 崔昌大는 이 부채를 해소하기 위해 매일 현방 영업점 한 곳에서 2냥씩을 거둬 1년에 1만5천여냥을 차례로 갚게 하자는 안을 제기하기도 했다.54)

이처럼 성균관 전복들은 한양 도성에서의 푸줏간 영업 독점만으로 이익을 낼 수 없자 지방 감병영 소재지에 푸줏간을 개설하여 그곳의 영업세를 수취함으로써 수익성을 제고하고자 했다. 1784년(정조 8) 泮村에 거주하는 典僕 金得光은 지방 감영, 병영, 유수영 소재지에 푸줏간을 설치하여 그 이익을 현방 전복이 수취할 것을 건의했고, 그 결과 21개 지방 도시에 鄕屠肆가 설치되었다. 18세기 말 성균관 전복에 의해 운영된 향도사 중 14개소는 운영의 부진으로 철폐되었고, 수원, 강화, 개성, 광주의 4곳 유수부와 전주, 원주, 동래의 7개소만 운영되었다.55)

---

所分 僅至一升米 如或落本 則貸買他人之牛 以救目前之急 無暇償債 轉益難支 而屠肆贖錢 納於三司者 一朔所納 至於六百餘兩之多 一年通計 則多至七千七百餘兩
54) 승정원일기 숙종 38년 2월 7일
大司成崔昌大疏曰(중략) 太學典僕 數至近萬 無他生業 只以居販爲命 都城內屠肆 凡二十一廛 而各廛俱無本錢 逐日宰牛 而牛價皆出於私債(중략) 見今二十一廛 負債之數 通計四五萬兩(중략) 還舊負於債家 而各廛每日收合 二兩或三兩 別貯館中 每朔償納本衙門 則衙門償錢 亦可不費力而准報 (중략) 試計其日收月償之數 雖以二兩爲定 二十一廛一日所收合 當爲四十二兩 一月當爲一千二百六十兩 一年當爲一萬五千二十兩
55) 송찬식, 1996,「懸房考」,『조선후기사회경제사의 연구』, 일조각.(송찬식 1988「懸房攷(하)」,『한국학논총』10).

## 2) 개항이후 농상공부의 庖肆稅 徵收

개항이전 한양의 푸줏간 영업은 이처럼 성균관과 삼법사의 통제하에서 성균관 노비들에 의해 독점되던 영업이었다. 이들 외에 사사로이 소를 도살하는 것은 私屠라 하여 엄히 처벌되었다. 그럼에도 불구하고 개항이후 각 지방에서 私屠가 끊이지 않고 발생하였고, 사설 푸줏간도 늘어갔다. 그러므로 三法司에서 수세하던 전국 푸줏간[庖肆]에 대한 贖錢는 1896년(고종 32) 법률 제1호 庖肆規則을 제정하여 포사에 대한 허가와 포사세 징수업무를 농상공부에서 담당하도록 하였다.

포사규칙에 따르면, 푸줏간 영업을 원하는 자는 해당 군현의 관청을 거쳐 해당 도의 관찰사에게 영업허가장을 신청하여 발급받아야 하는데, 허가장은 농상공부에서 농상공부의 관인을 찍어 발행하면 관찰사를 거쳐 신청자에게 발급하였다. 영업허가장을 받은 사람은 허가증 발급요금으로 10원을 납부해야 했다. 영업허가증을 분실 또는 훼손하거나 허가증을 받은 이후에 거주지를 옮기거나 개명한 경우에도 관청에 신고하여 재발급받아야 했으며, 이때에도 허가증 발급 수수료 10원을 납부해야 했다. 영업허가증은 다른 사람에게 대여나 양도할 수 없었으며, 영업을 폐지하고자 할 때는 관청에 신고하여 영업허가증을 반납해야 했다. 푸줏간은 1등지에서 5등지로 구분하였는데, 1등지는 매일 한 마리 이상의 소를 도축하는 지역이며, 2등지는 2일에 한 마리, 3등지는 3일에 한 마리, 4등지는 4일에 한 마리, 5등지는 5일에 한 마리 도축하는 지역이었다. 푸줏간에 대한 세금은 매달 말에 관청에서 징수했는데, 1등지는 24원, 2등지 12원, 3등지 8원, 4등지 6원, 5등지 4원 80전이었다. 해당 군현의 관리는 푸줏간 영업자의 영업장부와 도축장을 수시로 점검하였고, 이 점검을 거부하는 자는 2원이상 20원이하의 벌금에 처해졌다. 만약 허가장없이 도축하는 자는 3원에서 30원까지 벌금을 부과했고 도축 장비등을 몰수했으며, 이미 판매했을 경우 판매액도 모두 몰수했다. 영업장소의 이전 또는 폐업할 때 제때 신고하지 않은 자에게는 1원 이상 5원 이하의 벌금에 처했으며, 세금을 제때 납부하지 않은 영업자들에게는 5원 이상 50원 이하의 벌금을 매겼다.56) 포사규칙에 따르면 푸줏간 개업권은 각도 관찰사의 인허를 받아 농상공부에서 발급받았으며, 세금은 매달 말에 푸줏간을 관할하는 관청이 징수하여 농상공부로 이전되었다. 종전 삼법사에서 수취하여 치안유지에 필요한 재원으로 활용되었던 도

---

56) 일성록 고종 32년 12월 4일
　　강 : 裁下庖肆規則所關件
　　목 法律第一號 庖肆規則
　　第一條 願庖肆營業者 經由該管官廳 請受準許狀於觀察使事 但準許狀 自農商工部板刻印出 經觀察使撥給事
　　第二條 請受準許狀者 納準許料金十元事
　　第三條 準許狀 遺失損傷 或準許狀領受之後 若移去改名 則申告于該管官廳 請改領事 但前條準許料金再納爲可事
　　第四條 準許狀不得貸與或給與於他人事
　　第五條 廢止營業者 申告于該管官廳 還納準許狀事
　　第六條 庖肆從基地 分左開五等事 一等地每一日屠一頭以上式 二等地每二日屠一頭式 三等地每三日屠一頭式 四等地每四日屠一頭式 五等地每五日屠一頭式 第七條稅金分左開五等事 一等地每一月金二十四元 二等地每一月十二元 三等地每一月八元 四等地每一月六元 五等地每一月四元八十錢
　　第八條 稅金 每月終自該管官廳準捧事
　　第九條 營業者 營業所關帳簿屠場 當該官吏 臨檢時 則不得拒之事 但臨檢官吏 携帶其證票事
　　第十條 第一條準許狀不受 或借得潛屠者處 三元以上 三十元以下 罰金 而沒取現品及器具 但旣賣者 其價額徵收事
　　第十一條 第九條之拒檢查者處 二元以上二十元以下罰金事
　　第十二條 第三條 第五條之申告怠慢者處 一元以上五元以下罰金事
　　第十三條 稅納遷延者處 五元以上五十元以下罰金 仍爲徵收該稅額事
　　第十四條 此規則施行所關細節目 度支部大臣定之事

축세가 갑오개혁이후에는 농상공부에서 일률적으로 수취하여 상공업 진흥사업에 활용되었던 것이다.

### 3) 대한제국기 수세대행회사 檢庖所

각도 감영에서 징수하여 농상공부로 이전되었던 庖肆稅는 1900년 1월부터 내장원으로 이속되었다. 내장원에서는 내장원은 각도의 관찰사에게 공문을 보내 官庖, 饌庖, 私庖 등을 엄금하여 내장원의 허가를 받은 푸줏간이 세금을 내는데 지장이 없도록 할 것을 당부하였다. 그리고 각도에 포사위원, 각군에 포사파원을 파견하여 포사를 관리하고 포사세를 징수하도록 하였다. 1901년에서 1903년까지 내장원의 각 도별 庖肆稅 수입현황을 보면 다음의 <표 14> 와 같다.

<표 14> 1900-1903년 각 도별 내장원의 庖肆稅 수입 (단위: 兩)[57]

| 지역/연도 | 1900 | 1901 | 1902 | 1903 | 1906 | 1907 |
|---|---|---|---|---|---|---|
| 경기 | | 52,515 | 33,793 | 20,796 | 57,234 | 57,138 |
| 충남 | 22,000 | 25,000 | 13,000 | | | 25,000 |
| 충북 | 15,400 | 8,972 | 22,000 | 23,997 | | |
| 전남 | 6,676 | | 12,682 | 15,000 | | |
| 전북 | 15,194 | 10,274 | 15,633 | 19,732 | | |
| 경남 | 17,694 | 18,002 | 12,890 | 11,972 | | |
| 경북 | 31,309 | 24,170 | 10,025 | 29,635 | | |
| 강원 | 6,350 | 9,200 | 9,200 | 10,000 | | |
| 황해 | 12,822 | 12,446 | 15,184 | 17,766 | | |
| 평남/평북 | 33,593 | 22,837 | 45,081 | 45,052 | | |
| 함남 | 6,927 | 6,954 | | | | |
| 함북 | 790 | 908 | 676 | 1690 | | |
| 합계 | 168,755 | 191,278 | 190,164 | 195,640 | 57,234 | 82,134 |

출전: 『錢會計冊』(규 19117) 外

---

57) 양상현, 1995, 「韓末 庖肆 운영과 庖肆稅 수취구조」 한국문화 16 <표 6>에서 작성.

<표 14>에서 보듯이 포사세 규모는 19만냥 내외를 기록하고 있다. 이 <표 14>에는 서울 지역 庖肆[懸房]에 대한 세금이 포함되어 있지 않다. 한편 내장원 『회계책』(규 19113)을 근거로 포사세 수입을 추정한 이윤상의 연구에 따르면 1901년 전국 포사세 액수는 305,338냥에 달하였다.58) <표 14>에서 서울을 제외한 1901년 전국의 포사세 수입인 191,278냥이기 때문에 서울의 포사세는 10만냥 규모로 추정할 수 있을 것이다. 포사세가 다른 잡세와 달리 법령에 규정된 正稅였고, 내장원이 그 징수에 열심이었으므로 포사세 징수액은 당시의 내장원 잡세수입에 비추어 상당히 많은 편이었다.59)

포사세 징수업무는 감영이나 군청 또는 농상공부나 내장원에서 파견한 庖肆派員이 담당하였는데, 이들과 포사 주인과의 갈등이 매우 빈번하게 발생하였다. 이에 1905년(광무 9) 11월 서울에서 현방 영업을 담당하고 있는 泮人[성균관 典僕]60) 李文九 등 15명은 經理院에 청원서를 올려, 서울, 경기, 충청남도의 포사와 포사세를 관할할 조직으로 자신들이 설립한 檢庖所를 인허해줄 것을 청원하였다. 이들이 올린 청원서를 보면 다음과 같다.

伏以, 五署內懸房은 自來泮人之爲業이요 各府郡庖肆은 多有宰設軍之生計라 賴此生活이 五百年惟正之規也오나 每以官吏之侵漁로 庖業이 不得興旺ㅎ고 無非 凋殘이온바 新式以後에 莫重進貢도 從時價貿用이옵거든 各府郡에는 舊習이 尙存ㅎ와 稱以官庖ㅎ며 或稱私家饌庖ㅎ며 且以官隷輩之討索으로 庖業이 仍成難支

---

58) 이윤상 1996, 「대한제국기 내장원의 황실재원운영」, 『한국문화』 17의 표 7 참조.
59) 양상현, 1995, 「한말 포사 운영과 포사세 수취구조」, 『한국문화』 16.
60) 현방을 운영했던 성균관 典僕들은 1894년 과거제의 폐지, 신분제 혁파로 성균관 전복이라는 정체성을 부정하고, 자신들이 집단 거주했던 泮村의 사람들이라고 해서 泮人이라고 스스로 칭하고 있다.

之痼瘼ᄒ야 擧皆濱死이옵더니 京鄕各庖肆을 付屬內藏院ᄒ옵고 等級을 分定ᄒ
야 稅則磨鍊ᄒ며 另送派員ᄒ야 使之句管捧稅ᄒ오매 各派員之前後挾雜으로 庖
肆之損害가 不可測焉이오며 更以各該郡으로 專任에 尤倍前日ᄒ고 百弊層生ᄒ야
庖業이 無非難保之境ᄒ니 以一脈圖生之民으로 豈不矜惻乎잇가? 本人等이 檢庖
所을 設ᄒ와 本院에 付屬ᄒ옵고 資本을 辦備ᄒ야 稅金을 先納ᄒ오며 庖業을 專轄
ᄒ야 使泮人及宰設軍으로 莫大홀 弊瘼을 除ᄒ고 營業을 無礙便利케홀 事로 章程
六條를 備成ᄒ와 玆敢請願ᄒ오니 査照ᄒ신 後特爲認許ᄒ시와 完文을 成給ᄒ시
고 本院에 所管된 五署內懸房及京畿 忠南兩道에 訓飭ᄒ옵셔 實施準行ᄒ오면 上
以完國家之稅金ᄒ고 下以保庖民之安業을 伏望。

　　請願人 李文九 金益濟 洪鍾萬 黃雲性 洪在淵 白樂淳 劉鳳烈 李麟九 廉永模 池鎬
榮 安壽寅 李鍾漢 李鍾珏 韓景柱 洪鍾喜

　　經理院 處分

　　光武九年十一月十六日。[61]


　李文九 등 푸줏간 영업자들은 관리들의 침학으로 전국 각 지역의 푸
줏간 영업이 융성하지 못하고, 내장원이 관할하면서도 官隷輩들의 토
색과 庖肆派員의 협잡이 발생하여 푸줏간 영업자들이 견디기 힘들었다
고 지적하면서 자신들이 설립한 檢庖所에서 미리 자본을 마련하여 서
울, 경기, 충청남도의 포사세를 선납하는 대신, 이들 지역의 푸줏간 영업
인허가와 포사세 징수업무를 관할하게 하면 세금의 징수과정에서 문제
가 완전히 해소될 뿐만 아니라 푸줏간 영업자들도 안전하게 영업을 영
위할 수 있게 된다고 주장하였다. 이들의 청원서에는 6개조의 章程을 제
시하여 검포소의 운영원칙을 제시하고 있다.


　一本所는 檢庖所라 稱ᄒ고 漢城內에 置ᄒ야 諸員三十人을 選定ᄒ야 營業을 興

---

61) 各司謄錄 3, 京畿道各郡訴狀 18(415d ~ 416c) 請願書

旺케홀 事

一本所는 五署內懸房及京畿·忠南各府郡庖肆與稅金을 管轄홀 事

一本所는 京鄕宰設軍에 所任名目을 以勤實解事人으로 擇定ᄒ야 庖業을 保護
홀 事

一本所은 五署內懸房及京畿·忠南庖肆稅金을 每年四孟朔에 分等ᄒ야 本院에
先上納홀 事

一本所는 京鄕各庖肆準許金을 每年每座에 十元式依前準捧ᄒ며 宰牛稅金은
依等數ᄒ야 每頭八十錢式收聚ᄒ며 憑票는 繕成分給홀 事

一各府에 官庖饌庖與官隷輩討索之弊을 自本院으로 嚴飭禁斷ᄒ야 自官으로
更勿侵責於庖肆ᄒ야 使之安業資生게홀 事[62]

이 장정에 의하면 검포소는 한성부에 두고 30명의 사무원을 두어 영
업을 담당하며, 한성부의 현방 및 경기도, 충청남도 각군의 庖肆와 庖肆
稅를 관할하며, 경기도의 포사를 보호하기 위해 경기도의 푸줏간 영업
자 宰設軍[백정]을 임원으로 선정하여 푸줏간 영업을 보호할 것이며,
이들 지역의 포사세는 매년 3월, 6월, 9월 12월에 나누어 경리원에 선납
한다. 또한 각 포사의 인허료는 매년 한 곳의 푸줏간에 10원씩 그전처럼
거두며, 소 한 마리를 도축할 때마다 80전씩을 거둔다. 그리고 각 관청
에서 푸줏간에 대한 토색하는 폐단은 경리원에서 엄하게 금단하여 푸줏
간 영업자가 안전하게 자신의 업을 영위할 수 있도록 한다.

이와 같은 서울 지역 반인들의 청원을 "泮人 李文九等, 五署內及京畿·
忠淸庖肆 矣民等合資設會社營業事 爲念民情ᄒ야 特爲許施事"라고 하
여 經理院에서는 수용하고 檢庖所의 설립을 인가하였다.[63] 여기에서
보듯이 검포소는 서울에서 푸줏간 영업을 하는 泮人들이 설립한 포사세

62) 各司謄錄 3, 京畿道各郡訴狀 18(415d ~ 416c) 請願書, 章程
63) 各司謄錄 3, 京畿道各郡訴狀 18(415d ~ 416c) 請願書

징수업무를 대행하는 合資會社인 것이다. 이 때 檢庖所의 설립을 인가하여 포사세 징수업무를 담당하게 한 경리원은 1905년 3월 일제가 황실재산을 침탈하기 위해 내장원을 내장사와 경리원으로 분리, 독립시킬때 설치된 기관으로 1907년 12월에 폐지된 기관이었다. 성균관 반인들은 종전 대한제국의 내장원 권력이 붕괴되고 일제가 이를 접수함에 따라 이 기회를 이용하여 포사세 징수업무를 대행하는 檢庖所 설립을 추진했던 것이다.

1905년 11월 합자회사로 설립된 검포소의 포사세 징수업무는 순조롭게 진행되지 못하였다. 검포소에서 파견한 京畿道庖稅都派員 邊基哲이 1905년 11월에 올린 보고에 따르면 경기도 각군에 소재한 일진회원이 푸줏간의 宰設軍에게 이들이 걷는 포사세가 무명잡세이므로 바치지 말라고 선동하였고, 자신들이 회사를 설립하기 전에 세금을 내지 말라고 하여 한 푼도 징수하지 못하였다고 얘기하고 있기 때문이다. 이러한 京畿道庖稅都派員의 보고에 대해 1905년 12월 경리원에서는 아직까지 한 푼도 징수하지 못한 邊基哲을 해임하는 한편, 일진회의 포사세 징수 방해행위를 엄금하여 폐단없이 포사세를 징수토록 조치하고 있다.[64]

---

64) 各司謄錄 3, 京畿道篇 4, 京畿道各郡報告存案 2, 光武九年十一月 日 報告 第五號
本員니 庖稅收捧次로 派送支派員於各郡矣러니, 郡郡所在一進會員니 稱曰無名雜稅ᄒ고 百般沮戱이오며 兼於檢庖所를 特爲許可ᄒ옵신후 彼輩가 自爲私通于各庖主人ᄒ옵되 稅納를 會社設立前에 勿爲上納于舊派員ᄒ야 無至再懲之意로 輪示이기로 尙今無一分收捧이온즉 奉公之心에 爲能無悚惶乎잇가? 玆에 報告ᄒ오니, 査照ᄒ신후 本員之任을 卽爲解任ᄒ와 俾安私分케ᄒ심을 伏望.
光武九年十一月 日 京畿道庖稅都派員 邊基哲 經理院卿 閣下
指令 京畿庖肆派員, 一進會, 稱以雜稅, 沮戱收捧, 末由擧行, 本員卽爲解任事. 此係正供이라 會民之謂以雜稅, 而沮戱가 事體不當이오, 且會社實施前은 使本員收納인즉 當有訓飭ᄒ야 使之無弊收捧케ᄒ지니 連加董飭收捧이며 至已捧稅錢은 何不趁納ᄒ고 尙此愆滯乎아? 卽爲上納홀 事. 光武九年十二月十二日.

## 4) 대한제국기 합자회사 廣源會社와 庖肆稅 징수

성균관 반인들에 의해 포사세 수세를 대행하기 위해 설립된 檢庖所는 1905년 11월에 인가를 받아 4개월여를 활동하였지만, 경리원에서 1906년(광무 10) 3월 한성부 北署苑洞에 거주하는 安相基, 洪鍾萱, 蔡玄錫 등 7여명이 서울과 경기도, 충청남도의 포사세 징수업무를 대행하는 廣源會社 설립을 인가해줌으로써 문을 닫을 수 밖에 없었다. 洪鍾萱 등이 廣源會社의 설립을 요청한 청원서를 보면 다음과 같다.

本人等이 營業次로 資本을 鳩聚ᄒ야 會社를 組織ᄒ고 社號를 廣源會社라 稱ᄒ며 本院所管 京畿·忠南兩道 稅納을 擔任ᄒ와 春秋分兩等 上納ᄒ며 屠漢을 結社ᄒ와 病牛宰殺을 禁止ᄒ오며 皮物을 從時價貿買ᄒ오며 商業을 發達키 爲ᄒ야 成社規則을 另具ᄒ와 玆에 請願ᄒ오니 査照ᄒ오서 特爲認許ᄒ시와 上以完皇室費ᄒ오며 下以達民生營業之地을 伏望홈。光武十年三月 日

左開

一, 本會社 社號은 廣源會社라 稱ᄒ야 中央에 置홀 事

一, 本會社趣旨는 庖肆稅納을 擔任ᄒ야 春秋分兩等上納홀 事

一, 資本을 鳩聚ᄒ야 營業을 實施ᄒ되 牛皮를 從時價ᄒ야 賣買홀 事

一, 社員을 派送該道時에 該員을 另擇下送ᄒ되 懸保施行홀 事

一, 屠漢을 結社ᄒ야 病牛宰殺을 到底禁止홀 事

一, 派員이 規則을 違越ᄒ거ᄂ 上納을 愆滯ᄒ면 自本社로 報告本院ᄒ야 嚴懲處罰홀 事。

一, 未盡條件은 追後增減홀 事

請願人 北署 苑洞 安相基 洪鍾萱 蔡玄錫 中署 麻洞 李命俊 漢洞 金爀基

　　西署 夜峴 太極善 南署 龍洞 方漢昇 等

指令 苑洞 安相基 京畿·忠南兩道 會社成規 宰殺病牛皮物 貿買納稅事 依願許施ᄒ니 無弊營業이되 該會社에 若有外國人干涉之弊면 此認許는 勿施ᄒ고 當有嚴處홀 事 光武十年三月五日[65]

廣源會社의 설립자들은 檢庖所 설립자인 泮人과 달리 전직 관료이거
나 양반들인 것으로 보인다. 이들 중에 洪鍾萱은 강화부윤을 역임한 자
로서 후술하는 渡津會社의 설립을 주도한 인물이기도 했다. 廣源會社에
서는 포사세를 봄, 가을 두차례에 나누어 상납하며, 백정[屠漢]들을 조
직하여 병든 소의 도살을 금지하고, 소 가죽을 時價로 매매하는 것을 약
속하였다. 광원회사의 조건이 검포소와 다른 점은 소가죽의 매매를 시
가대로 한다는 점, 병든 소의 도축을 금지한다는 점이었다. 설립주체가
광원회사는 전직 관료인데 반해 檢庖所는 성균관의 노비인 典僕 출신
의 泮人이라는 점도 무시할 수 없는 점이다. 경기도 지역에서 백정들에
게 수세하기 위해서는 같은 천인 출신보다는 전직 관료나 양반이 훨씬
더 수월하였을 것이다. 또한 소가죽을 시가대로 매매한다는 조건은 일
본에서 소가죽을 대량 수입하고 있었기 때문에 일제가 황실재산의 관리
를 위해 설립한 경리원에서는 검포소의 설립을 취소하고 광원회사를 새
로 설립하게 한 중요한 원인이었을 것이다.

이처럼 광원회사가 검포소의 수세업무를 대신하는 회사로 설립 인가
되자 검포소를 설립한 泮人들은 곧 바로 경리원에 청원을 내어 그동안
자신들이 투자했던 돈의 반환을 요구하였다. 그들이 요구한 액수는
1905년 9월부터 1906년 3월까지 사용된 경비 1,282원25전, 1905년 12
월 포사세 납부액 紙貨 3천원에 대한 이자 120원, 1906년 3월 포사세 납
부액 9,241원 40전에 대한 이자 462원 52전 총 합계 1,864원 77전이었
다. 이들의 요구에 대해 경리원에서는 이들이 손해 본 금액을 즉시 반환
조치하였지만, 검포소의 영업은 불허하였다.[66] 이로써 광원회사가 포사

---

65) 各司謄錄 3, 京畿道各郡訴狀 19, 光武十年三月 日 請願書 請願人 安相基 等
66) 各司謄錄 3, 京畿道各郡訴狀 19 光武十年三月 日 請願書

세 징수대행 회사로 기능하게 된 것이다.

---

伏以, 本人等이 昨年九月로부터 檢庖所를 組織ᄒ야 營業을 實施코져ᄒ온바 陽曆
十一月十五日陰曆十月十七日에 本院所管五署內, 與京畿·忠南庖肆稅額을 每年四孟
朔, 分等先納ᄒ고 營業키로 請願이옵더니 認許特下ᄒ시와 會員數十人이 每日會同
ᄒ야 諸般事務를 組織하고 陽曆十二月十七日에 紙貨三千元을 先納이온즉 幾至一
旬에 完文與訓令을 未爲成下이옵기 緣由를 告課즉 五署內庖肆가 與警務廳으로 相
持라ᄒ시고 納金은 待歸正更納키로 還下ᄒ시오니 拖至閱月經年에 其許多經費之
不少ᄂ 不達可燭이오며 今年陽曆三月三日陰曆二月初九日依施程章ᄒ야 分四等
으로 紙貨二千元을 先納이온즉 本月六日에 分付有ᄒ시되 同稅金을 他會社가 春秋
兩等分納이니 依他例ᄒ면 卽下訓令이시기로 本月九日에 紙貨三千元을 又爲加納이온
즉 料外本月十二日에 廣源會社가 一年稅金을 沒數全納흔다ᄒ니 豈可有厚薄之例
乎아ᄒ시고 若以依他會社例ᄒ야 沒數全納, 則自有認許之先後ᄒ니 自量處措ᄒ라
ᄒ옵시기 本月十三日에 沒納次로 紙貨五千二百四十一元四十錢을 又爲辦納이오니
前後三次上納金이 爲九千二百四十一元四十錢이온지라。　彼會與此會員을 明日更
待爲敎이신고로 第翌十四日待令, 則忽變以題旨內에 已有認許於他會社ᄒ야 本檢庖
所認許ᄂ 勿施홀 事ᄒ시니 莫知其故ᄒ야 其當場臆塞이 何果如乎잇가? 本人等이
不是別人이오나 每有忍耐之道ᄒ야 拖至一七日에 更無如何處分이시고 此會已納錢
은 未推ᄒ시고 彼會未納錢을 送人督納ᄒ시미 未知曲折이오며 自官護民之道에 有
何厚薄者乎잇가? 營業上之舞弄奪去가 豈無法律乎잇가? 其無禮駁白은 姑捨ᄒ고 當
此開明施善之時ᄒ야 閣下은 何不洞燭이시온지 伏不勝冤抑이오며 會所에 許多經
費ᄂ 盡不明細이오나 如此損害金은 自有區別之理故로 玆에 後錄仰籲ᄒ오니 查照
ᄒ신후 卽爲出給ᄒ오셔 如此無辜無勢之民으로 俾無煩訴之弊을 無케ᄒ심을 千萬
伏望喜。 光武十年三月 日
請願人 劉秉澔 千相鎬 洪鍾萱 黃雲性 金益濟 李文九 等 經理院卿 閣下
後 光武九年十一月以, 十年三月二十一日至, 五朔經費韓貨合, 一千二百八十二元二
十五錢, 昨年十二月上納條, 紙貨三千元, 一朔邊紙貨六千元代, 韓貨一百二十元, 今
年三月上納條, 九千二百四十一元四十錢, 一朔邊紙貨二百三十一元二十六錢代, 韓貨
四百六十二元五十二錢, 共合韓貨, 一千八百六十四元七十七錢,
指令 劉秉澔 等。京畿·忠南兩道 庖肆營業次, 請願承認, 而又有認許於他人, 許多損
害費, 卽爲出給事, 當初本會社之設施, 而先納其稅가 出於自願이오 非本院之强使인
바 該營業을 有不容不許施他會社之事ᄒ야 旣有妥決이거늘 無端憑藉에 有此所訴
가 於理不當이오 亦涉無憚홀 事。光武十年三月二十二日

## 6. 개항이전 車契·馬契와 개항이후 馬車會社의 경영

### 1) 개항이전 車契·馬契에 의한 화물운송

개항이전에도 서울에서의 화물 운송작업을 담당하는 조직이 있었다. 개항이전 화물운송의 담당자는 所管 衙門과 화물의 종류에 따라 각기 달랐다. 17세기까지는 營繕監·紫門監과 別設都監의 각종 木石·土瓦·柴草 등 정부 공용물자의 운수역은 沿江民에게 坊役으로 부과하였는데, 沿江坊民들은 輪運價로 1 駄당 8升, 車 1輛당 米 4斗를 받았다. 이 수운역은 1707년(숙종 33) 馬契가 창립되면서 坊役에서 제외되고 마계가 전담하였다. 삼남지역에서 운송되는 각종 세곡의 하역과 운반은 용산에 있는 창고 주변의 募民과 役人들이 募民契를 결성하여 담당하였고, 1729년(영조 5)에는 모민계와 별개로 運負契가 창립되어 이를 모민계와 分半 擧行하였다. 한편 東氷庫·典牲署·尙衣院에 납부하는 草蘭과 柴草의 운송은 果川·廣州·高陽·衿川 등에 부역으로 부과되었고, 內需司 郊草, 柴蘭의 輪運은 운부계가 담당하였다. 또한 정부의 화물 가운데 수레를 이용하는 것은 한성부 소속 수레 80냥으로 운송했는데, 이를 끄는 사람을 車夫라고 하였다.

도성 내부에서 수레를 이용하여 운송하는 것은 車契가 담당하였고, 도성 내부에서 말을 이용한 화물의 운송은 賃馬契가, 그리고 조세곡 운반은 馬夫契가 각각 담당하였다. 그리고 경강에서는 세곡의 하역과 각 창고까지의 운반역은 모민계와 운부계·마계가 각각 담당하였는데, 모민계와 운부계는 '擔負之役'이라는 표현대로 사람의 등이나 지게를 이용하여 운반하였으며, 마계는 말을 이용하여 駄運하였다. 이처럼 조선시대 각종 운수역은 운반 화물에 따라 운송을 맡은 담당자가 달랐을 뿐만

아니라, 운송 수단에 따라서도 담당자가 달랐다.[67)]

이와 같은 물자의 운수역은 원래 서울 5부 坊民의 노동력을 직접 징발하여 수행하는 것이었으나, 朝鮮後期에 이르러 江民에게만 부과되는 役으로 변하였다가, 강민들의 노동력 징발 대신에 세금을 받는 物納稅로 변하였다. 이는 17세기 이후 요역제의 변동에 따라 5부 방민을 직접 동원하여 수행하였던 坊役이 전반적으로 物納稅化하는 것과 궤를 같이 하는 것이었다.

경강지역의 운수역도 물납세를 기반으로 雇價代立되는 추세였다. 이런 추세 속에서 운수역은 물납세화한 자금과 정부에서 지급하는 貢價를 기반으로 設契作貢의 방식으로 운영되었는데, 18세기 초반 창설된 貢人契인 馬契·運負契 등이 이러한 업무를 전담하였다.

이들 계는 앞서 3장에서도 언급했듯이 동업조합 조직으로서 서양의 길드와 같은 성격의 조직으로서 동일한 업종에 종사하는 자들이 공동출자, 노동력 출원 등을 통해 공동의 이익을 도모하는 결사였다. 이러한 계는 회사라는 명칭을 갖지는 않았지만 근대 이후 회사의 성격을 갖는 조직체와 유사한 조직이었다.

### (1) 車契와 화물운송

수레를 이용한 화물운송은 대체로 정부 공용물자를 운반하는 데에 국한되었다. 개인 화물은 등짐이나 말을 이용하는 것이 일반적이었다. 그러므로 수레 대부분은 漢城府·軍門·宮家에 소속되어 있었다. 수레를 끄는 자를 車夫라고 불렀는데, 이중 한성부에 소속된 車夫를 元車夫라고

---

67) 이에 대해서는 고동환, 1998, 『조선후기 서울상업발달사연구』 지식산업사, 259-262쪽 참조.

불렀다. 수레의 운반량은 말의 2배 이상이었다.

수레는 화물운송만이 아니라 하천을 준설할 때 모래를 운반하는 데에 사용되기도 하였다. 1760년(영조 36) 서울 하천을 준설할 목적으로 濬川司가 설치되어, 각 군문으로 하여금 서울지역을 나누어 濬川役을 담당하게 하자, 금위영과 어영청에서는 모래운반용 運沙車 3량을 비치하고 있다.[68]

한성부에 소속된 車夫 20여 명은 18세기 초 馬契와 마찬가지로 車契를 결성하여 정부에서 필요로 하는 각종 화물을 수레로 운반하였다. 車契가 소유한 수레는 총 80량이었다. 車契에서는 정부화물에 대한 운임으로 호조로부터 1년에 총 840냥을 받았다. 정부의 공용물자 운송 외에도 車契人들은 각 궁방의 물자도 운송하였는데, 이들 宮家에서 運價를 제대로 지급하지 않아 18세기 전반에는 많은 車契人들이 파산하여 20여 명 가운데 남은 자는 10여 명에 불과하였다. 특히 이들에게는 수레를 끄는 소를 확보하는 문제가 중요하였는데, 18세기 중엽에 전염병이 돌아 한꺼번에 700여 마리가 죽자 車契人들은 파산하기도 했다.[69] 19세기 한성부에 소속된 수레는 총 15량이며, 車契人도 15명에 불과하였다. 19세기 전반 車契人들은 수레 1대당 운송가로 미곡 4두를 받았으며, 운송거리는 10리로 제한되어 있었다.[70]

---

68)『萬機要覽』軍政篇 3, 禁衛營 車子 ; 같은 책 禦營廳 舟車.
69)『貢弊』車契人.
70)『京兆府志』工房.
　　本府案付車十五輛 而車契只十五名 車則車契人擔當……隨其使役輛數 每一輛價米四斗 自戶曹上下 竝坊役勿侵 而車馬契 限十里輪運.

## (2) 馬契와 공용물자 운송

정부 공용물자의 駄運役은 조선초기부터 정식화된 坊役으로 한성부 工房이 이를 관장하였다. 원래 경강주민의 坊役으로 운영된 駄運役은 17세기 후반부터 많은 문제를 야기하였기 때문에 1707년(숙종 33) 용산에 사는 有馬之人 50여 명이 정부 공용물자의 운반을 담당하는 馬契를 창설하였다. 마계에서는 호조에서 지급하는 1태당 雇價 6升米와 京江民 1,300호에서 매년 3냥씩 납부하는 洞錢 4천 냥을 기초로 輸運役을 전담하였다.[71]

마계는 輸運價를 정식으로 호조에서 지급받아 대소의 國役에서 駄運役을 전담하는 別貿貢人으로 성립하였다. 이는 18세기 정부의 공물정책이 후한 貢價를 先給하는 元貢보다는, 공가를 시가나 이에 준해 後給되는 別貿를 선호하게 되면서 각종 別貿貢人契들이 창설되는 것과 궤를 같이하는 것이었다.[72] 운수업을 담당했던 馬契, 運負契人들은 정부의 別貿에 응하는 공인계로서 관청에 대한 종속성이 가장 약한 貢人들이었다. 이와 같이 18세기 초반에 勞力을 전담하는 勞力請負貢人契가 발생하는 것은 강제부역제가 고용노동제로 점차 이행하는 17세기 후반기 이후의 역사적 상황을 반영하는 것이다.

마계의 구체적인 운영 모습을 살필 수 있는 자료는 거의 없다. 다만 1759년(영조 35) 江上御使로 파견된 李潭의 보고 가운데 마계에 直掌이라는 직책이 있고, 倉底民人들이 세곡 운송과 하역을 담당하였으며, 直掌이 호조에서 받은 駄價를 倉底民人에게 나누어 주는 역할을 하였음을 알 수 있다.[73]

---

71)『비변사등록』, 정조 15년 7월 19일
72) 吳美一, 1986,「18, 19세기 貢物政策의 변화와 貢人層의 변동」,『韓國史論』14

처음 마계를 창설한 사람들은 경강의 有馬之人이면서 根着者·富民 등으로 상당한 경제력을 가진 자였다. 그러나 마계는 창설된 지 3년도 안되어 강민들 가운데 응역호가 절반으로 줄고, 洞錢이 제대로 걷히지 않아 재정상의 큰 곤란에 직면하였다. 창설 초기부터 마계가 곤란에 빠진 원인은 첫째 京江 應役民의 감소, 둘째 호조 駄運價의 減下와 미지급 등에 있었다. 특히 1728년(영조 4)에는 호조에서 마계에 지급해야 할 輪運價 200석을 지급하지 않았다. 그러므로 마계인들은 호조의 화물운송을 거부하였다. 이에 대해 호조에서는 마계를 혁파하고, 모든 화물의 운송을 한성부에 소속된 車夫에게 담당시키고, 車 1량당 馬 2태에 상당하는 운임을 지급하겠다고 제안하였다. 그러나 이러한 호조의 주장은 한성부의 반대로 실행되지 못하였다.

한성부의 반대 이유는 세 가지였다. 첫째 마계가 혁파되면 다시 연강민에 대한 방역을 통하여 정부에서 필요한 각종 화물운송역을 수행해야 하는데, 연강민들을 동원할 수 없다는 점이다. 왜냐하면 18세기에 정부는 각종 사업을 대부분 雇價募立으로 행하고 있었기 때문이다. 둘째 정부의 각종 화물을 운송하는 데 한성부에 소속된 수레 80량으로는 감당할 수 없었고, 沿江의 화물은 수레로 수송하기에 부적당하였기 때문이다. 셋째 여러 곳에서 말이 많이 쓰이는데, 馬契를 혁파하면 말을 효율적으로 동원할 수 없다는 점이다. 결국 영조는 이와 같은 한성부의 반대 주장을 받아들여 마계를 존속시키도록 하였고, 호조에서 지급하지 않은 운임을 속히 지급하도록 명령하였다.[74] 영조가 직접 나서서 운임의 지급을 독려했지만, 마계의 사정은 그 뒤에도 여전하였다. 이처럼 연강민

---

73) 『승정원일기』, 영조 35년 윤6월 30일
74) 『승정원일기』, 영조 4년 9월 28일

이 내는 洞錢은 줄었고, 호조로부터 한푼도 받지 못하는 상태가 계속되자, 마계는 파산상태에 이르렀다. 그러므로 한성부와 비변사에서는 1729년(영조 5) 마계와 運負契가 합력하여 전세곡의 태운역을 거행하도록 결정하였다. 馬契와 運負契의 통합조치인 셈이다.[75]

마계와 운부계를 공동으로 응역하게 하는 조처에도 불구하고, 마계는 몇 년 못 가서 다시 파산하였다. 그래서 1733년(영조 9)에 기존 馬契人 외에 새로 수십 명을 모집하여 駄運役을 담당시켰다. 이때 새로 참여한 마계인들은 주로 京各司의 胥吏나 末裔宗室, 또는 한성부의 書吏들이었다. 종실이나 한성부 서리들은 뒤에 참여했지만 江民에 비해 두 배나 되는 말을 보유했으므로 점차 이들이 마계운영권을 장악하였다. 이들은 당시 권력과 밀접히 결탁된 자들로서, 생계유지를 위하여 태운역을 수행하는 빈민들이 아니라 상당한 재력과 권력을 지닌 '豪俠人'들이었다. 이러한 사정은 형조참판 趙明翼과 영조의 다음 대화에서도 확인된다.

> (趙)明翼曰 한성부 書吏輩들이 마계에 많이 가입해 있습니다. 臣이 경기감사로 있을 때 廟堂에서 各邑米 2斗를 (江民에게 - 인용자) 收給하라는 公辭가 있었는데, 臣이 이를 不聽하여 시행하지 않았습니다. 上曰 京民之事에 江民에게 쌀을 내리라는 것은 어찌 억울하지 않겠는가. 이것으로 보면 마계인은 가히 形勢가 있다고 할 수 있다. 明翼曰 廟堂으로 하여금 發關하여 변통하게 하는 일을 보면 형세가 없다고 할 수 없습니다.[76]

여기서 보듯이 마계인들은 비변사를 움직여 자신에게 유리한 關文을 얻어내어 江民에게 부담시킬 정도로 권력과 유착된 자들이었던 것이다.

---

75) 『비변사등록』, 영조 27년 2월 8일
76) 『승정원일기』, 영조 11년 윤4월 18일

그렇지만 새로 모집한 마계도 그 전의 마계처럼 재정부족을 이기지 못하고 파산에 직면하였다. 파산에 직면한 마계인들은 한성부와 결탁하여 마계재정을 안정적으로 확보할 수 있는 방안을 강구하였다. 1735년(영조 11) 한성부에서는 강민 가운데 應役戶에 한해서 戶當 매년 洞錢 3냥씩 걷는 방법을 폐기하고, 士大夫, 軍門軍兵, 諸上司下人, 掖庭所 소속을 막론하고 役의 有無에 관계없이 家産에 따라 大中戶는 5錢, 小殘戶는 3錢씩 家戶마다 돈을 내게 하는 방안을 마련하였다.[77]

이러한 조치는 沿江 各契가 징수책임자가 되어 家座에 따라 洞錢을 징수하는 것으로 마계의 재정부족을 현실적으로 해결할 수 있는 방안이었다. 기존에 洞錢을 냈던 '至貧之類'쪽에서 보면 전체 액수가 3냥에서 5~3전으로 줄어 큰 이익이었으나, 면역되었던 각종 군병들이나 강변 상인세력에게는 큰 불만을 야기하였다. 1735년(영조 11) 윤4월 서빙고, 龍山坊 灘項契, 麻浦契, 西江坊 등 江村의 各契 軍兵 400여 명과 더불어 한강 백사장에 모여 모의한 후, 馬契 契人의 집을 습격하는 폭동이 발생하였다. 이같은 폭동은 네 차례나 있었다. 이 폭동의 주도자들은 용산에 거주하는 出身, 萬戶, 通德郎, 幼學 등 유력자들이었다.

이 사건은 경강이 상업중심지로 변하면서 각계의 유력자들이 경강변에 자본을 투자하는 과정에서 京各司의 胥吏나 末裔宗室이 마계에 투자하였고, 급기야는 이들이 한성부와 비변사를 움직여 경강민들의 부담을 높여 자신의 이익을 보존하려다가 경강변 민인들의 반발로 일어난 사건이었다. 이는 경강변 '有勢富豪之人'인 마계인들과 경강변 면역자들의 대립이었다. 이들 면역자들은 도시빈민인 군병이면서 동시에 경강을 근거로 상업활동을 하는 영세소상인들이었다.

---

77) 위와 같음.

이 사건은 도시빈민에 대한 수탈을 통해 貢契人의 이익을 보존시키려는 한성부의 增稅조처에 반대해서 발생한 사건이었다. 즉 비특권적 경강변 상업세력과 도시빈민이 연합하여 한성부나 종실을 기반으로 한 특권세력인 마계인들을 공격한 사건이었다. 이 사건이 터지자 정부에서는 한성부에서 제시한 연강민 모두에게 家座에 따라 洞錢을 내는 방법을 폐기하는 한편, 마계의 駄運量을 1년에 1만 필로 한정하고, 春秋로 나누어 미곡으로 輪運價를 지급하도록 하였다. 결국 경강변 비특권적 상업세력이 한성부나 종실을 등에 업은 마계인들을 누르고 승리한 것이다.

마계의 재정확보책이 수포로 돌아가자, 마계는 곧 재정위기에 직면하지 않을 수 없었다. 이에 한성부에서는 1729년과 같이 1744년(영조 20)에 운부계와 마계를 통합하도록 결정하고, 田稅·大同을 운반하는 과정에서 운부계가 받는 雇價 가운데 잉여미 410석을 마계에 지급하도록 결정하였다. 즉 운부계와 마계를 통합하여 국역을 수행하게 했는데, 이때 주도권은 운부계가 장악했던 것으로 보인다. 이는『續大典』에는 賃馬錢은 이제 江村의 坊民과 運石契·募民契가 함께 납부하도록 규정된 데서 확인할 수 있다.[78]

서울 도성안의 車契, 마계와 달리 각 지역에서 운송업을 영위하는 자들도 있었다. 대표적인 사례가 北魚 유통의 중심지였던 원산과 한양을 잇는 교통로상에서 영업하는 사람들이었다. 18세기 북어유통은 원산-다락원점- 서울로 이어지는 교통로를 중심으로 이루어졌다. 이와 같은 북어 유통의 번성으로 19세기 중엽 함경도 安邊 郭活里民 全達弘은 안변에서 포천 송우장까지 북포를 운송해주는 馬匹業으로 생계를 삼고 있

---

78) 이상 마계습격사건에 대해서는 고동환, 1998, 앞의 책; 金東哲, 1988「18세기 坊役制의 변동과 馬契의 성립 및 都賈化양상」,『韓國文化硏究』창간호 참조.

었다.[79] 함경도지역에서는 北魚나 北布만을 운송하는 賁馬業이 출현한 것이다. 全達弘의 馬匹業은 북어운송만을 전문으로 하는 운송업의 사례라고 볼 수 있을 것이다. 앞서 살폈던 마계와 운부계도 하역운수업의 일종이었다.[80] 이처럼 조선시대 운송업은 船主나 마필을 소유한 개인이 개별적인 차원에서 운영되거나 마계와 운부계처럼 동업조합으로서의 계를 결성하여 운영되고 있었다.

이상에서 보았듯이 개항이전 화물운송은 처음에는 경강지역 주민들의 노동력을 강제징발하여 운영되다가, 노동력징발 대신 경강민에 대한 金納稅로 변동하였고, 경강주민들의 납부하는 세금과 호조 등에서 지급하는 輸運價를 기초로 공인계인 車契, 馬契가 창설되어 담당하였다. 18세기 이후 장빙이나 운수분야에서 노동력을 강제로 동원해서 이루어졌던 업무들이 '設契作貢'의 방식으로 운영되었던 것이다. 馬契, 車契의 사례에서 보듯이 공인계 창설에 참여한 세력은 초기에는 말이나 수레를 소유한 사람이 주체가 되었지만, 점차 유력자들의 참여로 전환되었다. 이들 공인계의 조직과 운영을 구체적으로 살필 수 있는 자료가 없지만, 공인계 참여자들은 공동출자와 이익에 대한 출자분에 비례한 배분 등은 근대사회의 회사조직처럼 영리를 목적으로 운영된 것은 분명하다고 하겠다.

## 2) 1897년 馬車會社의 설립과 경영

개항이후 운송업 분야에서 1897년 馬車會社가 창설되었다. 마차회사의 영업은 마차가 다니는 차로를 철도의 궤도와 같이 건설하고 이 궤도

---

79) 『左捕廳謄錄』권 28, 己卯 四月二十日 罪人 全達弘 年 三十八 供草.
80) 이상 조선시대 운송업에 대해서는 고동환, 1998, 『조선후기 서울상업발달사연구』 지식산업사 참조.

위를 마차가 오가면서 화물이나 사람을 운송하여 운임을 얻는 영업이었다. 그러므로 마차만을 구비해서는 안되고 마차의 운용에 필요한 마차궤도의 건설이 필수적으로 요구되었다. 馬車路의 건설논의는 1896년 러시아 공사 베베르가 외부대신 이완용에게 서울과 인천간의 馬車路 건설을 건의하면서 시작되었다. 이완용은 경인간 마차로 건설이 상업상에 큰 이익이 된다는 점에 동의하면서도 정부 재정이 여의치 않으므로 일단 경성에서 용산과 마포까지만이라도 건설을 추진해 보겠다고 회답하였다.[81] 마차로는 경성에서 용산이나 마포까지도 건설되지는 않았다. 다만 개천의 준설과정에서 준설토의 운반 경로에 마차선로를 건설하여 마차가 운행될 수 있었다.

마차회사는 개화파 고위관료 安剛壽, 李完用, 李允用, 李宋淵등과 서울의 유력한 상인 趙鎭泰, 白完純, 金基永, 金斗昇등의 합자로 설립된 회사였다. 마차회사의 창립자본금은 1만6천1백원이었는데, 출자자는 모두 22명이었다. 당시 출자자와 출자액수를 보면 다음의 <표 15>와 같다.

<표 15> 1897년 마차주식회사 주주명부 및 주금총액 (단위 : 원)[82]

| 주주명 | 금액 | 주주명 | 금액 | 주주명 | 금액 | 주주명 | 금액 |
|---|---|---|---|---|---|---|---|
| 安駒壽 | 1,500 | 具禮公 | 1,000 | 李完用 | 1,000 | 崔文煥 | 500 |
| 金斗昇 | 1,500 | 趙鎭泰 | 1,000 | 白完燣 | 1,000 | 趙彰漢 | 500 |
| 河相驥 | 1,000 | 河相驥 | 1,000 | 閔致章 | 500 | 李根培 | 1,000 |
| 金大泓 | 200 | 金斗晏 | 200 | 崔仁淳 | 100 | 禹聖一 | 1,000 |
| 金永鎭 | 1,000 | 李允用 | 1,000 | 李采淵 | 100 | | |

81) 『구한국외교문서』 17권 俄案 778호 건양 원년 11월 12일
82) 오진석, 2008, 「1897-1900년 서울지역 마차회사의 설립과 경영변동」, 『역사학보』 197에서 재인용.

마차회사의 社長에는 安駉壽, 副社長에는 그레이트하우스가 선출되고 실무를 총괄할 總務員에는 상인출신 출자자가 임명된 것으로 보인다. 사장 안경수는 몰락한 양반가문 출신으로 일본에 유학해 방직기술과 일본어를 습득하였으며, 典圜局 幫辦으로 근대적인 화폐제도 수립에 노력하였으며, 1896년에 大朝鮮銀行 창립을 주도하여 초대행장을 맡았고 1897년에는 국내외자본을 결집하여 만든 大朝鮮苧麻製絲會社의 회장, 1898년에는 釜下鐵道會社 창립에 관여하여 사장을 역임한 인물이었다. 이 시기 실업계에서 매우 적극적인 활동을 전개했던 인물인 것이다. 이 회사의 출자자들은 대부분 현직 관료와 상인이었다. 특히 안경수, 李完用, 玄興澤, 朴鎔奎, 李允用, 李采淵, 李根培 등 관료들은 모두 개화파로서 서로 긴밀한 관계를 맺고 있었다.

마차회사의 운영은 관료들의 능력만으로는 제대로 유지되기 힘들었다. 자본이 풍족한 상인들과의 동업이 필요한 일차적 이유였다. 이외에도 회사를 경영하는데 필요한 원료 구매, 기술 도입, 생산, 판로 확보에 이르기까지 다양한 방면의 경영노하우와 지식, 기술이 필요했다. 그러므로 마차회사에는 金斗昇, 金基永, 趙鎭泰, 白完爀, 扈相淳, 閔致章, 崔仁淳, 崔文煥 趙彰影漢, 禹聖一 등 유력상인들이 출자자로 참여하였다. 마차회사는 주주들의 출자금에 따라 정액의 주권을 교부하고 보유 주식 수에 따라 주주의 권리와 의무의 크기가 결정되는 주식회사가 아니라 출자한 자본금의 범위 내에서만 책임을 지는 사원들로 조직된 일종의 '合資會社(partnership)'의 성격을 띤 회사였다.

마차회사가 설립된 이유는 본격적인 산업개발을 추진하는데 있어 도로의 확장과 신설, 개천과 시가지의 오물 청소, 공공건물의 신축 등 각종 사업이 우선적으로 진행되어야 하며, 이에 따른 교통운수업의 제도적 도입이 필요했기 때문이다.

개화파 관료들이 처음 추진한 것은 서구와 일본에서 이미 활용되고 있었던 마차철도였다. 그러므로 마차회사에서도 설립초기 거액을 투입해 경편철로와 마차를 구입하였다. 그러나 개화파관료들이 구상했던 마차철도 부설사업은 전차에 밀려 제대로 추진되지 못하였다. 마차회사가 설립된 직후인 1898년 1월에 漢城電氣會社가 설립되어 민간에게 전등을 공급하고 서울시내에 전차를 운행하는 사업이 시작되었기 때문이다. 1899년 5월에는 京橋에서 東大門 구간의 전차노선이 개통되었고, 그 해 8월에는 운행구간을 청량리까지 연장했으며, 이어 용산선과 의주선도 개통되었다. 광무황제의 강력한 의지로 인해 전차 사업이 본격적으로 추진되었기 때문에, 마차철도가 여객운송용으로 부설되는 일은 더 이상 진전되지 못했던 것이다. 이처럼 승객용 마차철도 부설이 어려워졌다고는 하지만 화물용 마차철도까지 좌절된 것은 아니었다. 화물운반용 마차철도는 개천의 준설토를 운송하는 목적으로 일시적이나마 활용되었다. 승객용 마차철도의 부설이 좌절되자, 마차회사는 일반 마차와 인력거를 이용한 운송사업을 시작했다. 그러나 전반적으로 보아 마차사업은 큰 성과를 거두지 못했다.

이 회사의 수입 구성은 크게 馬車運用수입과 한성부로부터 받은 濬川事業費, 그리고 약간의 貸金을 통한 이자수입으로 이루어져 있다. 마차주식회사가 청산할 때까지 마차운용으로 벌어들인 수익금은 총 3,035원이었는데, 그 가운데 대부분은 1898년 1월부터 11월 사이에 입금되었다. 마차운용 수익금이 1898년 1월 241.6원을 기록한 이래 11월까지 평균 196원의 영업실적을 올렸는데, 12월부터는 65원 수준으로 급격하게 줄어들었고 1899년부터는 1원 내지 3원 수준에 불과하였다. 준천사

업으로는 1898년에 孝橋· 長橋· 河橋· 水橋 부근의 4곳에서 작업하여 그
대금으로 23,477원을 한성부로부터 수령하였는데, 작업을 진행한 시기
는 1898년 7월 이전이었다. 이 회사는 본래의 마차운송 영업보다는 漢
城府의 관급공사를 수주하여 더 많은 수익을 올리고 있었다. 이는 마차
운영수입이 청계천 준천수입에 비해 13.2%에 지나지 않았던 사실에서
잘 드러난다. 청계천 준천사업의 공사비 수입만으로 회사를 제대로 운
영하기에는 무리였다. 그러므로 마차회사의 경영진은 늦어도 1898년
후반에는 회사 청산을 결정하였다. 마차회사는 회사 재산을 방매하고
사업을 정리하는 작업에 착수했고, 한성부로부터 준천사업비 잔액 결제
가 끝나자 1899년 9월과 1900년 10월 두 차례에 걸쳐 출자자들에게 출
자금의 80%를 반납해 청산작업을 마무리 지었다.

마차회사가 청산절차를 밟고 있는 과정에서 이 회사의 주축을 이루었
던 상인들 대부분은 대한천일은행으로 이동해 갔다. 1899년 1월에 김두
승과 김기영은 대한천일은행의 창립 발기인으로 참여하였고, 조진태와
백완혁은 1900년 4월에 주주로 참여하였다. 그리고 조진태는 몇 달 뒤인
7월 20일 사무원에 임명되어 전당포업무를 담당하였으며, 백완혁 역시
1901년 4월 30일 사무원에 임명되었다. 이외에도 최문환· 최인순· 하상
기는 모두 대한천일은행의 주주가 되고 또한 그 경영에 참여하였다.[83]

1890년대 후반 짧은 기간 존재했던 마차회사의 설립과 경영은 한국
에서 근대회사제도가 들어와 정착하는 과정에서 그 가능성과 한계를 동
시에 보여준 사례였다. 경영진이 직접 일본에 건너가 필요 물자를 들여
오고 자체 인력을 확보해 화물용 마차철도를 부설하는가하면 마차와 인
력거를 이용해 운송사업을 전개하고 그간 정부가 주도해 온 청계천 준

83) 이승렬, 2007, 『제국과 상인』 역사비평사, 88쪽

천사업을 도맡아 처리할 정도로 축적된 역량과 기술 수준이 만만치 않았음을 보여주었다. 또한 자본을 모아 회사를 설립 경영하고 경영난으로 회사를 청산하는 과정에서 드러난 경영진의 모습은 근대회사제도의 원리를 비교적 정확히 이해하고, 이를 현실에서 적용하고 있음을 보여준다. 이 점에서 볼 때 한국사회에서의 회사제도의 순조로운 정착과 발전가능성이 높았음을 알 수 있다.

그러나 마차회사의 설립 당초부터 개화파 관료들의 개입에 크게 의존하고 있었던 일은 향후 정치적 지형의 변화에 따라 회사운영이 크게 영향을 받게 될 것임을 예고하는 것이었다. 실제로 당시 정파간의 치열한 정권 투쟁의 와중에서 개화파 세력이 위축되면서 이 회사의 운명은 종말을 고했고, 이로써 민간회사를 육성해 개혁사업의 경제적 기반으로 만들려던 개화파의 시도는 좌절되고 말았던 것이다.[84]

## 7. 개항이전의 船運業과 개항이후 汽船會社의 설립운영

### 1) 개항이전의 선운업

선박으로 화물을 운송하면서 운임을 얻는 선운업은 고대이래 오랜 전통을 가진 영업형태였다. 특히 경강 선운업자에 의한 稅穀貰運은 경강 상인들에게 많은 부를 축적하게 하였다.[85] 조선후기 조세곡은 田稅·大同 등 조세의 성격이나, 지역에 따라 각각 다른 체제로 이루어졌다.[86] 田稅는 전라 충청도 조창 소속 군현은 조선으로 운송되었고, 조창에 소

---

84) 이상 마차회사에 대해서는 오진석, 2008, 「1897-1900년 서울지역 마차회사의 설립과 경영변동」, 『역사학보』197에 근거하여 서술하였음.
85) 최완기, 1989, 『조선후기 선운업사연구』 일조각
86) 金玉根, 1981, 「조선시대 漕運制 연구」, 『부산수산대 논문집』 2 참조.

속되지 않은 直納邑의 조세곡은 京江船과 地土船이 賃運 상납하였다. 그러다가 경강선에서 부정사례가 많이 발생하자 조정에서는 1669년(현종 10)부터 지토선으로만 임운상납토록 결정하였다. 지토선은 경강선에 비해 소형이어서 적재량도 적었을 뿐만 아니라 항해능력도 매우 열등하였다. 그러므로 1702년(숙종 28)부터 4백석에서 1천석을 적재할 수 있는 중대형 경강선이 전세와 대동을 선운하도록 규정을 바꾸었다. 18세기 이후 선운 조세량은 대체로 증가하는 추세였다. 1784년(정조 8) 전라, 충청도의 漕運邑을 제외한 直納邑의 전세와 대동의 총합이 충청 6만여 석, 전라 10만여 석으로 총 16만여 석에 달하였고, 이는 1천석을 적재하는 민간선박 160～170척으로 운송해야 하는 것이었다.[87]

전세의 운송은 본읍이나 이웃 군현의 地土船을 이용하는 것이 원칙이었으나, 18세기 초부터 경강선의 賃運를 허용함으로써, 지토선에 비해 규모가 크고 항해기술도 뛰어난 경강선인들이 조세곡 운송을 주도하게 되었다. 경강선에 의한 세곡임운은 정조때 舟橋司를 창설하면서 조정의 통제하에서 운영되기 시작하였다. 주교사는 정조가 수원의 顯陵園을 왕래할 때 한강에 배다리[舟橋] 설치를 관할하던 기관으로 1789년(정조 13)에 개설되었다. 조정에서는 배다리 설치에 동원된 경강선에 대한 보상으로 전라, 충청도 直納邑의 세곡 운송 독점권을 부여하였다. 이에 따라 충청, 전라도 조운읍은 戶曹에서, 경상도 조운은 선혜청에서, 충청, 전라도 직납읍은 舟橋司에서 관할하는 체제가 갖추어진 것이다. 삼남의 조세곡 운송이 모두 국가기관에 의해 통제되는 체제가 확립된 것이다.

---

87) 『비변사등록』 정조 8년 8월 20일,
両湖直上納邑 稅大同之多寡 縱有豊歉之不同 要之 湖南則爲十萬石內外 湖西則爲六萬石內外 其所運輸 當用千石容載船 一百六七十隻

주교사에 소속된 80척의 경강대선을 舟橋船으로 불렀다. 주교선은 作隊法에 근거하여 편성되었고, 담당 지역을 추첨 배정받았다. 추첨하여 세곡 운송지역을 배정하였기 때문에 執籌船으로도 불리웠다. 작대제는 주교선 30척을 하나의 隊로 편성하여 출발과 도착 등 모든 항해를 함께 하는 방법이었다.[88] 禹禎圭는 1788년(정조 12) 다음과 같이 이상적인 작대제 운영계획을 밝히고 있다. 이에 따르면, 경강선 10척을 1隊로 편성하고, 매 척마다 船主와 사공과 격군 14명을 정원으로 삼아 운영한다. 만약 한 척이 침몰하면 같은 隊의 나머지 선박 9척이 침몰한 선박의 船價를 거두어서 운송한 세곡량을 채워 납부하며, 만약 여러 척이 침몰하면 모든 隊(영남 조운선의 경우 60척이므로 6대, 주교선의 경우 30척이므로 3대)의 선박이 연대하여 책임진다. 이렇게 되면 해난사고가 발생할 경우 작대제에 편입된 선박 모두가 연대 책임을 지게 되므로, 조정에서는 조세의 수입에 문제가 없게 된다. 작대제는 船人 상호간에 감시를 제도화함으로써 선인들의 부정행위를 방지하고 세곡운송에 대한 작대 전체의 연대책임을 명확히 함으로써 세곡운송의 안정성을 도모하려는 방안인 것이다.

한편 주교사에 소속된 경강대선 80척으로 모든 지역의 세곡을 일시에 상납할 수 없었기 때문에 세곡을 두차례 운송하는 再運法이 채택되었다. 처음 운송할 지역[初運]은 전라, 충청지역 중 먼 곳이며, 재운지역은 가까운 충청지역이어서 이를 湖西再運法이라고 불렀다. 거리가 가장 먼 호남의 羅州 등 15읍의 7만여석에 달하는 세곡은 初運하였고, 七

---

88) 『大典通編』戶典 漕轉, 船隻一齊作綜
　　船隻一齊作綜漕船 每運以三十隻作一綜 到泊回發 毋得先後 違令者 沙工 刑推汰去
　　押領官 以不應爲律論

山 상류인 臨陂 등 11읍과 충청지역은 再運하였다.

배다리는 정조가 수원 현릉원에 행차하는 정월 그믐과 2월 사이의 春幸과 8월 旬望의 秋幸時 두 차례 설치되었다. 경강선은 정월 중순부터 2월 중순까지는 배다리 설치에 투입되었으므로 세곡 운송의 시기를 맞추지 못하여 늦는 경우가 자주 발생하였다. 이에 따라 再運을 넘어 三運하는 경우도 종종 발생하였다. 주교선의 재운·삼운은 세곡 운송에서도 많은 폐단을 야기하였다. 특히 문제가 된 지역은 충청지역이었다. 호남의 七山 하류를 대상으로 하는 초운은 2월에서 3월 사이에 경강선이 내려가서 5월 안에 끝내므로 태풍이 부는 시기가 아니었다. 그런데 재운을 하는 충청지역의 경우, 만약 초운이 제대로 행해져 5월에 출발하여 6월 안에 납부를 끝내면 문제가 없으나, 조금 늦어져 7월이나 8월에 출발하여 태풍을 만나면 침몰되는 경우가 많았다. 뿐만 아니라 충청지역의 船價가 전라지역의 절반 수준이었다. 그렇기 때문에 경강선인들은 충청도 조세 운송을 기피하였던 것이다.

경강 선운업자들은 세곡 운송의 대가로 船價를 받았다. 선가는 운송 거리에 따라 정해졌다. 경강 선인들이 조세곡 운송의 대가로 받는 선가는 다음의 <표 16>와 같다.

<표 16> 조선후기 지역별 미곡 10석당 선가(船價)[89]

| 연도 | 충청 | 전라 | | | 경상 | 황해 | 평안 | | 경기 |
| | | 근거리 | 중거리 | 원거리 | | | 청남 | 청북 | (남양) |
|---|---|---|---|---|---|---|---|---|---|
| 1669 | 1석 | 1석10두 | 2석 | 2석5두 | 2석＋私給 | | | | |

---

89) 고동환, 위의 책, 348쪽 표 3-6 재인용.

| 연도 | | | | | | | |
|---|---|---|---|---|---|---|---|
| 1671 | | | | | 1석2두 | 2석 | |
| 1704 | 1석 | 2석 | | | | | |
| 1726 | | | | 2석 | | | |
| 1780 | | 2석 | | | | | |
| 1781 | | 1석 | | | | | |
| 1782 | | | | | 1석2두 | 2석 | |
| 1790 | | | | | | | 0.8석 |

<표 16>에서 알 수 있듯이 선가는 경강에서 가까운 충청지역은 운송량의 10%, 전라, 경상, 황해, 평안도처럼 거리가 멀고 항행이 어려운 지역은 운송량의 20% 내외였다. 경강선인들은 선가가 높은 전라, 경상도 지역의 세곡운송을 선호하였다.

18세기 후반 일년 동안 13만에서 14만석의 조세곡 운송의 댓가로 받는 선가는 수만석에 달했다.[90] 舟橋案에 포함된 경강대선 80여 척과 훈련도감 대변선을 포함한 경강선은 대략 120여 척이었으므로, 한 해 받는 총 선가를 대략 3만 석으로 계산하면, 이들 선박 한 척에 지급되는 선가는 평균 250석이다. 이 가운데서 사공과 격군의 朔料를 禹禎圭가 제시했던 것과 동일하게 지불한다면 경강선주가 올리는 1년 소득은 배 한 척당 대략 120석 내외로 추산할 수 있다. 이처럼 경강선주가 받는 선가는 매우 후했다. 그러므로 18세기 중엽에는 京江富漢들이 都沙工이라 칭하면서 빈손으로 지방에 내려가 각읍에서 미리 稅米를 받은 다음, 船價條로 받은 것만을 가지고 선박을 현지에서 구입하고, 다시 선인들은 고용하여 세곡을 실어 서울로 올려보낸 다음, 선가에서 남는 미곡은 돈

---

90) 『비변사등록』, 영조 41년 4월 13일,
　　湖南事勢 異於嶺南 三倉元漕船外 沿海田稅及大同等上納 統計爲十三四萬 以船價言
　　之 不下數萬餘石 而皆是江民之生涯 不可使之一朝盡失 以船隻言之 將過百數十隻."

으로 바꿔 자신은 육로로 상경할 수 있을 정도였다. 또한 경강선주 가운데에는 자신이 직접 선박을 소유하지 않았어도 남의 선박을 빌려 주교사의 추첨에 참여하여 당첨되면, 지방에 내려가서 그 지역의 선박을 賃借하여 세곡을 운송하는 경우도 있었다. 이렇듯 선가가 후했으므로 세곡 임운은 중요한 이권이었고, 경강선인들은 선운업으로 축적된 부를 토대로 고위관료와 결탁하여 정부의 조세곡운송 정책에 영향력을 미칠 만큼 사회적 파워를 가지고 있었다.[91]

## 2) 개항이후 기선회사의 설립추이와 운영

조세곡 운송이 중요한 이권이었을 뿐만 아니라 조세곡 운송과정에서 해난사고와 더불어 京江船人들의 부정행위가 많았기 때문에 개항이후에도 이러한 문제를 해결하기 위해 많은 노력을 기울였다. 1880년(고종 17)에는 그동안 발생했던 조세곡 운송의 문제들을 해결하는 종합대책으로 <漕弊釐正事目>이 반포되었다.[92] 이 사목에 의하면 모든 조세곡 운송은 주교사에서 관할하면 주교사에 소속된 선박의 선주에 대한 신원 조회를 명확히 하고 보증인을 세워 조세곡 운송과정에서 문제가 생겼을 경우 책임을 지도록 했다. 1880년 <조폐이정사목>에서 조세곡 운송의 문제를 종합적으로 해결하는 방안을 제시했지만, 조운선, 주교선, 賃船 등 다양한 선박에 의해 운용되는 조세곡운송의 문제는 해결되지 않았다. 이에 조정에서는 1883년(고종 20) 轉運署를 창설하여 조세곡 운송에 기선을 투입함으로써 조세곡 운송문제의 해결을 도모하였다.

---

91) 이상 조선후기 세곡운송에 대해서는 고동환, 1998,『조선후기 서울상업발달사연구』지식산업사 참조.
92)『비변사등록』, 고종 17년 12월 15일

전운서는 1884년 전운국으로 개편되어 처음에는 일본과 독일의 輪船을 고용하여 수송하다가 뒤에는 蒼龍號, 廣濟號, 朝陽號 등 3척의 기선을 구입하여 세곡을 수송하였다. 1892년(고종 29)에는 轉運局에서 민관합작회사인 利運社를 세워 조세곡 운송을 담당하였지만, 1894년 갑오개혁으로 조세의 금납화가 시행되면서 이운사의 영업 또한 중단되었다.[93]

한편 개항 이후 각 개항장을 드나들던 서양식 선박과 기선 해운에 대해 정부 당국은 물론 민간인들도 관심이 대단히 컸다. 그러므로 정부의 관료층과 더불어 상인들이 다투어 기선회사들을 설립하였다. 최초의 기선회사는 1884년에 설립된 汽船會社였다. 이 회사는 통리기무아문의 轉運局에서 기선 3척을 미국상인의 중개로 도입하여 설립한 회사였다. 기선회사는 연해의 화물운송과 조세곡의 운송, 군대와 그 밖의 관용화물의 운송에 종사하였다. 이처럼 전운국에서는 외국에서 기선을 구입하여 세곡운송 등에 직접 운영하다가 1892년에 관영기선회사인 利運社를 창설하여 일반화물과 여객운송으로 영업범위를 확대하였다. 利運社는 관민합작의 특권회사로 주로 세금으로 거둔 곡식을 운반하였으며 민간화물 운송도 담당하였다. 이운사는 전운국에서 인수한 400톤급 선박인 蒼龍號, 顯益號와 독일로부터 구입한 1천톤급 선박 利運號, 그리고 일본과 중국에서 구입한 30~100톤급 선박 5척을 가지고 있었다. 청일전쟁 때는 이운사 소속 선박이 일본군에 징발당하여 일본군 군수물자를 수송하였고, 청일전쟁 이후에는 日本郵船株式會社가 이운사 선박을 위탁운항함으로써 업무를 중단해야 하였다. 1896년 아관파천이후 선박을 일본우선주식회사로부터 돌려받기는 하였지만 갑오경장 때 실시된 조세

93) 손태현, 1970, 「구한말의 관영기선해운에 관한 연구」, 『동아논총』 7; 나애자, 1998 『韓國近代海運業史硏究』, 국학자료원 참조.

의 금납화로 세곡 운송이 줄어들었기 때문에 이운사의 영업은 계속 줄어들었다. 이운사에서는 소유 선박을 세창양행 등에 위탁경영하였고, 그 결과 이운사가 독점하였던 세곡의 운송업은 민간에 넘어가게 되었다. 이운사는 정부직영(1886년 이후)에서 관민합작(1892년 말~1900년), 민간기업(1900년대 초 이후) 등의 단계로 변화해갔다. 그러나 이운사의 세곡운송 독점은 농민층의 부담을 가중시켜 1894년 농민전쟁이 발생하는 원인이 하나를 제공하기도 하였다.

한편 정부와 관료만이 아니라 민간에서도 기선회사가 설립되기 시작하였다. 민간이 설립한 최초의 기선회사는 1886년 10월 서울에 거주하는 李丙善과 金東憲이 설립한 大興商會였다. 이병선과 김동헌은 일본 거주 미국인 에드워드 레이크(Edward Lake)로 부터 72톤 정도의 汽船 1척을 1만 달러에 구입하여, '대흥호'라고 명명했다. 대흥호는 輪船이었다. 대흥상회는 우리나라에서 민간인이 창설한 최초의 기선 회사였다.

대흥상회는 일본인 선원을 고용해서 우리나라 미개항 항구간의 미곡을 주로 수송했다. 조선 정부에서도 민간 최초의 기선 회사라고 하여 '대흥호'의 운항에 많은 편의를 제공했다. 그러나 화물량이 예상했던 것보다 많지 않아 수익을 올리지 못해 일본인 선원 7명의 월급을 6개월간이나 지급하지 못하는 형편에 놓이게 되었다.[94] 뿐만 아니라 대흥호 구매 가격의 대부분을 차입금에 의존했기 때문에, 대흥호 가격의 완불을 요구하는 원래 선주인 미국인 에드워드 레이크의 독촉도 매우 심했다. 이에 뒤따라 채권자인 다른 외국인들과 세창양행도 채무의 이행을 재촉하게 되자, 이병선은 결국 대흥호를 매각할 수밖에 없었다. 마침내 '대흥

---

94) 『각사등록』 5권, 仁川港關草 532-533쪽 (『仁川港關草』 1, 丁亥(1887) 6월25일 關 仁港)

호'의 公賣 사실이 각국 영사관을 통해 공고되고 1887년 인천 해관에서
공매가 실시되었는데, 원래 선주인 에드워드 레이크가 구입 선가의
10%에 불과한 1,100달러로 낙찰받았다.[95] 에드워드 레이크는 대흥호
를 인수한 즉시 미국기를 게양하고 일본으로 회항해 버렸다. '대흥호'가
상식 밖의 싼값으로 에드워드 레이크에게 낙찰되자 관련 채권자들은 李
丙善의 채무에 대한 해결을 조선 정부에 요구하고 나섰고, 이에 조선 정
부는 이병선을 체포하고 그의 전 재산을 압류하였다. 이로써 조선 최초
의 민간 기선 회사인 대흥상회는 설립된 지 불과 1년만에 파산하고 말았
던 것이다.[96]

　　1888년에는 機器局 위원으로 중국 상해에 다녀온 趙羲淵이 三山會社
라는 특허회사를 설립하였다. 삼산회사는 龍山號이라는 16톤짜리 기선
과 三湖號라는 13톤짜리 기선을 매입하여 용산과 인천 사이를 왕복하며
여객과 화물을 운송하였다. 삼산회사에 자본을 투자한 사람들은 재래의
선운업을 영위했던 경강상인이었을 것으로 추정되고 있다. 삼산회사는
창립한 지 3개월만에 三湖號가 강화도 근처에서 침몰되는 사고가 발생
하였다. 삼산회사에서는 三湖號의 상실을 보완하기 위해 世昌洋行에 교
섭하여 독일 함부르크에서 35톤짜리 증기선을 구입하였다. 독일에서 온
증기선에는 濟江號라 명명하여 운항하였다. 초창기의 시련을 극복하고
삼산회사의 영업을 정상적인 궤도에 진입하였다. 그러나 일본상인 堀久
太郞이 1892년 60톤짜리 증기선 2척을 용산과 인천사이에 투입하면서
삼산회사의 경영은 어려워졌다. 결국 삼산회사는 일본인이 세운 기선회

95) 奎 24508, 牒(呈) [李丙善의 輪船公賣後 各國商人의 負債淸算에 關한 件] 光緖 13
　　年(1887) 8月 19日(1887年 10月 5日).
96) 한국해사문제연구소, 2001 「1편 2절 한국근대해운의 태동」, 『잃어버린 항적』 참조.

사와의 경쟁에서 패배하여 경영난에 봉착하였고, 끝내는 회사가 문을 닫을 수 밖에 없었던 것이다.[97]

이처럼 초기의 민영 해운은 상인, 객주, 관리 등에 의해 회사 형태나 개인 명의로 경영되었다. 물론 그 규모는 고작 수십 톤 정도의 소형 기선이나 서양식 범선으로 강운 또는 연안 수송을 하는 것에 불과했다. 인천항이 1883년에 개항되자 인천과 마포간의 수로의 중요성은 날로 커져갔다. 일찍부터 우리나라 사람들은 물론 외국인들도 한강을 이용한 화물 수송의 유리한 점에 착안하여 선박 운항을 시도했다. 그러나 인천과 마포간의 50리 뱃길 한강 수로는 여간 위험한 곳이 아니었다. 水深이 불안정하고 암초가 곳곳에 산재하는 데다가 조수 간만에 맞추어 항행해야 하는 관계로 한 밤중에 출항해야 하는 경우도 있었다. 한 밤중에 마포에 도착할 경우 마땅한 숙박 시설이 없어 애를 먹기도 했다. 또 여름철 홍수가 날 때에는 선박의 마력이 부족해서 발을 동동 굴러야 하는 일이 비일비재하였으며, 어떤 때에는 인천과 마포 사이를 배로 오가는데 30시간을 넘는 경우도 있었다. 이 때문에 한강을 이용한 화물운송업은 좋은 성과를 거두지 못했다. 그러나 1904년 이전 개항장간 교통은 주로 기선에 의존하였지만, 개항장과 내지간 교통은 기선보다는 재래의 조선 선박인 범선이 담당하였다. 재래선박의 운임이 기선보다 저렴하여 연안운송이나 한강이나 낙동강, 영산강 등의 하운에서의 곡물 등 중량이 무거운 화물의 운송은 재래 선박이 유리했던 것이다. 그러므로 개항이후 기선의 운항은 재래 운수업을 구축하는 것이 아니라 서로 보완하면서 발전해 갔던 것이다.[98] 이러한 사정이 1880년대 이후 민간기선회사가 대거 설

---

97) 고승제, 1975, 「제4장 한국연안해운업의 근대화과정과 三山會社의 지위」, 『한국경영사연구』 한국능율협회, 52-56쪽.

립되는 배경이었다.

한편 개항된 부산에서도 1880년대 후반부터 많은 해운회사들이 설립되었다. 1887년 부산에서는 소형 화륜선 1척으로 부산항에서 낙동강 변의 각지에 여객과 화물을 운송하는 汽船會社가 설립되었다. 이 기선회사의 명의는 조선인이었지만, 실제 소유주는 일본인으로 조선인들은 일본인의 이익에 봉사하는 이용물에 지나지 않았다. 또한 1898년에는 金益昇이 일본의 기선을 임대하여 부산항에 郵遞汽船會社를 설립하였다. 우체기선회사는 해로를 이용하여 우편물과 여객, 화물을 운송했으며, 1899년에는 부산의 객주 丁治國은 協同汽船會社를 설립하고, 일본인 소유의 670톤급 기선 1척을 빌려 부산을 기점으로 삼고 鏡城을 종점으로 하는 동해안 항로에 배를 취항시켰다. 선장을 비롯한 선원 모두가 일본인이었다.

원산에서도 다양한 기선회사들이 창립되었다. 원산항이 개항되고 일본 선박들이 빈번하게 내왕하게 되자, 이 지방의 조선인들도 비교적 일찍부터 서양식 선박에 의한 선박 운항을 시작했다. 1892년에는 元山商會가 설립되었고, 1896년에는 德利會社와 太運會社가 각각 설립되어 연안 운송에 참여하기 시작했다.

인천항에서는 1890년 鄭教信이 義信會社를 차리고 일본에서 새로 건조된 帆船을 사들여, 부산과 원산 등 국내 연안 각지에 취항시켰다. 그리고 1891년에는 濟通社와 永信會社가 설립되어 연안 운송 활동을 시작했다. 또한 1897년에는 정부가 직영했던 상선 회사 이운사의 경영을 전담했던 인천의 우경선이 廣通社를 창립하고, 정부 소유의 해룡호를 불하받았다. 광통사는 인천, 군산, 목포, 제주를 연결하는 정기항로를 개설

98) 이헌창, 2005, 「개항기의 경제사적 의의」, 『동양학』 37

했는데, 화물이 넘쳐 날 때는 외국배를 빌려 운항하기도 했다. 이밖에도 1891년에는 通運社가, 1905년에는 森信汽船會社가 창립되어 인천항을 중심으로 연안 운송 활동을 전개했다.

그리고 함경도의 崔鳳俊은 러시아에 귀화한 뒤 1,300톤급 기선 '俊昌號'를 사들여 원산과 블라디보스톡을 연결하는 정기 항로를 개설하여 위세를 떨쳤다. 당시 함경북도 지방에서는 러시아 블라디보스톡항과 가까운 지리적 여건으로 인해 일찍부터 러시아 군대에 공급되는 生牛의 수출이 성행하였다. 러시아가 블라디보스톡과 흑룡강 연변의 개척에 힘쓰게 되자 노동자의 수요도 크게 늘어나, 그 숫자가 연간 1만 명을 넘는 때도 있었다. 러시아 선박이나 일본 선박들이 '준창호'와 경쟁을 벌이기도 했으나 최봉준은 그의 독점 사업이었던 소 수출과 블라디보스톡을 오가는 한국인 노동자들의 수송 수요를 잘 조정해서 언제나 다른 배보다 앞서 나갔다.

한편 부산에서 협동기선회사를 경영하고 있던 丁治國은 당시 세력가였던 贊政 李允用과 알게 되어, 협동기선회사를 모체로 한 大韓協同郵船會社를 창설토록 하여 자신이 이 회사의 실무를 전담했다. 대한협동우선회사는 본사를 인천에 두고 정부가 소유하고 있던 현익호, 창룡호및 한성호 등 5척의 노후 기선을 불하받아 국내 연안 항로를 비롯하여, 중국, 일본 등 외국 항로에도 선박을 취항시켰다. 창설 초기에는 여러 가지 경영상의 어려움에도 불구하고 좋은 경영 성과를 나타냈다. 이에 따라 대한협동우선은 러시아까지 항로를 확장할 계획도 세우고, 부정기 운항노선을 정기 항로로 전환하는 등 경영의 개선에도 상당한 노력을 기울였다. 그러나 창설 당시의 낡은 기선 몇 척으로 일본의 해운 회사들과 경쟁한다는 것은 애초부터 역부족이었다. 러일전쟁에서 승리한 일본은 1905년 우리나라에 통감부를 설치했다. 이 무렵부터 개항지간의 주요 간선 항로는 日本郵船이나 大阪商船과 같은 일본 회사가 거의 독점하였다. 게다가 조선통감부는 해운에 대한 보조금을 일본인 업자에게만 지급하였다. 우리나라 해운 업체로는 유일하게 명맥을 유지하고 있던 대한협동우선회사는 마침내 문을 닫을 수 밖에 없었던 것이다. 개항이후 관영 해운의 중심이 利運社였다면, 민영해운의 중심은 大韓協同郵船會社였다. 그러나 이운사가 청일 전쟁의 결과 문을 닫은 것처럼, 대한협동우선회사는 러일전쟁으로 사라져 버렸다.[99]

이상에서 보았듯이 1886년부터 시작된 민간해운업은 재래선박을 기선으로 대체하려는 정부의 방침에 따라 장려되었고 관료주도로 이루어졌으나 1896년 이후 광무연간에 들어와 민간자본이 적극적으로 참여하였다. 특히 1900년 관료와 객주 등 상인이 합자해 인천에 설립한 대한협동우선회사는 연안항로만이 아니라 청과 일본의 주요항구와 연결되는 대외항로를 개설했고 북관지역에서는 선상과 객주 등 상인들이 기선회사를 설립하거나 개인적으로 정기항로를 개설해 연안무역의 발달을 가져왔다 그러나 자금부족으로 외채를 도입하거나 일본인을 항해사와 기관사로 고용하는 등 자본과 기술에서 대외종속을 면치 못했다 또 화물이 주로 곡물이어서 계절에 따라 운송량의 차이가 심해 적자의 위험이 따랐고 개항장을 중심으로 운항하는 외국선박의 활동으로 조선인의 기선업은 많은 제약을 받았다. 조선의 기선이 담당하는 화물운송량은 청일전쟁 전후 3만톤 정도였지만, 러일전쟁을 직전인 1904년에는 18만톤까지 증가하였다가, 1909년에는 12만톤으로 감소하였다고 추정된다. 조선 기선이 담당하는 비중은 러일전쟁 이전까지 전체 기선출입량의

---

99) 한국해사문제연구소, 2001, 「1편 2절 구한말의 민영해운」, 『잃어버린 항적』 참조.

20%를 상회했지만, 1908년 이후에는 5%이하로 줄어든 것이다. 이와 더불어 러일전쟁이후 조선통감부는 조선인 기선회사에 대한 자금지원을 중단하였다. 이러한 요인이 상호작용한 결과 조선인 해운업의 토대가 완전히 붕괴되었던 것이다.[100]

---

100) 나애자, 1998, 『한국근대해운업사연구』 국학자료원 참조.

# 6장
# 개항 전후 조선 정부의
# 상업정책

## 1. 개항이전 조선정부의 상업정책

### 1) 18세기 후반 조선정부의 상업정책

#### (1) 小民 · 貢市人保護와 都賈禁斷 정책

18세기 후반은 사상의 성장과 유통체계의 변화, 도고상업과 난전의 활성화등으로 인해 종전에 유지되어 오던 시전중심의 상업질서가 크게 동요되었던 시기였다. 상업질서 동요의 근본 원인은 서울의 상품화폐경제가 시전상업체제만으로 유지될 수 없을 만큼 크게 성장하였기 때문이었다. 이러한 시장질서의 교란에 대해서 정부에서는 크게 두가지 원칙을 가지고 대처하였다. 하나는 시전상인과 공인들을 '나라의 근본'이라는 인식하에서 공인과 시전상인들을 난전상인으로부터 보호하는 조치였으며, 또 다른 하나는 소민보호라는 관점에서 시전상인과 私商大賈을 포함한 특권상인들의 도고상업을 금단하는 것이었다. 正祖는 상업이윤을 국가가 장악해야 한다는 貨權在上論을 견지하면서도, 다른 한편에서는 백성들의 생활을 풍족하게 하는 이용후생의 바탕으로서 상공업을 인정하고 있었다.[1] 그러므로 이 시기 상업정책은 특권상인의 제반 불법상

행위를 철저하게 억압하는 가운데 재화가 시전상인, 공인, 소시민들에게 균등하게 분점될 수 있도록 상업질서를 유지해 가는데 중점이 두어졌던 것이다.

### (2) 물가안정책과 通共政策

18세기 후반의 물가추세는 장기적으로는 안정적인 성장을 보이고 있었지만, 국지적인 국면에서는 심한 기복을 보이고 있다. 특히 미곡가는 1780년(정조 5)에서 1783년(정조 8)사이와 1787년(정조 12)에서 1790년(정조 15)사이에 가장 심각한 등귀양상을 보이고 있어 다양한 대책들이 논의되고 실행되었다.[2] 이 시기 물가등귀의 원인으로 지적된 것은 인구의 증가, 난전의 폐로 인한 시전상업의 위축, 도고행위로 인한 매점매석 등이었다. 물가안정을 위해 취해진 조치는 크게 세가지였다. 첫째는 정부보유곡을 시가보다 헐하게 방매하는 미곡발매, 둘째 공인들에게 지급할 貢價를 미리 지급하는 貢價豫下, 그리고 都賈금단정책이었다. 미곡발매는 굶주린 호구를 골라서 직접 미곡을 나누어주는 抄戶發賣의 방식과 시전에 미곡을 헐값으로 방매하는 減價給糶의 방식이 있었다.[3] 그러나 이와 같이 미곡의 공급량을 늘림으로써 미가의 안정을 도모하는 조치는 대부분 미곡상인들의 도고행위에 의해서 제대로 실효를 발휘할 수 없었다. 사상도고만이 아니라 시전상인들도 도고상업의 주체였다. 시전상인들은 서울지역 내에서 금난전권을 행사했기 때문에 시전상업

---

1) 한상권, 2000, 「영조·정조의 새로운 상업관과 서울상업정책」, 『서울상업사』, 태학사
2) 이헌창, 1998, 「숙종-정조조(1678-1800간) 미가의 변동」, 『경제사학』 21
3) 고동환, 2001, 「정조대 상업발달의 양상과 상업정책」, 『18세기 연구』3, 한국18세기학회

자체가 도고상업의 일종이었다. 그러므로 정부에서는 시전의 도고행위가 물가앙등의 주요원인으로 파악하고, 1791년(정조 15) 육의전을 제외한 금난전권을 혁파한 '辛亥通共'조치를 시행하였다. 이는 시전상인의 유통독점을 철폐함으로써 물가를 안정시키고 小民을 보호하고자 한 것이었다.[4]

### (3) 錢荒 대책: 放債 · 鑄錢

18세기 후반에는 경제규모가 성장함에 따라 화폐수요가 늘어나면서 전황이 심각하게 나타났다. 18세기 초의 전황이 화폐주조의 중단에서 발생한 것이라면, 18세기 후반의 전황은 확대된 경제규모에 비해 화폐유통량의 부족으로 인해 발생한 것이었다. 이처럼 화폐부족이 심화되면서 화폐가치가 점차 상승하자 부상대고들이 동전을 축장함으로써 전황의 심각성은 더해갔다.[5] 이와 같은 전황을 해결하기 위해 정부에서는 貢價를 동전으로만 지급하거나, 또는 각 영문에 비축된 화폐를 시중에 유통시켜 화폐공급을 늘리는 방안을 시도했지만 효과를 볼 수 없었다. 그러므로 전황을 타개하는 방안으로 放債, 鑄錢, 貿銀의 세가지 방안이 논의되었다. 방채는 정부의 보유동전을 시전상인과 공인들에게 대여해 줌으로써 화폐공급을 늘리고자 하는 방안으로서, 1784년(정조 8)『貢市人錢貨散貸別單』을 시행하여 공인과 시전상인에게 15만냥에 달하는 동전을 이자없이 대여하는 조치를 취했다. 그러나 이러한 방안으로도

---

4) 김동철, 1980,「채제공의 경제정책에 관한 고찰-특히 辛亥通共發賣論을 중심으로」, 『釜大史學』4,

5) 18세기 후반의 錢荒을 이런 점에서 貢市錢荒으로 파악하는 견해도 있다. 이러한 견해는 이재윤, 1997,「18세기 화폐경제의 발전과 錢荒」,『學林』18. 참조.

물가하락의 효과를 달성할 수 없었다. 그러므로 정부에서는 화폐의 주조를 시도하였는데, 1786년(정조 10)부터 주조가 시작되어, 1789년(정조 13)까지 총 90만냥을 주조할 수 있었다. 이후 매년 주전하기로 결정을 하여, 동전부족현상은 어느 정도 해결될 수 있었다. 貿銀은 중국이나 일본으로부터 은을 수입하여 동전의 가치를 안정시키고자 하는 대책이었지만 이 방안은 논의만 되었을 뿐 실현되지는 않았다. 18세기 전반 전황에 직면했던 영조는 순수성리학적 경세론에 입각하여 동전유통을 억제하는 純本令으로 대응했던데 비해 정조대에는 전황문제의 해결방식이 매우 현실적으로 변모한 것이다. 이는 다른 한편으로 이 시기 정부에서 경제문제를 해결하기 위한 다양한 방책을 쓸 만큼 여유가 있었다는 것을 의미하는 것이다.6)

### (4) 浦口商業과 無名雜稅

조선왕조는 '시장에 대해서는 譏察은 하되 세는 걷지 않는다(關市 譏而不征)'이라는 仁政의 원칙을 준수하였기 때문에 농촌장시에 대한 과세를 용인하지 않았을 뿐만 아니라 장시에서의 유통에 대해서도 개입하지 않고 방임하는 입장을 고수하였다. 물론 지방관청차원에서 場監考등을 임명하여 장시에서의 불법거래행위를 규찰하고, 상인들에게 일정한 세를 거두는 것은 어쩔 수 없이 용인하였지만, 중앙정부차원의 시장에 대한 과세는 인정하지 않았다. 장시의 개시일 조정이나 장시 移設문제로 갈등이 초래되었을 때를 제외하고 장시에 대해서는 중앙정부차원의 개입은 거의 없었던 것이다. 도시상업에 대해서는 공시인보호, 물가안

---

6) 고동환, 2001, 앞의 논문 참조.

정, 전황문제등에 대해서는 적극적으로 대응했지만, 농촌장시에 대해서는 소극적인 대책으로 일관한 것이다.

　17세기 후반이후 상품유통의 중심지로서 성장한 포구에 대한 정책도 장시와 마찬가지로 소극적이었다. 외방포구는 상품유통이 증가하면서 상업이윤을 발생시켰기 때문에 권력기관에 의한 절수가 널리 행해졌다.[7] 궁방이나 중앙아문, 감영, 병영등 각급 권력기관에서 자신의 재정을 확보하는 방안의 하나로 절수가 널리 행해진 것이다. 이처럼 개별 권력기관은 절수의 형식으로 새로 발생한 상업이윤을 확보해 갔지만, 중앙정부에서는 포구절수의 금지원칙 표명, 중간수탈 배제등과 같은 소극적 대책을 취했을 뿐이다. 장시나 포구상업의 활성화를 유도함으로서 시장과 상인을 육성하고자 하는 적극적 대책은 마련되지 못했다..

　18세기에는 상업발달로 새롭게 발생한 상업이윤이 누구에게 귀속될 것인가를 둘러싸고 사회적 갈등이 심화되고 있었다. 국가도 상업이윤을 흡수하는 또 다른 주체로서 상업이윤에 대한 課稅를 하거나 또는 이해관계가 상충되는 제 세력사이에 이해를 조정하는 역할을 요구받았다. 국가의 역할은 시전상업과 포구상업에 따라 그 내용을 달리했다. 시전상업의 경우, 17세기말을 금난전권이라는 독점적 유통권을 허용하는 대가로 國役부담을 통해 상업이윤의 일부가 왕실에 할양되었다. 이 때 국역은 국가에 대한 세금이 아니라 궁궐에 대한 修理, 塗褙 등 주로 왕실의 운영과 유지에 필요한 재원을 부담하는 것이었다. 이처럼 시전상업에서 발생한 이윤의 일부는 왕실이라는 거대권력이 國役이라는 형태로 흡수하는 체제가 정착되었다.[8] 시전상업의 경우 왕실이 시전상업의 이윤을

---

　7) 고동환, 2005, 「조선후기 상업과 국가권력」, 『안동사학』 9-10합집.
　8) 고동환, 2000, 「17세기 서울상업체제의 동요와 재편」, 『서울상업사』, 태학사

흡수했기 때문에 여타의 권세가나 권력기관의 개입이 원천적으로 봉쇄되어 있었다. 그러므로 권세가나 궁방이나 아문 등 권력기관은 收稅의 형태가 아니라 직접 상업에 투자하여 도고상업을 전개함으로써 상업이윤을 획득해야만 했다.

서울의 시전상업과 달리 포구에서 발생한 상업이윤을 국가가 일일이 파악할 수는 없었기 때문에, 처음에는 그 지역의 유력자가 포구에 선박접안시설공사등에 투자함으로서 포구주인권을 장악하여 포구에서 발생하는 상업이윤을 획득하였다. 포구주인은 초기에는 船商의 보조자로서 상품유통을 매개하는 중개자였지만, 군현과 같은 지방행정기구와의 결탁을 매개로 점차 상업이윤 대부분을 장악하는 세력으로 성장하였다. 이러한 객주의 상업이윤 흡수에 대하여 지방의 감영과 병영등의 지방권력기구의 침탈이 폭력적인 형태로 가해졌다. 이처럼 군현의 권력보다 상위의 권력이 포구주인의 유통지배권을 위협해오자, 이들 포구주인층들은 감영이나 병영보다 훨씬 강력한 권력인 궁방과 중앙아문에 自願하여 服屬됨으로써 포구에서의 안정적 유통지배권을 확보하였다. 포구주인층은 자신이 장악했던 상업이윤의 일부를 궁방, 아문등 중앙권력기관에 할양함으로써 자신의 위치를 고수할 수 있었고, 이를 계기로 궁방과 아문등은 특정 포구에 대한 수세권을 행사할 수 있었던 것이다.9) 이와 같은 권력기관의 포구주인층을 매개로 한 수세는 선박에 대한 과세, 입항세 내지는 통행세, 상품에 대한 과세 등 그 명목도 매우 다양하였다.10)

외방포구에서 궁방, 아문 등 권력기관이 징수한 상업과세는 국법상

9) 고동환, 1985, 「18,19세기 외방포구의 상품유통발달」, 『한국사론』 13
10) 이영호, 1985, 「19세기 포구수세의 유형과 포구유통의 성격」, 『한국학보』 41

근거가 없이 각급 권력기관이 자의적으로 징수하는 무명잡세로 규정되었다. 무명잡세는 토지와 인신에 대한 통일적 지배를 실현하는 조선왕조의 조세수취체제로서는 파악될 수 없는 조세로서, 18세기 이후 상업발달의 산물로서, 상업세였던 것이다. 앞서 언급했듯이 조선정부는 시장에 대한 과세를 용인하지 않는 것이 원칙이었기 때문에 포구에서의 객주수세를 무명잡세로 규정하고 이를 전면적으로 부정하는 입장을 고수하였다. 그러나 여러차례 내려진 무명잡세 혁파령에도 불구하고 무명잡세는 혁파되지 않고 그대로 온존되었으며, 19세기이후에는 이러한 수세도 공식적인 상세로 정착하였다. 그 결과 상업이윤의 대부분은 상인이 아닌 궁방이나 군문 등 권력기관과 권세가에 집중되었던 것이다.

이러한 사정이 일변하는 것은 대원군 집권기부터였다. 대원군은 군비확충을 목적으로 砲粮米, 都城門稅등과 함께 포구에 대한 百一稅를 중앙정부에서 공식적으로 징수하였다. 대원군의 이와 같은 정책은 궁방, 아문의 사적 수세를 금단하고 이를 공식적인 정부재정으로 편입시킨 것이었지만, 그 내용을 자세히 들여다보면, 이는 수세권자의 교체이지, 새로운 단계로의 상업정책의 변화는 아니었다. 그나마 상업이윤에 대한 과세를 통해 정부재정을 확보하고자 한 대원군의 시도는 대원군의 실각으로 인해 무위에 그치고 말았다. 고종 친정기에는 무명잡세를 일률적으로 금지하는 것이 아니라, 각 지역에 창설된 무명잡세의 유래를 일일이 검토하여 사정에 따라 중앙정부에서 허가하거나 금단하는 선택적 금지정책을 시행하였다. 이 과정에서 지방포구에서 징수된 각종 상업세가 무명잡세가 아닌 정부에서 공식적으로 인정한 商稅라는 이해도 가지게 되었다.

개항이후에는 개화정책의 추진에 필요한 재원조달책의 일환으로 그

동안의 무명잡세를 정부재정에 흡수하려는 정책이 적극적으로 추진되었다. 1885년 통리아문은 지방 포구에 百一稅, 객주과세, 전주에서의 누룩세, 포목세, 경상도, 전라도, 충청도에서 기름상인과 유기상인에 대한 과세 등 다양한 상업과세를 창출하여 중앙재정에 흡수하고자 했다. 이 때 통리아문에서 징수한 상업세는 새로 창출된 것이 아니라 그동안 서리, 토호등이 거두던 세를 금지하고 이를 통리아문에서 수취한 것이었다. 개항이후 통리아문의 상업세 징수는 매우 광범하게 행해졌다. 무명잡세라는 인식이 변화했기 때문에 적극적으로 세원을 발굴하고 이를 중앙재정에 편입시킬 수 있었던 것이다. 그러나 통리아문의 상업세 과세는 상업에 대한 적극적인 보호육성책을 동반하지 않은 것이기 때문에 상업자본과 국가의 관계도 무명잡세의 징수구조에서 파악되는 권력기관과 포구주인(객주)의 결탁관계에서 크게 벗어난 것은 아니었다.[11]

### (5) 對淸貿易과 商業課稅

조선후기 한중일간의 국제교역은 사대교린의 원칙하에 이루어진 공무역의 성격을 띤 사행무역외에도 개시무역, 사무역인 後市무역, 밀무역 등 다양한 차원에서 전개되었다. 공무역인 사행무역도 국가가 주체가 아니라 사행의 경비를 조달하려는 목적으로 사신의 수행원들의 무역이었다. 물론 중국산 약재의 조달, 倭銀의 조달 등은 정부기관이 필요물자를 조달하는 무역이기 때문에 각 아문이 주체가 된 무역이 일부 행해지기도 했지만 이는 극히 부분적인 지위를 차지했을 뿐이다.

조선후기 대중국 무역은 사행무역의 일환으로서 역관의 팔포무역으

---

11) 이상 무명잡세의 성격과 추이에 대해서는 須川英德, 1994,『李朝商業政策史研究』, 동경대 출판회 참조

로 전개되었다.12) 사행경비를 자체 조달하기 위해 정부에서 무역의 경
비로 인삼 80근＝銀 2천냥의 휴대를 허용하면서 사행의 私貿易 자금으
로 정식화된 것이다. 이러한 대중국 무역은 청이 중원을 장악한 17세기
후반부터 중국산 비단과 원사, 조선의 인삼, 일본의 은을 매개로 한 중개
무역으로 활성화되었다. 寧波亂이후 중국과 일본과의 직접 교역은 정지
되었고, 이를 계기로 조선에서 청과 일본을 중개하는 중개무역을 전개
한 것이다. 이 시기 은의 거래액수는 1686년(숙종 12)의 10여톤을 정점
으로 1694(숙종 10)부터 1710년(숙종 36)까지 총 188톤, 연평균 7톤에
이를 정도로 호황을 기록하였다. 이와 같은 중개무역에서 얻은 이윤을
기초로 대동법과 금속화폐의 유통을 원활하게 하였고, 양란으로 피폐한
조선사회의 회복에 큰 기여하였다. 이러한 중개무역의 호황은 1730년
대 도쿠가와 막부가 나가사키로부터 중국의 남경에 이르는 직접 무역로
를 개척함으로써, 대마도-동래-서울-의주-심양-북경을 연결하는 중개무
역은 결정적인 쇠퇴로 들어서게 되었다. 그 결과 일본산 은화유입이 감
소하고, 동래에서 거래하는 물화는 미곡을 비롯한 소소한 생필품으로
제한되면서 조선의 무역은 청과의 무역에 의존하는 비중이 높아졌다.
이처럼 막대한 이윤을 남겼던 17세기후반에서 18세기 전반사이의 중개
무역에서 발생한 이윤에 대해 정부재정으로 흡수하고자 하는 논의는 전
혀 나타나지 않았다. 정부로서는 무역에서 발생한 이윤은 기본적으로
사행경비를 충당하는 선에서 만족하였던 것이다. 그러므로 무역이익은
대부분 사행무역의 주체인 역관층에게 집적되었다.13)

---

12) 조선후기 대청무역에 대해서는 다음의 논문이 참고된다. 김종원, 1977, 「조선후기
　　대청무역에 관한 일고찰」, 『진단학보』 43; 유승주, 1970, 「조선후기 대청무역의
　　전개과정」, 『백산학보』 8; 이철성, 2000 『조선후기 대청무역사연구』, 국학자료원
13) 田代和生, 1981, 『近世日朝通交貿易史の硏究』, 創文社; 田代和生 저, 정성일 역,

중개무역의 호황기에 역관의 從人, 餘馬, 延卜, 團練使後市 등 潛商형
태로 대청무역에 참여하였던 사상들은 1707년(숙종 33) 後市무역의 공
인을 계기로 본격적으로 무역에 참여하였다. 후시무역은 의주상인이 청
에 들어가 직접 무역을 담당하고 松商과 京商은 배후에서 자금을 대는
형태로 전개되었다. 이와 같이 私貿易을 인정하면서 정부는 그 무역이
윤의 일부를 끌어들여 사행자금으로 활용하고자 하였다. 1757년(영조
33)에 실시된 官帽輸入은 정부가 중심이 되어 모자를 수입하고 여기에
서 남는 이익으로 사행의 필요경비를 충당하고자 한 것이다. 정부에서
는 역관에게 사행경비와 모자무역의 자금으로 官銀 4만냥을 지급하여,
이중에 은 6천냥을 사행의 경비로 사용하고, 나머지 3만4천냥으로 모자
를 무역하게 한 뒤, 이를 국내에서 판매하여 남은 수익으로 사행경비에
들어간 자금을 충당하고자 한 것이다. 모자 1척(2천매)당 수입가는 은
50냥 전후였는데, 3만4천냥으로 수입할 수 있는 모자의 양은 640척정
도였다. 모자의 국내 판매가는 80냥이었는데 사행 역관들은 수입한 모자
중 절반인 320척은 의주 상인들에게 1척당 68냥에 넘겨주고, 나머지
320척은 서울의 帽子廛에 1척당 70냥에 넘겨주었다. 이 교환으로 정부
는 은 6천냥을 충당하고도 상당한 이익을 남길 수 있었다. 이와 같은 관
모수입은 그 일차적 목적이 공용의 확보에 있었지만 정부가 이제까지
통제해 오던 무역활동에 직접 개입하여 이를 통해 취리를 추구하였다는
점에서 주목할 만한 것이다.[14]

그러나 관모제는 국가차원에서 모자를 수입해갔기 때문에 요동에서
모자가격의 꾸준한 상승, 왜은의 수입감소로 인해 官銀마련의 어려움,

2020『왜관-조선은 왜 일본사람들을 가두었을까』, 논형 참조.
14) 김정미, 1996, 「조선후기 대청무역의 전개와 무역수세제의 시행」, 『한국사론』 36

사상의 모자밀수입으로 인해 관모와 사상이 수입한 私帽가 경쟁해야 하는 조건등으로 계속 유지하기 어려워져, 시행된 지 17년만인 1774년(영조 50) 혁파된다. 이후 모자수입권을 상인에게 부여하고 수입량에 따라 義州에서 과세하는 정책을 취하기도 했으나 이것도 정착되지 못하였다.

모자수입에 대한 과세정책은 1777년(정조 1) 稅帽法으로 정리된다. 세모법은 정부가 私商들에게 모자 1,000척을 수입할 권한을 부여하고, 수입모자에 대해서 1척당 錢 40냥을 세금으로 징수하여 중앙정부재정에 흡수한 정책이었다. 관모제 하에서 1척당 銀 18냥을 거두었던 것에 비하면 훨씬 세액이 줄어든 것이었다. 이외에도 세모법은 모자무역의 주체가 역관으로부터 의주상인과 개성상인으로 대체되는 대청무역상의 커다란 변화였다. 그러나 이러한 세모법도 시간이 지나면서 帽稅의 탈세가 심해지고 밀무역이 성행하게 되면서 실효를 거둘 수 없었다. 모자는 여전히 수입되지만 밀무역으로 수입되는 것이 많았고 그 결과 모자수입의 이익도 줄어들어 帽稅 수입은 감소하였다. 이는 곧 사행경비 조달에 큰 문제를 야기하였고, 그 결과 평안도의 재정이 사행경비 부담으로 고갈될 지경에 이르렀다. 15)

한편 정부는 雜卜의 지나친 유출을 막고 대청무역에서 譯官의 수입을 보장하기 위해 1787년(정조 11) 後市를 혁파한다. 그러나 대규모로 성장한 사상의 무역활동을 규제하기에는 역부족이었다. 후시 혁파 후에는 사상이 확보한 皮物이 나오지 않아 공세모 수입도 감소하였고 帽稅로 확보하던 공용이 부족해지자 역관에게 그 피해가 돌아가고 後市수세를 통해 재원을 확보하던 의주부도 타격을 받았다. 때문에 정부에서는

---

15) 이철성, 1996, 「18세기 후반 조선의 대청무역실태와 사상층의 성장-모자무역을 중심으로」, 『한국사연구』 94

1795년(정조 19) 후시를 다시 복설하였다. 후시가 복설되면서 이전까지 지방에서 거둬들이던 後市收稅를 중앙정부로 흡수하여 이를 使行경비로 돌리는 정책이 취해졌지만, 그러나 이러한 정부의 조치는 사상을 통제하는데 실패함으로써 제대로 이루어지지 못하였다. 19세기 상황에서 무역에 대한 국가통제력은 실효를 거둘 수가 없었고, 결국 국제교역에서 오는 이윤을 국가의 공적 재정으로 끌어들이는데 실패한 것이다.

국가의 공적 재정에 흡수되지 않았다면 국제교역에서 발생한 상업이윤의 최대 수혜자는 누구였을까. 이를 짐작할 수 있는 사례 하나를 소개하고자 한다. 안동 김씨 세도정권이 끝나고 대원군이 집권한 직후인 1864년 1월 대원군은 대중국무역의 전진기지였던 의주부윤을 지낸 沈履澤의 죄상을 조사하여 처벌하였는데, 암행어사의 보고에 의하면 심이택이 부정으로 횡령, 축재한 액수는 총 273,724냥에 달하였다.16) 권력과의 결탁관계 속에 상업이윤의 최대 수혜자는 상인이나 국가가 아니라 권력가문과 결탁한 사적 권력이었던 것이다.

18세기 조선 정부는 상업발달로 야기되는 도고상업, 물가등귀, 錢荒 등 서울의 상업문제에 대해서는 적극적인 대책을 수립하여 실행에 옮겼지만, 포구에서 발생한 새로운 상업이윤을 둘러싼 제세력의 각축에 대해서는 포구절수의 금지나 중간수탈의 금지등 원칙을 표명하는 소극적인 대책으로 일관했다. 保民을 위한 시장과 상인에 대한 대책에 머물렀을 뿐, 富國을 위한 적극적인 상업육성책은 채택되지 않았던 것이다. 또

---

16) 『일성록』, 고종 1년 3월 3일. 참고로 1849년(헌종 15) 정부 각 기관에서 보관하고 있는 재화는 黃金 119兩, 銀 208,689냥, 錢文 640,885, 綿紬 94同 33疋, 木 4,973동 48필, 苧布 44동 30필, 布子 1040동 29필 米 315,43石등이었다. 이러한 재정규모와 비교하면 의주부윤이 1년 사이에 부정으로 축재, 내지 횡령한 규모가 어느 정도인지를 짐작할 수 있을 것이다.(헌종실록 권16, 헌종 15년 정월 갑신, 48-535쪽)

한 市場에 대해 과세하지 않는 것을 仁政의 기본으로 삼고 있었기 때문에 상업이윤의 일부를 국가재정으로 흡수하는 데에도 소극적이었다. 이에 더하여 조선왕조의 재정운영원칙이 量出爲入이기 때문에 재정상의 필요가 없으면 막대한 상업이윤이 발생해도 이를 방임하는 것이 기본입장이었다. 17세기 후반에서 18세기 전반까지 최성기를 구가했던 淸-朝-日의 중개무역에서 막대한 이윤이 발생했지만 이중의 일부를 국가재정으로 편입하려는 시도는 나타나지 않았던 것이다. 대청무역에서 官帽制, 稅帽法, 後市에 대한 수세 등이 행해졌지만, 이것도 상업이윤에 대한 전면적인 과세정책이라기 보다는 사행경비를 염두에 둔 목적과세에 지나지 않는 것이었다. 대원군 집권기때 이러한 상업이윤을 국가재정에 흡수하려는 시도가 군사재정의 확충을 구실로 시행되었지만 대원군의 실각으로 실패하였다. 그 결과 상업이윤은 국가재정에 흡수되어 國富를 증진시키기 보다는 각급 권력기관·권세가문과 상인세력의 결탁에 의해 무명잡세로 흡수되었던 것이다.

## 2) 19세기 전반 자유방임적 시장정책

### ① 19세기 전반 서울시장의 상황: 서양산 면제품의 유통과 도고상업

18세기까지 중국에서 수입되는 상품은 비단이 대부분이었다. 이외에 서책과 약재 등이 반입되긴 했지만, 이들 상품은 민간의 일상적 소비품이기보다는 왕실이나 사대부들에게 소비되는 것이었다. 그러나 19세기에 수입되는 중국 및 서양의 상품들은 민간들에게 널리 소비되는 것이었다. 『漢陽歌』에는 唐貨를 주로 취급했던 靑布廛에서 中針, 細針, 繡바늘, 茶紅三升布, 靑三升布, 綠氈, 紅氈, 粉紅氈, 三升膏藥, 貢緞, 膏藥, 감투모자, 回回布, 閩薑, 沙糖, 五花糖, 軟環糖, 玉春糖 등을 판매하고 있다고 노래하고 있다.[17] 이와 같은 일상소비품과 더불어 각종 직물류가 19세기 중엽 중국을 통해 대거 유입되었다. 그러므로 1847년(헌종 13)에는 '서양의 면포가 서울 시장에 출시된 이후 조선에서 생산되는 면포가 무용지물이 되어 무명을 짜는 사람들이 모두 실업'하게 되었으며,[18] 1852년(철종 3)에는 '西洋木 유통이 날이 갈수록 증가하니 국산 면포의 유통이 두절되어, 이를 생산하고 판매하는 사람들이 실업할 지경'에 이르렀다.[19]

이와 같은 중국산 직물류 소비가 일반화되자, 1834년(순조 34) 前持平 李秉瀅은 이를 사치풍조때문이라고 판단하고, "官服, 朝服, 軍服, 戎服, 虎鬚, 雀羽 등 매우 번거롭게 제정되어 있었던 궁궐과 사대부의 각종 관복제도를 단순화하고, 직품이 높은 사람을 제외하고 중국산 비단을 사용하지 못하도록 하며, 각영의 장교들은 겨울에 무명, 여름에 모시옷으로 복장을 통일함으로써, 우리나라 소산인 명주, 모시, 무명을 사용할 것"을 상소하고 있다.[20] 이 상소에서 보듯이 중국산 비단은 물론 서양산 면포류의 소비자층은 각영의 장교층에 이르기까지 매우 다양했던 것이다.

중국 및 서양산 직물류가 서울 시장에서 자유롭게 유통될 수 있었기 때문에, 1840년 이후 중국으로 통해 수입되는 외국산 직물류는 대폭 증가하였다. 외국산 직물류 수입량이 어느 정도 증가했는지 구체적으로 알 수 없지만, 包蔘額의 증가를 통해 대강의 추세를 짐작할 수 있다. 포

---

17) 송신용 校註, 1949, 『漢陽歌』, 정음문화사.
18) 『비변사등록』 234책, 헌종 13년 1월 25일
   西洋木 出來之後 土産之木 自歸無用 以致失業 (중략) 洋木 歲益熾盛 以致土産之無勢 理勢卽然
19) 『비변사등록』 239책, 철종 3년 1월 25일
   洋木貿遷 歲加月增 閑雜之類 惟意買賣 故常産之木 市絶交易 實爲失業之端
20) 『비변사등록』 222책, 순조 34년 4월 10일

삼액은 1837년(헌종 3) 이전 8천근이었지만, 1841년(헌종 7)에는 2만근으로 증가했고, 1847년(헌종 14)에는 4만근으로 증가하였다. 중국을 통해 반입된 서양산 직물류의 자유판매를 결정한 1937년 丁酉決處 이후 10년 만에 포삼액은 5배 가량 증가한 것이다. 중국과의 교역은 포삼무역 외에도 홍삼을 매개로 한 밀무역도 성행했기 때문에, 대중국교역액은 이 보다 훨씬 증가했을 것이다.[21]

19세기 중엽 서양산 직물류의 유통이 늘어나자, 1852년(철종 3) 백목전 상인들은 "閑雜之類들이 오로지 서양 면포의 매매만을 집중하기 때문에 국산 면포의 시장거래가 단절될 지경에 이르렀다면서, 燕商들의 외국산 직물류 수입을 금지할 것"을 요구하였다. 그러나 비변사에서는 "만약 燕商의 무역을 금지한다면 시전상인이 아닌 사람들의 호소가 뒤따를 것이기 때문에 이를 금지할 수 없다"고 하여 백목전의 요구를 수용하지 않았다.[22] 여기에서 우리는 외국산 직물류의 수입판매에 종사했던 私商들의 영향력이 시전상인에 못지 않았음을 알 수 있는 것이다.

한편 서양산 물품의 유통으로 종래의 육의전을 중심으로 금난전권이 확고하게 유지되었던 시전중심의 유통질서가 상당히 이완되었을 뿐만 아니라 시장의 거래에서 독점이 일반화되는 상황이 나타났다. 이른바 도고상업의 보편화현상이다. 도고상업은 19세기 중엽이후 미미한 물종에 대해서도 일반화되었으며, 도고행위의 주체도 小民은 물론 宮房, 사대부가와 鄕班土豪에 이르기까지 확산되었다. 19세기 중엽이후 도고상업은 모든 상업행위에 일반적으로 나타나는 현상의 하나로 정착한 것이

---

21) 이철성, 2000,『조선후기 대청무역사연구』, 153쪽, <표 3-1> 19세기 전반 포삼무역액과 포삼세 규모 변화표 참조.
22)『비변사등록』239책, 철종 3년 1월 25일

다. 이러한 사정에 대해 1861년(철종 11) 포도청에서는 다음과 같이 말하고 있다.

물종도고는 이른바 상품을 도거리하는 것[權利]이다. 소민들이 아주 사소한 이익을 챙기기 위해 종종 도고를 행한다. 요새는 위로는 중앙각사와 궁방, 사대부가에서 지방의 향반, 토호에 이르기까지 도고를 能事로 여기지 않음이 없다. 무릇 거래가 행해지는 것은 비록 한줌의 채소나 한바리의 땔감이라는 소소한 물건에대 모두 주관하여 조종하는 곳이 있다. 물가는 이로 인해 날로 오르고 내려갈 줄 모른다. 민생이 날로 어려워지는 것은 모두 이 때문이다. 23)

이와 같은 도고행위는 고종조에 들어서서 더욱 심화되고 있었다. 1864년(고종 1)과 1875년(고종 12) 도고에 대한 다음의 두 기록을 살펴보기로 하자.

都賈란 것은 무슨 명색인가? 교통의 요지나 큰 도회지, 먼 변방이나 궁벽한 시골이거나 할 것 없이 곳곳에 자리 잡고 앉아서 갖가지 물건을 독점하고는 값을 높였다 낮추었다 하면서 사고파는 것을 조종하고 다른 사람의 재산을 함부로 빼앗아서 제 욕심만 채우고 있다. 24)

근래에 陸海소산을 물론하고 모두가 중간에서 조종하기 때문에, 가격이 한번 오르면 다시 내려가지 않는다. 그러므로 원근의 물화가 유통될 수 없어서 公私의 日用이 점차 어려워지고 있다.25)

도고가 서울은 물론 궁벽한 시골까지 널리 확산되었고, 이로 인해 물

---

23) 『左捕廳謄錄』 辛酉(1861) 12월 11일
24) 『고종실록』 권1, 고종 1년 정월 병인.
25) 『충청감영장계등록』 7책, 을해(1875) 12월 13일

가가 올라 公私가 모두 어려움을 겪고 있는 것이다. 이에 따라 정부에서는 1838년(헌종 4), 1874년(고종 11), 1875년(고종 12), 1882년(고종 19) 八道와 四都, 각 장시와 포구에 포구금단령을 내렸지만, 도고는 근절되지 않았다. 이처럼 정부에서 도고금단령을 자주 내렸다는 사실은 도고가 그만큼 일반화되었음을 의미한다. 도고가 보편화되었다는 점은 지방 포구주인들의 상업행위 자체를 도고로 인식하고 있다는 점에서도 확인된다.26) 19세기 이후 지방포구에서는 포구주인층이 없으면 상거래가 불가능할 정도였다. 그러므로 1885년(고종 22)에 이르면 사람들은 "포구에 주인이 없으면 상인들이 발붙일 수없어 상품이 모일 길이 없다. 포구에 주인이 있는 것은 요즘의 일반적인 규칙이다(浦無主人 則商不居接 物無儲聚之道 有浦有主 一世之通規)" 라 하여, 이와 같은 포구주인의 도고행위를 불법적인 행위라기 보다는 필수불가결한 거래요소로 인식하였고, 이를 '일반적인 규칙[通規]'으로까지 받아들이고 있었던 것이다.27)

### ② 정부의 자유방임적 시장정책

19세기 전반에는 서울시장에서 유통되는 상품의 종류와 양은 대폭 늘었다. 뿐만 아니라 교역되는 금액 또한 정부재정을 능가하였다. 예컨대 1810년(순조 10) 호조의 지출은 쌀 11만2천여석, 돈 37만5천여냥, 1811년의 수입은 쌀 9만 7천여석, 돈 24만냥이었다.28) 그러나 1811년

---

26) 고동환, 1985, 「18, 19세기 외방포구의 상품유통발달」, 『한국사론』13 참조.
27) 고동환, 2008, 「개항전후기 시전상업의 변화-면주전을 중심으로」, 『서울학연구』 32집
28) 『비변사등록』 순조 11년 4월 18일
　　戶曹判書 沈象奎 所啓 (중략) 若以用下言之 則雖如昨年無事之時 米爲十一萬二千餘石 錢爲三十七萬五千餘兩 且以應入見之 則今年元稅與加入 合而計之 米不過九萬七千餘石 錢不過二十四萬餘兩

서울의 큰 술집 한곳에서 술 빚는데 들어가는 미곡이 한달에 30-40석이며, 작은 술집 한 곳에서도 한 달에 십여석 규모였다.[29] 18세기 후반 경강에서는 6-700여 곳의 술집이 영업했기 때문에,[30] 경강지역의 술집에서 소비되는 미곡만도 1년에 9만3천석에 달한다고 추정된다.[31] 경강의 술집에서만 한해 소비되는 미곡량이 호조에서 한해 지출하는 미곡량과 비슷한 것이다.

그러므로 이처럼 시장규모가 커지자 정부당국자들의 시장에 대한 인식도 바뀌지 않을 수 없었다. 18세기 영조나 정조 때의 정부는 물가를 통제 가능한 영역으로 인식하고 있었다. 영조는, 실패로 끝나기는 했지만, 한때 동전부족으로 錢荒이 심해지자, 純木令을 내려 동전유통을 제한하는 조치를 취하기도 했다. 정조대에는 미가를 내리기 위해 정부보유곡을 抄戶發賣, 減價發賣, 貢價豫下 등의 형식으로 방출함으로써 시장의 미가를 조절하고자 하였으며, 물가등귀의 원인을 도고에서 비롯된다고 파악하여 시전과 사상들의 도고행위를 금지하는 조치를 취하기도 했다.[32]

그러나 19세기에는 물가는 정부개입으로 통제될 수 없는 것이라는 인식이 자리잡아갔다. 1817년(순조 17) 전국적인 면화가 흉년이 들었으나, 예외적으로 충청도와 황해도에서는 평년작을 거두었기 때문에, 상

---

29) 『비변사등록』 순조 11년 4월 18일
　　酒政靡費不少 大釀酒家 月費三四十石米 小釀亦不下數十石
30) 『正祖丙午所懷謄錄』 武臣兼宣傳官 李熙爕 所懷
　　江上各處貿販之人 大釀則 將至數百石 三江酒家 幾至六七百 則統計一年所費 幾過累萬石
31) 경강의 술집을 650곳으로, 그 중에 큰 술집 50곳, 작은 술집 600곳으로 가정하여 계산했다.
32) 고동환, 2001, 「정조대 상업발달의 양상과 상업정책」, 『18세기 연구』3.

인들이 이 지역에 몰려들어 면화를 독점하였다. 이러한 도고행위에 대해 臺臣 金裕憲은

　　富商들이 면화를 도거리하는 것은 폐단이기는 하지만, 물화의 거래는 자연에 맡겨두는 편이 당연한 것입니다. 만약 법으로 이를 금지한다면 오히려 백성들을 어지럽게 만드는 단서가 됩니다. 원근의 장사치들이 도고를 금지한다는 소문을 듣고 몰려들지 않게 된다면, 이것이야말로 더욱 어려운 일이 될 것입니다.[33]

라고 하여, 자유로운 면화의 유통을 위해서는 도고조차도 용납되어야 한다고 주장하고 있는 것이다. 상품의 유통은 수요와 공급이라는 시장 원리에 맡겨야지, 억지로 간섭하면 오히려 많은 부작용이 발생한다는 것이다. 1858년(철종 9) 비변사에서는 좌우포도청에서 경강의 貿穀船商들을 기찰하는 일에 대해

　　물가가 높고 낮음은 강제로 위협하여 고르게 할 수 있는 일이 아니다. 근래에 좌우포도청에서 쌀을 거래하는 경강민들을 도적처럼 체포하고 있는데, 무릇 쌀값이 오르고 내릴 때에 따라 신축적으로 대응하면서 이익을 취하는 것은 매우 통탄스러운 일이지만, 이것은 장사하는 사람들이 기량에 따른 것이며, 포도청에서 간섭해서는 안되는 것이다.[34]

라고 하여, 쌀값을 관청이 개입하여 억지로 조정하는 것은 올바른 대처가 아니라는 점을 분명히 하고 있다. 1864년(고종 1) 영의정 趙斗淳도 "물가의 높고 낮음은 자연스러운 세에 따른 것으로 정부의 명령이나 위협으로 고르게 할 수 없는 것이다"라고 말하고 있다.[35] 물가를 시장 시

---

33)『비변사등록』순조 17년 11월 11일
34)『비변사등록』철종 9년 8월 18일

스템에 맡겨두어야 한다는 인식은 대원군 집권기에도 그대로 계승되고 있는 것이다. 이러한 인식이 정착될 수 있었던 것은 이 시기 시장의 규모가 정부의 개입으로 통제가능한 영역을 벗어났기 때문이었다. 이제 상품유통의 영역에서는 자본의 우위가 권력의 자유방임적 시장정책에 의해 가장 우월한 위치를 차지하게 되었던 것이 세도정권기의 시장상황이었던 것이다.[36)]

## 2. 개항 이후의 상업정책

### 1) 개항이후 개화파의 상업정책

개항 이후 개화세력은 상업의 발전, 무역의 왕성을 통하여 부국강병을 도모하고, 근대국가를 수립하는 것을 목표로 삼고 있었다. 그러므로 개화파는 유럽의 중상주의 사상을 연상케 하리만큼 상업의 필요성과 그 중요성을 강조하였지만, 1876년 강화도조약으로 타율적인 개항을 맞이한 조선정부는 곧 바로 개화정책을 취하지는 않았다.

개화정책이 본격적으로 추진하게 되는 계기는 1880년 제2차 수신사 金弘集 일행의 보고로부터 비롯되었다. 黃遵憲의 『朝鮮策略』과 鄭觀應의 『易言』에 담긴 만국공법과 서양의 근대기술에 대한 이해를 통해 조선정부는 1882년 이후 서구열강과 순차적으로 통상조약을 체결하는 한편, 본격적으로 개화정책을 추진하였다. 1881년에는 일본에 조사시찰단과 더불어 유학생을 파견하였고, 1883년 미국에 보빙사와 함께 유학생을 파견하였다. 1882년부터 1903년 사이 조선에 초빙된 고문관,

---

35) 『일성록』 고종 1년 10월 5일
   物價高低 此有自然之勢 非政令威脅所能齊之者也
36) 고석규, 2000, 「19세기 전반 서울의 시전상업」, 『서울상업사』 태학사 참조.

행정관, 교육관, 기술관 군사교관 등으로 고용한 외국인은 330명에 달한다.[37]

제2차 수신사와 조사시찰단의 보고 이후 통상확대정책은 군사력 강화정책과 더불어 부국강병책, 곧 근대화정책의 양대축을 이루었다. 조사시찰단원인 어윤중의 보고는 이러한 정책을 공인하는 계기였다. 근대 세계에서 강병을 위해서는 근대적 군사기술을 도입해야 하고, 부국을 위해서는 근대적 산업기술을 도입하고 국제무역을 중심으로 하는 상업을 육성해야 했으므로, 부국강병책에서도 우선되는 것은 상업의 진흥이었다. 통리기무아문에 通商司를 설치한 것도 이와 같은 상업 진흥이 부국강병정책에서의 중요성을 인식한 조치였다.

통상을 중시하게 된 정부는 기술, 시장, 무역, 자본 및 회사제도라는 근대 경제의 핵심요소를 모두 부강의 기초로 인식하였다. 그러므로 1882년 임오군란이후 정부가 중국에 제시한 善後事宜六條에도 商務의 확대가 포함되었으며, 개화파 세력은 "나라가 강하게 되려면 반드시 먼저 부유해져야 하고 부국을 위한 가장 중요한 수단은 통상"이라고 주장하면서 식산흥업정책의 추진을 주장하였다.[38]

개항이후 정부에 의해 추진된 식산흥업정책의 구체적인 방법은 크게 세 가지였다. 첫째는 정부가 주도하여 관영 공장과 회사를 설립하는 방법이었다. 1884년 9월 고종은 칙령을 내려 농상, 직조, 도자, 목축, 종이와 차 등의 관영을 위해 設局置官하라는 식산흥업정책을 국책으로 명시하였고, 이에 따라 다수의 관영과 官民合營의 기업과 회사가 설립되었다. 이때 機器廠(1883), 蓮花煙務局(1883), 博文局(1883), 轉運局(1883) 典圜局

---

37) 김현숙, 2008,『근대 한국의 서양인 고문관들』한국연구원
38) 《한성순보》 1884년 5월 25 일자와 6월 4일자의 <富國論>

(1883), 農務牧畜試驗場(1884), 蠶桑公司(1884), 礦務局(1884), 織造局
(1885), 造紙局(1885), 轉運局(1885), 種桑所(1886), 造紙局(1887), 鑛務局
(1887), 朝鮮電報總局(1887) 등이 설치되어 서양 근대 과학기술을 수용
하고자 하였다.[39)]

蠶桑公司에서는 중국의 기술을 도입하여 양잠업과 제사업을 발전시
켜 수출까지 의도하였으며, 기기국에서는 중국에서 각종 물자와 기술을
도입하여 관영무기공장인 機器廠을 설립하였고, 전운국에서는 외국에
서 기선을 구입하여 세곡운송 등에 직접 운영하다가 1893년에 관영기
선회사인 利運社를 창설하여 일반화물과 여객운송으로 영업범위를 확
대하였다. 직조국은 중국에서 기술자와 직조기계를 도입하여 직물을 생
산하였으며, 농무목축시험장은 보빙사 使行으로 미국에 다녀왔던 崔景
錫이 중심이 되어 미국으로부터 농기구 등을 도입하여 개설한 농장이었
고, 종상소는 양잠, 제사 등을 목적으로 독일인 매르텐스(Maertens, 麥登
司)를 雇聘하여 설립한 곳이었다. 전기통신에서도 1882년 통리교섭통
상사무아문에 郵政司를 두어 우편, 전신, 철도 등을 총괄하도록 하였고
1884년 우정총국을 개설하여 경인간 우편사업을 개시하였다. 중국의
漢城電報總局이 운영한 인천에서 서울, 의주에 이르는 西路電線에 대응
해 조선 독자적으로 朝鮮電報總局을 설립하여 서울에서 전주를 거쳐 부
산에 이르는 南路電線(1888)과 춘천을 거쳐 원산에 이르는 北路電線
(1891)을 개통 운영했다.

그러나 의욕적으로 추진했던 각종 사업은 1880년대 말 1890년대 초
가 되면서 외세의 압력과 재정난, 경영난 등으로 가동이 중단되거나 극
도의 부진 상태에 이르렀다.農務牧畜試驗場은 주도자인 최경석의 사망

---

39) 이영학, 2016, 「1880년대 조선정부의 농업정책」, 『한국학연구』 40

(1886)으로 난관에 봉착하자 種牧局으로 개칭하여 內務府 農務司에 소속시키고 영국인 농업기술자 재프리(R. Jaffray)를 고빙(1887)하여 기술을 전수받았지만, 1888년 5월에 재프리도 사망하면서 사업은 중단되었다. 박문국은 1888년 자금난으로 철폐되었고, 종상소는 1889년 재정 부족으로 책임자 매르텐스를 해고함으로써 업무가 중단되었다. 직조국도 1891년 재정난으로 청국인 기술자들의 월급을 체납하는 지경에 이르렀고, 기기창도 자금부족으로 1890년대 초에는 사업이 크게 위축되었다. 조선전보총국의 뒤를 이어 우편과 전신사업을 총괄할 기구로 電郵總局 (1893)이 설립되었으나, 청일전쟁의 발발과 함께 일본은 南路電線의 일시불통을 구실로 서울-부산, 서울-인천간 독자적인 군용전선을 불법 가설하였고 西路電線과 北路電線을 접수하여 군사용으로 전용하였다. 이로써 조선정부의 전신사업은 중지상태에 빠지고 말았다.

둘째는 민간자본을 활용하여 회사 설립을 유도하는 방법이었다. 정부에서 발행하던『漢城旬報』에「會社說」등의 논설이 실리고, 개화파 세력이 회사 설립을 주장한 것도 이 무렵이었으며, 義信會社, 大同商會 등 회사, 상회의 명칭을 사용하는 기업 조직도 이때 출현했다. 처음 출현한 회사는 정부의 근대화 정책을 뒷받침하는 유력한 민간 추진 기관으로 인식되었다. 그러므로 초기 회사는 처음부터 상당한 특권을 보유했다. 정부가 회사에 제공한 보호는 주로 지방관이 징수하는 무명잡세를 면제해주는 것이었고, 회사는 그 대가로 정부에 상납할 의무를 졌지만, 그 조차 유예되는 경우가 적지 않았다. 당시의 회사들은 대부분 독점판매권, 수세권을 노리고 설립한 특허회사들로서 서양의 기계설비와 과학기술을 도입하여 근대산업을 일으키려고 했던 곳은 소수에 불과했다. 해운회사로서 외국에서 기선을 도입해 운영했던 大興會社(1886), 三山會社

(1888), 電察會社(1887, 南沿會社, 汽船會社로 개칭) 등이 그러한 사례였다.

세째는 외국자본에게 개발권을 부여해 국내 진출을 허용하는 방법이었다. 그러나 당시 한국에 진출한 외국기업들은 대개 중개무역을 통한 상업이윤의 확보에 치중하였을 뿐 아직 직접 자본을 투하하여 산업개발에 나서는 단계에 이른 경우는 드물었다. 예컨대 1884년에 인천에 설립한 世昌洋行(Meyer & Co.의 제물포지점)은 당시 실력자 묄렌도르프의 후원 아래 급성장하고 있었지만 기선을 이용한 해운업을 제외하면 대부분 물품 교역에 그쳤고, 같은 시기 미국자본에 의거한 모스-타운센드회사(Morse and Townsend & Co.)도 타운센드 정미소(1892)를 제외하고는 역시 상업이윤의 확보에 치중했다. 요컨대 당시의 식산흥업은 전체적으로 관이 주도하는 관영 공장과 회사 설립이 큰 비중을 점하고 있었는데, 이 사업들도 1880년대 말 1890년대 초에 이르면 재정난, 경영난에 빠져 그다지 진전을 보지 못하는 실정이었다.[40]

1883년부터 활발히 출현한 상회사에 대해 정부는 세금 감면, 수탈의 방지, 독점권 부여라는 방식으로 보호하였다. 그런데 재정난으로 인하여 상업세 감면 정책은 곧 후퇴하였다, 상회사나 그에 유사한 명칭을 표방하더라도 근대적 회사조직의 내실을 갖춘 것은 많지 않았고, 전근대적 독점인 도고체제를 유지하려는 동기를 가진 것이 다수였다.

1890년대에 접어들면서 정부의 근대화 정책은 중대한 장애에 봉착했다. 차관이 눈덩이처럼 불어나 재정 기반에 균열이 생겼다. 정부는 근대적 교육, 군사, 산업 시설에 필요한 재원을 주로 해관세에 의존했다. 그런데 해관세가 차관의 담보물이 되면서, 1890년을 전후하여 해관세 수

---

40) 오진석, 2006, 『한국근대 電力産業의 발전과 京城電氣』 연세대 박사논문 참조.

입의 대부분이 차관 원리금 상환에 쓰이게 되었다. 이는 정부가 설치한 각종 시설의 운영난으로 이어졌고, 정부는 이를 타개하기 위해 다시 새로운 稅源을 찾을 수 밖에 없었다.

새로운 재원으로 주목된 것이 상업세였다. 조선 정부는 본래 생산물과 人丁에 대해서만 과세해왔다. 소유나 유통에 대한 세금은 실제로는 광범위하게 부과되었으나 원칙적으로 무명잡세였다. 그래서 개항 이전에도 정부는 수시로 무명잡세 금단조치를 내렸다. 그러나 지방관이나 궁방은 이 조치를 묵살하고 각종 무명잡세를 신설, 징수하곤 했다. 재정난에 처한 정부는 사적으로 징수되던 무명잡세를 공적 재원으로 흡수하고자 했다. 과세 대상으로 특히 주목한 존재가 개항장 객주였다. 개항장은 새로 만들어진 상업 지역이었기 때문에, 이곳은 오랜 기간의 매매, 상속을 거치면서 주인권이 물권화한 지역과 사정이 달랐다. 개항 직후에는 객주업 창설이 자유로웠으며, 새로 객주가 되려는 자에 대해서도 특별한 제재가 없었다. 1889년의 객주영업세 창설은 이러한 상황을 크게 바꾸었다. 객주영업세는 정부가 개항장 객주들을 '有文券主人'으로 추인해주는 대가로 징수하는 口文分稅였는데, '유문권주인'의 자격을 주기 위해서는 독점권을 구체적으로 명시하고 보장해주어야 했다.

한편 개항이후 보부상에 대한 정책도 바뀌었다. 개항 이후 보부상 조직의 관리는 負商과 褓商이 달랐다. 지게로 상품을 판매하는 부상에 대한 관할은 비변사에서 1881년에 武衛所로 이전되었으며, 보따리에 상품을 담아 판매하던 보상에 대한 관할은 1879년 한성부를 거쳐 1882년 11월 의정부에서 담당했다. 특히 부상 조직은 1881년 무위소의 관할하에서 조직의 운영비와 임원의 경비를 지불받고 있었다. 그리고 都尊位에 李載元(1831-1891), 副尊位에 閔泳翊(1860-1914), 三尊位에 韓圭稷

(1845-1884), 都接長에 李祖淵(1843-1884) 등 당시 권력의 실세들이 포진되어 있었다. 따라서 부상단은 정부의 강력한 보호와 영향력 아래 움직이게 되었으며, 그만큼 민씨 정권과 밀착되어 있었다.

1882년 임오군란으로 대원군이 집권하자 6월 11일 밤부터 부상들이 서울로 쳐들어온다는 소문이 파다하게 퍼져 도성 사람들이 놀라 피난하기도 했다. 이에 대원군은 각 군영의 무기고를 열어 수도를 방위하게 할 정도였다. 이와 같이 부상들이 임오군란에 개입한다는 소문이 돌았던 것은 그간 민씨 정권과의 밀착된 관계에 기인한다. 대원군이 청에 납치된 후 고종은 통치권을 회복하고, 군역을 지고 있는 부상들을 고향에 귀향시킬 것을 지시했다.

한편 임오군란 후 1883년 4월에는 부상과 보상은 모두 삼군부에 소속되었다가 삼군부가 폐지되자 이들을 그 소속을 상실하게 되었다. 이에 고종은 삼군부 혁파 후 귀속된 곳이 없는 부상과 보상을 통리아문에 부속시켜 관리하는 방안을 검토하도록 지시했다. 보부상들 또한 통리아문에 연명으로 상소를 올렸는데, 외국의 경우 정부에서 상국·상사 등을 정책적으로 보호하고 있다는 점을 들어 정부에서 보부상을 관할하는 상국을 설치해줄 것을 요청했던 것이다. 이러한 요청에 부응하여 설치된 것이 바로 惠商工局이다. 혜상공국은 통리군국사무아문의 관할 아래 있었던 관영회사의 일종이었다. 혜상공국에서는 보부상들에게 憑票代를 징수했지만 그것을 중앙 재정에 편입하지는 않았다. 혜상공국은 개항 이후 본격화된 일상과 청상의 상권 침탈로부터 보부상을 보호하고, 보부상의 민폐를 근절하기 위해 설치되었다. 또한 여기에는 외국의 상회 상사와 같은 근대적 상회사제도를 도입하려는 의도가 작용하였다.

1883년에 창설된 혜상공국은 갑신정변에서 혁파의 대상이 되었다.

개화파의 상업개혁 구상과는 달리 혜상공국의 운영과 성격이 전근대적이었기 때문이다. 비록 주관적으로 정부에서 서구의 상회사 체제에 대응하기 위해 혜상공국을 설립했다고 하였지만, 혜상공국은 기존의 부상과 보상 조직을 그대로 흡수하여 정부기구화하고, 특권 제공을 통해 국가권력의 개입을 강화했을 뿐이었다. 실제로 부상과 보상의 상거래 방식과 인식은 등짐장수와 보따리장수로서의 전통적인 범주에서 벗어나지 못하고 있었다. 오히려 봉건적 특권이 강화된 가운데 소상인의 자유로운 상거래를 제약하는 역할을 했던 것이다.

갑신 개화파는 혜상공국을 혁파하고 민간이 주도하는 근대적 상회사 체제를 통해 대외무역에 진출하고 국가적 부를 이룩하려 했다. 갑신 개화파는 합자 형태의 상회사를 통해 대외무역에 진출하여 부국강병을 달성하는 데 중점을 두었던 것이다. 이는 민간의 상인들이 중심이 되어 운영하는 것을 의미하며, 정부는 그들을 지원하는 역할에 그치도록 했다. 그러나 갑신정변의 좌절로 혜상공국의 철폐시도는 관철되지 못하였다. 혜상공국은 1885년 商理局으로 개칭되고 1887년 상리국절목이 새로 頒下되면서 보부상에 대한 정책도 보호보다는 수세에 중점을 두는 쪽으로 변화하였다.[41]

한편 상업 과세가 공식화, 전면화하는 상황에서 정부의 회사 정책도 달라졌다. 회사를 민간 부문의 근대화 주진 기구로 설정한 인식이 전면적으로 후퇴하지는 않았지만, 회사를 세원으로 포착하려는 시도가 나타났다. 정부는 1890년 상회와 객주의 通共營業을 지시하면서, 상회사로부터도 영업세를 징수하기 시작했다. 1893년 「상회규칙」은 회사와 상회에 대한 영업세 징수를 공식화했다. 이에 따라 회사는 상납을 전제로

---

41) 박은숙, 2005, 『갑신정변연구』, 역사비평사, 375-379쪽

영업독점권을 보유한 유문권주인과 같은 존재가 되었다. 이를 계기로 회사는 근대적 기업인 동시에 도고상업체제에 뿌리내린 존재라는 이중성을 고유한 특질처럼 지니게 되었다.[42]

## 2) 갑오개혁기의 상업정책

정부의 경제 정책은 1894년 농민전쟁과 갑오개혁으로 전기를 맞았다. 조선정부는 개항에 따른 각종 비용과 근대적 문물의 수용 및 제도개편을 실시하는 과정에서 극심한 재정난을 겪고 있었다. 정부에서는 이러한 문제들을 해결하고, 부국강병의 근대화 정책을 추진할 기구로 군국기무처를 창설하였다. 군국기무처는 종래의 복잡한 재정기구를 度支衙門으로 일원화시키는 조치를 단행하였고, 종래의 물납조세를 모두 돈으로 납부하는 조세금납화를 시행하였다.

또한 법령 제정을 통해 1880년대에 추진했던 제반 정책들을 제도화하였다. 군국기무처의 업무 중의 하나는 殖産, 興業 및 營商에 관한 일체의 사무였고, 그 산하에 산업관청으로서의 농상아문과 함께 공무아문을 설치하였다. 농상아문에는 농상국, 공상국, 산림국, 수산국, 지질국 등 산업별로 관장하는 조직을 두었고, 공무아문 산하에는 驛遞局, 전신국, 철도국, 광산국, 燈椿局, 건축국 등을 두었다. 농상아문의 工商局에서는 中外의 商務, 도량형과 각 제조품의 심사, 勸農興工 등의 사무를 관장하였다. 이렇게 보면 농상아문의 공상국은 민영공업을 육성하기 위한 조직이었다면, 공무아문은 국영사업 내지 국가가 관여하는 사업을 관장하였다.[43] 이처럼 갑오개혁초기 개화파 정권은 군국기무처를 중심으로 자

---

42) 전우용, 2011, 『한국 회사의 탄생』 서울대 출판문화원, 416-418쪽
43) 이헌창, 1995, 「갑오, 을미개혁기의 산업정책」, 『한국사연구』 90.

주적인 식산흥업정책을 추진하였다. 그러나 1894년 11월 제2차 김홍집 내각 성립을 계기로 일본이 조선 정부의 내정을 간섭하면서 공무아문의 설치를 적극 반대하여, 결국 공무아문은 폐지되고 말았다. 일본의 입장에서는 공무아문의 공업장려 업무가 자국 공산품의 조선 시장 침투에 장벽으로 되리라 고 판단했기 때문이다.

갑오개혁기 개화파정권은 경제정책의 핵심을 식산흥업에 두고 산업 활동에 대한 규제와 특권을 제거하여 경쟁적 시장 질서를 수립하고자 하였다. 갑오개혁기의 정부는 육의전의 금난전권, 객주와 보부상의 영업독점과 잡세 수탈, 상회사의 특권, 궁방이나 아문의 수탈, 정부의 억매를 부정하였다. 아울러 정부는 1894년 8월 법령을 제정하여 외국인이 토지소유는 물론 점유도 금지하고자 했으며, 앞서 보았듯이『신식화폐 발행장정』을 반포하여 은화를 본위화폐로 하는 근대적 화폐제도를 수립하려고 하였다. 또한 정부는 산업의 발전을 도모하고자 은행을 설립하고 도량형 제도를 개혁하고자 하였으며, 도고의 폐단을 초래하지 않는 상회사를 육성하고자 하였고, 일본의 차관을 들여와 민간산업을 발달시키고자 하였다.

그리고 1895년 1월 7일에는 고종은 백관을 대동하고 오늘날의 헌법에 해당하는 洪範 14조를 선포하여 내정개혁의 방향을 제시하였다. 홍범 제13조에는 '민법과 형법을 엄명히 제정하여 함부로 사람을 가두거나 벌하지 않아서 인민의 목숨과 재산을 보존할 것'이 규정하였다. 갑오정권은 민법의 제정을 통해 인민의 재산권을 국가권력이 보장한다고 선언한 것이다. 조선시대의 법률은 일반인의 사적 생활을 규율하거나 보호하는 민사법은 빈약하고 형법이나 행정법과 같은 공법적 내용이 주류를 이루는 것이었다. 그렇지다고 해서 개인의 사적 생활을 규율하는 민법적 질서가 전혀 없었던 것은 아니다. 민법적 질서는 관습법과 판례법 등 불문법의 형태와 이에 바탕을 둔 성문법으로 유지되어 왔다. 그러므로 개항이후 개인의 자유와 상업활동의 자유를 보장하려면 민사법의 제정이 필수적이었다. 홍범 13조에 민법제정을 선언한 것도 이러한 관점에서 보면 상업의 근대화와 관련하여 매우 중요한 선언인 것이다. 그러나 1895년 홍범 13조에 민법제정을 선언했지만, 신분과 가족에 대한 개별 법령만 공포되었고 민법의 편찬에는 이르지 못하였다.

한편 1895년 3월 30일 정부는 우리 나라 최초의 근대적 예산제도와 조세법정주의 등을 규정한 會計法을 공포하였다.[44] 회계법 총칙 제1조에는 조세의 신설과 세율의 변경을 모두 법률로 정하고, 그 외에는 조세의 감면과 延納을 허용치 않는다는 조세법정주의를 명시하였다. 이어 구체적인 후속조치로 법률 또는 칙령 및 기타 규정이 없는 조세, 賦金, 상납물, 잡비를 비롯하여 徭役 및 기타 力役을 부과, 징수하지 못하며, 정부는 정당한 징세명령 또는 납액고지서를 발부하지 않은 조세와 기타 세입은 징수할 수 없을 뿐 아니라 납세자 역시 이를 거부할 수 있다는 조항이 설정되었다. 이러한 조세법정주의의 채택은 그 동안 임의적으로 과징되어 온 규정외의 잡세를 혁파할 수 있는 법적 근거를 마련해준 점에서 획기적인 의의가 있었다.

또한 갑오정권은 민간의 상공업을 육성하기 위한 일환으로 1895년 11월 「商務會議所規例」를 제정하였다. 이에 의하면 상무회의소는 상업자 20명 이상이 회원선거규칙·의사규칙·서무규정·역원직무권한·회계규칙 등의 규정을 의정한 다음 지방장관을 경유하여 농상공부 대신의 인가를 받아 설립될 수 있었다. 상무회의소는 상업을 융성시키는 방법을

---

44)『고종실록』고종 32년 3월 30일

의결하고, 상업의 이해득실에 관한 의견을 관청에 보고하며, 상업에 관한 관청자문에 답신하고 상업상의 분규를 재결하는 사무를 맡았다. 그리고 회의소의 경비는 회원선거권을 가진 자에게서 징수토록 하고, 그 징수방법은 농상공부 대신에게 인가를 받아야 하며, 지방수세관리가 체납자에게 징수를 독촉할 수 있었지만, 영업독점권의 부여와 상업세의 징수와는 전혀 무관토록 하였다. 갑오개혁기 정부는 상무회의소를 육성함으로써 상업의 발달을 도모하였던 것이다.[45]

이렇듯 1894년 일제의 후원으로 성립한 갑오정권의 산업정책은 지주경영이나 상업 활동으로 축적된 민간자본을 이용한 회사설립, 산업발전방안에 중점을 두고 있었다. 이를 위해 육의전의 禁亂塵權 폐지, 포구의 주인권 혁파, 관허를 빙자한 상회사의 영업독점과 수세청부 금지 등을 통해 경쟁적 시장질서를 수립하고, 민간회사에 대한 정부의 불법적·자의적 침탈을 배제하고 법적·제도적인 보호를 통해 육성해 나간다는 기본 방침을 세웠다.

자유주의 상업정책에 의거해 한때 관영해운회사인 이운사의 운영 일체를 상인들에게 위임한 적이 있었고, 일본의 압력에 따라 산업개발정책을 담당할 工務衙門을 폐지하고 農商工部로 통합했던 점에서도 갑오정권의 민간중심 산업정책의 성격이 잘 드러난다. 이 시기 관영 공장이나 회사의 신규 설립이 크게 보이지 않는 것은 이 때문이었다. 갑오정권이 특권상인의 도고권을 부정하고 자유주의적 상업정책을 펼친 것은 자유로운 민간자본의 육성을 도모한 것이긴 했지만, 다른 한편에서는 외국 상인의 국내시장진출을 용이하게 만든 측면도 있었다. 왜냐하면 특권상인인 都賈는 상업 독점권을 지니면서 소상인들의 상행위를 제한하

---

45) 이헌창, 1995, 「갑오, 을미개혁기의 산업정책」, 『한국사연구』 90

기도 하였지만, 다른 한편으로 강고한 독점적 폐쇄성으로 인해 외국 상인의 국내 침투를 저지하는 역할을 하고 있었기 때문이다.

갑오정권의 민간 회사 육성책은 2년여에 불과한 짧은 개혁 기간에 별다른 성과를 내지 못하였고, 철도, 해운, 통신 등 산업기반시설의 확충에 있어서도 소극성과 외세의존성으로 인하여 독자적인 개발정책을 마련하지 못하였다.46) 예를 들어 상인들에게 맡겼던 이운사의 재정난이 심해지자 경영권을 회수하여 차관(13만원) 도입의 대가로 日本郵船會社에 소속기선들을 위탁 운영하였고, 暫定合同條款(1894)을 체결해 장래에 건설할 경부, 경인철도 부설권을 일본에 양여할 것을 약속하였으며, 청일전쟁 기간 일본이 강탈한 西路電線, 北路電線 관할권을 반환받지 못했고, 신식화폐발행장정(1894)을 통해 일본화폐의 유통을 전면적으로 허용함으로써 화폐제도를 일본에 종속시키는 등 일본 의존적 측면이 강했다. 개화파의 상업자유주의 정책구상은 대개 실현에 옮겨져, 민영상회사가 중시되었지만, 외국화폐의 통용을 인정하고 외국상인에 대한 통제를 제대로 시행하지 못했다는 점에서 대외의존성에 따른 왜곡이 있었다는 점이 한계였다.47)

### 3) 대한제국기의 상업정책

대한제국의 광무정권은 그 출범과 함께 自主獨立과 殖産興業, 新式教育을 통한 近代化를 최우선의 국정지표로 내걸었다. 광무정권은 갑오정권에 참여한 일부 개화파 관료들과 황실 측근세력과의 결합으로 탄생한

---

46) 오진석, 2006, 『한국근대 電力産業의 발전과 京城電氣』 연세대 박사논문 참조.
47) 오두환, 1985, 「갑오경제개혁의 구조와 성격」, 『사회과학논문집』3 인하대 사회과학연구소

정권으로서 초기에는 개화파 관료들이 산업정책을 주도하였다. 그러나 광무정권은 개화파정권의 개혁사업을 그대로 계승할 수는 없었다. 고종은 갑오개혁에 대한 광무정권의 정책방향을 '舊本新參'으로 하여, 법과 제도에 있어서 舊法을 기본으로 하되 갑오 이후의 신법을 참작하여 향후 방향을 결정하도록 하였다. 광무정권이 기본으로 삼은 舊法이란 전통적인 법과 질서를 의미하는 것이다. 그런데 대한제국기의 구법은 개항 이후 동도서기론의 입장에서 추구하여 온 정책방향과 그 귀결로서의 제도도 포괄하는 것이기 때문에, 구본신참은 동도서기론보다 서양의 근대문명을 보다 전향적으로 도입한다는 의미로도 해석된다.48) 즉 광무정권은 전통적 정치체제인 군주제를 기본으로 하고, 서양의 기술과 기기를 도입하여 부국강병을 달성하고자 한 것이다. 이러한 구본신참의 원칙하에 광무정권은 적극적인 식산흥업정책을 실시하였다.

광무정권의 식산흥업정책은 일본의 식산흥업정책과 유사한 측면이 많다. 일본의 식산흥업정책은 明治時期 서구 근대산업기술의 도입하여 온실에서 자본주의적 생산방법을 조장함으로써 미성숙한 상태의 자본가를 성장시키는 정책을 말한다. 明治政府는 근대기술의 도입과 교육을 실시하고, 광범한 분야에 관영공장을 창설, 운영하였으며 각종의 試驗場, 種畜場, 育種場 등을 설립하여 농업기술이나 신종의 도입에 노력하기도 하였다. 이외에 政商을 육성하거나 금융기관과 재정제도를 정비하여 근대화에 필요한 자금을 조달하였다. 광무정권도 일본의 식산흥업정책과 유사한 산업진흥정책을 추진하거나 시도하였다. 그러나 대한제국은 명치유신과 같은 정치변혁에 성공하지 못하였고, 따라서 본격적인 식산흥업정책을 추진하는데 큰 한계를 가졌으며, 그 성과 또한 일본에

48) 이헌창, 1995, 「갑오, 을미개혁기의 산업정책」, 『한국사연구』 90

비해 매우 미흡하였다.

대한제국기의 상업정책은 농상공부의 상공국이 중심이 되어 시행되었다. 상공국 산하에는 상업, 회사 등에 관한 사항을 관장하는 상업과, 도량형과 공업 및 공장에 관한 사항을 담당하는 공업과, 박람회 및 試藝에 관한 사항을 담당하는 권업과의 3개 과를 설치하였다. 농상공부의 대신과 협판직은 李允用, 李采淵, 閔商鎬, 朴定陽 등이 번갈아 맡았다. 이들은 정동구락부의 개화파관료로서, 황실측근세력과 연대해 김홍집 내각을 붕괴시키고 대한제국의 출범을 도왔지만, 기본적인 경제정책 구상은 오히려 갑오정권이 추진했던 민간 중심의 상공업진흥정책과 맥락을 같이하고 있었다. 이는 당시 이들이 주도적으로 참여해 설립한 獨立協會가 민간회사 설립의 중요성을 각별히 강조하고 있었던 데에서도 잘 드러난다. 따라서 정동구락부의 개화파 관료가 산업정책을 주도한 대한제국 초기에는 농상공부와 독립협회 참여세력 등을 중심으로 민간회사 설립이 급속도로 추진되었다. 그러나 당시에는 회사 설립에 나서야 할 상인자본이 아직 미숙한 상태에 있었고, 수세회사, 특허회사의 이점에만 익숙했던 상인들만으로 자본을 모아 근대 산업 발전을 추진하기는 어려웠다. 따라서 일부 관료들은 상인들과 자본을 합동해 회사를 설립하는 일에 앞장섰다. 그 결과 이 시기 회사들은 대부분 관료자본과 상인자본의 합동 형태로 진행되고 있었고, 일부 관료들은 여러 회사들의 경영에 중복 참여하는 등 이른바 관료기업가가 탄생하였다. 그리고 이렇게 설립된 회사에 대해 정부는 각종 지원을 아끼지 않았다.

대한제국시기에는 민법전을 제정하여 소유권의 법제화를 달성하지는 못했지만, 민간의 소유권을 보호하기 위한 여러 법적 조치들이 취해졌다. 가장 대표적인 것이 토지의 소유권을 법적으로 인정하기 위해 지

계아문에서 地契와 家契를 발급한 사실이다. 대한제국 정부는 量地衙門
과 地契衙門을 설치하여 토지조사사업을 시행하였다. 양지아문에서는
田畓과 아울러 垈地를 조사하여 양안에 기록하였고, 이에 근거하여 家
戶案과 家舍案 등 별도의 장부를 작성한 뒤에 전답의 소유자에게 地契
를 발급했으며, 가옥 소유자에게 家舍官契를 발급했다. 또한 대한제국
정부는 외국인은 주택의 소유주가 될 수 없으며, 내륙지방에서의 토지
또한 소유할 수 없다고 규정하였다. 만약 이를 어겨 외국인이 가사나 토
지를 소유했을 때는 주택과 토지를 屬公하였다.

대한제국의 지계와 가계발급은 개항이후 이미 외국인 거류지에서 시
행되고 있었고 또 그에 앞서서 조선시대에도 立案이라는 제도를 통해
소유권을 인정하는 제도가 존재했지만, 지계아문에서 발행한 지계 형식
은 새롭게 만들어진 것이었다. 이때 국가는 해당 필지에 대한 斗落, 등
급, 결부, 四標, 時主, 토지가 및 보증인을 기록하여 그것이 배타적인 소
유권임을 확인하였다. 이로써 개별 토지소유에 대한 국가적 보장이 문
서로 이루어지게 되었다. 1898년 11월에는 전당포규칙이 공포되어 전
당권도 법률로서 보호받는 권리로 정착되었다. 대한제국의 지계발급사
업은 러일전쟁으로 지계아문이 폐지되면서 중단되었다. 그 동안 지계가
발행된 지역은 강원도와 충청남도 일부 지역에서 한정되었다. 가계발급
사업은 을사늑약이 체결된 이후 1906년 5월 조선통감부에서 家契發給
規則을 공포하면서 다시 전국 대도시에서 시행되었다.[49]

대한제국 시기에는 회사가 크게 증가하였다. 대한 제국시기에 회사의
관리는 농상공부와 내장원으로 이원화되어 있었다. 회사 설립의 인가는

---

49) 김희수, 1988, 「개화기 부동산 법률관계 소고」, 『法史學研究』 9; 최원규, 1994, 『한
말, 일제초기 토지조사와 토지법연구』 연세대 박사논문.

내장원에서 많이 행하였다. 내장원에서는 세금 징수를 필요로 하였고 이에 회사설립자들이 내장원 납세를 전제로 회사설립을 요구하면 회사를 인가해 주었다. 회사의 도고행위나 分稅의 강제정수는 표면적으로 금지되었지만, 내장원의 세수 확대라는 필요에 압도되어 제대로 지켜지지 못하였다. 이 시기의 회사들은 대다수 내장원 납세를 전제로 설립되고 있었으며 경우에 따라서는 내장원에서 직접 회사 설립을 지시하기도 하였다. 그 결과 회사가 크게 증가했던 것이다. 뿐만 아니라 황실을 비롯한 종친과 관료들이 주체가 된 회사도 많이 창설되었으며, 대한제국 정부는 은행의 설립, 서북철도국과 연초제조회사 등도 설립하여 위로부터의 근대화 정책을 강력하게 추진하였다.

대한제국 정부는 모든 상인을 조직함으로써 한편으로는 특권상인을 중심으로 상업을 재편해가면서 다른 한편으로는 그를 통해 세금을 징수하고자 하였다. 일반상인들은 도고회사를 통하여 관리하면서 그들로 하여금 영업세를 징수하여 내장원이나 농상공부에 바치도록 하였다. 개항장의 객주들은 객주상법회사를 통하여 관리하고자 하였고, 보부상들은 상무사를 통하여 관리하였다. 대한제국 정부는 개항 이후 상업유통의 이윤을 상인들의 중앙통제를 통해 수취하고자 하였던 것이다. 그러한 사례가 1899년 5월 창설된 商務社였다. 대한제국 정부는 보부상과 상인들을 商務社에 소속시켜 상업세를 납부하게 하였다. 상무사의 활동은 수세청부역할을 담당하면서 일반 상인들을 수탈하였기 때문에 지방 상인들은 물론 외국상인의 반발도 거셌다. 이에 정부에는 1903년 상무사의 지방지사를 철폐했으며, 급기야 1904년 2월에는 상무사 자체를 혁파하지 않을 수 없었다.

대한제국이 특정 도고를 중심으로 한 특권상인에게 회사 설립을 허가하고, 그들에게 영업의 특권과 독점권을 부여하면서, 그 대가로 영업세를 내장원에 내도록 하는 상공업정책은 두 가지 결과를 초래하였다. 하나는 자유상업체제를 역행하여 소상인들의 성장을 저해하는 결과를 가져왔고, 다른 하나는 외국상인의 침투를 저지하는 효과를 가져왔다. 즉 갑오개혁기에는 대특권상인의 도고상업체제를 해체시킴으로써 소상인의 활동을 보호하였고, 외국상인들의 내지 시장에서의 상업활동을 보장했지만, 대한제국기에는 영업독점권을 지닌 회사에 가입하지 않고서는 상업활동을 제대로 행할 수 없었기 때문에 소상인이나 외국상인들의 상업활동은 크게 위축되었다. 이와 같이 대한제국의 대특권상인을 중심으로 한 상업정책은 황실, 관료, 대특권상인의 자본축적을 가져온 반면, 소상인의 성장은 철저하게 억압된 결과를 가져왔다.

광무정권의 경제정책 및 식산흥업정책의 기본 방향은 외세는 가능한 한 배제하면서 지주 및 특권상인의 기득 권익을 옹호하는 방향으로 추진하였다. 당시 성행하던 외국인, 특히 일본인들에게 토지를 잠매하는 것을 막기 위하여 광무정권은 依賴外國致損國體者處斷例를 반포하였고, 각종 회사의 장정 규칙에도 "외국인에게 권한을 양도하거나, 외국인과 합작할 경우 허가는 취소하며, 사원은 엄형에 처한다"는 규정을 포함하여, 민간부문에서 외국인에게 이권을 양도할 수 있는 여지를 사전에 봉쇄하였다. 이 때 주된 대상이 되는 외국인은 말할 것도 없이 일본인들이었다.

광무정권의 상업정책은 상인, 자본가로부터 수세를 강화하고 그 대가로 그들에게 물종별, 지역별로 판매 독점권을 부여하는 것이었다. 정부는 상무회의소규례를 개정하여 회사 설립을 인정해주고 그 대가로 세를 납부하게 하였다. 즉 정부는 특권상인층의 회사를 허가해주면서 그들의 상권을 보호해주고 신규 상인의 진출을 억제함으로써 기성 상인층의 독점권을 유지시키는 기능을 하였던 것이다. 이를 대가로 특권상인층은 일반 상인들에게 세금을 징수하여 내장원에 바치는 역할을 하였다.

대한제국의 시장정책은 국내상업 보호와 세수증대를 목표로 했다. 시장 基址와 상업시설에 대한 관할권 및 소유권을 둘러싸고 전개되었다. 대한제국 정부의 外部와 탁지부는 무명잡세 혁파, 시장에 대한 불간섭 등 자유방임적인 정책을 취했지만, 농상공부 상공국 및 내장원에서는 상업거래와 상업수세에 적극적으로 개입하였다. 농상공부 상공국에서는 보부상을 중심으로 상무기관에 수세를 위임하면서 상업세 수취에 적극적으로 나섰으며, 내장원에서는 객주를 비롯한 대상인층에 수세청부, 납부대행, 수세징수분 처분등을 위탁하였다. 외부와 탁지부는 외세와의 마찰을 피하려는 의도에서 자유방임적 상업정책을 펼쳤지만, 농상공부와 내장원의 적극적인 상업수세와 간섭은 국내 상권수호와 내정불간섭의 원칙을 고수하는 국가주권의 정당한 행사이기도 했다.

대한제국 정부의 이러한 이중적 상업정책은 無名雜稅에 대한 논란에서 두드러지게 나타난다. 외세는 중앙정부 즉 탁지부에 의한 수세와 통상조약에 의한 해관세를 제외한 모든 세금을 무명잡세로 규정하고 이를 혁파할 것을 강요하였다. 그러므로 갑오개혁기에는 중앙과 지방정부의 각종 수세를 무명잡세로 규정하고 이의 혁파를 선언하였지만, 광무개혁기에 무명잡세가 논란이 되는 경우는 세금의 濫徵보다는 갑오개혁 이전 균역세에 포함되어 징수되던 수세부분을 복설하는데서 나타났고, 그 사이 수세의 단절, 불일치, 그리고 수세담당자의 변동에 다른 갈등이 겹쳐져 발생한 것이 많았다.[50]

---

50) 류승렬, 1995, 「한말 일제강점초기의 시장정책과 시장변동」, 『한국사연구』 88,

이처럼 갑오정권이 도고를 혁파하고 민영기업을 장려하며 상품유통의 자유를 추진한 것과 달리 광무정권은 개항장 객주회사에 대한 수취체계를 재편하고 각 포구에서의 잡세징수를 강화하는 등의 갑오정권과 상반된 정책을 취하였다. 광무정권은 왕권을 국권과 동일시하여 황실의 재정확충과 전제군주권의 강화에 노력하였으며 그러한 바탕 위에서 근대적 기술과 기기의 도입에 관심을 가졌다. 그러나 이 축적된 자본을 효율적으로 산업자본화하기 위해서는 근대적 화폐제도의 성립과 중앙은행의 설립 등 경제적 여건이 이루어져야 가능하였다 이에 정부에서는 이 일들을 시행하려고 시도하였으나 국가재정의 부족과 외세의 간섭 및 견제로 황실 및 관료자본이 효과적으로 산업자본화하는데는 이르지 못하였다.

도고체제를 해체하고 근대적 상업질서를 지향하였던 갑오개혁과는 달리 광무정권은 특권 상업체제를 부활시키고자 하였다. 그리하여 이 시기에는 보부상 단체가 복설되고 개항장 객주들이 회사를 설립하여 독점적 영업권을 확보할 수 있었다. 또 내장원에 일정한 액수의 세금을 바치는 대신 물종별, 지역별 영업 독점권을 확보하는 특권상인들이 각지에 나타났고, 수많은 잡세가 부활되었다. 이로써 비록 민간자본이 출현할 수 있는 여지는 축소되었지만, 이 같은 민중수탈을 기반으로 황실·특권 관료층·특권 상인은 자본을 축적할 수 있었고, 이를 바탕으로 광무년간에는 많은 은행·회사 등이 생겨날 수 있었다. 이와 같은 대한제국의 상업정책은 상업의 자유로운 발전을 억제하고 상인층으로부터 과중한 세금을 징수함으로써 상인층의 자본축적을 저해하였지만, 다른 한편으로는 이들로부터 수탈된 자금이 황실 또는 황실과 연결 된 관료층에게 집

---

37-38쪽

중됨으로써 관료자본의 축적을 결과하였다. 황실과 관료층 특히 고종은 이 축적된 자본을 바탕으로 위로부터의 근대화의 길을 열어가려고 하였던 것이다.

그러나 광무정권의 자주적 근대화의 노력은 한계가 분명한 것이었다. 우선 광무정권의 성립 자체가 열강간의 상호견제에 의한 일시적 힘의 공백상태 속에서 가능했던 것이기 때문에 그것이 일단 붕괴되면 정권의 존립기반 자체가 없어지는 것이었다. 또 광무정권은 근대화 및 식산흥업 정책에 필요한 막대한 자금을 마련하기 위해 황실에 각종 이권을 집중하고 각종 특권을 상인·관료층에 주었지만, 거기에서 수탈대상이 되었던 것은 바로 그 같은 근대화 정책의 수혜자이어야 할 일반 영세 농민 및 상인이었다. 그럼으로써 식산흥업이라는 합당한 목표에도 불구하고 일반 대중의 지지를 받기는 힘든 것이었다. 이같이 취약한 기반 위에서 조선으로 침투코자 온갖 수단을 동원하고 있었던 일제의 책동을 막을 수 없었다. 결국 러일전쟁이 벌어지고 여기에서 일본이 승리하면서 광무정권의 근대화 노력은 최종적으로 좌절되고 말았다. 전통적 제조업도 새로운 기술을 채용하는 등 위로부터의 근대화를 위해 많은 노력을 기울였지만, 국가의 보호없이 제국주의세력의 공세를 이겨낼 수 있는 가능성은 애초부터 매우 희박했다. 광무개혁의 좌절로 말미암아 자주적인 근대 민족국가, 민족경제를 건설할 수 있는 가능성은 사라지고 말았던 것이다.[51]

---

51) 이영학, 1997 「대한제국의 경제정책」, 『역사와현실』 26,

# 7장
# 일제 강점 전후의
# 상업체제의 변화

## 1. 화폐정리사업과 그 성격

1904년 2월 10일 러일전쟁이 발발하자 일본은 한국정부에 압력을 가하여 1904년 2월 23일에 한일의정서를 체결하고 같은 해 8월 23일에는 제1차 한일협정을 성립시켜 일본인 고문정치를 강요했다. 일제는 한국정부의 각료를 친일각료로 교체했으며, 일본의 大藏省 主稅局長 메가타 다네타로[目賀田種太郎]를 재정고문으로 취임시켰다. 일본 외무대신의 지휘를 받는 메카다는 재정에 관한 사항이면 의정부 회의에 참석하여 발언할 수 있으며, 국왕을 직접 알현하여 의견을 상주할 뿐만 아니라 내각의 의결사항이라도 그의 결제 없이는 국왕의 재가를 상주할 수 없었다. 한국 정부는 그의 동의없이는 재정에 관한 어떠한 조치도 시행할 수 없었다. 메가타는 한국재정문제에 전권을 행사하였던 것이다

재정고문 메가타에 의해 추진된 사업은 크게 화폐정리사업과 재정정리사업으로 구분된다. 이중에서도 화폐정리사업은 조선의 상업질서에 미친 영향이 지대했기 때문에 여기서는 화폐정리사업의 전개과정과 성격을 먼저 살펴보기로 한다.

메가타는 화폐정리사업에서 가장 먼저 추진되어야 할 과제를 문란한 화폐제도의 정비라고 인식하였다. 당시의 화폐유통상황을 보면, 백동화가 대량 주조 발행하여 백동화 인플레이션 상태가 발생하였으며, 국내의 화폐유통지역도 엽전유통지역과 백동화 유통지역으로 분할되어 있었다. 비록 1902년부터 일본 제일은행권이 국내에서 발행 통용되고 있었지만 이러한 문제를 해결할 수는 없었던 것이다. 그러므로 메가타는 화폐유통의 지역적 분할현상과 악화인 백동화 남발에 따른 인플레이션을 해결하기 위해 백동화를 폐지하는 것이 급선무라고 파악하였다. 그러므로 그는 1904년 11월 화폐 발행기관인 전환국을 폐쇄하여 백동화 주조를 전면 중단시켰다. 폐지된 전환국 시설을 일본 오사카[大阪]조폐국으로 옮겨놓고 우리나라의 각종 화폐를 오사카 조폐국으로 하여금 제조케 하였다.[1]

그 이후 메카다는 1905년 1월 화폐정리를 위한 기본 방향을 '화폐제도 정리안'으로 제시하였다. 이 정리안에서 메카다는 ①한국 화폐의 기초 및 발행 화폐를 일본과 동일하게 하고, ②한국 화폐제도와 동일한 일본 화폐의 유통을 인정하며, ③본위화폐 및 태환권은 일본 화폐로 하거나 또는 일본 태환권을 준비시켜 일본 정부가 감독 및 보증하는 은행권으로 하며, ④보조화폐는 한국정부에서 발행할 것 등을 제시하고 있다.

이러한 방침 하에서 메가타는 탁지부와 일본제일은행 간의 '화폐정리사무에 관한 계약'을 성사시켜 1905년 1월 15일, 일본제일은행으로 하여금 한국의 화폐정리에 관한 업무를 취급하게 하였다. 메카다는 일본정부와의 긴밀한 협의를 거쳐 한국의 화폐제도 정리에 관한 원칙을 확

---

1) 박영호, 1994 「한국의 식민지적 자본주의화 과정에 관한 일연구-화폐정리사업을 중심으로」, 『한신논문집』 11호,

정하고, 이를 토대로 고종을 압박하여 '화폐재정정리사업'을 위한 법적인 근거를 마련했는데 1905년 1월 18일에 공포한 칙령 2호 '화폐조례실시에 관한 건'이 바로 그것이다. 이는 대한제국 정부가 1901년에 공포한 '화폐조례'를 1905년 6월 1일부터 실시한다는 내용을 담고 있었다. 1901년의 '화폐조례'는 일본과 동일한 금본위제 화폐제도를 마련하고자 한 것이었으나 사실상 시행되지 못하고 있었다. 1905년 1월 31일에는 탁지부와 일본제일은행이 화폐정리의 비용 및 자금 300만환을 이 은행에서 차입하는 것을 내용으로 하는 두 가지 계약을 제일은행과 체결하였다. 그리고 1905년 3월 일본정부는 제일은행 서울지점을 한국 화폐정리사무와 정부재정의 취급및 은행권 발행업무를 담당하게 하고, 각 지방의 지점, 출장소 및 대리점을 총괄하게 하였다. 이 계약으로 제일은행 서울지점은 한국의 국고금취급 및 화폐 발행을 담당하는 중앙은행으로서의 지위를 획득하였다. 그 결과 일본제일은행이 발행한 제일은행권이 한국의 본위화가 되었다. 화폐정리사업은 식민지 화폐제도의 확립을 위한 기초작업으로도 활용된 셈이다.

일본이 일본의 본위화가 아니라 제일은행권을 본위화로 사용한 이유는 일본의 본위화를 한국에서 통용시키면 한국의 경제위기가 화폐경제를 통해 일본에 전가될 위험성이 있었기 때문이다. 뿐만 아니라 한국에 대한 식민통치비용도 일본이 선불해야 하는 부담도 있었다. 그러므로 일본은 효율적이고 안전한 제일은행권을 본위화로 사용하는 식민지 화폐제도를 확립하고자 했던 것이다.[2]

1905년 실시된 화폐정리사업의 전체적인 내용은 다음과 같이 정리될 수 있다. 첫째, 화폐가격은 金을 물가의 표준을 정하고, 백동화 대신 새

---

2) 이승렬, 2007, 『제국과 상인』 역사비평사, 213-214쪽

로운 보조화를 발행하기로 한다. 둘째 화폐정리방법으로 한국의 본위화폐는 일본과 동일하게 하고, 한국화폐와 동일한 일본화폐의 국내 유통을 인정한다. 셋째 본위 화폐 및 태환권은 일본정부의 감독 및 보증에 의한 은행권으로 하며, 보조화는 모두 한국정부에서 발행한다. 넷째, 화폐조례에서 규정한 화폐의 종류는 20원, 10원, 5원은 금화였고, 半圜, 20전, 10전은 은화, 5전은 백동화, 1전과 반전이 赤銅貨였는데, 이중에 5전 백동화와 半圜, 20전 은화 체제를 개정하며, 舊貨를 회수하고 백동화는 통용 기한 및 교환기한을 정해 교환, 회수하기로 했으며, 적동화나 상평통보는 일정기간 뒤에 한정된 금액만을 회수하기로 하였다.

화폐정리사업에서 가장 문제가 되는 것은 인플레이션을 일으키고 있던 구백동화의 정리 작업이었다. 당시 유통되고 있던 구백동화의 유통량은 전환국 주조발행액 약 1,700만元, 기타 私鑄나 위조된 것이 600만 원, 도합 2,300만원으로서, 당시 통화량의 반 이상을 차지하였다고 추정되고 있다. 그러므로 화폐정리의 성공여부는 구백동화의 정리 여하에 달려 있었다. 이에 한국정부는 1905년 6월 초에 탁지부령으로 '구백동화 교환에 관한 건' 및 '구백동화 교환 처리순서'를 공포하고, 7월 초부터는 구백동화의 교환작업을 시작하였다. 이때 구백동화의 신화와의 교환비율은 구화 2원＝신화 1환으로 확정되었다.

구백동화 정리에는 교환, 공납, 매수의 세가지 방법을 사용했고 이를 위해 서울, 평양, 인천, 군산, 진남포에 교환소를 설치하였다. 화폐정리사업의 폭력적 약탈적 성격은 백동화의 정리과정에서 노골적으로 드러난다. 백동화의 교환은 액면가격에 따라 동일한 비율로 교환하는 것이 아니라 화폐의 실질가치에 따르는 교환방법을 적용하였다. 이러한 교환방법은 세계 화폐교환 역사상 유례가 없는 방식이었다. 교환 및 환수되는 구백동화는 품질에 따라 갑종, 을종, 병종의 3등급으로 나누어 교환되었다. 품질이 양호해서 正貨에 준한다고 감정된 갑종은 신화 2전 5리로, 을종은 1전으로 교환되었고, 형질이 조악하여 병종으로 감정된 것은 교환에서 아예 제외되었다.

정부에서는 각 農工銀行 및 지방 금융조합을 통해 구화를 매수하고, 또 상인들에게 교환조합을 결성시키고 수수료를 지급, 구화폐를 수집하는 일을 담당하게 하였다. 구백동화의 교환 및 환수는 1905년 7월 1일부터 시작하여 1908년 11월 말에 종결하는 것이 원칙이었다. 그러나 정부 당국의 화폐정리에 대한 취지가 각 지방까지 충분히 전달되지 못했기 때문에 1909년 5월에 칙령으로써 公納에 한해서만 통용기한을 1909년 12월 말까지 연기하였다.[3]

화폐정리사업으로 교환된 백동화의 총액은 약 1,920만여원이었다. 1905년 1월 말 현재 구백동화 유통액 총액은 2,300만원으로 추정되었기 때문에, 구백동화 유통량의 약 83.5%가 환수되고 나머지는 통용이 금지당한 것이다. 화폐정리사업 과정에서 약 400만원의 화폐재산이 환수되지 않았는데, 이는 곧 조선인의 화폐재산 400만원이 화폐정리사업으로 인해 박탈당했음을 의미한다.[4] 뿐만 아니라 이 때 교환된 백동화 중에 갑종은 1억6천만매를 넘은 데 반해 을종은 2백만매에도 미치지 못하였다. 이를 국적별로 보면, 일본인이 455만원, 조선인과 청국인인이 교환한 액수는 388만이었다. 일본인의 교환량이 조선과 중국인을 압도한 것은 일본인들이 사전에 화폐정리사업의 정보를 입수하여 良貨를 집

---

3) 박영호, 1994, 「한국의 식민지적 자본주의화 과정에 관한 일연구-화폐정리사업을 중심으로」, 『한신논문집』 11호.
4) 전석담, 최윤규 공저, 1959, 『19세기 후반기-일제통치말기의 조선사회경제사』 93쪽.

중적으로 보유했기 때문이다. 유통 백동화는 갑종보다 을종이 훨씬 많았다. 조선인들은 대부분 을종 백동화를 소유했기 때문에 교환과정에서 큰 손해를 보고 파산하는 자가 속출하였다.[5]

구백동화의 환수와 교환은 1909년에 일단 종결되었지만, 엽전(상평통보)의 환수는 구백동화와 달리 매우 점진적으로 이루어졌다. 엽전의 실질가치는 액면가치보다 낮지 않았다. 그러므로 강제적인 수단보다는 점진적인 방법인 公納과 매수의 방법을 통하여 환수하였다. 신화폐와 엽전의 교환비율이 1905년 10월 탁지부령 제1호에 의해서 결정되어졌는데 구백동화 교환비율과는 다르게 엽전 1매에 新貨 1厘 5毛로 정하여졌다. 원래 구화 2원=신화 1환이라는 법정교환비율에 따른다면 엽전 1매의 법정가격은 신화 1리가 되어야 하지만, 당시 국제 銅 가격의 등귀로 엽전의 시세를 높게 평가한 것이다. 그 이후에도 엽전의 교환비율은 국제 동가격의 추이에 따라 변동하다가, 1908년 6월 「엽전통용가격에 관한 건」이 공포되어 엽전과 신금화의 교환비율을 엽전 1매=新金貨 2리로 고정되었다.[6] 엽전은 이처럼 국제 동가격에 연동되어 있었기 때문에 엽전환수는 99%가 매수에 의한 것이었고, 1%만이 납세를 통해 환수되었다. 이 때 정리된 엽전양은 대략 400만환정도였다. 이는 1905년 1월의 유통 엽전 추정량인 650만환의 대략 60%에 달하는 양이었다.[7]

구백동화 환수로 대표되는 화폐정리사업은 당시 조선의 경제에 심각

---

5) 김재순, 1990, 「러일전쟁 직후 일제의 화폐금융정책과 조선상인층의 대응」, 『한국사연구』 69 참조.

6) 이석윤, 1982, 「광무 9년의 화폐개혁과 금융자산의 피탈」, 『신태환박사 고희기념논문집-경제학의 현대적 과제』 191쪽.

7) 박영호, 1994, 「한국의 식민지적 자본주의화 과정에 관한 일연구-화폐정리사업을 중심으로」, 『한신논문집』 11호,

한 부작용을 야기하였다. 당시의 조선인들은 위조 백동화가 많은 현실에서 일본인 주도의 화폐정리사업에서 그들의 백동화가 갑종이 아닌 을종이나 병종의 판정을 받아 불이익을 당하지 않을까 두려워하였다. 따라서 조선인은 백동화를 放賣하여 부동산을 구입함으로써 통화 유동성 부족 현상이 발생하였다. 여기에 더하여 화폐정리사업 과정에서의 어음시장의 혼란, 外劃의 폐지, 新貨發行의 지체 등이 겹쳐 錢荒이 발생하였다. 이 때문에 종로 상인을 비롯한 조선상인의 다수가 파산하였던 것이다.

이상에서 보았듯이 1905년의 화폐정리사업은 엽전·백동화 등의 구화의 정리가 그 중심 내용이었다기 보다는 제일은행권을 한국의 법화로 만드는 식민지 금융제도의 마련이 핵심을 이루는 것이었다. 물론 이러한 화폐개혁은 제일은행을 한국의 중앙은행으로 만들고 기타 다양한 금융기관을 정비하는 과정과 동시에 이루어진 것이었다. 이 때에 만들어진 제일은행권제도는 이후 조선은행권제도로 흡수되어 식민지기간 내내 한국의 화폐제도의 골격을 형성한 것이었으며, 나아가 일제는 共同倉庫會社, 어음조합, 지방의 농공은행 등의 금융기관을 설립하여 제일은행권의 보급함으로써 식민지 금융기구까지 확립하였던 것이다.[8]

## 2. 錢荒과 조선 상인자본의 몰락

화폐정리사업은 기존 통화제도와 관련 금융 관행을 급거에 해체하였다. 화폐정리사업은 본위화제도를 도입함으로써 화폐가치를 신뢰하게 하여 화폐자본의 축장이 가능하게 되었다. 식민지 자본축적의 기틀을

---

8) 오두환, 1991, 『한국근대화폐사』한국연구원 참조.

마련한 것이다. 그러나 화폐정리사업은 그 제도적 규정이나 진행 과정에서 드러난 졸속성과 수탈성으로 인해 심각한 전황(화폐 공황)과 경제위기를 야기했다. 도시의 토착상인들은 전황에 못이겨 파산하거나 철시했으며, 향촌의 민생에도 전황이 일어나서 도산탕업하는 지경에 이르렀고, 농촌에서는 토지를 상실하는 사람들이 속출하였다. 황성신문에는 당시의 참담한 상황을 다음과 같이 실감나게 표현하고 있다.

> 富商大賈 各廛主도 一朝一夕 擧板하고, 전당문서, 가옥문권 있는 대로 外人에게 전당하고, 高邊重債 出用하다가 自家文券 부족하면 친구에게 借券하여 典債하기 紛紛하니 目今상황이 城內城外를 막론하고 가옥전토문권마다 있는 대로 皆外人의 手中에 典執하였으니 畢竟은 田土家屋이나 外人물건이 되겠다고 巷說이 紛紛하여 토지가옥 없어지면 인민은 무엇을 영업하고 살겠는가, 一言蔽曰 전국 인민이 다 망할 수 밖에 없다[9]

이렇게 참담한 현실로 나타난 전황의 원인은 여러 가지가 있는데 가장 직접적인 원인은 새 화폐와의 교환과정에서 백동화 가치가 평가절하됨에 따라 화폐 유통총량이 줄어든 데 기인하였다. 화폐 정리 직전 약 2,300만원으로 추정된 백동화 유통량은 화폐 정리가 끝난 1911년 2월 말에는 960만원으로 축소되었다. 그 차액만큼 시중의 화폐 유통량이 감소된 셈이다. 또한 신화폐의 발행 준비 부족으로 환수된 백동화를 대체한 새 화폐가 제대로 공급되지 못한 것도 전황의 주요 원인이었다. 마지막으로 화폐 정리 사실이 공표되면서 백동화를 처분하기 위해 토지 상품 등을 구입함으로써 고정자산에 비해 유동자산의 비중이 매우 적었던 것 역시 화폐 부족 현상의 주요 원인이었다.

---

9)『황성신문』광무 9년 11월 17일

그러나 전황이 발생한 근본적 원인은 화폐정리사업이 일본인 재정고문 메가타 주도로 이루어졌고, 신화발행권이나 공급권을 모두 일본측이 장악하고 있었다는 점이다. 메가타는 화폐정리사업 이전에 이미 화폐를 오사카 조폐국에서 공급하도록 하였다. 그러므로 전황이 발생해도 제대로 대처하지 못했다. 심각한 전황에도 메가타는 신화폐발행을 지연시켰을 뿐만 아니라, 될 수 있으면 제일은행권 발행으로 화폐공급을 대체하고자 하였다. 이렇게 되자 서울의 상인들은 철시하고 유통자금 300만환의 방출을 무이자, 무저당의 구제자금대출형식으로 요청하였지만, 메가타는 재정자금방출을 거절했다. 이렇게 되자 한국황실에서는 내탕금 35만원을 하사하여 상업계에 긴급구제자금으로 대출토록 하였는데 이 자금조차도 메가타의 방해로 전액이 지불되지 못하고, 5만원만 지원되는데 그쳤다. 메가타는 전황을 이용해서 한국의 토착적인 상관습을 일소하고 토착상인을 몰락시켜서 일본 상인자본침투를 원활히 하고자 하는 본래의 목적을 달성시키려고 했던 것이다.[10]

1905년 7월부터 시작된 전황은 1909년경까지 장기화되면서 전반적인 경제불황으로 이어지자, 상인층뿐만 아니라 일반 도시서민과 소농민들도 비참한 생활고에 시달렸다. 1905년과 1907년 의병전쟁의 발생 배경에는 화폐정리사업으로 야기된 경제 위기로 인해 몰락한 농민의 제국주의 경제 침탈에 대한 저항의식도 작용한 것이었다.[11]

전황이 발생하자 상인층이 가장 큰 타격을 받았다. 이들은 부동산 형태로 자산을 소유한 지주와 달리 자산구성에서 유동자산의 비중이 컸기

---

10) 박영호, 1994, 「한국의 식민지적 자본주의화 과정에 관한 일연구-화폐정리사업을 중심으로」, 『한신논문집』 11호,
11) 오미일, 2002, 「일제는 왜 화폐정리사업을 실시하였나」, 『내일을 여는 역사』 9

때문에 백동화 정리 과정에서 상당한 화폐 자산을 축소당할 수밖에 없었다. 또한 상인들은 어음을 많이 이용하였는데, 화폐가 고갈되면서 현금 지불이 일시에 쇄도하자 이를 감당하지 못해 파산하는 경우가 많았다. 이 과정에서 韓商들의 화폐재산이 수탈되었고, 또한 파산하는 韓商들도 늘어났다. 그리고 외획제도의 폐지로 종래 상업자금의 기능을 해왔던 조세를 활용할 수 없게 된 것도 상인들의 화폐유동성 부족을 가중시켰다. 이에 서울의 대표적인 객주, 시전 상인이 현금 압박을 못 이겨 줄줄이 파산하고 도망하는 일이 속출하였다.

한상들은 화폐정리사업의 소식을 접하여 위조, 私鑄되어 품질이 떨어지는 백동화도 교환될 것인가에 대한 의구심과 화폐교환과정에서 韓人을 차별할 것이라는 소문 때문에 매우 불안해했다. 이러한 심리적 공황 상태에서 한상들은 백동화를 방매하거나 부동산을 계속 매입하였다. 이에 한상들의 현금보유는 대폭 줄었으며, 반대로 백동화의 가치의 급락을 가져왔다. 日商과 淸商들은 폭락한 백동화를 사들였다. 1909년까지 新貨幣로 바꾸어 간 韓人이 전체 화폐교환 청구자의 민족별 구성에서 차지하는 비율은 10%였고, 일본인이 60%, 청국인이 30%를 차지하였다. 현금이 부족했기 때문에 1905년 하반기부터 어음에 대한 추심이 쇄도하자 이를 감당하지 못한 한상들은 파산하게 된 것이다.[12]

한편 금융공황에 위기를 느낀 서울 상인들은 1895년 11월 제정 공포된 商務會議所規例에 따라 1905년 7월 한성상업회의소를 창립하였다. 서울 거주 상인 30명이 결성한 한성상업회의소는 설립 직후부터 화폐정리사업으로 인해 발생한 금융공황을 극복하기 위해 정부에 지원을 요청하였으며, 자구책으로 상업회의소 중진들이 참여한 한일은행을 1906년

---

12) 이승렬, 2007, 『제국과 상인』 역사비평사, 참조.

에 창립하기도 했다. 이외에도 한성상업회의소는 상품진열관을 개관하여 새로운 영업방식을 적극 도입하였으며, 기관지로 『商工月報』를 간행하였는데, 이것은 국내에서 간행된 최초의 상업잡지였다. 한성상업회의소는 1915년 해체되었다.

1899년 창설되어 한상들 사이에서 "民有銀行"이란 기대를 받고 있었던 대한천일은행은 화폐정리사업의 실행으로 인한 한상들의 불안한 심리를 안정시키지 못했을 뿐만 아니라 1905년 6월 무기력하게 휴업하기에 이르렀다. 일본제국주의에 의해 전환국 폐쇄, 백동화의 인위적 퇴출 등 대한제국의 화폐·금융시스템이 전면 부정되는 상황이 발생하자 대한천일은행의 운영은 난관에 봉착할 수밖에 없었고 결국에는 휴업할 수밖에 없었던 것이다. 대한천일은행의 휴업 사태는 단순히 과다 대출과 같은 경영부실의 문제가 아니라, 國權의 상실이라는 정치적 변동에 규정받고 있었던 것이며 따라서 대한천일은행은 그동안 주요 고객이었던 상인들도 대거 파산하고 있었다. 대한천일은행과 거래가 있었던 상인중에 화폐정리사업으로 파산한 상인들을 표로 나타내면 다음의 <표 17>과 같다.

<표 17> 화폐정리사업으로 파산한 상인과 대한천일은행의 거래 내역[13](단위: 원)

| 성명 | 업종 | 부채액 | 대출액 | 성명 | 업종 | 부채액 | 대출액 |
|---|---|---|---|---|---|---|---|
| 金榮觀 | 포목상 | 120,000 | | 崔禹鉉 | 煙管商 | 80,000 | 6,400 |
| 金尙(商)勳 | 포목상 | 150,000 | 10,000 | 孫應龍 | 紙商 | 60,000 | 4,800 |
| 韓鑛成 | 書籍및砂金商 | 100,000 | | 白仁汝 | 포목상 | 100,000 | 14,382 |

---

13) 이승렬, 2007, 『제국과 상인』 역사비평사, 218쪽에서 재인용.

| | | | | | | | |
|---|---|---|---|---|---|---|---|
| 金鼎禹 | 紙商 | 100,000 | 1,200 | 尹相惠 | 靴商 | 50,000 | |
| 高元(源)臣 | 포목상 | 100,000 | 33,600 | 李和錫 | 포목상 | 60,000 | 3,600 |
| 朴斗永 | 絹布商(立廛) | 100,000 | 10,800 | 車德鉉 | 米商 | 20,000 | |
| 朴喜楠 | 紙商 | 100,000 | | 李德基 | 米商 | 20,000 | |
| 延永秀(壽) | 포목상 | 80,000 | 10,000 | 柳泰興 | 紙商 | 80,000 | |
| 韓仁洙 | 客主 | 200,00 | | 金相烈 | 絹布商 | 100,000 | 960 |
| 安容植 | 砂金商 | 70,000 | 5,400 | 朴明玉 | 米商 (下米廛) | 20,000 | |
| 鄭奎煥 | 포목상 | 160,000 | | 金應鍾 | 靴商 | 50,000 | |
| 朴定植 | 객주 | 200,000 | 20,800 | 劉世煥 | 雜貨床廛 | ? | 6,400 |

출전 : 京城商業會議所, 『韓國幣制改革ニ關スル請願書』

백동화 중심의 한말 화폐제도는 반드시 개혁해야 할 대상이었지만, 개혁의 주체가 외세인 일본제국주의이고, 개혁의 방식 역시 韓人과의 의견조율을 거치지 않은 채 진행되었기 때문에, 화폐개혁은 그 과정에서 심각한 부작용을 낳을 수밖에 없었다. 그러므로 '개혁'의 피해를 입고 몰락하는 자는 한상들이었고 그로부터 이득을 취하는 자는 일상과 청상이었다. 일본상인들은 화폐정리사업에 의해서 그들에게 집중된 화폐로 전황에 시달리는 한상을 상대로 월 5%~6% 이상의 고리대를 하여 큰 이익을 취했던 것이다. 그리고 화폐정리사업을 통해서 한국에서 배타적 상권을 장악한 일본상인들은 1906~1908년 사이에 각종 회사, 조합 등을 설립해서 그 수가 200여개에 달했다.

화폐정리사업이 불러일으킨 전황이 토착 경제전반에 피해를 입히고 있었음에도 불구하고 일본인 제정고문 메가타는 한국정부에 의한 구제금융을 철저히 봉쇄하고 일본이 재정의 주도권을 완전히 장악한 가운데 식민지금융기관의 설립을 통해 상품, 부동산을 담보로 제일은행권을 비롯한 식민지통화를 공급함으로써 식민지통화, 금융제도를 확립해 나갔다. 즉, 전황을 이용해서 토착상인의 세력권을 약화시키고 일본상인의 상거래 세력장악을 지원했으며 모든 토착상인들을 제일은행권의 유통권내로 종속시켰다. 결국 전황은 한국의 경제체제가 일본의 식민지경제로 전락하는 결정적 계기였다고 평가되는 것이다.[14]

## 3. 1910년대 회사령과 상업체제의 변화

### 1) 會社令과 일본 자본의 우위 확립

일본의 자본은 개항이후 조선에 침투하여 막대한 초과이윤을 획득하였다. 즉 값싼 地價, 풍부한 노동력, 저렴한 임금, 값싼 원료, 취약한 한국자본의 경쟁력 등 유리한 조건이 널려 있었기 때문이다. 일본상인은 砂金·소가죽·인삼·미곡을 값싸게 사들이고, 일본산 면사·잡화를 비싸게 팔아 넘겼다. 일본인 중에는 잡화상, 여관, 운수업, 음식점 등을 경영하는 자가 많았고, 그들은 고리대, 지주를 겸하는 경우도 있었다. 1908년 현재 한국에 거류하는 일본인의 직업별 인구 구성은 상업이 약 47,000명, 雜業이 약 17,000명, 관공리가 약 15,000명, 공업이 약 11,000명, 농업이 약 4,800명, 무직 약 4,400명, 기생·작부 약 4,200명, 어업 약 3,000명, 의사·산파가 1,100여 명 등이었다. 일본 자본은 한국의 간선철도를 부설·지배하고, 바다와 강의 교통·운수도 장악했다. 일본정부는 보조금·대부금의 형식으로 이들을 적극 지원했다.[15]

---

14) 박영호, 1994, 「한국의 식민지적 자본주의화 과정에 관한 일연구-화폐정리사업을 중심으로」, 『한신논문집』 11호,
15) 朴慶植, 1973, 『日本帝國主義の朝鮮支配』上, 靑木書店, 105쪽.

일제는 러일전쟁의 승리를 계기로 한국을 식민지 경제체제로 재편하는 작업에 착수하였다. 한국경제의 식민지 경제로의 재편구상은 1904년의 「對韓方針 및 大韓施設綱領」으로 구체화되었다. 이 방침과 강령에서는 첫째 정치 군사적으로 한국을 완전히 장악하기 위한 전제조건을 충족시키고, 둘째, 조선을 상품판매시장 및 원료 및 식량공급지로 재편하기 위한 제반시설을 정비하며, 셋째 식민지 지배의 강력한 지주로서 일본인의 이주를 촉진하는 조건을 마련해야 한다고 선언하고 있다. 1905년 을사늑약이후 추진된 화폐와 재정정리사업은 모두 이 방침을 구현하는 작업들이었다.[16]

1910년 한국을 강점한 일제는 한국경제의 식민지적 재편을 위해 1904년의 「對韓方針 및 大韓施設綱領」을 계승하는 정책을 펼쳤다. 1910년 8월 한국을 강점한 일제는 그해 12월 29일 제령 제13호로 '회사령'을 제정하고, 1911년 1월 1일부터 이를 시행하였다. 전문 20개조로 구성된 회사령은 "회사의 설립은 조선총독의 허가를 받아야 한다"(제1조), "조선 외에서 설립된 회사가 조선에 본점 또는 지점을 설치하고자 할 때에는 조선총독의 허가를 받아야 한다"(제2조)고 하여 한국에서의 회사설립을 총독의 허가사항으로 규정하였고, 총독이 회사를 강제해산하거나 허가를 취소할 수 있도록 하였으며(제5조, 제6조), 총독의 허가를 받지 않고는 회사 명칭을 사용할 수 없도록 하는 등(제10조) 회사의 설립, 운영, 해산에 걸친 전과정에 대한 총독의 전면적인 간섭을 명문화하였다.

조선총독부는 회사령을 공포하는 이유로 "한국인은 법률 및 경제적

---

16) 權泰檍, 「1904~1910년 일제의 한국침략 구상과 '시정개선'」, 『韓國史論』31, 1994, 231쪽.

지식과 경험이 부족하여 복잡한 회사 사업을 경영할 수 없고, 일본인 자본가 또한 한국 실정을 몰라 예측치 못한 손해를 입을 우려가 있으므로, 이를 미연에 방지하고 조선 산업의 건전한 발달을 기할 필요가 있기 때문"이라고 설명하고 있지만, 회사령 반포의 실제 목적은 이러한 설명과 큰 차이가 있는 것이었다.

회사령에는 회사가 총독부가 발한 명령과 허가 조건에 위반하거나 공공질서 혹은 선량한 풍속에 반하는 행위를 했을 때 조선 총독은 사업의 정지 및 금지, 지점의 폐쇄 또는 회사의 해산을 명할 수 있으며,(제2조) 허가를 받지 않고 회사의 설립행위를 한 자는 5년 이하의 징역 또는 금고, 5천원 이하의 벌금에 처하고, 부실신고를 하여 허가받은 자도 이와 동일하게 처벌한다(제12조)와 같은 독소조항이 들어 있었다.[17]

회사령은 기업활동을 순수한 경제적 관계에 의해 규제하는 것이 아니라, 치안유지 등의 정치적 목적에 따라 얼마든지 간섭할 수 있도록 한 것이다. 만약 한국인 자본가가 회사를 설립하고자 할 때 제일 먼저 통과해야 하는 것은 경찰서로부터 신원조사를 받는 것이었다. 회사령 체제하에서 조선인 기업가에게는 근대적인 기업의 자유가 허용되지 않았던 것이다.

한국에서의 기업활동에 대한 이와 같은 억압은 당시 일본에서 통용되고 있던 상법과 비교해보아도 상당한 차이가 있었다. 1899년에 법률 제48호로 공포 시행된 일본 상법과 그 시행령은 회사의 자유설립주의를 규정하고 있다. 일본 상법은 회사의 경영이 공공의 질서, 선량한 풍속에 위반되지 않는 한 공권력 개입을 전혀 용인하지 않았다. 이와 달리 조선 총독부의 회사령은 회사의 설립과 해산은 물론 사원의 교체와 지점 설

---

17) 손정목, 1984, 「會社令硏究」, 『한국사연구』 45 참조.

치 등 세세한 경영 사항에 대해서까지 조선총독부가 개입할 수 있도록 규정하고 있는 것이다.

회사령은 형식상으로는 조선인 자본과 조선내 일본인 자본, 그리고 조선에 진출하고자 하는 일본내 자본 모두에게 일괄적으로 적용되는 것이었다. 총독부는 모든 민간자본의 투자방향을 통제함으로써 조선 경제의 식민지적 재편을 도모하고자 했다. 회사령에서 명목상 일본자본의 조선진출을 억제했음에도 불구하고, 실제에 있어서는 일본 자본의 조선진출은 그다지 억제되지는 않았다. 조선총독부는 회사령 실시 직후인 1911년 초 조선피혁주식회사의 설립을 종용, 유치하였으며, 三菱製鐵, 王子製紙, 大日本製糖, 小野田 시멘트 등 많은 재벌기업들의 조선 투자를 적극 유치하고, 지원하였다. 또한 회사의 설립인가에 있어서도 일본인이 출원한 회사는 대부분 허가해 준 반면, 조선인 기업의 설립, 경영에는 엄격한 규제를 가하였다. 뿐만 아니라 조선총독부는 회사령을 토대로 기왕의 한국인 회사에 대해서는 해산명령을 남발하였다. 이처럼 회사령은 형식상 조선인 자본과 일본인 자본 양쪽 모두를 억압하는 것이었지만, 실제에 있어서는 한국인 기업의 설립과 성장, 발전만을 억압한 반면, 일본 자본의 팽창, 확대를 촉진한 것이었다.[18]

회사령 이후 조선인 회사 설립추세를 보면, 1913년까지 비교적 활발했지만, 1914년 이후 급격히 줄었들었다. 1914년에는 회사령의 시행규칙이 개정되어 회사설립의 허가조건이 완화되었음에도 회사 설립수가 줄어든 것이다. 1914년 이후 회사 설립수는 급감했지만, 회사의 자본규모는 상대적으로 증대하였다. 특히 그전과 달리 금융업과 제조업, 운수업 관련 회사가 거의 사라진 반면에 1914년 이후에는 일반 매매업, 무역

---

18) 손정목, 1984, 「會社令硏究」, 『한국사연구』 45

업 관련 회사가 비교적 대자본으로 설립되고 있었다. 그러나 시간이 갈수록 한국인 기업은 일본인 기업에 비해 규모가 차츰 영세해지는 데 반해, 일본인 기업은 점차 규모가 커졌다. 1911년부터 1920년까지 일본인 공업은 공장수가 185개에서 1,125개로 약 6배, 자본금이 982만 6천 원에서 1억 4,022만 9천 원으로 약 14.2배, 종업원수가 1만 613명에서 4만 1,772명으로 약 3.9배, 생산액이 1만 6,920원에서 15만 4,100원으로 약 10배가 증가하는 등 비약적으로 성장하였다. 반면 한국인 공업은 절대 수치에서는 어느 정도 성장하였으나 일본인 공업에 비해 상대적으로 그 비중이 저하되었다. 회사령의 결과 일본자본이 조선에서 압도적 우위를 점하게 된 것이다.[19]

일제가 회사령을 반포한 까닭은 한국에서의 자본축적과 공업발전을 억제함으로써 한국을 식량과 원료의 공급지이자 일본상품의 판매시장으로 묶어 두려는 데 있었다. 회사령의 시행으로 일제는 제국주의 본국과 식민지의 산업구조를 확연히 구분하고, 조선의 경제를 일본 본국의 종속적 지위에 묶어 두려 했던 것이다.[20]

## 2) 식민지적 경제구조의 정착과 도고상업체제의 해체

일제는 한국을 침략하고 지배하는 수단으로서 철도를 비롯한 교통·운수를 매우 중시했다. 일제는 청일·러일전쟁을 계기로 한국에서의 철도 부설권을 장악하고, 1899년 경인선, 1905년 경부선, 1906년 경의선, 1905년 삼마선(삼랑진—마산), 1910년 평남선(평양—진남포)을 개통시켰다. 한국강점 이전에 일제는 한국에서 1,000㎞가 넘는 장대한 철도망

---

19) 朴慶植, 1973, 『日本帝國主義の朝鮮支配』上, 靑木書店, 109쪽.
20) 전우용, 1997, 「1910년대 객주 통제와 朝鮮會社令」, 『역사문제연구』 2권

을 건설하였던 것이다. 철도망의 확대는 한국강점 이후도 지속되었다. 1914년 호남선(대전-목포)과 경원선(서울-원산), 1917년 함경선(청진-회령), 1918년 평양탄광선, 1919년 박천선이 각각 개통되었다. 철도 연장은 1915년에 1,600km를 돌파하고, 1919년에는 1,856km에 달하였다. 이제 한반도의 사방 끝까지 철도망이 연결되어 일제 식민통치의 위력이 구석구석까지 미치게 되었다.[21]

일제는 철도뿐 아니라 도로·해운도 함께 정비하여 침략과 지배의 수단으로 삼았다. 일제는 통감부 시절(1907~10년)에 이미 1,993km의 간선도로를 개수했다. 그리고 한국강점 이후에는 가혹한 부역노동을 통해 제1기 치도사업(1911~16년)에서 2,690km, 제2기 치도사업(1917~22년)에서 2,308km의 도로가 개수되었다. 일제는 육상교통뿐만 아니라 해운·수운에서도 지배를 강화했다. 일제는 한국강점을 전후하여 부산·인천·진남포·평양·원산·신의주·군산·목포·청진·성진·마산 등 11군데의 항만을 수축하고 세관설비를 개수했다. 이 사업은 더 확장되어 1911년부터 9년간이나 계속되었다.[22]

이러한 변화는 조선경제에 막대한 영향을 주었다. 대한제국의 교통·운수·통신망은 상권보호라는 성격을 어느 정도 가지고 있었지만, 이제 이러한 성격은 거의 사라지게 되었다. 교통·운수·통신망에 존재하고 있었던 상권보호의 측면이 사라지게 됨으로써 일본인의 조선인 상권으로의 침투가 가속화되었다. 이러한 과정에서 영업권의 독점에 기반한 특권적 조선상인은 점차 쇠퇴하였다.

---

21) 정재정, 1999, 『일제침략과 한국철도』 서울대출판부, 511쪽.
22) 정재정, 2001, 「교통·운수·통신의 지배」, 『신편 한국사 47권-일제의 무단통치와 3·1운동』 참조.

이처럼 사회적 인프라가 전국적으로 확산되면서 국내 시장이 식민지적 시장으로 재편되는 가운데 무역도 식민지적 종속성을 강하게 드러내었다. 1910년대의 한국무역은 국내시장의 발전에 촉진제 역할을 했지만, 무역의 주도권은 일본인이 완전히 장악하였다. 수출에서는 일본으로의 편중화가 심화되었고, 수입부문에서도 제1차 세계대전 이후에는 일본상품이 압도적 우위를 차지하였다. 1910년대에는 일제가 한국시장을 독점적으로 장악하면서 공동판매와 독점판매 그리고 부등가교환 등을 통해 한국민중의 재화를 수탈하는 무역구조가 정착되었던 것이다.[23]

한편 1910년대의 회사령체제는 조선인 상업관계 회사들이 관행적으로 행사하고 있던 都賈權을 철저하게 부정하였다. 회사령 초기 집중적인 억압의 대상이 된 상업 회사들은 대부분 도고상업체제에 기반한 회사들이었다. 특히 운수업과 시장관리, 매매중개를 목적으로 하는 회사들, 즉 객주업에서 분화된 영역을 주 영업으로 하는 상업회사들이 억압 대상이 되었다. 이들 회사는 회사령 체제하에서 존립할 수는 없었다. 전통적인 도고상업상업체제는 식민지적 유통질서를 만들어가는데 가장 큰 걸림돌이었다. 그러므로 일제는 지속적으로 도고회사를 해산시켰던 것이다. 그러므로 1914년 이후에는 도고권을 토대로 영업하는 상업회사가 거의 사라졌다.

회사령 시행 초기 설립이 인가된 조선인 회사들은 대금업이나 제조업, 일반 매매업 등 日本의 식민지 산업정책을 보조하거나 일본 상품의 진출을 촉진하는 부문에서 영업하는 회사들이었다. 그러므로 회사령은 도고상업체제의 해체를 통해 일본 상품의 자유로운 유통을 보장하고자 했다. 이러한 정책의 결과 조선의 전통적 상업관행은 철저히 붕괴되었

---

23) 宋圭振, 2001, 『일제하 조선무역연구』 고려대 민족문화연구원 참조.

던 것이다.[24]

총독부는 객주업에서 지속되어 온 독점관행을 전면적으로 부정하는 동시에 개별 객주에 대한 통제도 강화하였다. 일제는 日商에 저항하면서 국채보상운동에 참여했던 仁川紳商會社를 강제 해산하였다. 또한 일제는 조선인 객주와 일본인 상인들을 동일 기구에 편제함으로써 조선인 객주의 독자성을 말살하려 하였다. 이러한 시도는 상업회의소 통합으로 이어졌다.

상업회의소의 통합 문제가 처음 논의된 것은 통감부 시기부터였지만, 조선총독부는 1913년 11월에 이를 구체화할 방안을 마련하기 시작하였다. 1년여의 논의 끝에 1915년 7월에 가서야 商業會議所令은 제령 4호로 공포되었다. 상업회의소령은 상업회의소에 법인격을 부여하는 한편, 일정규모 이상의 상공업자의 강제가입과 부과금 강제징수를 규정하고, 그 설립, 정관변경, 임원변경 등 주요 사항에 대해서는 총독의 인가를 얻도록 하는 등, 대한제국의 그것보다 훨씬 강화된 상인통제안이었다. 더욱이 상업회의소령은 그 지구를 府 구역으로 설정하고, 회원자격을 府營業稅 납부액 기준으로 제한하는 등 상업회의소를 실질적으로 일인 자본가의 기관으로 삼으면서도 그에 조선인 자본가를 강제로 편입시키는 방안이었다. 이에 따라 府 이외의 지역에서 이미 활동하고 있던 조선인 상업회의소는 스스로 해산하거나 명칭을 변경하지 않을 수 없었다. 조선인의 상권이 우세하던 의주나 개성 등지의 대도회에는 상업회의소가 설립될 수 없었으며, 이미 활동하던 조선인의 상업회의소는 해산되어야 했다. 또 평양과 같이 조선인의 상권이 일인과 경합하는 지역에서는 영

---

24) 전우용, 2011, 「제4장 일제하(1911-1919) 조선회사령체제와 韓人 會社」, 『한국 회사의 탄생』 서울대 출판부 참조.

업세의 상한을 올림으로써 조선인에 대한 일인의 절대적 우세를 인위적으로 조장하기도 하였다. 그리하여 개항장이나 일본군 주둔지역을 제외한 전통 상업도시에서 활동하던 商法會社들은 모두 해산되었고, 그나마 결성된 9개소의 상업회의소 내에서 조선인 이 차지하는 비중은 최고 20%(京城), 최하 10%(인천)에 불과하였다.

요컨대 상업회의소령에 따른 새로운 상업회의소 체제는 기본적으로 일인 자본의 이해를 반영할 수밖에 없는 기구에 조선인 자본가를 강제로 편입시키는 한편, 그에 대한 총독의 감독권을 명문화함으로써 자본에 대한 권력의 개입을 한층 강화시킨 데 주요한 특징이 있다. 대한제국기 한인상업회의소 역시 강제가입제와 국가권력에 대한 종속을 특징으로 하였지만, 그것은 어디까지나 內藏院에 대한 종속이었고, 그들이 그에 대한 대가로 얻은 권한 역시 일본상인에 저항하는 측면을 지니고 있었다. 그러나 새로 마련된 상업회의소 체제는 조선인 자본가의 이해를 일인 자본에 종속시키고, 나아가 총독부의 정책방향을 추수하도록 강제하였던 것이다. 그런 점에서 이 상업회의소령의 공포는 회사령을 보완하는 의미를 지니는 것이었다.[25]

주지하듯이 1910년대는 일제가 유통부문의 장악을 통해 조선을 식량, 원료공급지, 상품시장으로 재편하는 시기였다. 이러한 작업의 기초가 된 것이 바로 1910년에 공포된 회사령과 1915년 상업회의소령이었다. 이를 통해 조선의 상업체제는 비로소 식민지적 상업체제로 재편되었다. 이러한 식민지적 유통질서의 확립은 경제논리가 아닌 법률과 제도를 통한 강제적 재편이었고, 그 과정은 조선인 자본을 일본인 자본에 흡수되는 과정이었다. 1910년대는 1920년대와 달리 생산력 증대보다

---

25) 전우용, 1997, 「1910년대 객주 통제와 朝鮮會社令」, 『역사문제연구』 2권

유통질서를 일본인 위주로 재편하여 조선의 재래적 수공업과 상업을 퇴영시키고, 그 분야의 조선인 자본가의 몰락을 촉진하였던 것이다.

이러한 회사령과 상업회의소령을 통해 조선인 자본이 대부분 일제에 의해 종속된 형태로 전이되어 갔지만, 시장부문은 구래의 전통적 시장체제가 상당기간 존속되고 있었다. 즉 시장은 제국주의의 식량, 원료공급지와 상품시장으로서 기능하는 시장과 다른 한편에서 구래의 전통적인 소상품생산자들의 잉여처분의 장으로서의 시장이 동시 공존하고 있었다. 그러나 이러한 이중적 시장구조도 일제에 의한 철도와 도로, 항만체제의 정비와 확대로 점차 식민지적 경제구조로 일원화될 수 밖에 없었다.

회사령으로 인해 그동안 독점적 영업체제하에서 자본을 축적하는 한편 외국의 상업자본과의 경쟁력을 지녔던 객주자본은 대부분 몰락하고 말았다. 객주에게 남은 길은 개별화된 상인으로 일본 자본의 충실한 하위 파트너가 되는 길밖에 없었다. 일제는 이렇게 독자적 조직을 상실한 객주들을 개별적으로 철저히 통제하는 동시에, 그들을 일인 주도의 상업회의소에 인위적으로 편제함으로써 한인 객주의 이해를 일본 자본의 이해에 종속시켜 버렸다. 이에 따라 개항 이래 상업계의 주역이었던 개항장 객주들은 한국강점 이후 대거 몰락하였으며, 일부 성공한 객주들도 일본 자본가의 충실한 동반자로서, 그와 운명을 같이하는 존재로 바뀌었던 것이다. 이처럼 회사령 체제하에서는 대한제국과 같은 국가권력의 보호막이 사라졌기 때문에 이들은 일본의 상업자본과 경쟁에서 패퇴하였다. 이는 곧 대한제국기의 전제 황권의 보호하에 간신히 연명하고 있었던 상업체제의 종말을 의미하는 것이기도 했다.

조선인 상권의 보호체계가 사라진 상태에서 도고상업체계는 와해되었고, 일본인을 중심으로 한 상권의 재편이 이루어졌다. 조선인은 식민지 교통·운수·통신체계와 무관하게 존재하거나 아니면 말단부에 편입되어 있었다. 이러한 분위기 속에서도 영업권의 독점에 기반한 특권적 상인집단과는 구별되는 새로운 조선인 상인이 성장하고 있었다. 일본인 상인의 경쟁력은 일본제국주의의 지원에도 기인하지만, 그에 못지 않게 교통·운수·통신기관을 이용하여 정보를 수집하고 물류체계의 효율화를 기하여 신결합을 추구할 수 있는 능력의 우위에 기반한 것이기도 하다. 이 시기에 조선인 상인 중 일부는 이들 일본인 상인과 경쟁하기 위해 일본인과 마찬가지로 정보를 수집하고 물류체계의 효율화를 기하여 신결합을 추구하였다. 이 시기 이러한 상인층의 성장은 식민지시기에 교통·운수·통신수단을 일본시장개척의 수단으로 활용하는 조선인의 성장을 예고하는 것이었으며, 조선의 상업질서가 식민지의 세례를 받으면서 근대화되는 과정을 보여주는 것이기도 했다.

# 참 고 문 헌

# 1. 자료

『조선왕조실록』『승정원일기』『비변사등록』『일성록』『京兆府志』『貢弊』『漢陽歌』 『萬機要覽』『左捕廳謄錄』『迂書』『증보문헌비고』『典客司日記』『正祖丙午所懷謄錄』 『대한제국 관원이력서』『독립신문』『매일신보』『한성순보』『漢城週報』『황성신문』 『西遊見聞』『俞吉濬全書』『人政』『조선총독부 관보』『중추원조사자료』『通商彙纂』『 京畿關草』『京都大學所藏韓國古文書 - 綿紬廛關係文書』『公文編案』『光緒 十一年 黃海 道四邑各浦旅閣都節目』『銅店別曲』『東槎漫錄』『梅泉野錄』『綿紬廛房稅册』『司法稟 報』『於音册』(상백 고 951.06)『乙丑正月各項賞案』『日本外交文書』『일신』『立廛完議 疑義解釋』『帝國新聞』『朝鮮日本國領事館報告』『駐韓日本公使館記錄』『淸季中日韓關 係史料』『충청감영장계등록』『黃海道各郡訴狀』『新纂初等小學』(玄采, 1909)『初等小 學』(國民敎育會, 1906),『朝鮮銀行會社組合要錄』(東亞經濟時報社, 1935)『朝鮮人の商 業』(善生永助, 조선총독부, 1924)『韓國水産誌』(農商工部 水産局, 1908)『韓國財政施 設綱要』(조선통감부편, 1910, )『국역 한국지』(러시아대장성, 1984 한국학중앙연구 원)「開城の時邊」(『殖産調査月報』1929 7월호, 朝鮮殖産銀行調査部)
『應用商業簿記學全 - 附工業簿記學』(金大熙, 義進社, 1909) 국사편찬위원회 한국근현 대인물자료(https://db.history.go.kr/modern/im/level.do)

## 2. 참고 논저

강만길, 1973,『조선후기 상업자본의 발달』고려대 출판부

_____, 1973,「대한제국기의 상공업문제」,『아세아연구』16-2

고동환, 1985,「18, 19세기 외방포구의 상품유통발달」,『한국사론』13

_____, 1994,「조선후기 藏氷役의 변화와 藏氷業의 발달」,『역사와현실』14

_____, 1998,『조선후기 서울상업발달사연구』, 지식산업사

_____, 2000,「18세기 서울 상업구조의 변동」,『서울상업사』, 태학사

_____, 2001,「정조대 상업발달의 양상과 상업정책」,『18세기 연구』3

_____, 2002,「조선후기 시전의 구조와 기능」,『역사와현실』44

_____, 2005,「조선후기 상업과 국가권력」,『안동사학』9-10합집

_____, 2007,「조선후기 도시경제의 성장과 지식세계의 확대」,『다시, 실학이란 무엇인가』푸른역사

_____, 2007,『조선시대 서울도시사』태학사

_____, 2008,「개항전후기 시전상업의 변화-면주전을 중심으로」,『서울학연구』32.

_____, 2009,「자본주의 맹아론과 조선후기 상업 변동 —강만길 ≪朝鮮後期 商業資本의 發達≫을 중심으로—」,『한국사연구』147, 한국사연구회

_____, 2009,「조선후기 開城의 도시구조와 商業」,『지방사와 지방문화』12-1호

_____, 2010,「조선후기~한말 신용거래의 발달:於音과 換을 중심으로」,『지방사와 지방문화』13권2호.

_____, 2013,『조선시대 시전상업연구』지식산업사 .

_____, 2017,「조선후기 경강의 냉장선 氷魚船 영업과 그 분쟁」,『서울학연구』69

고석규, 2000,「19세기 전반 서울의 시전상업」,『서울상업사』, 태학사

고승제, 1975,「제4장 한국연안해운업의 근대화과정과 三山會社의 지위」,『한국경영사연구』한국능율협회,

고정섭, 1986,「한말 서구회계학의 도입사에 관한 연구-회계학저서와 논문을 중심으로」,『經商論叢』11권1호, 서강대 경제연구소

구만옥, 2007,「조선 전기의 산학정책과 교육」,『인문학연구』11집, 경희대 인문학연구소

權錫奉, 1962,「領選使行에 대한 일고찰」,『역사학보』17·18합집, 역사학회

權泰檍, 1994,「1904~1910년 일제의 한국침략 구상과 '시정개선'」,『韓國史論』31,

권혁희, 2013, 「1900~1960년대 한강수운의 지속과 한강변 주민의 생활」, 『한국학연구』 44

김경태, 1973, 「丙子開港과 불평등조약관계의 구조」, 『梨大史苑』 11호.

_____, 1981, 「대한제국시기의 미곡통상구조: 제국주의 형성기의 미곡문제」, 『주제연구』 이화여대 한국문화연구원

_____, 1985, 「甲申·甲午期의 商權回復問題」, 『韓國史研究』 50·51 합집

김광중, 1998, 「韓末의 開化期 敎科書에 反映된 實業敎育論-國語와 倫理敎科書를 중심으로」, 『인문사회과학논총』 1, 우석대

김남일, 1989, 「한국의 경영교육사에 관한 연구」, 『서울여대논문집』 18, 서울여대

김대준, 1973, 「한말의 회계법(1895년) 고찰」, 『산업과 경영』 11권1호, 연세대 산업경영연구소

김대현, 2011, 「한국 근대의 금융과 투자」 서울대 경제학과 박사논문

김동운, 2001, 『박승직상점, 1882~1951년』 혜안.

金東哲, 1988, 「18세기 坊役制의 변동과 馬契의 성립 및 都賈化양상」, 『韓國文化研究』 창간호

_____, 1980, 「채제공의 경제정책에 관한 고찰-특히 辛亥通共發賣論을 중심으로」, 『釜大史學』 4

김연지, 2013, 「개항장객주의 변모 양상과 성격 고찰」, 『한일관계사연구』 44.

김영자 편, 1987, 『100년 전 유럽인이 유럽에 전한 조선왕국 이야기』, 서문당

김용운, 김용국 공저, 1982, 『한국수학사』 열화당

김재순, 1990, 「러일전쟁 직후 일제의 화폐금융정책과 조선상인층의 대응」, 『한국사연구』 69

김재호, 1999, 「개항기 원격지무역과 회사 - 대러시아 무역과 경성천일회사」, 『경제사학』 27호

김정기, 1989, 「1890년 서울상인의 철시동맹파업과 시위투쟁」, 『한국사연구』 67

_____, 1989, 「1890년 서울상인의 撤市同盟罷業과 示威투쟁」, 『韓國史研究』 67

金廷美, 1996, 「朝鮮後期 對淸貿易 전개와 貿易收稅制의 시행」, 『한국사론』 36

김종원, 1977, 「조선후기 대청무역에 관한 일고찰」, 『진단학보』 43

김필동 1992, 『韓國社會組織史研究-契組織의 構造的 特性과 歷史的 變動』 일조각

김현숙, 2008, 『근대 한국의 서양인 고문관들』 한국연구원

김호범, 1993, 「개항기 상업구조와 식민지 상업체제의 형성에 관한 연구」, 『경제연구』
　　　2권 1호.

김홍대, 1999, 「근대전기 상업교과목의 변천사적 고찰」, 『교육과학연구』 4, 신라대

김희수, 1988, 「개화기 부동산 법률관계 소고」, 『法史學硏究』 9

나애자, 1998, 『한국근대해운업사연구』 국학자료원

노상윤, 1990, 「개항기 조선시장을 둘러싼 청일의 무역경쟁과 수탈에 관한 연구」 경성
　　　대 박사논문

류승렬, 1995, 「한말 일제강점초기의 시장정책과 시장변동」, 『한국사연구』 88

＿＿＿, 1996, 「한말 일제초기 일제의 상업침탈과 商廛商業」, 『국사관논총』 67

＿＿＿, 1996, 「한말·일제초기 상업변동과 객주」, 서울대 박사논문

박경룡, 1992, 「개화기의 한성부 상업연구」, 『향토서울』 52호.

박득준, 1989, 『조선근대교육사』 한마당

박영호, 1994, 「한국의 식민지적 자본주의화 과정에 관한 일연구-화폐정리사업을 중
　　　심으로」, 『한신논문집』 11호

박은숙, 2005, 『갑신정변연구』, 역사비평사

＿＿＿, 2008, 『시장의 역사』 역사비평사

朴鍾文, 1955, 『簿記原理』 東國文化社

박평식, 1999, 『조선전기 상업사연구』, 지식산업사

배석만, 2016 「1920-30년대 백윤수(白潤洙, 1855~1921)집안의 大昌織物株式會社 설
　　　립과 경영-일제시기 전통상인의 산업자본 전화과정 분석」, 『한국사학보』 64

변광석, 2001, 『조선후기 시전상인연구』, 혜안

선린상업고등학교 동문회, 1978, 『선린 80년사』

손정목, 1882, 『한국개항기 도시변화과정연구』, 일지사

＿＿＿, 1984, 「會社令硏究」, 『한국사연구』 45 .

宋圭振, 2001, 『일제하 조선무역연구』 고려대 민족문화연구원

宋基澈, 1986, 「韓末의 商業高等敎育」, 『마케팅연구』 1권1호, 한국마케팅학회

송신용 校註, 1949, 『漢陽歌』, 정음문화사.

송찬식, 1996, 「懸房考」, 『조선후기사회경제사의 연구』, 일조각

신용하, 1974, 「19세기말의 한국대외무역의 전개와 상권문제」, 『아세아연구』 17-2

양상현, 1995, 「韓末 庖肆 운영과 庖肆稅 수취구조」 한국문화 16

양정필, 2012, 「근대 개성상인의 상업적 전통과 자본축적」 연세대 박사논문

_____, 2012, 「일제하 개성상인의 상업전통 연구-'地方出商'을 중심으로-」, 『한국
　　　　민족운동사연구』 72

_____, 2014, 「개항기 경제 변동과 개성상인의 활동」, 『역사와실학』 55

오두환, 1984, 「한국개항기의 화폐제도 및 유통에 관한 연구」 서울대 박사논문

_____, 1985, 「갑오경제개혁의 구조와 성격」, 『사회과학논문집』 3 인하대

_____, 1991, 『한국근대화폐사』 한국연구원

오미일, 2002, 「일제는 왜 화폐정리사업을 실시하였나」, 『내일을 여는 역사』 9

_____, 1986, 「18, 19세기 貢物政策의 변화와 貢人層의 변동」, 『韓國史論』 14

오　성, 2002, 「한말~일제시대 개성의 市邊制」, 『한국근현대사연구』 21

오진석, 2006, 「한국근대 電力産業의 발전과 京城電氣」 연세대 박사논문

_____, 2008, 「1897-1900년 서울지역 마차회사의 설립과 경영변동」, 『역사학보』 197

원유한, 1967, 「당오전고」, 『역사학보』 35·36합집, 역사학회.

원홍연, 1976, 「矩堂 俞吉濬의 교육사상연구」, 교육학연구 14권 3호, 한국교육학회,

유승주, 1997, 「대외무역의 전개」, 『신편 한국사』 국사편찬위원회

_____, 1970, 「조선후기 대청무역의 전개과정」, 『백산학보』 8

유영익, 1990, 『甲午更張研究』 일조각

柳子厚, 1940, 「朝鮮於音考」, 『朝光』 1940년 4월호

尹根鎬, 1984, 『韓國會計史研究』 한국연구원

尹炳旭, 1955, 「開城簿記小考(松都四掛文書)」, 『經商論叢』 2집, 고려대

이기준, 1995, 『한말 서구경제학도입사연구』 일조각

이병천, 1985, 「개항기 외국상인의 침입과 한국상인의 대응」, 서울대 박사논문

이상국, 1988, 「개화기 서양부기, 회계 도입과정에 관한 연구」 한양대 박사논문

이석윤, 1982, 「광무 9년의 화폐개혁과 금융자산의 피탈」, 『신태환박사 고희기념논문
　　　　집-경제학의 현대적 과제』

이승렬, 2007, 『제국과 상인』 역사비평사

이영학, 1997, 「대한제국의 경제정책」, 『역사와현실』 26,

_____, 2016, 「1880년대 조선정부의 농업정책」, 『한국학연구』 40

이영호, 1985, 「19세기 포구수세의 유형과 포구유통의 성격」, 『한국학보』 41

이용길, 2003, 「조선시대 서당의 교재에 대한 고찰」, 『교육연구』 22집, 원광대

이우성 및 임형택 역편, 1997, 『李朝漢文短篇集』 상, 중, 하권, 일조각

이윤상, 1996, 「대한제국기 내장원의 황실재원운영」, 『한국문화』 17

이장형, 이원로, 이병원, 2012, 「사개송도치부법의 복식부기에 관한 연구」, 『전산회계
　　　연구』 10권 2호, 한국전산회계학회

이재윤, 1997, 「18세기 화폐경제의 발전과 錢荒」, 『學林』 18

이철성, 2000, 『조선후기 대청무역사 연구』, 국학자료원

＿＿＿, 1996 「18세기 후반 조선의 대청무역실태와 사상층의 성장-모자무역을 중심으
　　　로」, 『한국사연구』 94

이태진 외, 2000, 『서울상업사』, 태학사

이태진, 1991, 「國際貿易의 성행」, 『韓國史市民講座-조선후기의 상공업』 9, 일조각

이헌창, 1995, 「갑오, 을미개혁기의 산업정책」, 『한국사연구』 90.

＿＿＿, 1997, 『民籍統計表의 해설과 이용방법』, 고려대 민족문화연구소

＿＿＿, 1998, 「숙종-정조조(1678-1800간) 미가의 변동」, 『경제사학』 21

＿＿＿, 1999, 『한국경제통사』 법문사.

＿＿＿, 1999, 「1678~1865년간 화폐량과 화폐가치의 추이」, 『경제사학』 27

＿＿＿, 2000, 「1882-1910년 서울시장의 변동」, 『서울상업사』, 태학사

＿＿＿, 2003, 「유학 경제사상의 체계적 정립을 위한 시론」, 『국학연구』 3

＿＿＿, 2005, 「개항기의 경제사적 의의」, 『동양학』 37.

＿＿＿, 2008, 「조선후기 자본주의 맹아론과 그 대안」, 『한국사학사학보』 17, 한국사
　　　학사학회

이현종, 1966, 「京江 津, 渡, 船에 대하여」, 『향토서울』 27

전석담, 최윤규 공저, 1959, 『19세기 후반기-일제통치말기의 조선사회경제사』

전성현, 2000, 「한말~일제초기 경성상업회의소의 설립과 활동」, 『역사연구』 제8호,

전성호, 2002, 「조선후기 장부기입의 특성에 관한 연구」, 『경제사학』 32, 경제사학회

＿＿＿, 2011, 「개성 시변제도 연구-개성상인 회계장부 신용 거래 분석(1887~1900)」,
　　　『대동문화연구』 75집

＿＿＿, 2015, 「개성복식부기 장부와 조선시대 회계문화」, 『월간 문화재사랑』 129호

전우용, 1997, 「1910년대 객주 통제와 朝鮮會社令」, 『역사문제연구』 2권

＿＿＿, 1999, 「대한제국기-일제초기 선혜청 창내장의 형성과 전개:서울 남대문 시장
　　　의 성립경위」, 『서울학연구』 12

_____, 2000, 「상회사의 설립과 상권수호운동」, 『신편 한국사 44』 국사편찬위원회

_____, 2001, 「한말-일제 초의 광장주식회사와 광장시장」, 『전농사론』 7

_____, 2004, 「근대이행기(1894-1910) 서울 시전상업의 변화」, 『서울학연구』 22

_____, 2011, 『한국회사의 탄생』 서울대 출판문화원

정기숙 외, 2001, 「한국의 회계가 지향해야 할 가치체계의 탐색 - 회계사상사를 중심으로 -」 IBRD 무상 자금지원 연구과제의 최종보고서

정렬모, 1964, 『가사선집』 조선 문학 총동맹 출판사

정순우, 1985, 「18세기 서당연구」 한국학대학원 박사논문

_____, 1986, 「17세기 서당경영과 향촌지배층의 동향」, 『교육이론』 1권 1호, 서울대 교육학과

_____, 1991, 「19세기 서당설립과 향촌사회의 동향」, 『한국의 사회와 문화』 16, 한국정신문화연구원

정연태, 1999, 「19세기 후반 20세기 초 서양인의 한국관」, 『역사와현실』 34, 한국역사연구회

정재정, 1999, 『일제침략과 한국철도』 서울대출판부

_____, 2001, 「교통·운수·통신의 지배」, 『신편 한국사 47권-일제의 무단통치와 3·1운동』 국사편찬위원회

조기준, 1973, 『韓國企業家史』, 박영사

_____, 1977, 『한국자본주의성립사론』, 대왕사

조익순, 1968 「四介松都치부법에 관한 연구 -大韓天一銀行의 記錄과 公開文獻을 中心으로-」, 『경영연구』 고려대 기업경영연구소

_____, 2000, 『四介松都治簿法 前史』 해남

_____, 2007, 「복식부기로서의 사개송도치부법 성립시기에 관한 탐색 - 북한으로부터 입수한 옛회계문서를 중심으로」, 『회계저널』 16집, 한국회계학회

최완기, 1989, 『조선후기 선운업사연구』 일조각

최우종, 강태균, 2007, 「한말 일제강점하 상업교육연구」, 『경영교육연구』 45. 한국경영교육학회

최원규, 1994, 「한말, 일제초기 토지조사와 토지법연구」 연세대 박사논문.

최은아, 2012, 「산학취재를 중심으로 본 조선의 산학교육」, 『교육사학연구』 22집 2호, 교육사학회

표용수, 1996,「개항기 부산항을 중심으로 한 객주상인의 상업 활동」, 경주사학 15, 경주사학회

하원호, 1997,『한국근대경제사연구』신서원

한백흥, 1996,『구한말 민족은행 생성사』시나리오 알타

한상권, 2000,「영조·정조의 새로운 상업관과 서울상업정책」,『서울상업사』, 태학사

한영균, 2016,「대한제국기의 산학(수학)교재류에 대한 기초적 연구」,『한국문화』73, 서울대 한국문화연구소

한우근, 2003,『한국개항기의 상업연구』, 일조각

한철호 1992,「甲午更張中(1894~1896) 貞洞派의 개혁활동과 그 의의」,『국사관논총』36, 국사편찬위원회

허수열, 1999,「'개발과 수탈'론 비판 -식민지 산업화와 해방후 산업화의 연관성 비교-」,『역사비평』48, 역사비평사

許宗炫, 1955,「東洋의 簿記組織에 關한 一研究」,『釜山商大學報』1권2호

玄丙周, 1916,『實用自修 四介松都治簿法』(德興書林)

홍성찬, 2002,「한말, 일제하 서울 종로상인 연구-포목상 金泰熙家의 壽南商會 운영을 중심으로」,『동방학지』116

_____, 2006,「한말, 일제하 서울 종로상인의 일상활동-포목상 김태희가의 사례를 중심으로」,『동방학지』133

_____, 2014,「서울 상인과 한국부르주아지의 기원-김씨가의 사례를 중심으로」,『한국경제학보』21권 2호

_____, 2015,「일제하 서울 종로상인의 자산운용-1910, 20년대 수남상회의 자료를 중심으로」,『동방학지』170

홍순권, 1985,「개항기 객주의 유통지배에 관한 연구」,『한국학보』11, 일지사

홍제환, 2013,「韓國 近代의 會社制度 活用에 관한 研究」, 서울대 경제학과 박사논문

홍희유, 1989,『조선상업사-고대중세』, 과학백과사전종합출판사

황명수, 1971,「한말에 있어서의 외국금융기관의 침략에 관한 연구 - 일본지점은행의 침략을 중심으로 -」,『동양학』1.

_____, 1999,『한국기업가사연구』단국대출판부.


姜德相, 1962,「李氏朝鮮開港後に於ける朝日貿易の展開」,『歷史學研究』265

高嶋雅明, 1978,『朝鮮における植民地金融の研究』大原新生社

吉野誠, 1975,「朝鮮開國後の穀物輸出について」,『朝鮮史研究會論文集』12 .

_____, 1978,「李朝末期における米穀輸出の展開と防穀令」,『朝鮮史研究會論文集』15

大森研造, 1922,「開城簿記の起源に就いて」,『經濟論叢』14권1호.

木村光彦 浦長瀨隆 1987,「開港後 朝鮮の貨幣と物價」,『社會經濟史學』53권 5호

梶村秀樹, 1983,「동아시아지역에 있어서 제국주의체제로의 이행」,『한국근대경제사
　　　　연구』사계절 편집부 편역(富岡倍雄, 梶村秀樹編 1981『發展途上經濟の研究』
　　　　所收, 世界書院)

_____, 1986,「近代朝鮮の商人資本などの外圧に対する諸対応-甲午以後期 (1894
　　　　～1904년)商權問題と生産過程-」,『歴史學研究』560집.

朴慶植, 1973,『日本帝國主義の朝鮮支配』上, 青木書店

北川修, 1932,「日清戰爭までの日鮮貿易」,『歴史科學』1권1호

石川亮太, 2005,「朝鮮 開港後における華商の對上海貿易- 同順泰資料通して」,『東洋
　　　　史研究』63-4

須藤文吉, 1917,「高麗之誇＝世界最高開城簿記」,『學友會報』108, 神戸高等商業學校

須川英徳, 1994,『李朝商業政策史研究』, 동경대 출판회

_____, 2010,「시전상인과 국가재정: 가와이[河合]문고 소장의 綿紬廛 문서를 중심
　　　　으로」,『조선후기 재정과 시장-경제체제론의 접근』서울대출판문화원

田代和生, 1981,『近世日朝通交貿易史の研究』, 創文社

田代和生 저, 정성일 역, 2020,『왜관-조선은 왜 일본사람들을 가두었을까』, 논형

田村流水, 1955,「高麗時代に複式簿記あり」,『東京經濟雜誌』76권 1911호

村上勝彦, 1975,「植民地」,『일본 산업 혁명의 연구』下, 동경대출판회,

村上勝彦, 1991,「식민지-일본의 산업혁명과 식민지 조선」도서출판 한울

平井泰太郎, 1926,「産業組織の推移と會計思想(其一) (其二)」,『國民經濟雜誌』40권 6
　　　　호, 41권 3호


바츨라프 세로셰프스키, 김진영외 옮김, 1996,『코레야 1903년 가을』, 개마고원

이사벨라 버드 비숍, 이인화 옮김, 1994,『한국과 이웃나라들』, 살림

페르낭 브로델, 주경철 옮김, 1995,『물질문명과 자본주의3-1 세계의 시간 上』까치

H.N. 알렌, 신복룡 옮김, 1986,『조선견문기』, 평민사

# 한국 근대 상업의 형성

| | |
|---|---|
| **초판 1쇄 인쇄일** | 2025년 2월 15일 |
| **초판 1쇄 발행일** | 2025년 2월 20일 |

| | |
|---|---|
| **지은이** | 고동환 |
| **펴낸이** | 한선희 |
| **편집/디자인** | 정구형 이보은 박재원 |
| **마케팅** | 정진이 한상지 |
| **영업관리** | 정찬용 한선희 |
| **책임편집** | 이보은 |
| **인쇄처** | 으뜸사 |
| **펴낸곳** | 국학자료원 새미(주) |
| | 등록일 2005 03 15 제25100−2005−000008호 |
| | 경기도 고양시 덕양구 권율대로 656 클래시아더퍼스트 1519호 |
| | Tel 02)442−4623 Fax 02)6499−3082 |
| | www.kookhak.co.kr |
| | kookhak2010@hanmail.net |

| | |
|---|---|
| **ISBN** | 979-11-6797-226-2 *94910 |
| | 979-11-6797-224-8 *(SET) |
| **가격** | 29,000원 |

* 저자와의 협의하에 인지는 생략합니다.
  잘못된 책은 구입하신 곳에서 교환하여 드립니다.
  국학자료원·새미·북치는마을·LIE는 국학자료원 새미(주)의 브랜드입니다.